学子的足迹

2019年新闻学子重走“中国西北角”新闻作品选

张硕勋　王　臻　主编

兰州大学出版社
LANZHOU UNIVERSITY PRESS

图书在版编目（CIP）数据

学子的足迹 ：2019 年新闻学子重走“中国西北角”新闻作品选 / 张硕勋，王臻主编. -- 兰州 ：兰州大学出版社，2023.9

ISBN 978-7-311-06534-8

Ⅰ. ①学… Ⅱ. ①张… ②王… Ⅲ. ①新闻－作品集－中国－当代 Ⅳ. ①I253

中国国家版本馆 CIP 数据核字(2023)第 165873 号

责任编辑　马媛聪　锁晓梅
封面设计　汪如祥

书　　名　学子的足迹
　　　　　——2019年新闻学子重走“中国西北角”新闻作品选
作　　者　张硕勋　王　臻　主编
出版发行　兰州大学出版社　（地址：兰州市天水南路222号　730000）
电　　话　0931-8912613（总编办公室）　0931-8617156（营销中心）
网　　址　http://press.lzu.edu.cn
电子信箱　press@lzu.edu.cn
印　　刷　西安日报社印务中心
开　　本　710 mm×1020 mm　1/16
印　　张　34.25
字　　数　600千
版　　次　2023年9月第1版
印　　次　2023年9月第1次印刷
书　　号　ISBN 978-7-311-06534-8
定　　价　96.00元

目录

河西线

宁夏线

四川线

平庆线

甘南线

陇南线

河西线

河西线路线简介

张华

2019年7月10日至18日，河西线成员在酒泉、张掖、玉门等地分组采访，41位同学以文字报道、图片报道和短纪录片等形式记录、呈现了工矿企业、农村农业、科研机构的时代样貌。同学们共完成41篇文字报道及两部10分钟以上的短纪录片，其中7篇图文作品发表于新华网甘肃频道。

《越是风大，我越要“站”好——记中石油甘肃销售公司酒泉分公司桥湾加油站站长王前仁》一文来之不易，作者乘车数十公里到达偏远的加油站，和采访对象同吃同住同劳动，稿件诚然上乘，但“记者”的体验更珍贵。《徐安财：广至十一年，我的半辈子》描写的是一位移民的十一年“异乡”生活，人生不易，可见一斑。作者的采访也不易，乘火车，转汽车，再坐农用车，奔波两天，还差点和“大本营”失联……《琵鹭救援记》的导语写得很抓人眼球，全篇又不断呼应，以“救援过程”和“它究竟叫什么”一明一暗两条线索展开，使得叙事张弛有力。新闻就是讲故事，叙事方式、故事原型一大堆，用得好、用得巧就能出好新闻。

对采访者、写作者来说，新闻是什么？它不再是作为读者对新闻文本产生的认知和想象，而是他们和采访对象的交集与互动所在的时空。新闻不再是用来看世界的中介，而是他们对世界的真实感悟。对同学们来说，重走西北角的意义便在此显现：在“重走”中把握和反映特定的时空，在特定的时空中“重走”；于“重走”中发现和感悟普通人的生命境遇，在“重走”中升华和锚定自己的精神和情怀。

"2公里，我走了27年"

——记肃北县加油站营业员陈春梅

赵永旭　耿鹏飞　何天泽

"时间过得太快，还没有来得及仔细回想，我工作在加油站就27年了，再有3年我就退休了。"酒泉市肃北蒙古族自治县（以下简称肃北县）加油站营业员陈春梅擦着汗说道。

黄色上衣、深蓝色裤子，身着一套标准的中国石油工作制服，肩上挂着"服务明星"的绶带，全身上下干干净净，没有丝毫的凌乱和污渍；引车进站、问候顾客、开油箱盖、启动油枪、加注油品、结算货款，应和着她矫健轻快的身姿，在整个过程中精力集中、手起"刀"落，油箱口没有一滴油洒落。这样循环往复的工作流程，陈春梅已经做了27年。

从肃北县老加油站到如今的新加油站，陈春梅见证着新旧加油站的发展与变迁，虽然新旧加油站的地理位置相差仅2千米，但是走过这段路却整整用了27年。

1993年8月，21岁的陈春梅刚开始工作没多久，就从马鬃山被调到了肃北县石油公司，和父亲在同一个加油站工作了7年，和父亲共事的这7年，她走过了人生中最重要的阶段，也是最难忘的7年。

"自我记事起，母亲要为工作打拼奔波，在很小的我看来，妈妈其实是有点陌生的。"

1996年1月，经人介绍，陈春梅和肃北县小学的一名数学教师结婚，同年10月生下女儿。同时，20世纪90年代的石油市场正值低迷时期，加油站经常停电，陈春梅只能用手摇泵一桶一桶地去抽油，工作辛苦繁杂。生完孩子之后，陈春梅既要工作又要照顾家里，在女儿最需要母亲陪伴的时候，陈春梅却经常在外面跑业务，很多时候不被人理解。当说起那几年对孩子的照顾没能尽心的时候，陈春梅不由得放慢了语速，几度哽咽。

母亲对工作的拼命和尽职尽责，陈春梅的女儿都看在心里。“在怀着我的时候，每天还上班下班地跑来跑去，以前的路不好走，上坡下坡，颠儿颠儿的，听到这儿我假装生气，说都大着肚子了还那样折腾，其实打心里是心疼得要紧。”

2000年父亲退休。

没有了父亲在工作上的支持和帮助，陈春梅也曾有过一段消沉的时期，不过她很快知道路要靠自己一步一步走，不管是生活还是工作。仿佛就在某一瞬间，陈春梅明白了苦和累只是一种生活的常态。作为母亲，作为石油工作者，这只是一个开始。

2003年，陈春梅被任命为肃北县加油站站长，一干就是4年。

陈春梅做事认真，凡事亲力亲为。2005年到2006年，在陈春梅的协调下，一座3000平方米的新加油站拔地而起，对当地农林牧业的发展起到了巨大的推动作用。任职站长期间也是陈春梅最忙的几年，家几乎就是加油站，加油站就是家，工作和生活完全分不开。那时候，加油站的所有工作中，只能靠陈春梅解决的就有七八成，女儿还曾一度调侃她：“没你在加油站可怎么办?”

在管理肃北加油站的几年当中，陈春梅日渐消瘦。“高中放假回家，母亲就坐在沙发上，瘦小的身体，却满面笑容，当和她明亮的眼眸一对视，我便如鲠在喉，一句话都说不出来，急忙想要把眼泪抑制住。”陈春梅女儿回忆母亲时说。

2013年6月5日，肃北县城下起了暴雨。

6月6日，离肃北县约120公里的祁连南山贾公台，持续强降雨形成的洪水引发了雪崩，甘肃省地矿局第二勘察院

陈春梅向顾客确认油品的品名、标号及数量　　赵永旭　摄

一支施工队全部人员被埋。根据救援部门的安排，加油站启动紧急预案。在紧急情况下，陈春梅和时任加油站副站长的马存临危受命，押着装有10吨油的罐车前往灾区提供服务和救援保障。受灾区位于4300多米的高海拔地区，空气稀薄，紫外线极强，雪面反射的强光让陈春梅睁不开眼。在没有任何防护措施的情况下，陈春梅和马副站长在山上待了两天。救援结束之后，陈春梅的眼睛和脸部都不同程度地受到了紫外线的灼伤，每想起这次抢险救灾，陈春梅都心有余悸，但也正因为如此，后来陈春梅经常和同事们交流在紧急情况未发生时如何提前做预防性准备，来保障个人安全和加油站的正常运转。

忙忙碌碌27年，婚纱照上那个明艳动人的她，现在的面容已经憔悴了很多，一双本应该被保护得美丽而细腻的双手，也在岁月的打磨中变得粗糙。在加油站工作的这些年，陈春梅干过加油员、营业员、计量员、统计员、业务员、站长等，每干一职都尽心尽力，认真负责。这27年，她也陪伴着中国石油走过了创业、规范、升级和智能时代的里程。

从手摇油泵到自助加油，陈春梅见证了肃北加油站的变迁与发展。

从20岁到47岁，陈春梅用自己的年华诠释了石油人的大无畏精神。

朝气蓬勃的“火炬”和光芒四射的“宝石花”，则见证了陈春梅父女两代人为之付出的每一滴汗水。

如今，陈春梅工作了27年的肃北县加油站已经是一个年销售3000吨油的加油站，为全县的两乡两镇1万多人口提供着供油服务，保障了当地农林牧业的快速发展，极大地助力了当地的旅游产业。陈春梅始终抱着一颗热爱职业的赤诚心，走过了这27年，以后还要一直走下去。

（作者为兰州大学新闻与传播学院硕士研究生；指导老师韩亮、张华为兰州大学新闻与传播学院教师）

“我们还要跑下去”

——记临泽生态马拉松赛上的跑者

张洁琪　王洪梅

高玉飞不知道这次的马拉松是否还会像上次一样出现意外。一个月前的2019兰州国际马拉松赛，因跑至中途时脚意外受伤，他不得不减速，慢跑回终点。

早上七点二十九分，他站在临泽生态马拉松赛的跑道上，等待开赛的枪声响起。五点五十他出门的时候，就在下雨。雨越下越大，他越跑越兴奋。

临泽县隶属于甘肃省张掖市，地形特征为“两山夹一川”，南依祁连山，北临合黎山，中部是黑河水系冲积而成的平坦的走廊平原。这里气候干燥，降雨稀少，在马拉松开赛时恰逢下雨实属难得。

“从小我便喜欢淋着雨跑步，这样我的烦心事会被雨水冲刷掉，从而心情舒畅。”听到枪响，淋着河西走廊少有的持续性中雨，呛着戈壁滩五级的大风，高玉飞冲了出去。

与高玉飞一同冲出去的，还有三千多名马拉松参赛者。

“落后也要继续跑”

在离起点不到一千米处，单东琴推着小推车在雨中慢跑，推车上坐着自己两岁的女儿刘甜甜。她的儿子与她齐头并进，时不时回头看一眼自己的妹妹。她的丈夫则手拿一把未撑开的彩色雨伞，在后面不紧不慢地跟着。

这是单东琴全家第二次参加临马健康跑。2018年，刘甜甜是整个赛道上年龄最小的孩子，单东琴和丈夫轮流抱着她跑完全程，跑到终点时已是最后一名。这次，她们一家又远远落后于大部队。她时而推着坐在小推车上的女儿，时而抱着女儿，时而牵着走几步、跑几步又跳几步的女儿。

路边堆着跑者们为减轻负荷而丢弃的成堆的雨披，环卫工人正在打扫现场。雨越下越大，放眼望去，赛道上除了她们一家，已不见任何跑者。

单东琴一边抓着在雨中蹦蹦跳跳的女儿，一边喊着“一二一、一二一……”为女儿加油。“即使落后也要继续跑。”她丈夫笑着说。他们在风雨中有说有笑，尽管落后，但仍坚持向终点跑去。

“越来越爱跑”

高台跑者王开才在路上一刻不停地奔跑着。

路边的当地民众异常热情，他们将手中的小筐伸向赛道上的王开才，筐中是自己种的小西红柿和黄瓜。

临泽县光照充足，土壤肥沃，且处于黑河的灌溉之下，适宜西红柿、黄瓜等农作物的生长。除此之外，这里还盛产小枣。鲜枣肉质细脆，干枣果肉甘甜，临泽也因此被誉为“枣乡”。

王开才于2015年创办了乐跑团，把喜欢跑步及参加马拉松的爱好者聚集在一起，互相支持与鼓励。在他的感染和带动之下，跑团从刚开始的六七人，已发展壮大到现在的八十余人，涵盖了个体户、军人、老师、在校大学生等。跑团人虽不多，但活跃度非常高，有三十余人参加了一个月前的兰州国际马拉松，这次更是有四十余人参加了临泽生态马拉松比赛。

“一个人可以跑得很快，但一群人可以跑得很远。”和跑团中的成员一起参加马拉松比赛，王开才“越来越爱跑，越来越年轻，越来越受益”。当我们问到他想坚持多久，他坚定地说，他想与他的跑团一起跑到七十岁。

“放弃会更累”

李涛以2小时38分53秒的成绩跑完全程马拉松，第四位冲过终点线。

李涛最初决定跑步是出于减肥的目的。三年半来，他已参加了二十九场马拉松，以及大大小小的越野赛和登山赛。他通过跑步改变了自己，成功戒掉了烟瘾和酒瘾，并减肥二十斤，身体恢复了健康。同时他也带动了更多人加入跑马拉松的行列，从一个人到一群人，他的同行者越来越多。

此次全程马拉松从丹霞广场出发，途经汪家墩红军战斗旧址、梨园口战役纪念馆等地，红西路军曾在这里配合河东主力红军的作战，与十余倍于己的敌人浴血奋战七十余天。汪家墩红军战斗旧址前，穿着红军服的人们在放声歌唱。李涛来不及细听，匆匆跑了过去。

“前半段的上坡路段使我异常累，就连下坡时都难以加速。”李涛说道。他认为他成功的秘诀在于坚持。“坚持是我的信念，既然选择了，就要去努力，爬也要爬到终点。”当被问到他是如何感染他人的，他这样说道：“从健身房到赛场，从几公里到更远的距离，从不追求成绩到要求成绩，大家都是慢慢转变的。过程虽长但总会改变，人人都有求上进的心。”

李涛不想停止脚步，想一直跑下去，跑不动了就“佛系跑”，不看重成绩，参与就好。他还认为，坚持不仅要体现在跑马拉松的过程中，而且要作为一种信念体现在日常生活中。“当我们想放弃做一件事情的时候，一定要坚持，渡过眼前的难关，这之后就会很轻松。而如果当时真的放弃努力，即使停下脚步也会很累。”

第四次参加马拉松的高玉飞之前三次从未遇到过下雨天。他是西北师范大学体育学院的一名学生，主攻中长跑，每天跑步二十千米。

这次比赛很是顺利，开跑2小时48分56秒之后，高玉飞飞奔到终点。儿童时期引领他接触跑步的体育老师告诉他，只要自己跑得够快，跑步也是可以上电视的。这一直激励着他。如今，他的梦想早已实现，但他认为自己还要更加努力。跑步这么多年，他也说不清自己是怎么坚持过来的。“可能坚持跑步已经成为一个习惯了吧，坚持意味着自己是一个一直在努力的人。”

（作者为兰州大学新闻与传播学院硕士研究生；指导老师韩亮、张华为兰州大学新闻与传播学院教师）

“戈壁滩上的九年，我习惯、我喜欢”

——记航天城加油站站长张力

白杨　温晨钰　陈方涛

在巴丹吉林沙漠边缘，内蒙古额济纳旗与甘肃酒泉交界的戈壁滩上，有一座航天城加油站，对于司机来说，这是方圆七十里唯一的“绿洲”。

四十岁的张力是航天城加油站的站长，从2010年建站起他就来到这儿，带领着七位加油站职工日夜坚守在这里，以站为家，已经是第九个年头了。

像这样地处偏远戈壁的中石油加油站，在甘肃境内现在有15座。

“今天才31度，凉快着呢！”

7月15日下午一点钟，在张力站长的陪同下，经过将近四个小时的车程，记者终于到达航天城加油站。一下车我们就觉得热浪滚滚，风吹在脸上都烫得慌，这时却听到张站长与50岁的加油员纪军的一句对话：“今天才31度，凉快着呢！”

看见我们惊讶的表情，张站长解释道：“这里夏季常温大概38度，甚至高到45度，有时清早一看温度计就有34度了。”难怪今天在他们看来是个凉快天！

航天城加油站建在极端干燥缺水、狂风肆虐、夏天高温、冬天气温在−20 ℃的戈壁深处。在这里，他们没有空调、没有暖气，没有外卖、没有餐馆，甚至没有医院——他们只能顶着酷暑严寒坚守岗位；他们只能自己开灶做饭，终年以耐储存的土豆、白菜为主要蔬菜；他们不敢生病，医院在几十千米之外的县镇上，藿香正气水、绿豆汤便是这里能有的最好的解暑药了。

由于高温，对在这儿工作的人们来说，中暑是常有的事，纪军去年就两次中暑。“中了暑头晕目眩、浑身无力，可要遇着忙起来人手不够的时候，我们往往休息一会儿，觉得状况稍微好点儿就继续工作了。”

比起人员防暑，他们工作中更重要的一个环节就是要防止“车辆中暑”：高温天气里汽车特别容易爆胎，每次加完油，他们会不厌其烦地提醒司机立刻开车上路，想休息一定要到阴凉的地方停车。

在加油站的后面，蜿蜒流过的就是河西走廊上著名的黑河。这条河没有给他们带来可饮用的水源，却带来了成群结队的毒蚊子，被他们戏称为这里的“特产”。21岁的周小康已经在这儿工作、生活了整整三年，说起夏天，他由衷地感叹道：“真是两眼辛酸泪！40多度的天气，睡觉热得睡不着，直流汗，空调也没有，风扇吹也不起作用，蚊子又多，不敢开门。”

在这里，比高温更严峻的问题是极度的干旱。加油站建站时挖了一口水窖，他们全部的用水，都由十几千米外的酒泉卫星发射中心的部队供应，每次没水了由张站长去联络，等部队不忙时会拉来一车水，他们就先储存在加油站自己挖的水窖里，再汲到水箱使用。这些年，为过往路人供应热水的水箱由一个增至五个，水窖却还是只有一个。每一滴水，在这里都要千方百计地节省、计划着用。

也因为干旱，这里的冬天几乎见不到雪。今年初冬有天晚上，结束一天工作的张站长照例点开公司员工的微信群，打开笔记本记录一些工作上的通知。他一眼看去，今天没有通知，整个群里晒的都是各站点全员出动扫雪的照片。那一刻，他第一次感到寂寞——仿佛被全世界的雪抛弃了。多少年没见过下雪了！此时张站长多希望他们也能加入热火朝天的集体劳动中啊，多希望他们站也有扫雪的照片可以晒啊！然而，陪伴他的依然只有寒风刺骨、干燥无雪的漫漫冬日，以及戈壁滩上一览无余的星空。

那天，他披着大衣在屋外望了一宿的星空。最后，他觉得“加油站上的星空比雪还亮晶晶地美呢”。

尽管如此缺水，在加油站的一堵围墙边儿，却长着七八棵像是刚栽下的小树苗，没想到这些小白杨竟是张站长来这儿的第二年开春种的，已经长了八年了！张站长指着靠近水房的那棵树，“平常的洗菜水、洗脸水都浇给这棵小树了，你看它就长得大点儿”。他望向小白杨那爱惜的眼光里，有着对这里的生活最质朴的热爱。在全年降水总时长超不过半小时的干旱沙漠里，那瘦小的枝丫和那几簇小小的绿叶，像坚守在加油站的张站长一样，缓慢却坚定不移地生长、扎根，不禁令人肃然起敬。

关于加油站的另一堵围墙，也有故事。它见证了这里的风有多大。

记者在下午三点再次到达航天城加油站的时候，施工队正在加紧砌一堵新墙。今年3月，春季的沙尘暴如约而至，在一个大风呼号的夜里，一堵十多米长的结实的红砖水泥墙，“腾”的一声被风吹倒了。这堵墙倒下有四个月了，趁着这次施工才得以清理。张站长指着远处的建筑剩余材料和一辆旧汽车，解释起来：“在别处这些东西还值点儿钱，在这前不着村后不着店的地方啊，白给都没人愿意拉走。”

“在戈壁，光待着就不容易了”

航天基地的一位司令曾来看过这座加油站，看过在这里工作和生活的人们，他哽咽着说：“在戈壁，光待着就不容易了！”

而奇怪的是，在这里工作的人偏都扎下根来。目前航天城加油站有站长和加油员共八人，不仅张力站长一来便待了九年，连今年才21岁的周小康都待了三年，他们八人在大漠深处的这座加油站待过的年头，加在一起有二十七年了！

航天城加油站是从华北、东北进入新疆、西藏的联络节点，也是酒泉、嘉峪关通往酒泉卫星发射基地和内蒙古国家一级策克口岸的公路上重要的“驿站”；这里向北直通额济纳旗的胡杨林，每年国庆节开始有持续约二十天的旅游黄金期，加油站要服务大量的过往游客。

“因为位置重要又赶上‘十一’嘛，想到肯定会忙——但没想到这么忙！”张站长对加油站第一年的仓促、艰苦、忙碌记忆犹新。有多忙？排队加油的车动辄有五六百辆，能排出一千米的长队；加油站便利店光方便面一天就要卖出一千箱；日均汽油销量20吨，换算一下，这一天五位加油员和站长要服务大概700辆车，而加上来加油站休息吃饭的车辆，日经车辆应该在1500辆以上了。

服务如此大的车流量，他们要从早上六点一刻不停地忙到夜里十一点，午饭都是打时间差互相补位匆忙吃一口，又马上投入工作。每个人都知道必须打好配合战，快速引导车辆加油，然后再快速引导离开，稍有配合不到位，就会立刻造成拥堵，少不了费力疏通不说，甚至会引发争吵。由于要不停地解释、协调，张站长来这儿上班的第一天嗓子就哑了。

站里的汽油是从310千米外的酒泉运来的，一旦加油站没油了，就算道路顺畅，油罐车也得三个小时才能到达。好多司机急着赶路又不明情况，不停地质问为什么这里这么混乱，张站长和员工只能耐着性子一遍遍解释……很快，他们想出了一个法子，就是与酒泉片区总部随时保持联络，保证总有一罐车石油应急备用，这样既能不耽误赶路司机的行程，又能大大缓解与顾客的纠纷。张站长说，在最繁忙、条件又比较艰苦的那几年，每当遇到理解他们的顾客，听到一句“一路走来你们是秩序维持得最好的加油站了，不容易啊”，他们再苦再累付出再多，都觉得值了！

张站长清楚地记得第一年他们站的汽油销量就达到4900吨，随后他骄傲地说：“当时公司的目标是每年稳定出油5000吨，但我们第二年就卖到8300吨，第三年9300吨，到第四年都破万了，出油11300吨！”每一年的销量张站长都记得清清楚楚，他说，毕竟是自己从建站就投入心血的事业，怎么会不记得！

“以站为家”的中石油文化精神

“这是我们站里最老的员工，今年50岁，已经工作五年了！”张站长向我们介绍着身边的纪军师傅，语气里掩不住的骄傲。他们为加油站默默无闻地付出，彼此都看在眼里。纪军家在加油站附近，隔着20千米，1825天，每天他都是骑着电动车往返于加油站和家之间。早上八点上班，纪师傅一般不到六点就要从家出发，工作24个小时后，再骑着电动车回去。所以他的一个工作时长就变成了26个小时。他和家人的生活轨迹总是交叉在两个时空，家人熟睡的清早，他静静地出发了，家人熟睡的夜晚，他又悄悄地回来、悄悄地吃点饭后再悄悄地休息——五年，他们就像太阳和月亮总碰不着面儿。

而在纪军眼里，“他不仅是站长，还是后勤保障部部长，他自己总说‘站长就是要站着’”。航天城加油站地处周围没有任何资源设施的沙漠地带，因其对于酒泉卫星发射中心的重要作用，所以是由酒泉卫星发射中心的部队直管——这中间的接洽、汇报、联络诸多事宜，甚至于水电供应、食材购买等大大小小的事，真少不了这位从建站就来到这儿、多年来和部队建立起深厚友谊与信赖的老站长。这也是张站长在这儿待了一年又一年，却越来越不能离开的原因之一。

从2019年6月21日起，航天城加油站开始进行双层罐防渗漏改造以及便利店店面升级的改建工作，预计到8月10日完成改建继续营业。现在只有站长和50岁的老职工纪军留在本站监督日常的施工，其余五位年轻的加油员被抽调到酒泉片区各加油站继续工作。

周小康被调到金胡杨加油站，担任流动加油车的加油员，加油员的工作制是上一休一，即上24小时休24小时。7月16日，记者抓住周小康下班的空档时间，通过微信了解到：离开航天城加油站将近一个月，他还是很想回来，他说的原话是“想家了”。尽管还是一个小青年，尽管说起航天城加油站艰苦的条件时会“两眼辛酸泪”，可到底他却吃得下这苦、咽得下这泪——三年，他没有逃，他把这儿当家了！

以站为家，这是中石油倡导的企业文化精神。

在戈壁深处航天城加油站工作的人们，更是如此。2010年10月，张力30岁了，从17岁起同父亲一起在油库工作，他已经工作十三年了，当站长都有八年了——正是年轻有为、前途远大的时候，公司领导点兵点将，决定让张力去担任航天城加油站的站长。“说起来也真是缘分啊。”张力还记得在调到这里工作前，有一次他出差路过，看着孤零零矗立在戈壁滩上的这座加油站，震惊地说：“谁来这儿工作可真是疯了！”

几天后，接到公司调遣通知的张力，却没犹豫就来了。他了解到这座加油站地理位置的重要，了解到这里肩负着保障航天基地工作者及家属车辆日常出行用油的重任，他觉得公司的信任和这份重任义不容辞。那一年，他的小孩不：4岁，如今，小孩已经11岁了——这没能陪伴孩子成长的九年，是他与戈壁沙漠日夜相守的九年，航天城加油站成了他再也放不下的家。

这次加油站改造过后，加油站便利店物品供应会更齐全，储油加油设备更加安全，站顶棚上加设了应急灯，还规划新盖了环保厕所。也许，在别人看来，这大漠依旧荒凉，但在张站长眼里，他们大漠里的加油站却今非昔比、越来越好了。

后记

记者离开航天城加油站六天后，7月21日，陆续收到了原属本站现调到其他各站点的加油员工作现场的照片。此刻他们散在各处，在各自新的岗位上继续奋战，再过20天这里改建完成，大家还回来工作。他们仿佛构成了另一个看不见的动人现场，与“留守”在航天城加油站的张站长、纪军师傅遥相呼应，时空重叠，仿佛一个有力量的声音，就像21岁却已在这儿整整住了三年的周小康说的，“想家”。

如今，张力站长的父亲已经74岁，母亲也已经70岁了。这些年在航天城加油站工作，不忙的时候每个月还能回去一趟看看二老，忙起来那就三四个月都回不去了。未来，他还要在这儿坚守多久，他没有答案，他只知道，自己热爱这个地方，热爱他的工作，用他自己的话说：“戈壁滩上的九年，我习惯、我喜欢。”

（作者为兰州大学新闻与传播学院硕士研究生；指导老师韩亮、张华为兰州大学新闻与传播学院教师）

73岁的孙进仁：要把酒泉民间小调唱下去，传下去

李卓航　袁祥　孔祥宇

“九岁那就小呐十岁大呀，伶伶二九罗嘞，二九伶伶二九罗哎……”时隔多年，孙进仁老先生再一次唱起了贯穿他大半生的曲调。

十米见方的土坯房，简陋掉漆的桌面，泛黄泛黑的坐席床单，孙进仁坐在塌陷的沙发上用力地唱着。三分多钟的曲调，孙进仁因咳嗽不得不暂停了五六次。尽管手掌内仍留存着年轻时拉二胡磨出的茧子，但他却再也无法如年轻时那般表演出完整的酒泉民间小调了。

“我呐，一唱它我就拉不上啊。”孙进仁虽是笑着说，灰黑的眼瞳中却掩不住失落。孙进仁已73岁高龄，年龄带来的种种不便使他唱歌时无法协调双手进行二胡的拉奏，完成边唱边奏的民间小调。如今这不长的曲子，孙进仁老先生要很费力才能唱完。

孙进仁表演酒泉民间小调　　孔祥宇　摄

孙进仁是酒泉民间小调的传承人。酒泉民间小调是根据酒泉特色、地方民俗编出来的小曲子，以酒泉方言演唱、二胡伴奏的形式进行表演，主要曲目有《女寡妇上坟》《刮黄风》《酒泉城》

等。它的编词都是口口相传，没有书面形式，词的源头已无从查证。

在田埂上与小调相遇

1961年，小学毕业后的孙进仁在甘肃省酒泉市东洞乡石灰窑村务农，一年后中共八届十中全会通过了《农村人民公社工作条例》，要求各地组成生产队进行耕作，石灰窑村也顺应政策完成了人民公社化。孙进仁由此进入生产队务农生产。恰是在这里，孙进仁接触到了酒泉民间小调。

1964年他18岁，某天在队员们辛苦劳作的时候，一声醇厚曲折的唱调自田埂上响起，丰富而又接地气的小调一下引起了孙进仁的兴趣。

孙进仁注意到这个吸引他的小曲子是由同一生产队的一位喂牛的老人唱的，老人一般都在喂牛的时候唱，于是孙进仁算准时间每天去蹲守。

“当时识字不多，喜欢、想学就专门过去听去嘞，听了之后跟他开始学了，他唱我就跟上哼哼，慢慢就学会了。二胡也是跟上老人家学的，他拉就跟着拉，自己摸索着就学会了。”说起这段回忆时，孙进仁微微地笑着：“那时候哪会想着文化传承咯、发扬光大咯，凭的都是兴趣。”

酒泉民间小调的上一代传承者已过世多年，他如孙进仁一样也是一位农民，都未接受过正规教育，因此不认识汉字，是典型的文盲。孙进仁学习酒泉民间小调时都是依靠口口相传的方式，根据上一代传承人的发音与演奏技巧，一点点自行摸索学来。

小曲调哼上大舞台

1979年，孙进仁从市区的乐器公司买了第一把二胡，那时的乐器对于农民来说是一种奢侈品，拿到二胡，他兴奋得一整晚没睡着觉。

“那之后他行走都拿着二胡不离身，干活干着要歇歇就拿出来拉。”孙进仁的妻子说。

拉得久了，乡里乡外都知道了孙进仁这么一号人物。逢年过节也开始邀请孙进仁进行演出。孙进仁演出从来不收费，当被问及为什么不收费时，孙进仁说：“这民间小调就是逢年过节作为一种风俗文化的节目啦，那时候没有看电视这些娱乐项目，拿这些小曲作乐，这有啥子可收钱的？那老一辈不也就图个乐吗？”

孙进仁的名气因为小调越来越大，肃州区政府也知道了他这样一位民间小调继承者。2001年5月，孙进仁作为本村代表先后参加了肃州区和酒泉市的文艺调演，并获得了肃州区文化体育局、肃州区文化馆联合授予的"文化能人"称号。"文化能人"的奖牌一直被孙进仁摆放在家中最显眼的地方。

暮年遇传承困境

2008年后，孙进仁的身体状况每况愈下，几十年的劳作早已压弯了他的身躯，听力和眼神也都已不好使。

可他不愿服老，总觉得自己还能拉，还能唱。残酷的现实又摆在他的面前，牙齿掉落，抓琴弓的手会颤抖。

"老了，唱不了了，那这些小曲儿咋办?"孙进仁很发愁。

孙进仁第一个想到的继承人是自己的儿子，但儿子不与自己住一起，隔得远，家里也忙，对于继承孙进仁的技艺没有兴趣。农民都是靠着一身力气吃饭，仅干农活已是十分疲劳，哪有时间在什么小调小曲上下功夫?

如今，村里的大多数年轻人选择进城务工，留在村子里的都是一些住习惯这里不愿意走的老人，少有的年轻人也是能力有限，只能留在村中种田。这些年轻人都与孙进仁的儿子一样，劳作于田埂之间已十分操劳，且互联网带来的娱乐内容极大地满足了他们的文化生活，因而对单一老旧的小调失去了兴趣。四处寻下来，竟没人能将这门技艺传下去了。

"那时是怕成了最后一个唱小调的，现在也是唱一天少一天了。"

孙进仁步入了暮年，陪了他一辈子的小曲似乎也要陪着他一起步入暮年了。

"老了，心烦得很，没心去拉了，没办法拉了。"孙进仁说。

曙光

我们见到孙进仁老人时，他的二胡已经蒙尘多年。孙进仁老人的妻子取出这把二胡时，琴弓上的弓毛断裂毛糙，琴弦也已十年没换了。但是多年未拉，他仍能记住旋律与歌词。

近年来东洞乡政府对于传统文化的重视不断加强，建立了东洞乡石灰窑村非物质文化遗产传习所，并将小调传承人孙进仁的情况反映给上级政府，由人社局前来调查情况，并以"河西民歌·肃州"为名将酒泉民间小调列入省级非物质文化遗产保护名录。酒泉文化馆了解情况后也在努力说服孙进仁的儿子学习小调，继承这项酒泉特有的民间文化。

悠久的历史，广袤的地域，独特的地理位置，多民族聚居，造就了酒泉文化生态的多样性。目前，酒泉市肃州区非物质文化遗产共有17类71项，且多分布于乡村之中。2012年8月，肃州区非物质文化遗产展览馆由肃州区文化馆改造建成，着力收集和保护各乡镇非物质文化遗产。但正如酒泉民间小调所面临的困境一样，众多失去了原有生存土壤和社会环境的非物质文化遗产很难传承下去，更多的是依靠申报项目的方式得以留存。

告别时，孙进仁老先生颤颤巍巍地撑着沙发坐起身，送我们走出了破败老旧的屋子。季夏日光正烈，阳光下的农村小道欣欣向荣，将屋内外隔成两个世界。老先生笑着与我们告别，皱纹在他脸上刻下深深的沟壑，仿若时代变革的印记。不知道酒泉民间小调能否在西北的这片土地上再次响起，用它醇厚、悠长的曲调继续温暖这片土地上的人。

（作者为兰州大学新闻与传播学院本科生；指导老师韩亮、张华为兰州大学新闻与传播学院教师）

半个多世纪，上台是演员，下地是农民

——记方秀兰和她的银达剧团

彭远方　刘欢

“丁零——”7月中旬的一个炎热午后，我们正在拨打方秀兰的电话，耳旁同时传来铃声。手里的电话还来不及挂断，我们便撞上了她笑盈盈的脸。跟着方秀兰的脚步上楼后，我们被邀请到了客厅的软沙发上坐着，方秀兰则自己找了一把硬椅子与我们相面坐下。

“20世纪90年代的时候，别人都说我们银达的节目可攒劲（精彩）了，银达的节目什么时候看都看不烦，看不厌。”从13岁参演的《红灯记》到67岁参与的甘肃省酒泉市肃州区合唱队，方秀兰最挂念的，还是她的剧团。

窗外的阳光透过几盆植物间的缝隙照射进来，在地板上映出点点光斑。方秀兰老人坐在门口，用淳朴的酒泉口音诉说着她与银达剧团的风风雨雨，眼睛里闪烁着激动的光芒。

榆树上唱歌的丫头要留下来

“哎哟，这头过去那个树上有个丫头子唱得好得很！”方秀兰从小在银达村长大，上小学的时候就进入了学校宣传队。在放学后的空闲时间，她总喜欢爬到榆树上，逮着树叶子就开始用大大的嗓门唱，旁边走动的村民慢慢将这个“在树上唱歌的丫头子”传开了。

榆树的枝丫一年一年长，唱歌的丫头在13岁的年纪就参演了著名的样板戏《红灯记》。彼时的方秀兰已经是村里宣传队的一员。

"当时村上的宣传队不让村里的女孩子外嫁，"方秀兰回忆道，"我是第一个。"当时的银达村明令不让方秀兰外嫁，"这个丫头还行，将来要留下来，不准嫁出去"。

丫头留了下来，主演了银达艺术团的三部招牌样板戏，担任了银达艺术团的副团长，一度当选为全国"三八红旗手"、甘肃省"三八红旗手"，曾任第八届甘肃省人大代表，深受当地人民的欢迎。

1997年10月15日是"世界农村妇女日"，方秀兰从超过100名候选人当中脱颖而出，获得了由世界妇女高峰基金会（Women's World Summit Foundation）授予的"农村妇女生活创造奖"（Prize for Women's Creativity in RuralLife），这个奖项当年只选出了33名获奖者，其中中国获奖者5名，位于西北地区的2名，她就是其中之一。

但方秀兰从不主动提及自己获得的荣誉。

"我是农民出身，我特别特别低调，因为我是最基层的，我不张扬，"方秀兰反复强调，"我就是个农民。"方秀兰拿出了她装着厚厚一沓荣誉证书的袋子，从中小心翼翼地抽出了她鲜少展示与别人的联合国获奖证书给我们看，"别人不问，我不会说的"。联合国给予的500美元奖金被方秀兰捐给了中国妇女儿童基金会，她手上只留下了联合国的一纸纪念。

方秀兰一直秉持着"下地是农民，上台是演员"的理念，一人分饰民间戏剧表演家与普通农民两个角色：干农活时，是家里的顶梁柱；在剧团唱戏时，是银达村的"台柱子"。

她在自家田里种洋葱之类的经济作物，还在新疆置办了养鸡场。"那个时候下地干活，晒得一脱一层皮。"方秀兰一边说一边捋着她的手臂。因为常年下地干农活，她的手掌关节粗大，虎口之间有一层厚厚的老茧。

"喜欢唱戏，一辈子就这么个爱好。"方秀兰没有接受过专业的戏剧教育，小的时候在村里的文化能人李培喜的耳濡目染下喜欢上了唱歌，再后来到剧团唱戏，这一唱，就唱到了花甲之年。

方秀兰为我们现场表演《摔罐》　　刘欢　摄

银达村村委会副主任、银达艺术团现任领头人党翠芳说：“方姨在我们剧团里面可以说是一位德高望重、德艺双馨的老人。”

因为戏剧中的台词主要是农民生活化的语言，看了方秀兰表演的观众无不流下眼泪，连连鼓掌。

在谈及她主演的小陇剧《摔罐》时，方秀兰为我们现场表演了一小段。“老来难，老来难，老病啊，缠身……”娴熟地架起右手的姿势，不需要清嗓，凝重的表情一秒到位，方秀兰饱含情感的陇腔在不足8平方米的小客厅里回荡着。

“唱戏的感觉，就是自己找自己。”方秀兰对记者说。

“大家心特别齐，齐得很”

“大家都亲切地说‘方姐来啦！’”方秀兰哑然大笑，“两年前我带着蛋糕、水果看望大家，‘哦哟！方姐提着好吃的来了，知道我们今天吃不上饭了！’”我们被老人的笑容感染，也一起笑了起来。

令方秀兰念念不忘的“剧团”，是20世纪50年代后逐渐发展起来的甘肃省酒泉市银达乡银达村艺术团，至今已有半个多世纪的历史。

银达艺术团有三个“攒劲”的好戏：《背着妈妈上大学》《洞房花烛夜》和《摔罐》。其中方秀兰给我们表演的《摔罐》，讲述了三代婆婆之间的故事。在1996年于银达开展的全国文化交流工作会上，《摔罐》被领导一眼看中。2001年，《摔罐》获得了全国第十一届“群星奖”戏剧类银奖，十多年来都是农民业余戏剧作品的标杆。

“我在《摔罐》里演的是中婆婆，很威的。”戏里是性格要强的中婆婆，戏外的方秀兰在剧团里也很“威”。作为副团长，方秀兰对剧团成员的训练要求很严格，会训斥不听话的后生，但是后生们没有一个不尊敬她的。

党翠芳在提及与方秀兰在《背着妈妈上大学》的合作时，也表示她们合作得非常愉快，她和剧团的成员在方秀兰身上学到了表演，也学到了为人处世的一些道理。

“平时我们就也像是母女关系一样，因为方姨非常地热心，对我的工作也非常地支持，我非常地敬重她。”党翠芳对记者说。

“那个时候我是人大代表，我老汉是银达村村长，我老汉从不贪公家一分钱，不收礼，今个晚上给我送过来，明个晚上我就给你送回去。好好当，清清白白，我的脾气就这，我的孩子也是这样。”

方秀兰在剧团52年，能够得到成员和观众的广泛认可，靠的是精湛的表演技艺和正直磊落的人格魅力。

在谈及与银达剧团的感情时，窗外的光线已经暗了下来，窗台上放置着盆栽，黄昏的气息穿过叶子间的缝隙弥漫了整个小屋，小屋内一时间寂静无声。坐在小屋的门口，合着双手的老人，眼眸被浓浓的思念装满，眼中泛着一丝泪光。

据方秀兰回忆，有天晚上剧团的几个老戏骨都跑到她家里，原来当天她的表哥因交通事故去世。因为当天方秀兰还有两个小时的重要演出，大家怕影响她的状态，都还未来得及告诉她。待到演出结束后，大家才告诉她这个消息，一起陪伴她。当时晚上在《洞房花烛夜》里饰演儿子的男孩子在排练的时候一直不敢看她的脸，“我当时对他还特别凶，我说‘你咋搞的’，他当时心里明白情况，怕我知道事情难受，就一直不敢看我的脸，生怕我知道。”老人说到这里双手拍着大腿，声音哽咽。

“大家心特别齐，齐得很。”

“别人演出都是一身上下一整套的，我们银达没有啊，我们都是自己做的衣服啊。但是表演节目没有能比得过我们的！”银达剧团在没有工资、津贴的情况下，毅然扛起了银达乡的文艺大旗。

半个多世纪过去了，银达剧团已经是“银达文化之乡”的牌匾上一颗耀眼的明珠。“文化的发展，很重要的一个作用就是凝聚人心，服务于美丽乡村的建设。”银达镇党总支部书记王建军总结道。

咱们银达文化乡的这杆旗要一代代传下去

这片孕育了方秀兰和银达剧团的土地上，有个了不起的文化开场。

1955年，毛主席在《酒泉县银达乡是怎样进行农民业余文化教育的》一文中下了按语，肯定了银达乡农民办夜校、学文化的做法。一时间，举国上下掀起了轰轰烈烈的扫盲运动。

“在那个年代，主席亲自表扬了，对村民来说是极大的鼓舞。”王建军书记说。文化信心树立起来了，银达乡先后涌现了“为学一个字，耐受半夜寒”“八旬奶奶学文化”的先进典型。

在扫盲运动的同时，银达乡同步展开了丰富多彩的群众文化活动，银达村农民业余艺术团应运而生。《夫妻识字》《红布条》《红灯记》等原汁原味的农民戏剧节目，唱遍了广袤的原野，唱活了静谧的村庄，展现了银达乡农民“田间地头学文艺”的生动场景。

现在，观看艺术团排演的节目已经成为村民日常生活必不可少的一部分。如果团里不表演节目了，村民们首先不答应。

村民们对剧团的认可度非常高。剧团一有演出，四五百人的剧场都坐得满满的，还有许多人站在剧场里面看。

“文艺活动是银达的一个传统习惯，别的村办这些就难得很，我们村就不难，”方秀兰双手竖起了大拇指，“广场舞比赛六七十号人，男队长、妇女队长都参加了。”在2019年5月的“‘印象天镠城’走进最美乡村·乐享戈壁采摘文化旅游节”广场舞大赛中，党翠芳亲自组织和参与了银达镇的比赛，她所在的队伍摘得了此次大赛的二等奖。

银达剧团的人，始终发扬着“银达精神”——奉献。党翠芳说：“虽然有的时候没有报酬，但是他们还是加班加点，一有休息时间都会来参加排练。”

银达的许多人都和方秀兰、党翠芳一样，是一边干农活一边搞文艺的农民。在排演节目的每一天，他们白天手拿锄头，耕耘出银达欣欣向荣的银达新农业；夜晚他们聚集在镇里的文化站、村里的文化室，延续着银达的文化传统，传承着银达精神。

要把银达的文化传承下去的意识已经深深地扎根在银达人的心里。

“我和领导说，‘赶紧培养下一代人，一定要重视这件事情！’唱戏不能后继无人。”方秀兰已经退出剧团表演两年，现在在剧团负责艺术指导的工作。

20世纪80年代的时候，银达乡每年都会在12月26日开展纪念庆祝活动，“26号是毛主席诞辰，27日是毛主席下按语的时间，刚好我们就把这两个重要的日子结合起来。”王书记指着银达镇的毛主席雕像说道。

20世纪90年代，银达村开始探索“党建＋文化”的道路，成立了文艺骨干党支部。党翠芳被任命为文艺骨干党支部书记后，除了不断加强自身的学习，更是肩负起了领头培养新型文化人才的责任。

党翠芳表示，当发现好苗子时，剧团就会把他吸收进来。每当有新人被吸收，文艺骨干党支部会对其进行思想上和业务上的培训。目前，银达镇文艺骨干党支部已有20名党员。

在硬件设施方面，银达的镇、村、组三级文化设施配套率已达到100%，基本形成了覆盖整个镇的文化网络。文化基础设施的运行与修缮费用由肃州区政府提供。

2003年，银达镇文化站被中宣部、文化部评为“全国服务农村服务基层文化工作先进集体”；2011年，被甘肃省文化厅命名为“甘肃省文化艺术之乡”。据统计，银达镇现有农民业余艺术团自编地方戏21种，共计160多部，创新传统社火25种，民间曲艺11种；独有的“二鬼打架”“灯笼社火”等民间艺术被列入甘肃省非物质文化遗产保护名录；《洞房花烛夜》获甘肃省“五个一工程”创作优秀奖。

银达文化走到今天，从最初的扫盲运动发展到现在的精神盛宴，靠的是党与群众的文化坚持、文化自信与文化自觉。

“以前是送文化下乡，我们现在不一样了，我们是送文化进城。”银达镇党委组织委员、党政办主任王君元说。

“咱们银达文化的这杆旗不能倒下，一代传一代，我们要好好地干好文化这一块。”方秀兰语气坚定地说。

跟着方秀兰回忆的脚步，她和银达剧团的峥嵘岁月浮现在我们的脑海里，久久挥之不去。

我们拦住了她继续往下走的步伐，她停在了第三个台阶上。她站在那里，右手颤抖地扶着栏杆，用含着笑意与泪光的双眼目送着我们。

再下一个台阶，方秀兰的脸庞就会完全消失在我们的视野里。楼上的方秀兰和楼下的我们，忘不了彼此的脸庞。

（作者为兰州大学新闻与传播学院本科生；指导老师韩亮、张华为兰州大学新闻与传播学院教师）

创业记：
“90后”大学生回乡　戈壁滩上做“新农民”

王琪琪

“刘世雄？刘世雄！肯定是又在放歌听了！”罗大姐走在前头一边带路，一边掀开蔬菜大棚的门帘。2019年7月14日上午，记者来到位于甘肃省酒泉市的东洞戈壁生态农业产业园。罗大姐是这座产业园的一名授粉工，她带我们来找的刘世雄是产业园里少见的“90后”农夫，也是罗大姐的雇主。“他跟你们一样，都是大学生呢，这边四座大棚都是他家的。”正说着话，一个皮肤黝黑、体型清瘦的小伙子映入眼帘——绿色工装外套、蓝色牛仔裤，一边给黄瓜花授粉，裤兜里的手机还大声播放着五月天的《倔强》——这便是刘世雄了。

月收入过万的“城市青年”

三年前的这个时候，22岁的刘世雄从湖北襄阳某所大专院校毕业，彼时的他，恐怕没有想到大学毕业后还会回到家乡做回农民。“当时在学校学的是汽车专业，毕业后先去了上海实习，后来到武汉，在一家中外合资企业找了份相关工作。”

回忆起上一份工作，刘世雄对汽车行业的各种名词张口就来，钣金、油漆、机修、电路、汽车改装、汽车保险……刘世雄说这是一个完整的产业链。从2017年初到2018年10月，一年多的时间，刘世雄从普通的车间工人，做到了工段长，平均下来月薪能拿到一万块钱，“临过年的那一个月，能拿到两三万”。

但在2018年10月，刘世雄放弃了这个很多毕业生眼里的高薪工作，用他的原话说，“工作太按部就班，感觉自己就是个小螺丝钉，做到后来没有什么挑战性，有些事情干熟悉了闭着眼睛都能干”。

大棚内给黄瓜授粉的刘世雄　　王琪琪　摄

每天的工作都是重复而又机械的，在标准化生产的车间里，不仅生产出的汽车是一模一样的，就连生产线上的员工，也是一模一样的。

回乡，到戈壁滩做个农民

刘世雄的家在甘肃省酒泉市东洞镇四号村，站在村里往南望去，是绵延东西的祁连山脉，冬天这里是雪山，到了夏天，山上的雪融化后流下来，便成了灌溉农田的生命源泉。刘世雄自小在这里长大，他的父亲在雪山下种了二十多年的大田，受地理环境的影响，这里一年仅能收一茬粮食。在村子的不远处，有一大片被当地人称作东洞戈壁的戈壁滩，在刘世雄印象中，从他记事起这里一直非常荒芜，近几年虽然有所改善，但因为戈壁滩上满是沙石，东洞戈壁一直没有得到好的利用。

2018年7月，湖北省大部地区气温上升至37 ℃以上，局部地区达40 ℃左右。在外地工作的刘世雄，趁公司放高温假的时间回了趟家。路过东洞戈壁时，刘世雄意外地发现，昔日空旷的戈壁滩上出现了一排排钢架结构，“打听了一下，才知道戈壁滩上要开始建大棚了”。

戈壁农业、无土栽培、滴灌技术……一个个技术名词吸引着24岁的刘世雄，作为戈壁滩上长大的孩子，农民的儿子，刘世雄说自己从小梦想这片戈壁上能布满绿色，“大棚里种菜也是绿色”，小时候的梦想眼看要成真了，刘世雄暗暗在心底问自己：我是不是也能做些什么？

投身戈壁农业的想法渐渐生了根，刘世雄也得到了家人的支持。2018

年10月，回到武汉三个月后，刘世雄辞去月薪过万的工作，回到家乡承包了东洞戈壁生态农业产业园的两座大棚。

创业不易：戈壁“新农民”不好当

“回来搞大棚之后，晒黑了不少，也不怎么注意个人形象了，要知道今天有记者来采访，我应该好好洗洗脸的。”刘世雄边给黄瓜花授粉，边笑着说。7月的酒泉天气炎热，白天漫长，密闭的温室大棚里更是酷热难耐，刘世雄家的大棚里种着黄瓜和圆椒，这是承包大棚以来种植的第二茬农作物。最近正是这两种植物开花授粉的日子，最后的产量就取决于这几天授粉的质量。除了雇来的几名授粉工，为了节省成本，刘家人也齐齐上阵。刘世雄说，自己已经连续好几天没睡过一个囫囵觉了。

“比较难熬的还有去年冬天，下大雪的时候，一大早就得起来到大棚上扫雪，要赶在太阳出来之前扫完。”刘世雄说，那几天自己六点多就起来扫雪，扫得慢了雪就融化粘在大棚上了，大棚里的农作物一直见不到太阳也会被冻坏。因为雪下得厚，穿棉鞋不方便，刘世雄只能穿胶鞋，雪扫完了，脚也被冻伤了。

戈壁“新农民”没那么好做。资金、技术、管理……各个方面都需要操心，刘世雄说，从去年回来以后，自己基本天天待在大棚里，看起来高大上的事业，真正开始干了之后才发现，到处都有新问题。“没办法，创业不容易，以前给别人打工，可能还会想着偷个懒，现在给自己打工，偷了懒算谁的呢?”

身边的大部分同龄人都在城市工作，被问到有没有想过放弃时，刘世雄开玩笑说，冬天扫雪和现在授粉的时候都想到过，因为实在是太累了。不过玩笑归玩笑，刘世雄表现出来的心态格外好，“自己是有心理准备的，得到一些就会相应地失去一些，挣的就是别人不想挣的钱，干的就是别人不想干的活”。

渐入佳境：成长就是不断“交学费”

体力上的劳累仅是一方面，对刘世雄而言，更大的挑战是技术的生疏和资金上的困难。一切技术都是回来之后现学的，虽然产业园内会有一些技术专家指导，刘世雄也参加过相关的技术培训，曾去外地考察，但回到实际操作中，难免要走一些弯路。

“之前没想过会有那么多病虫害，按照老一辈的经验，有了虫害，治就行了，但温室不一样，防比治更重要，防不住会对产量造成很大影响。”

和父辈在种植观念上的冲突也是经常的事。刘世雄受过高等教育，出生在互联网时代，哪怕是种地也喜欢上网学习，和一些农业交流群里的人交流。

“去年种西红柿的时候，我了解到使用磷酸二氢钾和葡萄糖可以增加番茄甜度。”但跃跃欲试的刘世雄遭到了父亲的阻拦，在刘父的种植经验里，这些配方“不太靠谱”，也不值得相信。“毕竟他种了二十多年的地了，他有自己的一套经验，两个人肯定会有矛盾。”

好在种植经验在父子二人的相互磨合中积累起来，虽然去年温室西红柿的收入比预期低，大棚投入回本的时间也比预期要长，但刘世雄称这为“交学费”，“遇到问题，花费时间、金钱、精力去解决，下一次就知道了，花钱买教训嘛”。

除了已经投入使用的两个温室，刘世雄和父亲又承包下了两个正在建设中的温室，预计今年就可以完工投入使用了。戈壁温室种植渐渐走上正轨，刘世雄说，下一步，他希望可以实现订单式、标准化生产，让自己和家人过上更好的生活。

酒泉市位于河西走廊最西端，是典型的戈壁绿洲地区，境内耕地和绿地资源稀少，戈壁荒滩等未利用土地达1134.2万公顷，占全市总面积的67.4%。据《酒泉市戈壁生态农业发展总体规划（2018—2022年）》，酒泉市政府规划到2022年全市新建高标准戈壁设施农业20万亩。

（作者是兰州大学新闻与传播学院硕士研究生；指导老师韩亮、张华为兰州大学新闻与传播学院教师）

从一个人到一群人

——记临泽生态马拉松赛上的兰州大学跑者

张洁琪　王洪梅　申欢

大雨中，兰州大学新闻与传播学院教师张华高举一面校旗向2019临泽生态马拉松赛的起点走去。

这面旗是一个月前他参加2019兰州国际马拉松赛的时候作为“兰大跑团”的旗手得来的。当时，他举着这面校旗跑完了21.0975千米。

恰逢兰州大学110周年校庆之际，来自天南海北的1169名兰大人相约兰州国际马拉松赛，组成“兰大跑团”。在“兰大跑团”奔赴兰州国际马拉松之际，兰州大学也启动了“逐梦兰图”——110年校庆全球校友接力跑活动，传递“自强不息、独树一帜”的精神，助力百十校庆，献礼中华人民共和国成立70周年。

一个月后，临泽生态马拉松赛拉开帷幕。临泽生态马拉松赛于2015年首次举办，已迎来了第五届赛事，并于2019年3月荣获中国田径协会“银牌赛事”“自然生态特色赛事”两项殊荣。今年，有3472名跑者参与了这场比赛。

参加完首站“全球校友接力跑活动”的张华，举着校旗，开始了一个人的“接力跑”。他将这面旗从兰州带到临泽，开始了自己第二场半程马拉松。没想到，几位兰州大学的老师因为这面旗而向他靠拢。

“我没想到这面旗会将天南海北的兰大人聚集在一起。”张华颇为意外。

“我很庆幸，也很自豪”

兰州大学第一医院的张茹老师最先发现这面旗。

这是张茹第一次参加马拉松，为保守起见，她报了5千米的健康跑。她平时喜欢慢跑、游泳以及打羽毛球，她认为规律地运动是一种很健康的生活方式。“运动中产生的多巴胺会让人心情大好、心态端正，使我更加热爱工作和生活。”

临泽县地处甘肃省河西走廊中部，南依祁连山，北毗合黎山，发源于祁连山北麓的黑河是临泽县生活、工业用水的主要水源。这里气候干燥，降雨稀少，却已连续两年在马拉松开赛之际下雨。

在风雨中，张茹看到了兰州大学的校旗，感受到了不一样的亲切和温暖。“我是一名兰大一院的医务工作者，工作至今十个年头，一直在兰大的光辉下生活，作为兰大人我感觉到很庆幸，亦很自豪。”张茹说道。

“我感受到了兰大的凝聚力”

刘瑞生在张茹之后也来到校旗这里。

刘瑞生同样是兰州大学第一医院的一名老师，自从2003年来到兰大读研，他再也没有离开过兰大。他们同是兰大“奔跑的医者”跑团成员。

“奔跑的医者”跑团成员主要是兰州大学第一医院的老师，他们因为同样爱好跑步而结缘。他们平时都在医院临床一线忙碌着，为抢救病人而不停奔波，在家接到电话也得立即赶到医院去抢救病人。工作性质决定了他们在平时运动量都会比较大，基本上每天都会走一两万步，而且走路速度特别快，一直处于小跑状态。

作为一名心血管外科医生，刘瑞生经常做六七个小时的手术，在科里一度被称为“铁人”。繁忙的工作之余，刘瑞生选择通过跑步、骑自行车等活动愉悦身心。他每隔一两天便会出现在兰州大学医学院的操场上，跑10千米。

“在雨中跑马拉松特别过瘾，我对自己的成绩也很满意，也感受到了兰大的凝聚力。我也希望我们兰大在以后的马拉松能以团体的形式报名，一起参赛。”参加完人生第一场马拉松的刘瑞生感慨道。

“我想扩大兰大的影响力”

同在兰州大学第一医院工作的谢憬老师没有看到校友聚集合影的一幕。当她跑完半程马拉松坐在摆渡车上的时候，在微信群中看到了兰州大学教师撑起校旗合影的照片，感到异常亲切。

谢憬以第八名的成绩跑完人生第一场半程马拉松。她每天都会很早起来跑步，她认为通过跑步可以调整自己的心情，让自己以积极的态度去影响周围的同事或病患。“毕竟平时在医院抢救病人，不是每一例手术都会百分之百成功，也有让人非常沮丧的时候。”“我们长时间无法间断的工作就像马拉松。”谢憬这样评价她的工作与马拉松的联系，“马拉松跑到十五六公里时是疲惫期，体能会跟不上，但这时一定要坚持，努力到最后，直至到达终点。在工作中，有时我们会从早上奋战到凌晨一两点，即使在体力不支的时候也要坚持下去，尽职尽责地完成自己的本职工作。这时就像跑马拉松一样，要坚持，要争取，要尽力。”

看到大家因校旗而凝聚在一起，谢憬萌生了制作“奔跑的医者”跑团团服的念头。她希望借此提高团队的凝聚力，更希望扩大兰大的影响力。“尽管我们并不是马拉松官方医疗团队中的一员，但只要有人需要我们，我们很愿意奉献出我们这种青春活力，用自己的力量帮助更多的人，也希望以此来提高兰大一院以及兰大的影响力。”

开跑2小时3分18秒之后，张华跑到了半程马拉松的终点。

参加马拉松是张华继踢足球和骑山地自行车后的又一爱好。今年，他还报了成都马拉松在内的几场不同的马拉松，他将带着这面校旗继续奔跑。

这场马拉松结束后，兰大一院的老师们并未过多休息，而是即刻启程，继续自己的工作，因为另外一场“马拉松”还等着张华和他的学生们。

这是2019年兰州大学新闻与传播学院暑期“新闻学子重走‘中国西北角’接力采访”活动河西线的第一站。今年是这场“重走西北角”活动举办的第九年，张华将带领着年轻的新闻学子重走著名记者范长江当年西北行的路线，一路采访，重新讲述这片土地上发生的故事。

“跑马拉松和‘重走西北角’活动一样，我会一直进行下去，一直在路上。”作为兰大跑团的一员，张华这样说道。

（作者为兰州大学新闻与传播学院硕士研究生；指导老师韩亮、张华为兰州大学新闻与传播学院教师）

刀尖下的乡愁

——记广至移民乡洮砚雕刻大师杜瑞天

何煦　余晓妍

杜瑞天站在门口的阴凉处，探出头来向道路边尽头张望着，一双眼睛被正午毒辣的太阳刺得半眯起来。他皮肤黑红，腮边的胡子随意生长着，前额上的抬头纹难掩岁月的无情。伴着裤腰上钥匙串的丁零作响，他两手与来访者相握，难以抑制的笑纹堆在眼角。

刻刀游走，厚积薄发

杜瑞天的少年时代是在阵阵无休止的刻刀声中度过的，似乎只有滔滔不绝的洮河水为他的生活伴着明快的节奏。

当同龄人还在玩着滚铁圈或跳皮筋的时候，他的玩具则是父亲刻砚剩下的废弃石料和几把磨钝的平口锉刀。其实，甘南州卓尼县洮砚乡任何一个孩子的童年都与他相差无几：洮河上游的深水区经过数百年的冲刷洗涤，使得水底的岩石致密滋润，成为制砚的最佳原料。而世代居住于此的洮

杜瑞天介绍洮砚制作方式　　余晓妍　摄

砚乡便以其物产得名，几乎全村都依靠洮砚谋生。

他们所居住的青藏高原东部地势险峻，难以逾越的高山深谷削弱了他们与外界的联系，祖辈延续下来的事业只是守护着洮砚老矿坑，过自产自销的生活。

“我们这儿的孩子基本到成年之后才开始拿刀雕刻，主要因为年纪太小的孩子手上没劲，容易受伤。”因此杜瑞天开始真正握起刀柄，其实是十六岁之后的事情，此前他的大量时间都用来学习绘画知识和技巧，以临摹古画为主。

洮砚的雕刻题材众多，一切皆可入砚。中华传统文化是其中最为重要的题材，因而在青年时代，研读大量传统典故、历史故事、民间传说成为每一个洮砚人的必修课。“因为我们一直生活在农村，有大量的时间去观察飞禽走兽、花草鱼虫，这对雕刻自然题材的洮砚帮助非常大。”

到了十八岁，成年的他应征入伍，在离家千里之外的永登县成了一名驻地炮兵。“现在想起来，当兵的那段经历对之后生活的各方面都有影响，特别是在雕刻洮砚这方面。”当时部队里娱乐方式十分简单，除了参加吉他俱乐部外就是学习书法。“因为我从农村来的，对那些东西也不感兴趣，就只有练字来打发时间。练了三年，写过的报纸垒了一大摞，到第三年的时候，部队里的黑板字全都是我写的，后来还当上了文书。”

除了对书法技艺的高要求，雕刻洮砚也是一项需要耐得住寂寞、肯吃苦、细心周密的手工艺。“当兵的时候真是把苦都吃尽了。当时通信兵要求徒手爬电线杆，手上磨得都是水泡，电话线铺到哪儿，晚上就睡到哪儿。”

回想起他欢笑与泪水并存的军旅日子，杜瑞天面露感激之色。行伍生活锤炼的意志，是日后他在雕刻洮砚方面取得成就的重要精神养料。

故土难离，乡关何处？

2007年4月的某一天，一张贴在宣传栏的公告再度让洮砚乡人心惶惶。

此时的甘南冻冰始解，经过一个寒冬的韬光养晦，土地下积蓄的能量正蠢蠢欲动。各家各户青稞和小麦种子早已备好，正值壮年的劳动力们也为春种做着准备。然而此刻禁止春耕的规定像一道晴天霹雳，剥夺了庄稼人忙碌的权利。已经被遗忘的搬迁谣言再次流传开来，只是这次已成为确凿无疑的事实。杜瑞天和其余洮砚乡的人们万万没有想到，引洮入渭这项工程搁置了五十年，会在这么一个平淡无奇的春天毫无预兆地拉开序幕。

对于很多一生都没有走出过大山的人来说，他们要去往的瓜州县广至乡只是地图上冰冷的几个字。没有人想离开山清水秀的故乡去到寸草不生的戈壁滩。

“我们这里建造房屋时多就地取材，用树木搭建，整个村拆完就跟打完仗的战场一样。”杜瑞天亲自看着这栋见证了父辈衰老、自己成长、儿女出生的老房子一点一点失去形状，直到最后一根梁木被拆除，滚落的圆木纷纷四散，仿佛隐喻着这片土地上人类的命运。

除故土难离的眷恋之外，对亲友的不舍更牵动着乡亲们的心。“建坝要把水位提升起来，我们住的地方全部会被淹掉，所以山下的人全部要搬迁，但是山上因为地势高不用搬，山上山下很多都是亲戚，走的时候哭哭扯扯，队伍拉了好长。”走的那天，送别的队伍蜿蜒几十米，对一些老人来说，这一去，也许往后余生再难得见亲人音容。一户一辆军车，载着满车的恋恋不舍和忧虑无奈，沉重地向前方未卜的命运驶去。

杜瑞天望着视野中越来越小的家乡和越来越远的路，不由感慨万千。

在这之前，对他来说，掩映在深山古木中的老宅，日光下粼粼发光的梯田，还有屋前奔腾不息的洮河，和月亮星星一样，都是亘古不变的。然而淳朴的农民不知如何表达沧海桑田、时移物换之思，但他明白：原来不止时代可以起灭，家国可以兴替，连一座城也可以一瞬间从地球上消失。

“有时打开手机地图，把我们老家在地图上放大看，已经全部都在水底下了。”连同他们的房屋和宅基地，以及被流水冲刷了千年的洮砚老矿。幸而杜瑞天在离开之前，开采了大量的洮砚老矿石带到了瓜州县。他知道，这些温润细腻的砚石是大自然留给洮砚人最好的财富。

初来瓜州县广至乡，恶劣的自然环境让许多村民措手不及。风沙蔓延到时常遮蔽青天，目光所及之处尽是茫茫的戈壁滩，土地也像月球表面一样坑洼不平。“连一棵最耐干旱的红柳树都没有，刮起风来能见度仅有几米。这儿的土和我们老家也不一样。老家的土因为下雨返潮黏性很大，这里土太松了。小孩儿一脚踩在土堆上整个人都陷下去了。”

但好在这里的农闲时间比较长，杜瑞天比起从前有更多的时间雕刻洮砚。原先从事雕刻的许多人因为瓜州县环境不宜人居，纷纷搬去兰州或放弃自己的手艺去往城镇打工，只有杜瑞天几十年如一日朴素地坚守初心。在被问及缘由时，他坦言：“一方面因为当时选了我做村代表，最重要的还是干这个很多年了，一直在刻这个东西，现在回想起来可能只有当兵的三年没有碰过刀，自己也特别喜欢。”

在滔滔不绝诸多往事后，杜瑞天沉默了片刻，突然禁不住摇头莞尔，这一笑中除了怀念，更多的是苦尽甘来后的淡然自若。

初心不改，一生牵挂

经过几年的发展，乡政府一直向上争取更多的资金和机会，截至2018年，乡政府紧紧围绕“洮砚名乡、果蔬大乡、光伏电乡、美丽藏乡、小康之乡”五乡建设目标，突出精准脱贫、戈壁农业、“三变”改革等重点工作。戈壁农业发展方面是建乡以来规模最大、数量最多、速度最快的一年。全年农民人均纯收入同比增长13%以上，达到了9600元①。

现在的杜瑞天已经不再是那个默默无闻的手艺人，但甘肃省党代表、甘肃省工艺美术大师、酒泉市领军人才等诸多头衔并没有让他失去一个农民的朴实与正直。他依然穿着最普通的短袖和一双旧皮鞋，站在自己的工作室门口，热情地对待每一个来访的人。

杜瑞天工作室里的砚台陈列众多且价格高昂，但让人意外的是他每年只刻二十方左右。在问及为何没有量产和扩大规模时，他深知欲速则不达的道理：“我刻的砚台不多，因为从一开始刻就对自己要求很高。有很多人在砚台卖得快的情况下，就使劲刻，像巴掌这么大的砚台能卖五百块钱，为了赶时间，三五天就刻完了。但我刻就一定要达到个人满意的程度，不管花多长时间。所以我的进步就快。那些图快的人，现在都没市场了。”

除了脚踏实地磨炼技艺，杜瑞天的作品还以丰富的创意而独树一帜。他时常挖空心思钻研，怎么制作图案才能更加新颖，甚至有时做梦也在设计。

杜瑞天最新的朋友圈转发了一篇介绍卓尼风光的文章，并配文：“故乡卓尼……”六个点省略不了他对故乡的思念，省略不了对故乡赋予他雕刻洮砚这个一生事业的感激。对他而言，刀尖在家乡的洮砚老矿石上留下纵横的痕迹，或许也算是另一种意义上的归乡。

“如果给你一个重新选择的机会，你愿意留下来还是重回家乡？”

他思考了片刻，做出了自己的决定：“还是这里好。老家虽气候好，但那里人多地少，没什么发展空间。在这里土地很多，只要愿意开垦，对农民来说就有收成。对于咱们刻砚台的来说，其实只要有一门手艺，在哪生

①资料来自《广至藏族乡2018年政府工作报告》。

活都一样!”

坐在窗前的日光里，逆光让他只留下一个黑色的剪影，他摩挲着手指上的茧，说：“但对老家的牵挂就像刻洮砚在手上留下的茧，虽然不疼不痒，但永远不会消失。”

（作者为兰州大学新闻与传播学院本科生；指导老师张华为兰州大学新闻与传播学院教师）

点赞！她让文物“说话”

程璐

2019年7月16日下午，记者在酒泉市博物馆见到许敏时，她正在办公室工作。一头顺滑的长发，清新简约的穿搭，化着淡妆的她和其他“90后”女孩一样时尚、有活力。

作为博物馆讲解员的许敏和朋友们的关注点常常不同，她从小对历史和文物感兴趣，还爱看《国家宝藏》《鉴宝》之类的节目，即便是看一些热门古装剧，也会研究剧中人物的装扮、家具和摆设等是否符合朝代背景，常常因此忽略剧情。

中华人民共和国成立70年来，我国文物事业取得了辉煌的成就。酒泉地处河西走廊要塞，在漫长的历史长河中保留了古建筑、古代岩刻画等大量的文化遗存和珍贵文物。2015年酒泉博物馆开馆至今，每年吸引近15万游客前往参观，同时也吸引了许多年轻人走进博物馆研学、工作。

许敏为游客讲解　　受访者供图

出生于1991年的许敏就是其中一个。

“因为喜欢，所以坚持下来了”

2015年12月，许敏进入博物馆工作。第一天上班，等待她的是桌子上一叠厚厚的讲解资料，这是博物馆全部展出区域的讲解内容，她不仅要在两周内熟悉这些内容，还得翻阅资料，补充内容，将文件材料改写成具有自己语言风格的通俗易懂的讲解词。那段时间，她利用一切时间背稿子，有时候说梦话都是文物名称。

这样的付出是值得的，上岗后，许敏在日复一日的工作中，不断深挖、探究藏品背后的丰富文化和耐人寻味的历史典故，反复练习讲演技巧，从刚开始的怯场到现在多次独立负责重点展区的讲解工作，她说：“这份工作让我获得了认同感和满足感，当我每次讲解完，听众对我表示肯定的时候，就会觉得付出是值得的。”

“让历史说话，让文物说话”

文物是一座城市最生动的文化面孔。如果说博物馆是连接过去、现在、未来的桥梁，是历史的记录者和保存者，那么，讲解员则是历史与观众之间的纽带，是历史的传播者。

近年来，国家倡导一个博物院就是一所大学校，在把文物保护好、管理好的同时还要加强研究和利用，让历史说话，让文物说话，让文化说话。“博物馆展出的每一件文物都有其独特的价值，如果走马观花，可能二十几分钟就能看完全馆展品，但其实收获很少。讲解员的作用就是让游客的脚步慢下来，让文物‘活起来’，让观众听到文物背后的故事，从而真正懂得文物的价值。”许敏说。

每件藏品背后都有一个传奇，而每个传奇，都需要被人讲述，方而灵动。为了让自己的讲解满足不同观众的需求，许敏在参加单位组织的培训之余，不断拓宽自己的知识面，从不同的学科角度学习关于历史、文物的知识，挖掘文物背后的故事，让游客游览博物馆不再是来去匆匆，而是真正地有所收获。

（作者为兰州大学新闻与传播学院硕士研究生；指导老师韩亮、张华为兰州大学新闻与传播学院教师）

黄忠：我与“毛主席”的二十年

刘悦　刘晓夏　李帆

酒嘉地区首家民办红色文化博物馆的馆长黄忠与他心中的“毛主席”，走过了二十年。

二十年来，黄忠凭一己之力，攒了上万件红色文化工艺品，放在两千平方米的自建博物馆里。如今，他和他的红色文化博物馆已然成了西北边陲小城玉门市的新名片。

凭一己之力建博物馆的馆长

农民、建筑工、商店老板、收藏协会会长、博物馆馆长、政协委员，二十多年来，黄忠不断完成着身份的转变与阶层的跨越。

交谈时，他纠正我们：“叫我馆长。”

玉门市红色文化博物馆馆长，是让黄忠感到最舒适的一个头衔，也是对他心血结晶的最佳认可。

展馆面积六百余平方米，馆里共十个展区，每个展区有十多个展柜，分别陈列着毛主席像章、镜鉴、书籍画报等艺术收藏品，共五千余件。从展厅设计、展柜制作到每一件藏品的摆放，都是黄忠自己动手的。

今年55岁的黄忠，聊起以往坎坷的经历，他说，自己到了这个年纪，都看淡了，很多事情已经忘记了。只有说起建馆的那段日子，他的语速加快，眼神却柔和下来，眼圈泛红。“每天晚上两三点，我一个人，要把所有东西都放进展柜里。太重了，抬不动，总不能在这个点儿叫老婆来帮着抬。最难受的时候我就站在那，让自己放空。”

长达半年的时间里，他早上一睁眼就到馆里忙活，凌晨两三点离开。没有人帮忙。“干的时候真有一天是想哭，”说完他苦笑一下，又低低地补充了一句，“太不容易了。”他继续抽上一口烟，我们都沉默了一会儿。

“黄忠是个犟人”，这是玉门市文化管理局的领导们对他的评价。2013年，玉门市文管局领导们听说黄忠的事迹后，慕名找到他，表示愿意出资帮助他建成一座民办博物馆。筹备建馆时，玉门市文管局的领导请了个专业团队帮黄忠设计博物馆。设计师进行初步设计后，黄忠认为对方“完全把事情颠倒了”。他说：“就好比现在要做菜，你不能给我碟子，让我根据碟子去出菜。我知道自己有几个菜，到底需要什么样的碟子。”

回绝了高学历设计师，玉门市文管局的领导们也被这个“犟人”磨得没了脾气，就问他要怎么办。黄忠顺手拿了个拖把，在地上把工事线一画，告诉领导们：“我自己干！”

就这样，按照自己的土办法，凭着多年从事建筑行业的自信和经验，黄忠自己设计墙面、自己制作每一个柜台。经过长达三年的筹备期，酒泉嘉峪关地区首家民办红色文化博物馆在2015年12月26日正式开馆了。

开馆的时候，酒泉市文化管理局副局长特意询问黄忠，是从哪里请的设计师，称赞馆内给人的感觉非常舒服。黄忠的创造与努力得到了肯定。

2016年，玉门市人民政府为玉门市红色文化博物馆颁发了“第三产业发展成长奖”。2017年，玉门市红色文化博物馆被列入甘肃省“历史再现”博物馆名录。同年，酒泉市收藏家协会授予黄忠“资深收藏家奖”。

如今，玉门市红色文化博物馆作为玉门市社区红色教育基地，已接待一万余人，举办过数十场活动。黄忠和他的藏友还为馆内设置了馆刊——《东方收藏园地》，每三个月出一期，专门为博物馆与红色文化做宣传。

从“玩收藏，想赚钱”到“饿不死，就不卖”

二十多年来，一直在收集毛主席像章这类红色文化工艺品，这份热情究竟从哪里来，为什么能坚持这么久，做这件事的究竟是一个什么样的人，是我们见到黄忠前最好奇的一部分。

“太阳最红，毛主席最亲”，是黄忠在介绍馆内展列的红色文化纪念品时，常重复的一句话。黄忠用名字来介绍自己与毛主席的渊源：“忠是一个年代名，我叫黄忠，还有很多李忠、王忠，反映那个年代的思想。忠，就是忠于党、忠于人民、忠于毛主席。”

不过，黄忠坦言，自己最初决定收藏毛主席像章，“纯粹是因为看到了商机，想赚钱”。

1993年，毛泽东诞辰100周年。黄忠用5块钱，购买了自己有生以来的第一个藏品——一个5厘米大、陶瓷制成的毛主席像章。

那个年代，袜子8毛钱一双，黄忠一个月工资200块钱，5块钱是一笔不小的花费。为了省钱，他还想了一些妙招。那时，他在玉门镇小学门口开着一个小商店，凡是到店里买东西的小孩，他就告诉他们，把家里的“毛爷爷头像”拿来，一个“毛爷爷头像”能换一包辣条吃。眼看着毛主席像章攒得越来越多了，妻子不理解，黄忠也不放弃。他打定主意要干的事儿，就一定要做成。

像章一买，就买了二十年。挣到钱了吗？黄忠给我们算了一笔账。现在馆里每年房子租金三万，雇佣的三个管理人员，每人月工资三千多，人工成本每年一万。博物馆免费对外开放，藏品不卖，不盈利。即使有政府的补贴支持，对于黄忠来说仍然显得吃力。博物馆的运营，基本上靠着他收取私人门店的租金来维持。

为了开馆，他还欠着银行几十万的贷款。“卖掉一些藏品就能还清，但是不能卖，钱有多少都是不够的。”黄忠说，“一般博物馆要求设置六到八个管理人员，但现在馆里，副馆长、会计、保安、保洁都是配不起的。你们来了我是馆长，你们走了以后，我可能就在拖地。”

三年前，为了缓解开馆带来的经济压力，黄忠卖过一次藏品，卖了40多万。卖完以后，他觉得自己“心里空了”。所以，他现在是“只要有烟抽，有衣服穿，有饭吃，饿不死，就不卖”。

从“玩收藏，想赚钱”到“饿不死，就不卖”，黄忠用了三年的时间就完成了这一思想的转变。黄忠认为，这根源于自己从小就对红色文化工艺品有特殊情结。黄忠小时候，家里成分不好，红旗、毛主席像、宣传画册等，这些在先进党员家庭里常能见到的，他家里却没有。黄忠到邻居家做客，看到红旗就踮起脚、举起手摸，“啪嗒”一声就被一个大手遏制了。黄忠觉得自己“从小就欠缺了这些东西”。

如今，黄忠所收藏的上千件红色文化纪念品，在三年半的开馆过程中，始终免费向社会开放。黄忠语气坚决地表示不会收费，他说：“有这个爱好的人，一般都是上了年纪的人，就像我老妈，买个菜，两毛钱都要讲价的，进馆里参观收几块钱，那就把人拒之门外了，那就失去咱们开馆的意义了。”

除了博物馆展列的五千余件藏品，黄忠自家的仓库里，还有两万余件私人藏品。对于为什么能够坚持收藏长达二十多年，他自我总结，有两点原因。首先，是对共产党有感情。黄忠评价自己：“虽然现在还不是党员，但一直是用党员的标准来要求自己的。”其次，则是在年轻的时候，他就固执地认为：“很多大老板，挣再多的钱，没有爱好，心里空着，他最后不是在麻将桌上，就是在酒桌上。那我呢，就这种场合少去，用爱好来代替娱乐场所。”

同样做建筑工出身的朋友，大多已成为开着百万豪车的老板，对此，黄忠并不羡慕。他说：“100万的车和10万的车都是为了跑路。”而做收藏以来，省上领导成了他家里的座上宾，中国石油玉门油田分公司总经理是他的朋友，他走到全国各地，都会有藏友问候接待。精神世界的满足，是黄忠所珍视的。

现在，他把建筑生意全部交给了儿子，自己则全力操办博物馆的各项事务。他的微信上每时每刻都会弹出新的售卖消息，他加入的红色文化纪念品收藏群有26个，群友共计上万人，各个年代的各类物件都在这里流通。就在当天凌晨三点，他还收了一些红色年代的报纸。这些日子以来，最让他记挂的，是出版一本歌颂自己的偶像“铁人王进喜”的书。书的前期筹备工作已经全部完成，万事俱备，只差一笔出书的钱。

打江山难，守江山更难。“馆开一天，就赔一天钱”，要想真正把自己经营了半辈子的事业继续下去，黄忠说他有点担心后继无人。

为了更好地经营博物馆，黄忠在博物馆后面修了个二层小楼，开馆后，就带着儿孙举家搬迁了过来。

以店养馆，以馆为家。撇开对博物馆经营方面的忧虑，黄忠用“幸福”来总结自己的生活现状。对于自己攒了半辈子的宝贝，他并不强求儿孙像他一样心怀热爱，只是平实地期望，“孩子们不要把东西糟蹋了，就可以了”。

父辈的梦想：不忘初心、牢记使命

除了“最亲的毛主席”，对黄忠成长影响较大的，还有一位玉门本土的

黄忠与博物馆中王进喜塑像合影　　　刘晓夏　摄

英雄，就是铁人王进喜。谈起王进喜，黄忠的话就多了，人也显得活泼一些。在黄忠看来，王进喜就是“不忘初心、牢记使命”的党员典范。在博物馆中，黄忠设置了整整一个展厅来陈列王进喜的塑像、宣传画与文字资料等纪念品。

当我们提议要为他和王进喜的塑像合影时，摄像机架好，转身却看到黄忠已在三米外，“哒哒哒”一路小跑，急着要把影响拍摄效果的顶光灯关掉。拍照时，他提醒我们要把眼镜摘掉，简直比我们这些小姑娘还懂上镜技巧。

在黄忠的盛情邀请下，我们还去往了他的家里，见到了他的妻女。1995年出生的女儿黄诗然与我们年龄相仿，她告诉我们，自己两三岁的时候，父亲就在收藏红色文化纪念品了。她对此并不感兴趣，但也不会干涉、反对。被问及缘由，她的回答出人意料：“因为这是爸爸的梦想。”

在家庭里，黄忠俨然是个有威严的大家长。妻子贤惠少言，脸上始终挂着笑。孩子们并不会在跟他相处时感到紧张，但当他杯中的水空了，孩子们一定会及时捕捉到，并手脚麻利地添好新茶。

他具备我们这一代人对于父辈形象的集体记忆：城墙一样的顶梁柱、撑起整个家，并且用自身的威严，给予整个家以格局、气象；内心柔软、朴实，个性隐忍而要强，但又具备圆融地处理人情世故所必要的精明。

临别前，黄忠带我们参观了他住地的库房、待客间，以及计划用作展厅的空房。未来，他打算把博物馆搬到家里来，以节约成本，把精力、资金更多地用到博物馆的建设上。现在看来，他的计划已经初具雏形。

对于博物馆未来发展的设想，黄忠用八个字来概括——“不忘初心、牢记使命”，而这也同样是他在中华人民共和国成立70周年即将到来之际对党和国家的祝愿。

“这句话我非常喜欢，总书记提出以后，我立马就把这句话挂在墙了”，这句话是习近平总书记在2017年10月18日所做的党的十九大报告中提出的，坐在电视机前的黄忠听到后，顿时觉得“总书记把自己心里想的，但由于文化水平有限而一直表达不出来的给说出来了，感觉到非常舒服”。

如今，每一个走进玉门市红色文化博物馆的人，都可以在展厅正门前看到这锃亮鲜红的八个大字：不忘初心、牢记使命。

（作者为兰州大学新闻与传播学院硕士研究生；指导老师韩亮、张华为兰州大学新闻与传播学院教师）

琵鹭救援记

申欢　李帆　孔祥宇

柴承明到现在也不能确定小兰到底是白琵鹭还是黑脸琵鹭，不过眼下更为紧迫的问题是这只他从未见过的大鸟，受伤了。

受伤的神秘来客

受伤的大鸟　　受访者供图

柴承明家住白银市景泰县喜集水村，据他回忆，2019年7月8日13：30左右，他和妹妹在家中听见一声巨响，飞奔出去，只见一只白色大鸟摔落在地上。

鸟的翅膀似乎是受了伤，血迹斑斑，看见有人靠近，它挣扎着要跑。柴承明以为是一种鹤，赶紧给森林公安打了电话，请他们派人前来救治。

森林公安和野生动物保护站的工作人员也不认识这大鸟。柴承明只好自己参考网上的资料，仔细观察：大鸟的腿细长，呈黑色，鸟喙长且扁，越向外越宽，极有特点，仿佛一把纯黑色的琵琶，这似乎是一只黑脸琵鹭。

景泰县属于干旱地区，年均降水量185毫米，年均蒸发量却有3038毫米。而琵鹭喜水，在此地很是少见。

兰州大学生命科学学院丛培昊老师看了柴承明发过来的图片后，告诉他这确实是一只琵鹭，但至于是黑脸琵鹭还是白琵鹭，没见到实物之前不能确定。他个人倾向于黑脸琵鹭，而他的同事张立勋老师则认为有可能是白琵鹭。

如果这是一只生活在东部沿海地区的黑脸琵鹭，很难想象它经过了怎样的跋山涉水，才到了这样一片它的祖先与朋友几乎从未踏足过的土地。如果这是一只西北某地的白琵鹭，它出现在景泰似乎合情合理，但为什么是此时呢?

“白琵鹭分布地区广，但这不代表其不重要或不值得保护。”丛培昊老师似乎另有担忧。

为大鸟进行了简单的医治后，工作人员决定暂时将其寄养在柴承明家中，第二天再转到白银市动物园。

糟糕的是，柴承明发现大鸟仍在流血，大约晚上7点钟，柴承明和家人将鸟儿送到村卫生所，请大夫张新香为这位陌生的“客人”清理伤口、止血包扎。

琵鹭腿长喙长，极易落入捕鸟夹中，一旦被捕，轻则受伤，重则死亡，只是不知道落在柴家门口的这只大鸟是怎么受伤的。张新香大夫发现鸟儿的翅膀本来就有伤，已经快长好了，这次应该是旧伤复发。看着不像是鸟儿自己跌伤，而是外力导致的，如果不是人为原因，就是天敌攻击所致。

师生们牵挂着它

“送到动物园倒是可以，就是不知道大鸟能不能挺过今晚，还没有见它吃过东西。”柴承明在名为“兰大跑团之在校学生”的微信群里表达了他的担心，这些学生因跑步而相识，但现在他们共同的关注点是受伤的鸟儿。

能做的都做了，不如为这鸟儿起个名字，免得被动物园抢了先。群友们这样安慰柴承明。

这群里都是兰州大学的学生，生命科学学院、医学院、新闻与传播学院，学什么的都有。柴承明自己是学经济的，他希望不同学院的学生可以为他出谋划策。尽管大部分都还是没有太多社会经验的学生，但却有热情的、纯真的心，他们热火朝天地讨论，积极主动地询问各自的老师、联系媒体，甚至想要发起众筹，帮助柴承明医治“小兰”——这是群友们为琵鹭起的名字。这一晚，柴承明很难睡得安稳了，尽管大家都安慰他，可谁又能真正放心呢?

一直与柴承明有联系的丛培昊老师曾经嘱咐过他怎样喂食琵鹭，可这“精灵”机警畏人，不易接近。当晚柴家人睡觉前，小兰几乎都没有进食。夜里2点，柴承明的父亲被一些动静惊醒，发现小兰似乎是想要进食，但实际上一直没有吃多少东西。

第二天早上6点，柴承明和妹妹柴佳利早早地起床看望小兰。或许是经过半天一夜的相处，小兰意识到柴家人对它并没有恶意，这只受伤的“天使”终于乖乖地吃下了柴佳利喂它的食物。

上午11点钟，小兰被顺利送往白银市动物园。“那里有更专业的人士，它大概能恢复得更快吧。”柴承明感慨。

是什么还重要吗

据香港观鸟协会的数据显示，2019年全球黑脸琵鹭的数量超过4000只，有望从“濒危”降至“易危”；而白琵鹭已从“易危”转为“无危”。这些消息令人欣喜，但也不禁让人思考其中的原因。

“我家附近倒是有个英武水库，不知道它是不是从那边飞过来的，如果真的是那样，那会不会还有别的黑脸琵鹭或者说白琵鹭呢？建议相关部门派人去英武水库排查一下。”柴承明头头是道地分析着。

结束的时候，柴承明说：“如果非要选择，我宁愿小兰是一只本来就路经甘肃的白琵鹭，也好过它是迷途的，经历千山万水的困难才来到这里的黑脸琵鹭。”

好在小兰受伤的部位是在翅膀展开的最边上，医生说只要得到专业的医疗救治，它还是有很大可能重新飞翔的。柴承明满是期盼。

（作者申欢、李帆为兰州大学新闻与传播学院硕士研究生，孔祥宇为兰州大学新闻与传播学院本科生；指导老师韩亮、张华为兰州大学新闻与传播学院教师）

祁连山下：半空中的钻井工人

朱国全　陈越　孔祥宇

18米高的二层作业平台，不足10平方米的活动空间，这样的工作环境，玉门油田井下作业公司侧钻作业队的井架工们一待就是十二个小时。

“不把十个手指头砸过来，你就不算是个合格的井架工。”

D12866队的高建瓴就是这样一位井架工，他今年34岁，2007年毕业参加工作以来，他已经在18米的半空中工作了十二年。“第一次爬上去的时候，虽然有师傅带着，但是也害怕得腿发抖呢！”

二层台的主要工作就是把要入井的管柱立到钻井平台上，以方便管柱起井下井。三根管柱的重量就能达到一吨，而拉起每根管柱所需的拉力高达两百多斤！高建瓴每天需要拉起的管柱，有一百多根。钻井工人们上六天班能休息三天，三个白班、三个夜班，一个班要连续工作十二个小时。老君庙采油厂矿区在茫茫戈壁上，平均海拔达到了2300米。钻井一旦开始就不能停下，夏天的戈壁滩上烈日似火，气温有时能达到40 ℃，而井架工们为了安全考虑不得不穿上重达十几斤的双防坠防护保险，再穿上为了防止渗油而特意加厚的工作服，那才叫汗如雨下。而到了冬天，−20 ℃都是正常现象，刺骨的寒风混杂着砂石打在脸上如同刀割，裤子上混杂着汗水和泥浆，几乎都能自己立住！但不管是严寒还是酷暑，哪怕是“下刀子”，他们也要按时爬到18米的高空工作。这样高强度、高时长、高危险的工作特点让很多井架工的身体都扛不住了。“没有一个井架工能有个好腰，十个里面八个有心脏病或高血压。”

由于工作的需要，他每天都是和一些“铁家伙”打交道，稍有不慎，就是致命的危险。参加工作以来，他受过的伤怎么也有二十多次了。最严重的那次意外受伤，让他的左手大拇指再也直不起来了。

“当时天快黑了，视线受阻，我们安装配套的时候，相互之间的配合出现了一点问题，我的防护措施也没有做好。当时要把一个很粗重的大管子提升到六米高的钻井平台上，到达平台边缘的时候本来应该很慢的，但是司钻操作太快了，惯性太大，我就直接用手去挡，刚好井口也有一个铁家伙，一下砸到上面，就出了这么个事故。”高建瓴回忆起这起事故的时候非常平静，就像在讲别人的故事一样。也许，活着，就是最大的幸运了。高建瓴的妻子是玉门油田的大巴车司机，名叫马冬梅。她说，刚开始的时候每天提心吊胆，但是现在已经麻木了，只希望他能自己小心一点，每天平安归来。

钻井　　朱国全　摄

同是井架工的李伟也经历过一次惊魂时刻。“那次油车在起钻的时候，绳索突然把二层平台给掀起来了！当时我都吓蒙了！”好在那只是一次轻微的弯曲，李伟也算捡回来一条命。这位身高足有1.87米的壮汉谈起那次惊险时刻还显得有些后怕。

对于井架工来说，皮外伤是常有的事，不小心用榔头把自己手砸肿也是家常便饭。钻井队上都是大型的钢铁设备，不管是单独作业还是和工友之间配合，砸着碰着也很正常。老师傅有句话说：“不把十个手指头砸过来，你就不算是个合格的井架工。”

“我对玉门油田有恨有爱！”

作为土生土长的玉门人，也是油二代，高建瓴对玉门油田的感情却很复杂，用他的话来说，那就是“有恨有爱”，爱很好理解，那必定是三十多年生活和工作的感情，要说石油工人对油田有“恨”，还真的是令人费解。

“玉门已经被定为资源枯竭型城市了，石油工人的工资待遇和生活条件也慢慢在下滑，未来什么样子真的不知道。”其实高建瓴不是没有想过要离开玉门油田，但是想到自己父辈的一生和自己最好的青春都早已奉献给了这片土地，要是真的离开，心里最多的怕还是不舍和遗憾。自己这半辈子就是为了油田而存在，离开，还真不知道去哪……李伟今年29岁，21岁大专毕业就参加了工作，八年时间一直奋斗在半空中，连找对象的时间都没有。“正常来说，别人下班还能陪女朋友吃个饭、逛逛街，我这下班都八九点了，累了一天吃了饭啥都不想干。”别人的29岁可能都儿女成双了，而李伟的29岁属于玉门油田，属于18米高空。

2019年，是中华人民共和国成立七十周年，但是玉门油田已经存在了整整八十年，流淌了八十年的血液随时会枯竭。作为共和国的长子，他也该要休息了。

高建瓴的儿子今年10岁，快上小学四年级了。高建瓴说，他不想让自己的儿子再做石油工人了，太苦太累，还是希望他能好好读书，离开玉门，离开玉门油田，别做“油三代”。“还是出去好一点吧。”他亲眼看着玉门油田从中国石油行业的龙头逐渐衰落成一个养老型企业，心里清楚得很，石油总有被采完的一天，谁也不知道明天的玉门会变成什么样子，出走，或许也是出路。

告别时，已是凌晨一点多。走出钻井队的简易工房，高建瓴又习惯性地往钻井的方向走了几步，走到刚好可以看见井架的地方，钻井平台上兄弟们依然在忙着。

此刻，月亮已经高挂在37米的井架之上，高建瓴下意识地想弹一下永远直不起来的手指，笑着点了点头，有点不好意思地说：“我还是很爱这里的。”

（作者是兰州大学新闻与传播学院本科生；指导老师韩亮、张华为兰州大学新闻与传播学院教师）

祁连山下：农村文化舞台上的向阳花

——记酒泉市银达乡文艺骨干党翠芳

王琳玲

“党老师是十里八乡有名的人物，乡镇乃至市区大大小小的文艺演出中总有党老师的身影。她就是我们银达村的草根明星。”酒泉市银达村党总支书记王建军向记者介绍，党老师在舞台上的专注劲儿一点也不输专业的歌唱家和舞蹈家。

王建中口中的“党老师”便是银达村的村委会副主任、妇联主任党翠芳。作为一名农村文艺工作者，二十多年来，她几乎走遍了市区和各乡镇，大大小小的演出已经无法计算。她在农村文化舞台上为广大百姓带去丰富多样的节目，也实现着自己心中的舞台梦。

“我可能天生就是这块料”

谈起与舞台的结缘，党翠芳告诉记者：“我可能天生就是这块料吧，6岁第一次上台，我一点都不胆怯。”因为外公和妈妈都是秦腔业余爱好者，党翠芳从小就耳濡目染，她说自己都不知道怎么就会唱秦腔，突然有一天就能有模有样地唱上几句，笑称是妈妈的胎教做得比较好。在秦腔演唱方面小有天分的党翠芳，在1992年通过考核进入了秦剧艺术团，开始了专业的学习。

学习戏曲是份苦差事，但当时年仅15岁的党翠芳却能耐得住性子，每天在练功房苦练基本功，年幼的她渐渐成了戏曲专业中的佼佼者。

同时她也开始自学乐理和练声，感受气息与共鸣，虽不是科班出身，也没有经过专业培训，但无心插柳柳成荫，党翠芳在唱歌方面的天赋也逐渐显露，在多个歌唱比赛中取得佳绩。有一段时间，她也经常和朋友去当地的演艺厅表演。“那个时候唱一个晚上30多元，虽然很累，但是站在舞台上就是抑制不住地开心。”

怀揣着自己心中的“大舞台梦想”，2001年5月，党翠芳到酒泉市秦剧团工作。而这也意味着已经在银达村成家的党翠芳需要每天早上7点多就骑车到酒泉市区上班，天暖的时候她很是享受这段上下班的时光，有时还会唱上那么几句，但是秋冬和雨雪季节就着实令她“头疼”，糟糕的天气不仅会拖长在她路上的时间，还总是被冻得“透心寒”，她下车需要好久才能让自己身体暖起来，然后开始做其他的事情。有一次下乡演出，党翠芳一直高烧不退，导致眼周附近的皮肤软组织感染，疱疹开始流脓，流到脸上形成一片一片的瘢痕。“我是个以舞台为生的人，当时就崩溃了，觉得自己可能就此会毁容。”党翠芳笑着说道。两年多的时间，那些伤疤才慢慢消退，现在党翠芳的眼周附近还能隐隐看见瘢痕。

在艺术团工作的她总会下乡演出，短则三五天，长则近两个月，陪伴孩子的时间很少很少。每次下乡结束回到家中，她走到哪里儿子就跟到哪里；每次看到党翠芳开始收拾行李，孩子就开始哭闹不停。“孩子哭我也跟着会流泪，但没办法，工作还得继续。”

党翠芳表演节目　　受访者供图

也是在秦剧团工作的这段时间，党翠芳爱上了舞蹈，她悟性较高，又愿意不断地练习，很快舞蹈又成为党翠芳擅长的一项技艺。

她也慢慢成为一位“一专多能”的舞台表演者。

“回到银达是我做的最好的决定”

2012年艺术团解体，党翠芳面临着众多的选择，但是再三考虑后，党翠芳还是决定回到银达村工作：“我的家庭在银达，我又是土生土长的农村人，我应该回去工作。”

之前在银达镇文化站工作的经历，使她很快适应了在农村的工作。但是村民们的文艺功底欠缺，组织文艺活动时的进展、顺利程度都远不如在艺术团的时候。“刚开始我真是上火，但是想想大家农忙时都来配合我的工作，我怎么还能够跟乡亲们生气发火呢?”

每当有比赛或者演出的时候，她都是最后离开剧团的人。而在活动当天，她也是最忙碌的人。主持、小品、舞蹈、歌唱，好多个节目中都有她的身影。“哪需要我，我就去哪儿。为了活动的圆满，我累一点没关系，乐在其中。”

党翠芳再次到银达村工作时，正值银达镇将开展第四届农民文化艺术节。“党老师当时就跟我立了军令状，说这一届还要拿冠军。”书记王建军回忆道，为了和乡亲们一起排练较高品质的节目，党翠芳总是不厌其烦地帮大家矫正动作，总是最晚离开剧团。

“大家都说我很辛苦，其实我觉得最辛苦的还是我的家人。我的父母帮我照看孩子，丈夫自己一人租地种地，也从来不会叫我去帮忙。”党翠芳说喜欢唱唱跳跳的一家人，都非常支持自己的工作。今年春季党翠芳雇人帮忙在家中的四亩地播种，她在工作之余就去地里除草，干干农活，“这不最近忙着去市里排练节目以及做村里的一些文件工作，我也好几天没去地里看看了”。

党翠芳接着说道：“现在回头看，回到银达是我做得最正确的决定，我跟家人之间更加亲近了，我依然有很多的机会站在舞台上表演。”

“我是农民艺术家，就应该活跃在农村广阔的舞台上”

在20世纪80年代初，银达村党支部建立了全市第一个农村群众业余剧团，其中有17名文艺骨干党员和9名群众，四十年间不断发展壮大。村党总支看到了开展群众性文化活动给银达村带来的巨大变化，在毛主席光辉按语的指引下，银达村开始探索“党建+文化”的工作思路，成立了文艺骨干党支部。近几年，党翠芳先后被推举当选为剧团团长和文艺骨干党支部书记。

党翠芳投身农村文化事业的积极性更加高涨，她带领着银达村村民在多次比赛中获得佳绩与荣誉。银达村及周边群众参加农民文化活动的积极性更加高涨，文化氛围愈加浓厚。

业绩越来越好，党翠芳的荣誉也越来越多，她是名副其实的银达乡村文化的“领头雁”。她在省、区、市、县组织的文艺演唱、戏曲表演、小品表演等比赛中获得20多项荣誉。2003年，她在“全省戏迷大赛”中获得秦腔演唱一等奖；2006年，她被省文化厅评为“副高级民歌演唱艺术师”；2016年她获得肃州区“巾帼建功标兵”荣誉称号……

虽然她声名远扬，但是每逢受邀出席周边乡镇、企业等节庆活动，党翠芳也从来没有拒绝过。“别人邀请我，是信任我，我肯定要去，我很享受也很珍惜每一次上台表演的机会。”

“现在大家都说‘乡村振兴风正劲，向阳花开正当时’，我觉得自己就是这朵向阳花，我是农民艺术家，就应该活跃在广阔的农村舞台上，我还要继续在农村文化舞台上创作更多的节目。”在党翠芳看来，演出不仅让自己快乐，而且能给更多的人带来快乐，这就是她幸福的源泉。

采访结束返回市区的途中，记者看着绿油油的农田，高高站立的郁郁葱葱的树木，远处蜿蜒起伏的山脉，想起党翠芳说干完手头的工作，她下午要赶去市里排练节目。这些高山茂树，应该会听见她上班途中的歌声吧……

（作者为兰州大学新闻与传播学院硕士研究生；指导老师韩亮、张华为兰州大学新闻与传播学院教师）

祁连山下“甜蜜的事业”

——花海镇路遇养蜂夫妻记

陈方涛　白杨　温晨钰

一座木棚、两个人、一百多个蜂箱，眼前白杨树下的这片地便是王有福的蜂场。2019年7月14日下午，记者在中国石油玉门中心加油站返回酒泉市的途中，往花海镇的村镇马路上随意一瞥，就发现了这祁连山下“甜蜜的事业”。

算起来，王有福也是外地移民。1977年11月，王有福的父辈从临洮山区搬迁到花海镇。在此定居后，父亲充分利用这天然花海的馈赠，使得祖传的养蜂手艺得以焕发生机。2011年，在那个花开的季节，王有福和同样是从临洮移民到花海镇的周淑玲结婚，从此他们成为当地人津津乐道的“以花为媒”的养蜂夫妻。

辛苦的努力　甜蜜的事业

“养蜂人人都说是甜蜜事业，其实也辛苦得很。一年四季，哪儿花朵开了，俺们就带着蜜蜂往哪儿赶。所以一年倒有大半年在外头，和家人在一起的时间很少。”王有福把防蜂纱帽递给我们时说。他示意可以带我们近距离观察取蜜的过程。

这时，夫妇二人拿着洒水的喷头，小心翼翼地给每个蜂箱的出蜂口滴水。虽然刚下过雨，炎热干燥的戈壁滩上的气温稍稍被压下来些，但是王有福还是怕这些蜜蜂“中暑”，他还要指望这些小家伙们养家糊口呢。我们好奇是什么蜜，周淑玲颇得意地介绍道：“我们这个蜂蜜是红花蜜，一年也只有在7月红花盛开的时候才能采到，红花就开半个月，你们赶巧了呀!”

养蜂可远远不是圈一块地、放置好蜂箱，就可以坐等收蜜那么简单：像我们看到的，天热要为小蜜蜂洒水降温，连续干旱时又要给这些小家伙喂水喝，天气转凉还要做好蜂箱保暖的工作，而在每年“赶花”的路途中，更得时时惦记着化些糖水放进蜂箱，给处于无处采花酿蜜时期的小蜜蜂们补充体能……

妻子周淑玲说起王有福“赶花”的活计满是心疼。王有福每年12月要带着蜂箱去四川和云南，这一百多个重达10吨左右的蜂箱得在两三个小时内挑到大货车上，遇到恶劣天气等紧急情况时更是要“和时间赛跑”。北方一入冬天气寒冷、草木凋零，而12月到次年2月这三个月正是蜜蜂繁殖的时节，此时四川和云南能给蜜蜂提供生长繁殖的适宜环境。

等到西南3月油菜花开，就可以赶花收蜜，然后再慢慢北上，走走停停回到家，往往已经到了6月。一路上，哪里有花就往哪走，蜜蜂走到哪他就跟到哪，人和蜜蜂一样风餐露宿。这样的漂泊每年要持续七个月，而这些工作都要靠王有福一个人完成，因为妻子还要照顾近20亩的水浇地。王有福说，“虽然奔波些，但给这个家和孩子提供了安稳的生活”，所以十年来，这样的辗转跋涉他不觉得辛苦。说到勤劳的妻子和两个懂事的孩子，草帽下王有福黝黑的脸庞自然地露出了会心的笑容。

从临洮到玉门一路追花而来

花海镇地处甘肃省玉门市北部，温带大陆性气候，平均海拔1124米。得益于日照充足，这里的花卉养殖业发达且品种众多，以红花为代表的大田花卉是这一带主要的经济作物。

比起靠天吃饭、靠地打粮食的临洮山区，有祁连山冰雪融水滋养的花海镇一直都有种植大田花卉的传统，花海镇的水浇地更加适合农作物的生长。对于他们家来说，这里就是一块宝地。

王家有三十年养蜂技艺的传承，王有福自己独立养蜂也有六年了，如今他已能把这复杂烦琐的采蜜工作安排得井井有条。这个过程分为脱蜂、割蜜盖、摇蜜、滤蜜四个步骤。脱蜂就是手工把栖息在蜜脾上的蜜蜂脱除，这样既方便了摇蜜，也可以把贪玩贪吃的蜂蜜放到安全的地方去；然后用蜜刀齐梁顺势徐徐拉锯式推进刀口，把蜜盖整体割除，这样便于蜜汁从摇蜜机里充分流出；接着将蜜脾放入摇蜜机巢脾篮内，摇动摇蜜机把手，通过产生的离心力，把蜂蜜全部甩入蜜桶里；最后将蜂蜜导入储存的大缸中，并在大缸上放置过滤网，将蜂蜡和死蜂过滤出来，保证蜂蜜纯洁、无杂物。

这样，就成了我们平常看到的一罐罐亮晶晶的蜂蜜。只是平常我们不会知道小小一罐蜂蜜背后，是养蜂人四季不息的辛苦付出。

“农民嘛，俺们就知道做人得实在”

不管是对待常来蜂场买蜜的老顾客，还是在网络上售卖，王有福从不缺斤短两、弄虚作假。“农民嘛，俺们就知道做人得实在，做事情要将心比心，对得起天地良心。”王有福转过头对我们说。难得遇到这么醇香的蜂蜜，我们商量着每人买五斤，大半罐就够五斤的蜂蜜罐子，他们夫妇一定都要给灌满，最后还送我们好多未榨汁的蜂巢蜜，让我们这些“城里娃”尝尝鲜。

在我们买蜜期间，路口开进来了一辆车，是老王的老顾客又过来买蜂蜜了，老王特地给他留了一罐蜂王浆。见到我们，买蜂蜜的老客户都真诚地推荐：“这个蜂蜜没有杂质，不像好多网络售卖的掺糖素进行加工处理，这个蜂蜜吃着放心！”

晚风依然暖热，在路口花丛间和我们挥手告别的养蜂夫妇，和他们身边忙碌采蜜的小蜜蜂一起，奏出祁连山下勤劳的赞歌，也绘成了花海镇上甜蜜的画卷。

（作者为兰州大学新闻与传播学院硕士研究生；指导老师韩亮、张华为兰州大学新闻与传播学院教师）

退伍军人种花记

左震　范誉丹

从酒泉汽车东站坐上到丰乐乡的公交车，经过繁华的市区后，就进入了由两排不算高大的白杨树遮蔽着的林荫山路。在这段颠簸的山路上行进55千米就到了祁连山脚下金佛寺镇的花卉基地，现在是7月中旬，室外温度35 ℃，党兴明正在花田里弯着腰除草。

党兴明是金佛寺镇花卉基地的负责人，在家乡成功开辟了新的事业天地。至今，他在这里从事花卉制种已经将近二十年了。

我的心不在矿山

“我读书没读下去，当兵时由于精兵简政也没能留在部队，我不甘心就这样。”

党兴明在从事花卉制种前做过很多工作，“不甘心”是他说过的最多的一句话。

1985年底，党兴明退伍后去了酒泉市阿克塞县的矿山，成了一名石棉工。矿山漫天飞沙，雨后时常发生山体滑坡，党兴明回忆起当初在矿山的日子，脸上很平静。“环境特别恶劣，但是没什么好怕的，就是心里不踏实，不想一辈子待在这。”党兴明在矿工和务农之间几经辗转，最终决定回到家乡金佛寺镇红寺堡村，扎根土地。

回乡种花，我的选择对了

金佛寺镇的农户历代以来都以种植玉米和小麦为生，因此2002年花卉制种首次在金佛寺镇推广时，并不被农民看好。但是党兴明愿意尝试，他是第一批在农田里种上花的农户。党兴明能干，在村里声誉好，种子公司经理邀请他合作经营花卉制种的同时，还想让他在村子里当“说客”。

当党兴明选择去做花卉制种的时候，他已经下定决心了。其实这已经不是他第一次有这种狠劲儿了，早在去往阿克塞的路上，他就已经在心里埋下了一颗不甘平凡、想要富强的种子。

花卉制种并不是一项简单的工作，公司带来的技术指导员都是刚毕业的大学生，没有种植农田的经验，很多指导意见在现实条件下并不适用，许多农户因种植花卉没有收成到基地找党兴明理论。面对父老乡亲的指责，党兴明满是愧疚，除了赔偿和道歉，他能做的只有更加勤恳地在花田里摸索花卉培养方法。

党兴明在花田尝试了三年，这三年，花朵长不起来，种子品质不达标，产量低甚至绝种，他遇到了各种各样的困难。这三年，他没有睡过一个好觉。

功夫不负有心人，花卉培养方法日渐成熟。2005年花卉制种开始产生效益，且之后收益不断增加，花卉制种逐渐得到了农户们的认可。这里独特的气候环境是生产各种农作物种子的天然温床，所生产的花卉种子已赢得国内外种子界的共同认可和一致好评。如今金佛寺镇60%以上的农户以花卉制种为主业，收入较以前翻了番。

党兴明在花田除草　　左震　摄

提起最初做花卉制种时的日子，党兴明无不感慨地说：“那个时候太难了、太累了，好在一切都值得，回家回对了。”

农业合作社是花农的“靠山”

“我去给你拿个东西。”一向不苟言笑的党兴明突然从凳子上站起来，急匆匆地从办公室走出去。

他给我们看一张营业执照，语气中掩饰不住兴奋与骄傲：“这是2015年我自己成立的合作社。”党兴明在红寺堡村成立了酒泉欣农农业农民专业合作社，经营花卉制种业务。2015年，党兴明51岁。

从一朵到万朵，从一家到百家。每年4月，合作社就会给农户发放花种，根据农户需求提供技术指导，待9月至11月花种结成后，合作社就将农户的花种收购，对花种进行加工后销售到世界各地。合作社在发放种子的时候就跟农户签好了收购协议，农户们不用担心将来种子卖不出去，生产积极性大大提高。

如今，党兴明负责的种子公司和农业合作社年产花卉种子百余种，总产量八十余吨。合作社与农户之间已经形成了良性的运作模式，党兴明的事业逐渐稳定下来，得了空就去自己家的花田清理杂草，农户的收入也提升了不少，金佛寺镇的农民相继盖上了新房。

年轻时一心想离开家乡出人头地的党兴明投身于花卉制种后，发现自己已经离不开这片故土了。“不再想去城里生活了，我的技术在花上，我的家就在这。”当他站在这片土地上时，他是踏实的、自在的，他觉得土地就像自己的根一样牢牢地把自己和生活连在一起。

党兴明年轻时在自己内心埋下的那颗种子，最终在祁连山脚下开出了绚烂的花。

（作者为兰州大学新闻与传播学院硕士研究生；指导老师韩亮为兰州大学新闻与传播学院教师）

退伍老兵的大漠胡杨情

——记东风航天城“大漠胡杨文化馆”馆长刘建荣

王琳玲

“早知道你们今天来，我就应该穿着我的绿军装给你们好好讲讲……”2019年7月11日下午，记者一行人的突然到访，让酒泉卫星发射基地“大漠胡杨文化馆”馆长刘建荣有点遗憾自己没能提前准备一下。

刘建荣生活照　　受访者供图

刘建荣不仅是文化馆的馆长。

他曾是一名军人，从军十四载，历任战士、班长、连队文书、司务长、团俱乐部主任等职；他是一名收藏家，收藏了上百件与部队有关的大小物件，再续自己的“军旅梦”；他是一名书法家，他的作品被“神九”和“神十”航天员、酒泉卫星发射中心收藏，更是曾搭载于“天宫二号”之中；他更是一名胡杨的守卫者，他创作的胡杨木文艺品达数千件。

“我就是喜欢这身军绿色”

十四年的从军路，是刘建荣脑海里不可抹去的一段记忆。“那个时候家里人都希望我能留在家附近工作，我才不干呢！当兵才是我的梦想啊！”慢慢地，他打开了话匣子。

1980年，新疆野战部到刘建荣的家乡山西岚漪开展招兵工作，起初父母不同意，怕他到部队会“受欺负”，还没等父母松口，刘建荣就被告知因为个子矮，不适合野战部队，取消入伍资格。这对于从小就想要从军、一心渴望穿一身绿军装的刘建荣来说，“那叫一个晴天霹雳呀，自己还抹眼泪儿来着。”刘建荣笑着回忆这段小插曲。

1981年，各项检查合格的刘建荣终于如愿登上了新兵专列，来到酒泉卫星发射基地，一路放眼全是戈壁黄沙、黄土高原、难以适应的气候、荒凉的营地、简陋的营房……这些并未让刘建荣退缩。

但夜晚在铁路沿线巡逻，却让刘建荣备受折磨与恐惧。

“怕啊，是真怕，刮大风时的风声都能把我吓好久。在家我晚上都不敢出门的，但是没办法啊，只能硬着头皮走。”夜晚值班巡逻，对他来说“根本不会感到困倦，因为害怕让我格外清醒”。戈壁上风大，煤油灯无法保持燃烧，刘建荣说自己后来就干脆忘记煤油灯，大声唱军歌，给自己勇气。也是这段时光，让刘建荣体会到了真正的“狂风暴雪，飞沙走石”。

有一天，他被通知调去炊事班做饭，接到消息的刘建荣开心得像个孩子。没想到第二天起来就傻眼了，头一天洗干净的大锅、灶台上全是沙子，而锅盖已不知所终。因为不能按时开饭，在全队前面做了检查。刘建荣带着怨气告诉自己，“我要做给你们看”。于是他每天提前一个小时起床，保证厨房里一切正常。

“我的军旅生涯啊，经历可丰富了呢。”刘建荣回忆着，十四年的时间里，他修过铁路、在铁路沿线巡过道、入过伙房帮厨、当过文书、干过连队和营队的司务长……可以说，他的履历里写满了精彩和“光荣”。

他悠悠地细数着那些年，像是在说着昨天的事。

回忆起十四年的军旅生活，他说：“没有什么路比当兵的路更能磨炼人的意志，没有什么学校比军队这所大学校更能培养造就人。”

数百件藏品里的老兵记忆

刘建荣也是收藏军品装备的“达人”。

记者走进文化馆的一间房，看到了他心爱的藏品：毛主席画像、军肩章、电台、手摇电话机、军用地图、军用水壶、背包、老式军装、茶杯、铁碗、书籍等红色文物，俨然进了一家小型军用品博物馆，展品都整齐有序地摆放着。

“有多少件藏品我还真没计算过，都是我这几十年一点一点收集来的。”刘建荣介绍道。

他在退伍时用几个箱子，把参军期间的用品及收藏品都带回到家中，他希望保存自己在部队的所有记忆。看着这些用品，曾经军旅生活的点点滴滴就会涌上心头。退伍后，刘建荣开始收集军队的物品，通过基地的战友帮助寻找，或者是机缘巧合偶然觅得，至今大大小小的藏品已达数百件。

“你现在最满意的藏品是什么？”面对记者的这个提问，刘建荣不假思索地回答道：“那肯定是军用挎包和军装啊。”

刘建荣告诉记者，目前在他的文化馆和铁路公园工作室中共有三十多个挎包，其中四五个是他曾用过的，另外还有好几件绿军装，包括一件女式军装。

“背包和军装都是军绿色，首先他们是军人的基本装备，其次军绿色给人一种欣欣向荣的感觉，充满着一股子精气神。把这些物件整齐划一地排开，就是一道靓丽的风景线啊。”说到收藏女式军装，刘建荣表示是为了向女兵致敬。

随着文化馆的藏品增多，经常有从基地退役的战友过来参观小聚，回忆往日的军旅岁月，聊聊当兵时的故事，无不动容。

收藏之外，刘建荣最爱做的一件事，就是给馆里参观的人讲述收藏品背后的故事，他认为“这些文化与故事最值得被珍藏”。

刘建荣也告诉记者自己的一个小小心愿，他希望有一天自己可以有一个大一点的房子，将这些军用品分门别类进行陈列，给更多的人参观，为老兵搭建一个怀念军旅时光的桥梁，也为青少年提供一个认识部队的教育场所，向他们讲述老一辈军人建设卫星发射基地的故事，同时向他们进行红色爱国主义教育。

“我可以一辈子写关于基地与大漠的文字”

在“大漠胡杨文化馆”中，随处可见刘建荣的书法作品，有写在胡杨木、胡杨叶上的，有写在石头上的，有写在盘碟上的，但更多的是写在卷轴上的书法作品。

刘建荣向记者介绍道，他受父亲的影响，从小学习书法，初高中时期，学校的板报、墙报全部由他承包，高中时期在文艺室里刻蜡刻字，给四个班160多人复印资料。

正是这些经历让他沉迷于书法，到了部队也不曾有过松懈。

在部队的十四年中，白天休息间隙，他就用小木棒和树枝在地上练字，将名家墨迹的一笔一画烂熟于心；晚上总是抽出两个小时用以研习书法理论、苦练书法技艺。

“我在生活中第一关心的事情就是‘写字’。”刘建荣表示学习书法这件事他从未间断，1995年转业做生意也没敢忘记每天练习。久而久之其行书磅礴大气、小楷委婉娟秀，也逐渐形成了自己独特的风格。

随着书法水平的不断进步和提高，他在基地开始小有名气，也引来了时任基地司令崔吉俊的关注。“那时候司令总是会来我的商店门口跟我探讨书法，很多人挺纳闷，说司令和一个开小卖部的有什么可聊的呢?”在崔吉俊司令的鼓励下，刘建荣在2010年开始筹建“大漠胡杨文化馆”，2013年正式落成。

记者注意到馆中展览的书画，大多与东风、大漠、神州、中国梦、强军梦、航天梦等有关。一间展厅的一面墙上悬挂的书法作品中，大多是记载神舟系列发射的历史，其中也不乏跟党的十九大有关的作品。刘建荣告诉记者：“神舟系列不是简单的数字叠加，而是中国航天取得的一个个新高度。而党的十九大报告更是我党和国家发展史上的新起点、里程碑。因此书法创作也要与时俱进，服务人民，服务新时代。”

他创作的小楷竖幅《十全十美——神舟一号到神舟十号发射大事记》被中国酒泉卫星发射中心收藏，也有作品被“神九”和“神十”航天员收藏。他的书法作品《中国梦、精气神》曾搭载于“天宫二号”，并在北京市方圆公证处得到公证，创下《中国梦、精气神》搭载之最。

当记者询问刘建荣，在诸多的身份中，他最看重哪一个。他很骄傲地说：“我是军营书法家，我就擅长这个，同时我觉得书法可以养心、修德、增智、健体。”

同时他告诉记者，每逢春节，他都会去基地写春联，这是最让他觉得开心的事情。“我舍不得基地，舍不得我工作过的这片戈壁大漠。每次去到基地写字，感觉像回到家一样亲切。我愿意这辈子都写跟基地和大漠有关的文字。”

“只要手里有块胡杨木，我就不怕任何困难”

走进“大漠胡杨文化馆”，首先映入眼帘的是几棵一人多高的胡杨木根，给人古劲奇特之感。通往二楼的台阶两侧，摆放着姿态各异的胡杨木，引领着我们走进馆中。看着台阶上的胡杨木天然不加修饰，与记者同行的兰州大学新闻与传播学院的韩亮教授感叹：“真是步步胡杨步步情啊！”

胡杨，生而不死一千年，死而不倒一千年，倒而不朽一千年。三千年的胡杨，一亿年的历史。

“沙漠英雄树”千年铸成的铮铮铁骨与不屈品质也让刘建荣为之着迷。胡杨自然也成了他文化馆中极为重要的展陈部分。

刘建荣每周至少要去两次胡杨林，头一天晚上就开始兴奋睡不着觉。第二天早早就骑着自己的三轮车出门，为了捡回更多自己喜欢的胡杨木，有时候他在胡杨林一待就是一天，“进到胡杨林里面，我就不会觉得渴和饿。”

寻找胡杨是为了欣赏大自然的奇迹，将胡杨木做成工艺品就是要留住大自然的鬼斧神工。因此刘建荣对于捡回来的胡杨木从来不加以过多地“整改”，最大限度地保留其自然本色。

“姑娘你看，这块胡杨木像什么？”“咦，好像一个长发姑娘的侧脸啊！”“对啊，美吧？来来来，你再看看这块胡杨木，里面的图案像不像起伏的山峦，我就起名‘如诗如画’，多美啊……”刘建荣兴奋地拉着记者展示他打磨的胡杨木块，每一个上面都有一个美妙的图案。“我现在做成的胡杨木工艺品上千件了呢，太多了，这里都放不下了。”

刘建荣手里拿着一块胡杨木摩挲着说道：“我是真害怕走夜路啊，但是现在有时候我需要夜晚出门，我就赶紧在手里拿一块胡杨木，心里就踏实了，不那么害怕了。我想啊，只要胡杨木在手中，我就不怕任何的困难。”

文化馆的二楼平台上，摆放着一些胡杨木、桌椅和工具，刘建荣说，他在慢慢整理，想把这里做成一个小型的手工艺体验室，他想让来参观的人都能亲手做几件胡杨木的工艺品，切实感受胡杨精神。“它是戈壁大漠的守护者，我想做它的守护者，我想将让更多人感受到胡杨顽强的品格。”

（作者为兰州大学新闻与传播学院硕士研究生；指导老师韩亮、张华为兰州大学新闻与传播学院教师）

我的根在玉门，我要做响当当的“油三代”

——记玉门油田测钻队D08861队副队长赵虎

赵泓博

“既然干了石油，就从来没想过换工作。”每当谈起工作，赵虎的眼神就变得坚定起来。今年33岁的赵虎是玉门油田测钻队D08861队的副队长。赵虎出生在一个“石油之家”。赵虎的爷爷是共和国的第一代石油人，赵虎的父亲一辈子也都在玉门油田工作，所以赵虎是一个不折不扣的“油三代”。

“我的家在玉门，这里有我的根”

在来玉门油田工作之前，赵虎是一名光荣的解放军战士。2010年，退伍五年的赵虎回到了家乡玉门，来到D08861队工作。“不管是因为父母还是自己，大部分玉门人还是会回来的。”玉门油田大多数工人都继承了父辈的工作，赵虎放弃了在大城市发展的机会，为了对家人和玉门的感情留在了戈壁滩。“我的家在玉门，这里有我的根。”赵虎已经在玉门油田度过了九个年头。历经学徒、场地工、井架工、副司钻、司钻多个工种工位，2016年，赵虎开始担任D08861队的副队长职务。自从来到玉门油田，赵虎已三次被评为“优秀党员”。

赵虎刚开始来井场上班的时候就是在二层台工作。所谓二层台，就是在钻井平台上方几十米处的一个狭小的高台。在二层台工作的工人需要把数百公斤的钻柱通过吊卡立在钻井平台上，而且一干就是十二个小时。“平时在地面上看感觉好像无所谓，但一站上去那么高别说干活了，光是站在上面腿都感觉用不上劲。后来慢慢适应了就感觉好一点了。”谈起第一次工作的经历，赵虎有点不好意思地笑着说。

玉门油田大部分石油都分布在浅层，由于近几十年的不断开采，石油储量不断减少，目前正处于“枯竭型开采”的阶段。在玉门老君庙、白杨河、石油沟这个区块的石油层都浅一点，而赵虎所在的测钻队主要负责的正是浅层钻井。赵虎解释道：“我们的这个钻机只能从事浅层钻井工作，再深设备不允许。所以我们就在这个区域作业。”

D08861队正在钻探的这口井到现在已经钻了八天了，根据预测估计还有400米完钻，还有三天就可以完钻了。但还有许多后期工作，包括通井、测井、最后固井等，这一系列操作结束，测钻队就算干完了，就开始拆卸设备往下一个钻井点搬，开始下一口井的钻探工作。

“钻井台就是我的家”

“我有两个孩子，都是儿子！一个五岁，一个三岁。”谈到自己的孩子，赵虎严肃的脸上洋溢起了幸福的笑容。相比于在钻井平台上严肃认真的赵队长，他对于自己的孩子反倒有着独特的关爱。“我当然是希望孩子快乐成长，不光是学习，心理健康最重要。”

作为副队长，赵虎经常需要24小时都在井场值班，所以赵虎和家人也是聚少离多。油田的职工家属都住在酒泉专门建设的石油基地，所以赵虎的家人都住在较远的酒泉市区。而像赵虎这样的油田工人在工作时基本住在玉门老城区原来的家属楼改造的职工公寓里。原来住一户人的房子基本就分配给两到三名工人居住。对亲人的思念也只能用视频和照片来缓解。“平常工作的时候肯定想他们呢，但没办法，既然做了这个工作，我们就要对油田、对国家负责，轮休的时候就能多陪陪家里人了。”

油田工作强度很大，平常值班时间很长。赵虎所在的测钻队实行的是上六休三，要是遇上井队“搬家”，也就是钻井完毕后开始拆卸设备去下一地点组装的过程，基本上就得停休三天左右。这种情况就得九天才能回一趟家，但赵虎也没有什么怨言。“有的钻井队工作的地方离玉门市远，基本都是上两个月休一个月，就等于说两个月回不了家，他们比我们要艰苦多了。”

玉门油田是共和国的福地，这里诞生了中华人民共和国的第一口油井、第一个油田、第一个石化基地。虽然油田工作十分辛苦，但相比于几十年前老一辈石油人，如今石油工人的工作、生活条件都已经得到了很大的改善。对此赵虎也很有感慨："以前我们油田工人们都只能从家里带饭上工，现在咱们井队随时都可以保障热饭、热菜、热水甚至酸奶的供应。在生活上这是变化最大的。"

同样，钻探设备的变化也是显而易见的。"现在的设备比以前成熟、安全、先进。现代化设备比如那个机械手可以极大地减轻工人的劳动强度。现在用机械手可以把以前需要手动接的钻杆直接拉过来放进去，就省力了。现在还在试验把二层台也替换成机械手，就能把操作员解放出来了。"说起这些变化，赵虎的脸上充满着自豪。

"司钻手上四条命"

赵虎所在的测钻队共有七个岗位，分别是司钻、副司钻、内外钳、井架工、泥浆工以及柴油机司机。其中司钻相当于班长，是井架上最重要的岗位。

"司钻手里至少掌握着四条命！因为井架上的人都是配合司钻的命令的，所以马虎不得。"在当上副队长之前，赵虎也是小队的司钻。所以对于安全操作赵虎是最为重视的。

油田钻井作为十大高危行业之一，必然面临着各种安全隐患。例如物体打击、有毒气体泄漏甚至井喷。如何预防事故的发生以及及时排除安全隐患是赵虎的重要工作。"咱们井上工作一般物体打击事故比较常见，重大事故例如井喷一般不发生。我们井上配备了可燃气体检测仪、硫化氢监测仪等。像我们一口井干完以后泥浆池要把液放掉，清理沉积时就要对这一系列有害物质进行检测，确保达到安全标准才会下去。万一有紧急事故我们这里还配备了四个空气呼吸器，罐体压力每天都是专门检查，保证30分钟的氧气储量。有什么物质超标都是自动报警的。"赵虎严肃认真地介绍着钻井队的各种安全保障设备。

由于钻井平台工作的复杂性和危险性，在井架上工作的工人还需要每隔一段时间就去考各种各样的证。赵虎作为一名年纪轻轻就当上副队长的业务骨干，说起这些资格证可谓是如数家珍。"我们现在要考的证特别多。首先是井控证，没有井控证是不能到井场的。还有硫化氢证、司钻证，搬家的时候因为要吊装设备还要有吊装指挥证，等等。这些证一般两到三年就到期了，到期以后要复审。所以年底考证时期人员不足的时候要将近在井上待一个月左右。”

在高标准严要求下，D08861队圆满完成上级交付的多项钻井任务，并多次获得荣誉称号，成为玉门油田测钻队的一面旗帜。

在万家灯火皆熄时，无数像赵虎一样的石油工人依旧奋战在工作岗位上，为祖国贡献着自己的青春和力量。父辈的精神在他们身上传承，也必将传承下去。夜幕下的井场和老玉门市区相互守望着，玉门石油人八十年的坚守为共和国的腾飞源源不断注入动力。再苦再累，石油人的初心从未改变。无数石油人铸起了一座座丰碑，三代人的奋斗，为共和国石油工业竖起了屹立不倒的旗帜。铁人精神从这里诞生，从这里发扬，也必将传承下去。

“我的根在玉门，我要做响当当的‘油三代’。”

（作者为兰州大学新闻与传播学院硕士研究生；指导老师韩亮为兰州大学新闻与传播学院教师）

新时代的陇原工匠

——记酒钢高级焊工杜钧

孔祥宇　高剑阳　申欢

一身洗得掉色的蓝色工服，一顶蓝色的安全帽，眼前的杜钧同万千酒钢人并没有什么不同。在昏暗、嘈杂的操作间里，杜钧正在焊接一个部件，手中的焊枪正在向外喷射橘红色的火焰。

杜钧是酒钢能源中心的首席焊工技师。杜钧生于1975年，那一年，首届全国钢铁工业座谈会在北京召开。当时我国钢铁工业发展遇到困难，钢铁生产欠产严重，工业水平不高。如今，我国的钢铁产业水平居于世界前列，其中的变化离不开每一位钢铁工人的贡献。

"拿来主义"的践行者

"大家论文里写的东西，我要迅速地转换成实际，我们就是'拿来主义'，把学术上的东西，投入工作中去。"杜钧坐在工作室里说。参加工作的23年来，他先后完成了钛板及复合钛板的焊接工艺研究，以及在烟气恶劣环境下的焊接技法等50多项技术革新项目，提出170多项合理化建议，完成50多项技术攻关。

杜钧只要一有时间就会翻阅相关的理论书籍，学习最前沿的焊接理论，他还将自己在工作中的经验和技巧总结成书，先后编写了《手工焊接、切割与热处理安全工作技术规程》《焊工班危险源辨识与风险评价清单》《气瓶管理细则》等焊接作业指导书。白天手握焊枪，晚上拿起纸笔，这已经成为杜钧的工作日常，理论与实践两开花，杜钧践行得很好。

“择一事，终一生”

时间回到1996年，中国的第九个“五年规划”开始制定和实施，这是中国特色社会主义现代化建设进程中的重要时期，此时的杜钧刚刚从学校毕业来到酒钢成为一名焊工。没干几天，和杜钧一同进厂的同事觉得焊工这个活又苦又累又危险就离开了，杜钧也思想斗争了好几天，最后说：“苦点累点怕啥，电焊工我干定了！”从那之后，杜钧每天和老师傅们寸步不离，随时请教，并把一些要点记在随身携带的小本子上，下班后，他还会拿废料做练习，燥热的工厂里，他总是练得满头大汗。因为焊接空间狭小，杜钧还练就了左右手分别焊接的本领，很快，他就成了酒钢里的焊工能手。2006年，杜钧在全省职工职业技能大赛中获得第一名；2007年，他被甘肃省总工会授予“五一劳动奖章”；2009年，他被人力资源和社会保障部、中国钢铁工业协会授予“全国钢铁工业劳动模范”荣誉称号；2010年，他被国务院授予“全国劳动模范”荣誉称号。

杜钧的老师傅曾告诉杜钧：“人这一辈子时间有限，能踏踏实实地做好一件事就可以了。”杜钧将老师傅的话总结为“择一事，终一生”，并把它作为自己的人生信条，一直坚持。在焊工的这条路上，杜钧没有放弃过。

名师出高徒

2015年7月13日，全国劳模杜钧焊接技术传承工作室在酒钢能源中心成立，“有了这个地方，教徒弟就更方便了。”杜钧说。自工作室成立以来，培养青年焊接骨干49名，技师、高级技师16人。在2016年集团公司“10+1”青工技能比武中，杜钧的徒弟们包揽了前三名。杜钧最为得意的徒弟杨海东，如今已经能够独当一面。杨海东在2016年甘肃省第十一届“振兴杯”全省青年职工职业技能大赛中获得焊工第一名，在2018年第六届职工职业技能大赛中取得第一名的佳绩，他在2014—2018年的5年里便相继获得“酒钢工匠”“金牌工人”“甘肃省技术标兵”“甘肃省技术能手”“甘肃省五一劳动奖章”“全国青年岗位能手”等荣誉称号。

杨海东刚进厂，杜钧就给他上了一课。在技术评定的入场考试中，杨海东发挥得很好，他认为自己的理论和实践水平都还不错。考试结果出来后，杨海东在一同参加考试的11个人中取得了理论成绩的第一名，在实践的外观测试中也是第一名，但在实践考试的内观测试中，他和其他人一样都是不及格。杜钧当时严厉地说："你们不能只做表面上的功夫，要内外兼修！"杨海东现在已经工作了9年，他对这句话的理解越来越深刻，"内部确实很重要，相当重要"。

杜钧的另一位徒弟武强，也在2018年获得"甘肃省技术能手"的荣誉称号。武强说："杜工懂生活，也爱工作，他喜欢追求工作中的极致，督促我们也一刻不能马虎。"

新时代的工匠精神

杜钧回想起23年来的工作感受："最初就是艰难、无助和彷徨，后来就是坚守，现在可以算是苦尽甘来。"杨海东对师傅的评价很高："'工'从字面理解就是能工巧匠，'匠'就是要有一定造诣，在这方面我认为杜工做到了。"杨海东的左手大拇指被纱布厚厚地包裹着，"都是小伤，这也算是成为工匠的一个必经之路，我师傅身上的伤更多呢，胳膊上被烫伤的伤疤多得吓人。"杨海东害羞地说，还把手往后藏了藏。

杜钧在黑暗的操作间内焊接　　　　孔祥宇　摄

"艰苦创业、坚韧不拔、勇于献身、开拓前进"这是酒钢人的铁山精神，在杜钧、杨海东、武强的身上我们都能看到这样的精神，他们的工作貌似平常无奇，但是这些工作都需要经年累月淬炼而成。在陇原的这片土地上，他们身穿有点"埋汰"的蓝色工装日复一日地练技修心，身上散发的劳动人民的光辉却怎么也掩不住，因为他们是新时代的大国工匠。

（作者孔祥宇、高剑阳为兰州大学新闻与传播学院本科生，申欢为兰州大学新闻与传播学院硕士研究生；指导老师韩亮、张华为兰州大学新闻与传播学院教师）

徐安财：广至十一年，我的半辈子

余晓妍

徐安财至今想起刚迁居到广至的那些日子仍哭笑不得。

“那时候每天干的事情就是喝酒、串门聊天，中午起来看摩托车在太阳底下晒，就往东边推，下午就把摩托车往西边推，每天就干这些事。”时过境迁，看着自己合作社名下的几百座大棚，徐安财不敢相信那些颓靡的、“像戈壁盐碱地一样翻不出生机”的日子已经远去十一年了，现如今的日子，已经被忙碌和对未来的憧憬充斥。

“流放”到戈壁

事实上，广至乡民都有着与徐安财相同的生活变迁。

2008年，在党中央、国务院的高度重视下，凝聚了几代人心血的润泽陇中旱塬的九甸峡水利枢纽及引洮供水一期工程全面开工。“引洮河清流，解陇中之渴”势在必行。按照工程要求，九甸峡库区临潭、卓尼、岷县3县7乡23个行政村近万名父老乡亲远离故土，迁移至远离家乡千里之外的瓜州县广至藏族乡。

多少个“不同意”和诸多未解决的矛盾都没能阻止这场被动迁徙。老家的生活虽不富裕，但起码有绿水青山，而当时的广至还是一片风吹石头跑的荒地，且不论能否拓荒致富，人能否顺利居住下来都是个问题。前路未知且不可期，家园又即将被淹没，近万名“非自愿移民”还是上路了。

万事开头难

同样的2008年，恰逢改革开放三十周年，我国部分地区实现了经济腾飞。这一年，我国共投入超过3000亿元人民币到比拼综合国力、经济实力、科技实力的北京奥运会当中，不计其数的人投入紧张的筹备工作中，在“同一个世界，同一个梦想”的口号里畅想美好新时代；这一年5月，杭州湾跨海大桥建成，区域与区域的联系更加便捷、紧密，摆在很多人面前的，是无尽的机遇和一条通往更高生活水平的康庄大道；这一年，也是西部大开发战略提出的第九个年头，一本《西部大开发》杂志畅述着西部九年来的开发成果。可是，这一切热闹似乎与徐安财无关，同一个世界里的他，关于致富的梦他想都不敢想。这一年，新世界留给徐安财们的是一大片与繁华绝缘的戈壁滩。迁居地犹如荒原，百废待兴，家园重建遥遥无期，拓荒的如山重担使得移民们原本惆怅的心愈加消沉，面对这巨大的生活变革，受过极少教育的徐安财束手无策，徒有一双强健的“农民手”，气力却无处可施。“那时我们一点信心都没有。”徐安财忍不住唏嘘。

故土已经沉没，而新家园却还在漫天黄沙里混沌着，广至移民们一腔怨气只能往乡政府泄。顿时，“上访乡”成名，广至乡政府加快了安顿移民的步伐，这才拉开了广至家园重建的序幕。

2009年年初，乡镇政府把全村划分成八个生产小组。为了在农业生产相关事务里有更多的话语权和决定权，徐安财毛遂自荐，当上了第五小组生产组长。他暗下决心，不论再难再累，也要争取在两年里让这“盖”在大地上的粗粝戈壁顺利出产。可没想到，万事开头竟如此不顺：组上抓阄得来的土地离住地有十几千米远，所谓“远田不富人”，这在当时水泥路还没铺上的广至，让人连要荒废这块地的心都有了。不仅如此，这地的土壤状况更差，盐碱程度之高，种下千粒种子竟未能收获一粒粮食。可是不能眼看着组员们整个季度的付出就打了水漂啊，徐安财没有半点拖沓——换地！就这件事情他前后上访乡政府十几回，冒着被“镇压”的危险终于说服了乡长。

新地是近了些，可是在这戈壁遍布，“风吹石头跑，地上不长草”的恶劣环境里，丰收仍遥远得像个梦。

实践，再实践！

为把这个梦一步步拉近，徐安财可没少花心思，他在浓缩的八年里走了诸多弯路。

在土地逐渐改良的同时，徐安财开始琢磨生产效益的问题，看到邻村的温室大棚产量高、效益好，他萌生了种植温室蔬菜的想法。“邓小平同志不是说了吗，实践是检验真理的唯一标准。”徐安财始终相信这些朴素的真理才是指引方向的正确指南。

2009年，在乡政府的支持引导下，徐安财开始学习温室蔬菜种植技术，带领岷县村农户在戈壁滩上修建温室。产量是上去了，可是却不好卖出去，农户们勉强维持收支平衡。可是这样下去，何时才能脱贫致富呢？眼瞅着农户们刚鼓起的干劲就这样日益瘪下去，徐安财又开始寻思新招了。这次，他冲着“让全乡一起做大”的目标出发。

2012年，广至藏族乡鑫红温室蔬菜种植专业合作社正式成立。徐安财决心要带领全乡人建设日光节能温室，发展温室蔬果产业，统种统销，让效益遍布每一户人家。可这是瓜州啊，瓜果遍地，本地市场已经接近饱和，另谋更广阔的销路才是良策。

在这销售困境里，农民出身的徐安财不知哪来的商人头脑。2014年2月，徐安财径自跑到新疆霍尔果斯口岸，凭借自己的淳朴取信于外贸公司，并与对方签订了农作物收购合同，这样一来，农作物的销路便不成问题了。眼看着辛勤的劳作就要变现成财富，没想到因为路途遥远，几百棚番茄到达目的地时已腐烂近一半，自己赚钱没指望，还把组里的农户也搭上了。徐安财深谙致富路不好走，可他实在不忍心打击农户刚刚建立的信心，“不去坑害别人，我也不能辜负大家的信任”，徐安财咬咬牙，便自己贷款将农户的收入保底了。“老徐这个人实在啊，跟他干风险小！”徐安财生产组组员杜生对徐安财很是信任，打来广至就一直跟着他干。

实践证明，温室大棚是正确的，搞合作社的方式也没错，外贸也确实能解决销售问题，谨慎分析过后，徐安财决定转变种植项目。可是种什么好呢？

小瓜帮大忙

2017年冬天，趁着农闲，徐安财只身一人前往海南，在海南，他发现了一种经济效益极高，且很适合在盐碱地上种植的瓜种——流星蜜瓜。兴奋之时，他连夜赶到深圳，并顺利与深圳阳光庄园农业发展有限公司展开合作。

2018年，徐安财的合作社共试种了237棚流星蜜瓜，试种成效显著，其惊艳效果让收购商决定续签合同。就在2019年，鑫红合作社便与收购商签订了800棚600多亩流星蜜瓜，共有500多户人家参与种植。此外，为了提升蜜瓜的产量和质量，收购商还派技术员来做技术指导。与大公司的合作让徐安财感觉自己不再是孤军奋战，往后的日子他“只想安心地当个农民，把瓜种好、卖好”。

大订单让徐安财和农户们都充满信心。但这时的徐安财并未止步于当个好瓜农，他的目标始终是带领全村人脱贫致富，为此，他积极地与收购商洽谈，提高收购价格，给农户增加收入。此外，他组建扶贫车间，使贫困户在家门口就业，通过自己的劳动脱贫致富。

现在大家可都忙起来了，“连个聊天喝酒的人都找不到了”，如今广至村民的目标只有一个，那就是“种瓜、赚钱!”徐安财每天都和技术员奔走在农户大棚和扶贫车间，哪里需要去哪里。忙是忙，可是看着大家都各司其职、各得其所，徐安财的心里踏实得很，事实确实如他所想，“只要勤劳肯干，在哪里都能干出一番事业”。

徐安财不仅为合作社找到了致富路，还为全乡群众脱贫致富开辟了新渠道。当记者问到倘若老家一切无恙，还会想回家吗？徐安财连忙摆手说：“我可不想，这里有我辛苦了大半辈子的事业呢!”

瓜农杜生品尝蜜瓜　　余晓妍　摄

广至曾经带给他无尽的苦恼，但他依旧感谢这片土地，老家虽山清水秀，但是耕地面积少，靠天吃饭、土里刨食的日子里贫穷恒定，如同日出日落。而广至大有土地在，凡事事在人为。移民广至仿佛是个契机，命运给了像徐安财这样勤劳肯干的人一个翻身的机会。

（作者为兰州大学新闻与传播学院本科生；指导老师张华、韩亮为兰州大学新闻与传播学院教师）

夜访钻井台

杜笑微

D08861是一支每年钻井累计达到10000米深度的青年钻井队。

记者在夜色中来到钻井队的井场，老远就听见山坡上传来大功率柴油机“隆隆”的轰鸣声。快步走到山坡上，眼前一小块平坦的地方被各种开采石油的机械占据得满满当当。油井架上人影晃动，石油工人们正围着钻机干得热火朝天。

钻井队年轻的副队长“油三代”赵虎一边盯着井架，一边回头笑着说：“我33岁，跟着打井队干了十多年，天天和石油打交道。过去钻井的螺杆需要工人们亲自去推，现在靠机械臂直接换。以前打井，要靠人力，一天下来筋疲力尽；如今方便多了，全用机器操作，前些天还用自动机械装置组装打井平台，工作强度大大降低。你说多方便啊！”

“咚、咚、咚……呜、呜、呜……嘶、嘶、嘶……”井架上的吊机正缓缓地拉起螺杆，摆在四处的探照灯把整个打井机照得雪亮。

“队长，我过来喝些水。”迎面走过来的一位叫王瑞年的中年男子边挥手边说，“今天下午一个中心钻头被泥包了，上一班的换了新的钻头。还有400米，加把劲最多三天，就能打到油层。到时候换我轮休啊，几天没回家，儿子该想我了。”

他侧身进入工房，防护服的背部沾满了油渍，混合着泥泞，看不出来衣服原本的红色，劳保鞋踏在木地板上发出吱吱声。

“柴油机刚刚停车了，动力系统那边已经有人过去维修了，我看钻头现在放下去了，我们现在上去。”工房里传出内外钳工咎卫军的声音。

离井架不远是泥浆台，只能看见泥浆工的身影在灯后来回移动，他脚下翻滚的是几吨重的泥浆，它们顺着井场里众多的红色高压管道汇聚在这里。

这时，山坡下的厨娘曹翠花招呼大家下去吃饭，她已经早早准备了一个多小时。几个油井工人早早地围在了“移动集装箱”的外边，他们端着自己饭盒。今晚吃的是饺子，刚端上来的铁盆里冒着热气，饺子就着醋和辣子被工人们吞进胃里。桌子上的安全帽上布满了一块一块的灰点，是已经干了的泥浆。

不知道从哪儿传来的一句：“我看是阀门漏了，泥浆喷出来的也不多，刚刚下面送了个新阀门才换上。”又有人接上了话茬：“那边循环系统也检查过了，没啥问题，倒是发现得及时，我们吃完上去把剩下的泥浆倒了，等钻头放下去就正常了。”说话的这些人刚走，另外一拨人也陆陆续续下来了，已经到了零点二十三分，他们正忙得火热。

祁连山下夜色茫茫，周围所有的光都来自立在半山腰的井架和山下不远的玉门市。工地上彩旗飘飘，映着满山的月色，空中的一阵黑烟散去，钻头又下去了，周围只剩下“隆隆”的声音。

（作者是兰州大学新闻与传播学院本科生；指导老师韩亮、张华为兰州大学新闻与传播学院教师）

一个钻井队长的24小时

——记玉门油田的“跑男”伍定全

刘敏涛　刘念

“进石油是我的第一选择。”46岁的伍定全露出了幸福的笑容。炎炎烈日，站在D08861井队的井架下，望着远处忙碌的场地工，伍定全回忆自己过去的二十一年：“我就是这样一步步干上来的。”

迎风上坡跑到井队

6点的玉门早已日出。清风起，吹在身上，7月玉门的早晨还有点凉。从祁连宾馆步行至玉门油田职工公寓约800米，路上很多人在晨跑。

我们和伍队长在公寓门前碰面、出发。“昨天晚上11点多队上出了点情况，忧心得很，也没睡好。”说完，伍队长的步伐明显加快了。当队长这四年，要是队上一切安全，他着急跑着去确定；要是队上出现问题，他着急跑着去解决。这条上坡路，他一跑就是四年。

“我每天就喜欢跑着去队上，心情特别好。平时不到20分钟我就能跑到队上，今天咱们慢点。”经过油城公园，我们一路迎风上坡。左手边的戈壁就要植树造林了，右手边是老的油田公寓。“前两年，我们从这里搬到酒泉去了。”说到这儿，伍队长很高兴。

这是一个钻井队长普普通通的上班路，也是他通往井队、通往幸福和安全的跑道。

巡查井队各项工作

7点，伍定全到达井队。在第一时间便询问了昨夜的闸门问题。确定现场情况与昨夜电话汇报一致并处理得很好之后，一颗“奔跑”的心慢慢放了下来。

这是伍定全调到D08861井队的第四年。四年间，每天到队上的第一件事从来不是吃早饭，而是了解井上所有的情况是否正常，首先处理问题和安排工作。

他是个24小时待命的“跑男”队长。阳光炙烤着井队，场地工拉着材料一路小跑，伍定全追上去给他们搭把手，“我26岁的时候就从这个开始干起的”。除了工作上的指导，他也常常告诉自己的工人要面对现实：“你是干这个的，就要踏实干，油田的人干油田的活很上手，别的不怎么会干。”从井架上下来后他皱着眉头：“只要一想到井上的事儿，有时候整晚整晚地睡不着觉。”他的手机24小时开机，希望能在第一时间接到电话，但又希望没有电话打来。

他也曾经听朋友说做管理很轻松，可现实并不是那样。队长既要管技术，又要管人，各个方面、每件小事都要操心，但伍定全乐在其中。他指着一位泥浆工说：“这是我们这儿最踏实的一个，他干活我最放心。”难管的工人大部分是年轻人，伍队长便考虑用各种各样的方法，“我得关注每个人，看他们适合什么工作，要让他们高兴地干活，还得把活干完、干好。“钻井全靠泥浆”，巡查过程中，泥浆在规定的范围内，伍定全眼神坚定且自信。巡查结束，钻台上井下打钻和柴油机运转情况一切正常，8点半，伍队长说：“可以吃早饭了。”

井队的生活站，伍定全很重视。“既要让工人吃好，也要让厨工能舒心地做。”28位工人一日三餐全都由井队生活站来安排，而三餐的食谱安排，伍队长都要亲自过目、参与决定。

吃饭是井队工作中最好的休息时间。走进工人里一起工作，坐在工人中一起吃饭，站在工人旁一起聊天。伍定全把井队当家，工人们便是兄弟。“饭要好好吃，身体是自己的，其次才是工作。”伍队长和工人们一起吃早饭，问及今天早饭的味道，几个工人眉开眼笑地说：“好吃！”

伍定全二十一年前一股脑儿地“跑”来了玉门油田，一口气从场地工干到管理层。问及感想，他说：“我从不后悔自己的选择。”

交接班开会

8点半，昨天的小班收工了，新的小班早早到了队上。“工人们都很了不起，我的副队长已经连续24个小时没有休息了。”说起自己的工友，伍队长眼神里有着藏不住的骄傲。

交接班开会，是前一天的结束，也是新一天的开始。作为D08861钻井队的队长，伍定全是第四年主持这个会议。大家都早早地到了这间活动板房会议室，白房子热闹极了。

会上烟雾缭绕。伍队长一根接一根地抽烟，工人们也是，他们紧皱着眉头听队长训话。开会的中途，因为材料问题，伍队长又临时出去处理。会上也有说笑，但还是凝重，“安全最重要”这几个字眼时不时就会被提到。说到钻井台二层严禁猛拉刹车，伍定全露出了少有的严肃表情，“要慢慢带，有电子表，一两遍就好把握了”。

“安全员一定要签字，不写就罚钱。”在安全问题上，伍队长一丝不苟。保证28个人的安全是伍定全最要紧的事，一环接一环，永远有操不完的心。

因为热，我取下了安全帽。伍队长立马说：“赶紧把帽子戴上。”他的弦一直紧绷着，“一天不完钻，我一天心都放不下”。再有十天，这口井就结井了，但井队却丝毫没有胜利的喜悦，行百里者半九十，伍队长和他的工人们都还在屏住呼吸想要干好最后十天。

工人们生病，伍队长最担心。会议结束前，有一位工人发言，但嗓子明显沙哑着。伍定全没顾得上要讲的话就直接说：“嗓子疼不要用嗓子了，把药箱子里的药吃了，不吃过期了。”似父似兄的他，是D08816的顶梁柱，所有的爱都要“跑”在最前，都要直接表达。

走出井队回到生活

下午6点半，油田的摆渡车在职工公寓门口停下。伍队长说：“每天下车的这一瞬间，我也只是身体的放松，心还在井队上呢。”

伍定全和另一个工友一起住着一间小公寓，进门是客厅，卧室里放了一张床，没有厨房，也没有任何装饰品。“每天就休息几个小时，简单点。”伍队长一边洗脸一边说。

伍定全的妻子和女儿住在酒泉，妻子辞了工作全心全意地照顾女儿上学。提及女儿，伍定全笑了起来。“我女儿叫伍静雅，今年高三，她特别懂事，我不用多操心。”

前几年，伍队长在内蒙古、青海工作，很难回家，现在离得近了，依然无法经常陪伴女儿和妻子。女儿平时也埋怨：“别人的爸爸都来接孩子放学。”伍定全说：“上周回家我去接她，她特别开心。”

说起女儿，伍定全的话匣子一下打开了。最想说给女儿的便是好好读书，“不想让女儿像我一样累”。他希望女儿能好好学习，有一份好工作。这是他对女儿唯一的，也是最大的希望。“我也想过女儿继续干石油，但还是尊重她自己的选择。”

这里的春天风沙漫天，这里的夏天艳阳高照，这里的冬天雪浸衣袖。但他的脸上洋溢着幸福的笑容，因为妻子支持且理解，女儿乖巧且懂事，让他能心无牵挂地扎在井队，这是一位幸福的钻井队长。

晚上10点，女儿到家了，伍定全拨通了妻子的电话。“我每天这个时候都打电话给她们。”

坚守平凡的幸福人生

晚上11点，我们采访了伍静雅。“我爸每次回家都买很多东西。”说起爸爸，伍静雅在电话那边很轻松。伍定全每天都会打电话给妻子，问问家里的事情和女儿的情况。

“我爸工作很认真，挺累的。他经常不在家，我们都习惯了。”静雅也有无奈，但更多的是这个家庭给予她的爱，因为有爱，她才宽容、忍耐。

“有机会我真想去看看我爸工作的地方。”伍定全在D08861队干了四年，女儿还没有来过这里。

伍队长有一位得力的副队长，赵虎。“伍队长是我的师傅，教了我很多东西，他的细心我特别欣赏。”赵队长刚开始当副队长的时候，还不能一个人顶住半边天，这四年时间，伍定全在前面“跑”，赵虎在后面“跟”。说起队长，赵虎由衷地感谢：“是他的严格要求和批评，才让我快速地胜任了副队长这个岗位。”

伍定全1993年入伍，1996年复员回家，当时有很多选择，比如到新华书店做管理员、去酒钢工作。“进石油是我的第一选择。”就这样，伍队长“跑”了二十一年，一路“跑”到了D08861井队。

“如果重新选择一次，我还是干石油。”这口井还有十天就要结井，不久，这片戈壁也将穿上绿色新衣，也许一切都有结束的时候，但结束便是另一种开始。门口的大黑狗还将继续陪伴大家新的旅程，伍定全无悔的石油马拉松，也将继续跑下去。

（作者刘敏涛为兰州大学新闻与传播学院本科生，刘念为兰州大学新闻与传播学院硕士研究生；指导老师韩亮、张华为兰州大学新闻与传播学院教师）

油田里的守望者

刘欢 彭远方 王琳玲

王瑞，今年35岁，是玉门油田的采油女工。她一般不会给相距70千米的6岁女儿打电话，即便有时实在想女儿，给女儿打电话或者视频，女儿也会说:“妈妈，我不跟你说了。”

2005年开始，玉门的石油工人开始举家迁往酒泉。工人们平常下班回到玉门的公寓休息，只有在双休与节假日时才会回到酒泉与家人短暂地相聚。在老君庙采油厂采油四队603岗位已经工作十一年的王瑞便是其中之一。

初见王瑞时，她刚从外面赶回来。一路跑回来的她虽然气喘吁吁，却能很快调整好自己，站在603岗位文化馆内向记者介绍603岗位的基本情况。

据了解，为了降低开采老油田的成本，实现“减员增效”，现在老君庙采油厂采油四队实行人员与岗位的整合。曾经至少四个人负责一口井变为现在603岗位十个人分为两班负责九十六口井。在603岗位工作的十个人里还包括两位即将退休的老工人。对于身为岗位长的王瑞来说，这些变化意味着肩上的担子越来越重了。

王瑞却并不畏惧这些工作上的挑战。“我在这个岗位上干着，就觉得那种自豪感和荣誉感特别强。我就觉得既然在那干，我就要把它干得特别好。”为了油井的安全，王瑞的手机必须保证24小时开机，以便随时收到油井的消息。即使是在夜晚，一旦知道油井出现问题，王瑞也要立刻提着工具上山修理。曾经为了解冻一口井忙活到晚上十点半，已经饥肠辘辘的她直到完成解冻的那一刻才感受到内心的踏实。

然而，已经熟悉每个油井“脾性”的王瑞可以做到及时地预防和解决井上出现的问题，却做不到擦干女儿的眼泪。

王瑞说，女儿小时候形成了一个生物钟，每到她离家上班的那个早上，女儿便会早早醒来，躺在床上偷偷地哭。“她有一次把自己的存钱罐拿出来给我，说：‘妈妈，你看我有钱，我把钱都给你，你不要去上班了。’”说到这里，王瑞的眼眶红了。

王瑞即便非常思念女儿，却也不得不狠下心在工作的五天时间里不与女儿联系，她怕听到女儿的声音会让思念疯长。而仅有6岁的女儿也慢慢懂事，不再为妈妈离家上班而哭泣。当得知妈妈获得甘肃省“五四青年”奖时，女儿非常骄傲。王瑞笑着说：“把奖牌拿回来，我闺女高兴得像是自己拿了奖。”她眉眼弯弯，欣慰而自豪。

2017年王瑞担任603岗位的岗位长，34岁的她作为先进岗位的中坚力量，要负责603岗位的所有油井。提着十几斤重的工具，穿着笨重的劳工鞋，行走在山上山下的王瑞每天需要完成巡井、汇总、打防火墙等工作。这里的体力活不分男女，王瑞却从未懈怠和抱怨过。老师傅盛玉林说：“现在人少，她要负责那么一大摊子事，很不容易。”

但在2008年，王瑞刚从江汉石油大学英语专业毕业时并未想过要加入玉门石油工人的行列。作为“油三代”的她后来听从父母的建议，先回到玉门工作一段试试。“没想到回来之后就走不了了。”

刚参加工作的她皮肤白皙，还曾被自己的师傅申莉君——603岗位第17任岗位长嫌弃身材瘦小，提着工具的她总要小跑跟在师傅后面。年龄相差16岁的师徒两人平日里却相处得像朋友一样，经常彼此分享一些心事。王瑞说：“她真的是发自内心的那种无私，能想到的帮助我的事情，她都去做了。”体寒的她在冬天双手经常是冰凉的，师傅就将王瑞的手捂在自己的手里。

从2008年到2019年，从小徒弟到岗位长，王瑞虽然皮肤黑了，但能力却提高了。从她与其他工人的聊天中记者获知，王瑞在不久前的全厂技术比武中获得了第五名的好成绩。

在603岗位工作了三十四年的盛玉林便是王瑞提到的即将退休的老师傅之一，带过的徒弟自己都数不过来。作为603岗位的“活地图”，年轻人都喜欢时不时来请教盛玉林。王瑞表示，向盛师傅请教一个问题，盛师傅会将他所知道的方方面面都告诉你。“我这个人说话可能有点啰唆，各方面我都会说一说。需要我说的，我都从我的角度给他讲一讲正理。”从上班第二年开始，盛师傅就开始带徒弟了。他往往会先给徒弟演示至少三遍，再让徒弟亲自动手，自己在一旁打下手，纠问题。他最后一个带出来的徒弟是大学生，学成之后留在了技术组。

在技术方面，他要求非常严格，带出来的徒弟也非常具有责任心。曾经一位被他带出来的徒弟工作完成后回到公寓，睡到半夜突然想起工作环节上有失误，又立刻上井检查，发现原来没问题才安心回去。

而盛玉林自己，也曾有过一位技术过硬、要求严格的师傅。对于加盘根等工作，师傅会要求盛玉林反复练习半个多月，这样的要求锤炼出盛玉林对工作认真的态度和对技术的娴熟运用。“师傅是什么样的思维，他教出来的徒弟那错不了。”盛玉林眯起眼睛笑了，眼角露出细细的皱纹。

工作之余，盛玉林最喜欢读书，尤其喜欢中国文史哲类的书籍。“要是没读书，这一天我都觉得过不去!”盛玉林还建议记者读《西游记》:“你们不是学新闻的吗，西游记对人物的描写特别好!”

55岁的盛玉林三十四年来一直坚守在603岗位。今年8月，他就要离开603岗位了。他希望在这最后一个月里多干一些活，也尽力帮助刚调到603岗位的许晶玉适应工作。他建议年轻人端正态度，学着吃苦，“干一行就要学一行，就要往深处钻研。第一要义就是要钻研技术，第二就是要端正态度”。

“未见其人，先闻其声”是许晶玉留给人的第一印象。人还在门外，爽朗的笑声却先走进来。性格活泼开朗的她很快就与603岗位的工友们打成一片，刚从山上回来的她虽然劳累，却依然能和工友张璐莹互相打趣。张璐莹坦言，她和许晶玉非常亲近，“都是直性子的人，有啥说啥，不藏着掖着”。

虽然刚刚调来603岗位两个月，但是参加工作二十年来，许晶玉没有做过采油工，而是被调到其他不同的岗位中。酒泉招待中心、水电厂、油砂矿……每到一个新的岗位，许晶玉就要从头学起。多年来的工作变动使得她能够很快适应每项工作，并学会了多项技术。张璐莹就表示，因为之前在餐饮行业工作过，许晶玉的厨艺非常出色。“有天下班了，她（许晶玉）回家做饭。楼下的人闻着味就上去了，还要了一碗菜带回家。”

虽然每换一份工作就要从零起步，但是许晶玉觉得很新鲜，也总能保持好奇心。面对现在这份新工作，她说:“每天都能遇到新的情况，所以要多学学，多看看。”

王瑞也坦言，虽然许晶玉刚刚调来，技术上还有待进步，但是对待工作却很认真。“她干活有劲，虽然平常嘻嘻哈哈的，但是一到工作就会提起精神来。”

许晶玉虽然已经40岁，心态却仍像20岁的年轻人一样，爱笑爱玩，说话时乌亮的眼睛总是滴溜溜地转。“我算是大孩子吧！”许晶玉又哈哈笑起来。

皮肤黑了，却提高了技术；衣服脏了，却获得了荣誉。自1962年建岗以来，已经获得先进集体等多个荣誉奖项的603岗位从未停下前进的脚步。在这里工作的每一位工人都自觉从严，苦干实干，不断创新成绩，向前发展。

采访结束后，记者随工人们搭上班车回到玉门老市区。待到第二天太阳升起，他们会在等车地点前的饭馆里，吃上一碗热腾腾的牛肉面，再与其他的“守望者”一起，回到油田开始新一天的工作。

（作者为兰州大学新闻与传播学院本科生；指导老师韩亮、张华为兰州大学新闻与传播学院教师）

玉门零点后

——夜访D08861钻井队

陈泽睿

站在大西北看玉门，玉门很小；站在油田历史看玉门，玉门很大。在这里，诞生了中国的第一口油井；在这里，诞生了中国的第一个油田；在这里，诞生了中国的第一个石化基地；这里，是中国工业的摇篮，这里，是第一代石油人梦开始的地方。

但是，得到了什么，就要付出什么代价。这个在石油上繁荣的城市，最终也因石油走向衰落。九点，太阳落山，这个城市就再也没有亮起；零点，这个在大多数城市仍充斥着光亮和烟火气的时刻，留给玉门的，只有无边的孤寂。

零点后的玉门街头，没有车、没有人、没有店、没有光，只有稀稀疏疏的犬吠能打破黑夜的孤寂。零点后，和满天星辰一起醒着的，只有那一台台钻井架了。

从玉门市区走到D08861钻井队，大概需要20分钟路程，如果是零点后，当你走出祁连宾馆，就意味着你走入了夜色之中；在路上，你会期待，也只能是期待，会有路人与你同行，黑夜中，只有路上被你惊起的犬吠，告诉你，这还在活人的世界。穿过寂寥的街道，转入荒凉的公路，再越过钻井架下的戈壁，就闯入了一个新的世界。

这是一个灯火通明的夜花园，活动房、控制室，高耸的钻井架，每一处都闪耀着灯光。工人们在钻井台上忙碌着，人虽少，却井井有条，透着机械般的美感。我站在钻井台下，想走上前去对其中一个进行采访，但我做不到，他们是忙碌的整体，是一个巨大机器中不可或缺的零件，我是格格不入的。

夜晚孕育着未知，也孕育着故事。大约一点，意外发生了，钻井台下的管道迸射着泥浆，油井紧急停工了。工人们熟练地听着赵虎队长的指挥处理起这次意外，两个人围着泵观察着，一个人举着锤子对着泵敲敲打打，试图用最原始的方式进行修复，剩下的人也没闲着，挑着桶，举着铲子，清理着迸射出的泥浆。这是一个意外，却在工人们的处理下显得稀松平常。

经过确认，需要从市区运送零件进行维护，工人们迎来了短暂的休息时间，夜班饭也开始了。今晚的夜班饭是饺子，普通却实在，能管饱。工人三三两两地坐着，有的还抽起了烟，对他们而言，烟是必需品，是忙碌工作中仅有的放松。

工人们是坚强的，是拼搏的，一线的石油工人每天要工作十二个小时以上，持续时间长，重体力活多，这对工人们的身体是巨大的挑战；同时，钻机下进去是不能停的，这意味无论刮风下雨，他们都是要坚守的，用工人们的话说："就是天上下刀子，也必须工作。"也正因为如此，他们休假不规律，一般而言是连续十数日的工作，连续十数日的休假，没有所谓周末，也没有法定节假日。夜班饭，工人们身体是休息着，心上却没有放下，只听一个工人说道："只要思想不滑坡，办法总比问题多。"另一个工人笑着回答道："知道了，抓紧时间上井架。"这就是工人们的想法吧，简单的话语透着认真，他们真是最可爱的人！

零件连夜用车从市里运了上来，钻井台又开始轰鸣，工人们又开始忙碌，刚刚的意外显得十分微不足道，好像只是调解夜晚生活的无聊插曲。三点了，寒风中的我们有些撑不住，准备离开。我们前方，是广袤的星河，我们背后是月下的钻井台，一轮圆月，早已挂上数十米高的塔架。今天，对我们而言是三百六十五天中最特殊的一天，但对他们，仅仅是三百六十五天中最平凡的一天。

"春风不度玉门关"，这是王之涣的名句，是古人用来形容玉门荒凉的诗句，用在现在的老玉门，也是十分贴切。在这个已经衰落的城市中，见不到机器的轰鸣，也见不到施工的塔吊，连听到汽车的鸣笛，都是一种悦耳的享受。在这个城市，只有红色和蓝色的人[①]。他们是最具牺牲精神的

①此处，红色指石油工人，蓝色指炼油厂工人，这里的红色、蓝色皆指衣服颜色。

人，他们也是最值得钦佩的人，他们在祖国最需要的地方坚守着，祖国的工业，因他们而璀璨。

（作者为兰州大学新闻传播学院2018级本科交流生；指导老师韩亮、张华为兰州大学新闻与传播学院教师）

玉门油田：纪念碑下面的一个鸡蛋

朱国全　陈越

2019年7月13日，我们“重走西北角”的记者第一次来到玉门油田。在玉门油田的油城公园里，有一座孙建初同志的纪念碑。在纪念碑的右侧，有人在那里放着一个鸡蛋。初见纪念碑时，刚刚下过小雨，高大的纪念碑显得比平时更加庄严肃穆，但那个小小的鸡蛋，却对我有更深的触动。

人们称孙建初为“中国石油之父”。据资料记载：他带领全体工作人员，仅用半年时间，便查明了老君庙、石油河、干油泉、石油沟、三獗湾、夹皮沟等地区的生油层、储油层和地质状况，要求以老君庙为中心，立即施工钻探。但当时国民党反动政府腐败，尽管孙建初四处求援，仍一事无成。正当他束手无策之际，中国共产党向他伸出了援助之手。中共领导人周恩来从陕北解放区的延安油田抽调钻机和工人，支援玉门油田，孙建初亲自主持了玉门油田第一口油井的钻探工作，从此揭开了开发玉门油田的序幕。

大漠戈壁，长河落日。空山不见鸟，风吹石头跑。孙建初带领石油工人们四处勘查的时候，各方面条件都很艰苦。

随矿家属发扬“缝补厂精神”，将回收的旧工衣洗涤、拼接、缝制成制服穿着，颜色深一块、浅一块，布料新一块、旧一块，上面还沾满了泥浆和油污。今天在山峁上，明天可就到了沟底，这个月在荒原，下个月完全可能就到了沙窝，居无定所。如今稀松平常的一个鸡蛋，可是当初荒漠戈壁上的稀罕物，想吃上一次可比打十口矿井还难！

前辈们浴血奋战才有了中华人民共和国的石油自足，才有了今天玉门人的幸福生活。吃水不忘挖井人，他们的心里始终惦记着这位中国石油的奠基人。

为了解这个鸡蛋的故事，我在油城公园等了很久，希望能幸运地遇见放鸡蛋的人，还特意采访了玉门油田王进喜纪念馆的讲解员向阳。他并不是玉门本地人，在玉门生活也只有一年多的时间，初次了解到这些事情的时候，他也被深深感动了。据他所说，今年清明节期间，有人在铁人故居硅胶人像的碗里放了吃的，还有人把只有过年才做的油饼和麻花偷偷放在了铁人故居场景里的桌子上。向阳说，他们也很想找到这些人，做过很多尝试，但是太难了。

孙建初于1952年逝世至今，已然六十七年过去了，他仍然被人惦记，甚至被人默默祭奠，着实让人心生敬畏。

在1950年召开的全国第一次石油工作会议上，毛泽东主席亲自接见了孙建初同志，对他为中国石油工业做出的贡献给予了高度评价。可以说，没有孙建初，就没有玉门油田八十年的光辉历史！而那枚鸡蛋，就是玉门油田人对孙建初同志心怀尊重和敬仰的最好体现。

我不知道那一个鸡蛋是谁所放。也许是一个老人，他从家里拿上刚煮好的热乎乎的鸡蛋，小心翼翼地拿手帕包好，揣在怀里，一路颤颤巍巍走上半个多小时来到纪念碑前，他无法越过栏杆，只好托人把鸡蛋放在碑侧，再绕碑一周，看一看不知道看了多少遍的孙建初的生平碑文，看到最后“十一月十日不幸中煤毒逝世”时，流下了两行泪水。也许是一个孩子，那个鸡蛋是他的早饭，他偷偷留下来，特意在上学的路上把它送给一位值得尊敬的人。他费尽九牛二虎之力，肚子顶在围栏上，两脚都离了地，小手拼命地往前够，终于放好了鸡蛋，又注视着纪念碑上孙建初同志的遗像，庄重敬礼。

我不知道这个鸡蛋到底是谁放的，但是它传递的感情，每一个看到的人都感受到了，感恩，铭记。

在玉门油田的这几天，我每一次路过油城公园，都会去纪念碑下再看看那个鸡蛋，都想遇到放鸡蛋的那个人，我想听听他的故事，听听这个鸡蛋的故事，但是直到我离开玉门的那一天也没能如愿。我想，他并不愿意被人知道，也不觉得这件事有什么特别，因为这份敬畏和牵挂之情，藏在每一个玉门油田人怦怦跳动的心中。

（作者是兰州大学新闻与传播学院本科生；指导老师韩亮、张华为兰州大学新闻与传播学院教师）

越是风大，我越要“站”好

——记中石油甘肃销售公司酒泉分公司桥湾加油站站长王前仁

耿鹏飞

“能在桥湾加油站坚持干下来的人都是最优秀的员工，我们要为他们大声点赞。”在去年年底的干部大会上，酒泉分公司党委书记郭建民当着在场所有的人动情地说。

戈壁滩上的桥湾加油（气）站离玉门市约50千米，它位于G215线、G312线和广汇路三线交汇处，大车司机一般都要在这里加油、加气，喝些站上提供的茯茶休息一下。

不到桥湾，就不知道这里是“世界风库”

在加油站上班有一个很现实的问题：只要一成家，就面临着长时间见不到老婆孩子的处境，接下来为了家庭可能就要考虑辞职，这个问题基本上是每一个加油站工作人员都要面对的。在桥湾，这种和家人分居两地的情况可能会更加严峻，因为桥湾的自然环境更加恶劣，尤其是这里有被人熟知的大风。

“风太大了，除了上班时间，我们基本在二楼待着。”桥湾加油站站长王前仁说道。王前仁说，记得有一次公司派记者来采访他，他和记者站在戈壁上，两个人在话筒前顶着大风拼命说话，可说的每一句话都被嚎叫的风声代替，除了呼啸的风声，其他所有声音似乎都被大风吞噬了。

瓜州县素有“世界风库”之称，当地人说这里是“一年一场风，从春刮到冬”，瓜州每年有三分之一的时间刮七级以上的大风，最大风力可达十二级。唐朝的边塞诗人岑参有“一川碎石大如斗，随风满地石乱走”的诗句，表现的就是瓜州风之大。瓜州县北部的桥湾更甚，每年不分季节地刮风，刮得王前仁和加油站的工作人员连日常的加油、加气都变得十分费劲。一般，每个加油站都有一个小菜园，种一些蔬菜改善伙食，但在桥湾加油站，这些都是不可能存在的，一方面是干旱，另一方面就是这令人生畏的大风。

除了风大，干旱缺水是加油站更为困难的一个问题。王前仁他们的职工宿舍、厕所、厨房，都摆放着一个大水桶，用水都是拿水瓢舀水。当地白天水压太小，王前仁说晚上12点之后大家才会洗澡，这成了大家的一个无奈的共识，12点之后水压会稍微大一些。

桥湾的常住人口不到200人，基本上都围绕着来往的车辆讨取营生。几个小商店，几个小饭馆，再加上相对有点名气的桥湾古城，这就是桥湾的全貌。与这种荒凉相对应的，是加油站排着长队，等待加油、加气的车辆长龙，忙碌的工作让工作人员应接不暇。通常结束了一天的忙碌，工作人员就会被满身的疲惫和这里的荒芜，以及嘶吼的大风“堵”回宿舍。时间久了，人都麻木了。

为了孩子，一个辞职一个去桥湾

桥湾苦，是公司内部公认的，能在这儿当站长带领大家的人，肯定也是能吃大苦的人，来之前，王前仁也是经历了一番很激烈的思想斗争。

2015年，王前仁接到调任，从干了十年的甘店子加油站调到桥湾加油站当站长。这一年，他的孩子正好入学上小学一年级，两口子看着调任书眉头紧锁，谁来带孩子成了最紧要的问题。

王前仁夫妇二人都是酒泉人，也都在玉门的加油站上班，孩子没上学前，在酒泉的老人还能帮忙照看孩子。如今，孩子开始上学了，夫妻二人总得有一个人回酒泉陪着孩子，不能两个人都在外地没人管孩子，王前仁在这时候还赶上调到更远更偏僻的地方，两个人一下拿不定主意，决定回家开家庭会议，问问双方父母的意思。

双方父母的意思倒也干脆：一个人回家带孩子，一个人上班；对于王前仁去桥湾的事情都不太支持，因为去了那地方，家里的事情就更没法顾得上了。王前仁的爱人为这事哭了好几次，王前仁思来想去还是决定前往桥湾，王前仁的领导也帮忙给妻子做思想工作。几经周折，最终王前仁去了桥湾，爱人辞职回家。

“说起来都是眼泪”，王前仁知道自己亏欠妻子和孩子太多太多。妻子在加油站工作认真负责，如果那时候再接着干几年，现在说不定也是店长了，突然辞职，圈子和经济收入全都断了，要强的性格使得妻子好一段时间才摆脱难过的情绪。

王前仁的女儿从小性格内向，但是很懂事，每次打电话都会告诉王前仁要注意安全，要照顾好自己之类的家常话，王前仁听了又开心又难过，心里五味杂陈，感慨不已，但这却更加坚定了他要在这个地方把工作做得更好，为了自己的孩子，为了自己的妻子，为了自己的家人们。

来回十二趟，没有谈不下来的业务

王前仁是部队出身，越是艰苦他反而越是斗志高昂，他只认两句话：没有完成不了的任务，没有克服不了的困难。

2015年，他刚来的时候，加油站的业绩并不显著，恰逢他得知马鬃山在修边防公路，他觉得机会来了，要干就要把加油站干好，他暗自下定决心：非谈下来不可，不谈下来不回去。为了这个决心，王前仁在45天里来回跑了十二趟，终于把这个客户谈了下来。

从桥湾到马鬃山往返一趟要320千米，那时候还没有公路，石头路的颠簸反而刺激他一定要把这件事办成。这个客户在第一次见面就告诉王前仁：你们加油站要先垫资，不垫资没法谈。王前仁犯了难，加油站按公司规定肯定不能垫资，但就这么放弃了又怎么甘心。部队上的那股子轴劲儿让他一次次来马鬃山谈，最后这个老板的身边人全都被王前仁触动了，一起帮王前仁说话，终于在第十二次，那个老板看着王前仁说：没见过你这么执着的人，然后答应了王前仁。这种看起来不可能的事情就被王前仁办成了，现在那个老板不管去哪里都还要从桥湾加油站买油。

甘肃第一座LNG加气站

2017年5月，中国石油在甘肃的第一座LNG加气站在桥湾建成，除了生产厂家配备的说明书，剩下的就全得靠王前仁和加油站员工们自己的摸索。

王前仁对于这样的任务欣然接受，“我们最了解司机们需要什么”，尽管这是一个艰巨的任务，但就像王前仁的信条一样：没有克服不了的困难。

加气站加的并不是气体，而是液化天然气，是天然气经净化处理（脱除CO_2、硫化物、重烃、水等杂质）后，在常压下深冷至-162 ℃，由气态变成液态，它的储存和使用都有严格的流程，对于王前仁他们来说，经验和技术都是从零开始。

从日常加压操作，到设备维修，再到基数参数调整等，学习新的知识变成了工作很重要的一部分，有时候为了弄明白一个问题，他会给厂家连续不停地打电话，在厂家派技术人员过来指导的时候，所有员工都会紧盯着技术人员的每一个动作，恨不得把每一个操作步骤都刻在脑子里。加气站就在这样的摸爬滚打中走上了正轨。2018年，甘肃销售公司营运中心制定的行业标准就是依照王前仁和他的同事们的实际经验与标准制定的，他们变成了一杆标杆。

王前仁已经记不清自己一天要在加油站站着工作多长时间了，“晚上12点之前就没上过楼”，他已经习惯了这里的大风，已经闻惯了这里的油气味儿，他的员工都笑着说他是“站着的站长”。

因为改道的缘故，2017年4月，桥湾加油站搬迁至现在的位置，老桥湾加油站在2019年6月正式关停。王前仁每天还是会派一个人在老桥湾加油站看守维护，这里也曾是他打拼过的地方。

每次有员工辞职离开桥湾，王前仁都会为离开的人办欢送会。在这个场合，大部分人都会噙着热泪，不管是离开的还是继续留守的，“在戈壁上吃苦不容易”。条件艰苦，现在，王前仁和他的16个员工，也是16个兄弟姐妹，依然坚守在桥湾加油（气）站，伴着戈壁呼啸的风。

（作者为兰州大学新闻与传播学院硕士研究生；指导老师韩亮、张华为兰州大学新闻与传播学院教师）

宁夏线

宁夏线路线简介

李晓灵

2019年7月，在李晓灵老师和朱霞老师的带领下，兰州大学新闻与传播学院17名本科生和18名研究生共同组成了“神奇宁夏”小分队。团队35名成员在出发之前就已分成文字组、日志组、视频组、摄影组、微信公众号运营组五个小组，每位成员分工明确，任务明晰。带着充足的准备，小分队走进了拥有“塞上江南”美誉的银川市和被誉为“花儿杞乡”的中卫市，进行暑期实践之旅。

此次行走旨在走近并走进宁夏，通过实地调查、拍摄、记录等方式，创新新闻表达方式，以现场、纪实、故事、蹲点、体验、调查等多种形式和风格呈现今日宁夏，反应和折射宁夏民情。此次活动采选的新闻取材多样，包含电商、移民、西北民乐、扶贫等多个维度。同学们遇见了在宁夏大学任职保安的甘肃庆阳秦师傅并倾听了他的乡愁，也倾听了一家三代七姊妹从榆林移居扎根宁夏的动人故事，还跟生长在巴蜀平原却因舍不得学生而舍弃高薪工作定居宁夏的“川二爸”聊了许久。当地村民在镇北堡的西部影视城有着属于自己的电影梦，退休女性跳广场舞健身组团“出道”斩获国家级奖项众多……在太阳底下赶路、在路边访谈、席地而坐写稿，通过此次行走，同学们看到了众生百态，见到了属于宁夏人民的精彩，真切触摸到了属于宁夏的脉搏。

这种贴近地平线式的情感体验，让团队每个人都受益良多。每天晚归后，大家将文字、图片、视频素材整理成稿，再由负责微信公众号运营的同伴编辑发出，一次次出行的感受和感动得以被记录。此次宁夏线团队成员共产出文字稿件43篇，图片稿5篇，微纪录片1部及其他图片、短视频若干，其中19篇稿件得以在中国甘肃网等媒体上发表。但这并不是结束，每年夏天，重走中国西北角，我们都在路上。

“我们是演员”

胡向伟　李瑾

“我们是演员，我们是一群喜欢演戏的演员。”这是我们2019年7月10日下午在宁夏大演艺集团拍摄现场听到的最多的一句话。

这里有一群心中有梦、有坚持的热血青年演员，做了演员之后，心中除了表演，便再无其他。

“我们就是干这个的啊”

这是一个皮肤黝黑，穿着军装的中年男人，他叫马明智。看见我们朝他走来，他放下手机转向我们，脸上挂着朴实的笑容。

知道我们的来意后，马明智淡然地说：“我没有什么好采访的。”

马明智是宁夏话剧院的一名老演员，他在这里已经干了十年。当我们问起他和他家里的事情的时候，他笑了笑，淡淡地说：“家里是家里的事，工作是工作的事。”

马明智饰演王继才　　李瑾　摄

说到家，他就说到了母亲。说到母亲，他的眼神突然有一丝黯然。母亲癌症晚期住院，他却因为排戏不能去医院陪护，为此他感到非常愧疚。“每次去医院后，母亲都会赶我走，让我不要管她，赶紧回去排戏。”母亲永远理解他，支持他演戏。

对于角色的理解和感受，马明智说：“王继才这类的时代楷模把自己的一生都献给了国家，我们这点小事算什么！我们只是个演员而已啊，演员做演员的本职工作就够了。”

马明智对王继才的表演非常到位，每一刻都触动着观众的心灵，赢得了观众的好评，他还得过“白玉兰”奖。但他对此不以为意。“这没有什么值得炫耀的。就像你们背个摄像机到处跑，这不是你们的工作吗？我是演员，我的工作就是演戏，我就是干这个的啊。”

“什么都可以先放下”

“我今天又流鼻血了。”刚演出完《刑场上的婚礼》的曹亮洗完脸，走了过来，身上还穿着满是“血渍”的白衬衣。

曹亮是银川市一家事业单位的公务员，因为爱好语言和表演，曾在建党95周年的时候塑造过叶挺，是第五届中央人民广播电台“夏青杯”二等奖获得者。因此，这次又被邀请过来参与《刑场上的婚礼》的演出，饰演周文雍。

为了塑造周文雍这个角色，曹亮多次观看《刑场上的婚礼》那部电影，同时查阅当时的相关资料，反复地揣摩、感悟那段历史。对于周文雍，曹亮说：“那是生与死的考验，在现今社会面临生死考验的时候很少。在工作生活当中，作为党员来讲，严格要求自己，在工作岗位上，敬业专业，要不怕吃苦。在不同的年代，这种精神要实践到我们的工作中去。比起先烈们生死的考验，我们现在工作生活中遇到的困难，那根本不算什么。”

演戏是很辛苦的，有时候连睡觉的地方都没有。

“能睡的地方都有人。”曹亮苦笑着说。排练开始到现在有一个半月了，他很多时候都来不及吃饭，来不及睡觉，“沙发、椅子都是我们可以睡觉的地方”。

“这对我来说是任务，也是职责，我必须把它做好。”

曹亮还有更烦心的事。

“岳母今年73岁了，正式演出前一天查出乳腺癌，没办法，只能等到演出结束再进行手术。因为演出，我没法赶回家中，手术不得不推迟两天。”

尽管如此，妻子也并没有责怪他，而是给了他很多安慰和支持。

“很多人家里都有事，但是大家都知道，什么都可以先放下，一切都可以等到演出完之后。导演、编剧比我们演员更辛苦，他们的工作强度更大。戏被他们不断地修改、创新。最后演出非常成功，那一刻，感觉一切都值得。”说这些话的时候，曹亮脸上有些兴奋。

“为了演戏，什么都可以先放下。”

“我其实是在演我自己”

不见其人，先闻其声，还没有见到张雯雯，远远地便听到她爽朗的笑声。张雯雯是宁夏艺术职业学院的老师，她演的是《刑场上的婚礼》中的女主角陈铁军，同时也是这次几个剧目的编剧。她是一个爱笑的人，也是一个平易近人的人，大家都很喜欢她，不论是学生还是其他演员，见了她，都会亲切地叫她一声“雯雯老师”。

“我其实是在演我自己。”说到演戏，张雯雯笑着说。

张雯雯的父亲是一名煤矿工人，幼年的矿区生活让她早早就知道了生活的艰辛与不易。在她七岁时，父亲就让她单独下到矿井里去体验，“每次从井下出来的时候，爸爸就在井口等着，我都会扑向爸爸大哭，到了井下才知道原来爸爸这么不容易”。这样的人生经历拉近了她与角色的距离，也使得她的作品多了一份对底层人民的关注和对生活的感受，同时也使得她笔下的人物更加鲜活。

“如果有一天你被调到特别偏远的地方，我一定要跟你去，因为我不能没有你，我宁可没有我的事业，我也不能没有你。”这是张雯雯常跟丈夫说的一句话。人与人的感情是相通的，她把自己对丈夫的爱与理解注入了剧中人物的塑造中，并让自己沉浸于角色所处的环境，一遍遍地去领悟陈铁军当时当地的心境。“所以，我其实就是在演我自己。”

同时，作为编剧，“在写每一个人物的故事的时候，我会把包括这个人物的所有的素材，包括电影、舞剧、戏曲等，全部看一遍，每一遍都会让我痛哭流涕、泣不成声。那些打动我的地方也一定是最打动观众的地方，我就会把这些具有爆发力的素材整合到一起，最后做成舞台剧的形式”。

无论是作为演员还是编剧，张雯雯都是那么真实。

她不只是在演自己，同时也在写自己。

“我以前是个演员”

“光是打在这块吗？这样合适吗？”左手拿着对讲机问着，同时右手在不断地摆弄着一个复杂的机器。这个人便是杨学亮。

“我以前也是个演员，演过11年的戏。”

杨学亮学习的是表演专业，毕业之后就到宁夏演艺集团秦腔剧院工作，先做演员，一演就是11年。2014年开始做灯光师，直到现在。

“我做演员的时候，也是天天排练、化妆、换服装、演出，没日没夜，很累。但是，既然选择了就把它干好。”

虽然他现在已经由演员变成了灯光师，但是依然在为演员而服务，且依然怀念做演员的时候。“当看到自己的付出得到回报的那一刻是很开心且很有成就感的。”杨学亮由衷地说着，“有一次我们团队的作品获得全区二等奖，被更多人看到和认可，那一刻我真的很自豪。”

工作是顺心的，但是生活却给杨学亮撒了点盐。

杨学亮一岁的女儿在采访当天的早上刚刚做完眼部手术。由于工作原因，妻子带儿子在外地演出还没回来，杨学亮只能将刚做完手术的女儿交由自己的母亲照顾，而后便匆忙地赶回了拍摄现场。

记者问他会不会担心女儿的情况，杨学亮无奈地摇摇头，说：“怎么能不担心，可没有办法，吃的就是这碗饭啊。”微皱的眉头下是专注的眼神，他一边回答着记者的问题，手底下各种按键的操作丝毫没有马虎。

他的妻子同样也是一位演员，常年有外出演出任务，夫妻俩也是聚少离多。杨学亮表示，他们剧院一年大概有五百多场演出，基本上是一天两场。他坦言：“很少跟孩子们在一起，对孩子们亏欠挺多，挺愧疚的，最对不起的就是孩子，对孩子和家人的照顾太少了。”

杨学亮说自己从来没有后悔过选择这份职业。

“选择了就把它干好。”

在宁夏演艺集团，还有许多演员和文中的他们一样，因为同样的爱好，共同的使命相聚在这里，表演是他们沟通的桥梁。他们为了角色，为了表演，每个人都可以忍受生活的艰辛，牺牲常人所不能牺牲的，以表演为重心，为观众呈现最完美的表演。

（作者为兰州大学新闻与传播学院硕士研究生；指导老师李晓灵、朱霞为兰州大学新闻与传播学院教师）

“要有光”：侯艳执导国庆献礼剧目录制侧记

韩冰　李睿

7月10日，在宁夏大剧院的一个小剧场里，侯艳正襟危坐在观众席上，目光紧紧盯着台上正在进行的表演，她正在执导。陈铁军、周文雍、赵一曼、王继才、王仕花，这些英雄人物的故事，就在这舞台的方寸之间被演绎了出来。

现场有光

“停!”灯光已经按照原计划打了过来，本该出现的“王仕花”却没有按时从黑暗中走出来，叫停的声音从话筒里传来，带着一些愠怒和严厉，这是导演侯艳的声音。“怎么回事？王仕花呢？王仕花怎么没出来?”“换衣服呢，导演，衣服没换好。”“怎么衣服还没换好呢？快点换!”侯艳的问责仅仅到此而止了。饰演王仕花的演员换好服装走上台前，节目的录制又接着继续。

“停”字是这两天在宁夏大剧院的这个小剧场里出现次数最多的字眼。在最先录制的剧目《刑场上的婚礼》里，“停”字的频率甚至被提升到了10分钟8次的程度，而到了这天录制的最后一个剧目《守岛英雄：王继才》时，已经无人记得起“停”字被喊了多少次了。

录制的暂停，多是灯光的问题。参与录制的演员已经历过两个多月的排练，已经完全熟悉表演，相对而言，灯光是更大的问题。舞台剧表演所需的灯光和摄像机录制所需的灯光是有很大差别的，适用于情景剧舞台效果的灯光有时会在镜头里失去原有的魅力，甚至产生副作用。为了追求最好的效果，灯光照射的亮度、角度、光色、线路都要在每段戏的录制之前经过一遍遍调试和测验。有些时候，尽管演员表演得情绪饱满、动作到位、没有瑕疵，也还是会因为灯光问题被喊停。

“脸上要有光，脸上、脸上，对，演员自己往脸上找光”，“红色太重，要蓝色，再加一层，嗯，可以”，“光再往前去一点，再去一点，再往后一点”，话筒里传来侯艳指挥试光的话语。前后、左右、高低、上下、强弱，这些细碎的指向不断在她的话语中反复出现，有时甚至反反复复好几次。

在原本情景剧的表演中，《刑场上的婚礼》中的高潮部分，也就是陈铁军与周文雍最后共赴刑场、缔结婚约、相拥牺牲时的场景是要加上红色光幕，以示壮阔的，但在摄像机的镜头中，这样的打光效果会使演员的脸部被红光覆盖，遮住表情细节，效果不佳。

侯艳在监视器里看到了这点，立即要求灯光师调整，灯光师却按照之前为舞台剧布光的经验回复她：“导演，效果差不多。”

“差不多？你告诉我啥叫差不多？”侯艳的声调高了起来，却没给灯光师再度解释的机会。“今天不能有差不多，你再重新打个光。”侯艳的细致和严谨让这次录制没有出现一点马虎之处。

剧场的灯光其实并不能照清楚舞台的全景，但侯艳的目光却似能洞察得到一切细微之处。“周文雍”脸上的妆少画了细小伤口和嘴角的血丝，“陈铁军”甩动手上的铐链时形成的弧线不完美，“国民党反动军官”登台时不察觉间又多走出的两步，还有群演们在表演时不该有的眼光游移、手臂摆动、脚步挪移……细节在聚光下被照亮，也都落到了侯艳眼中，然后表演被不断叫停。熟悉她的人会发现，在剧场上执导的侯艳，褪去了她扮作秦腔旦角时的温婉柔静，全神贯注，目光时时锁定在那几尺舞台上。

剧目有光

采访当天，侯艳的计划是将《刑场上的婚礼》《赵一曼给儿子的家书》《守岛英雄——王继才》录制完成。在这三部剧中，《赵一曼给儿子的家书》是侯艳最常提及的，也是她全程参与最多的。

“赵一曼做衣服的布是我从扯陕西粗布的店里扯来的，我们的裁缝没有这种面料。”侯艳向我们讲了这件“破旧衣袍”的来历。本来道具组是打算用棉布做赵一曼在狱中的戏服的，但侯艳认为棉布做的衣服质量太好，就要求道具组换用了更真实的粗布。粗布难寻，于是侯艳又亲自去下面的县城扯来了粗布。为了使赵一曼身上粗布衣袍的“边角不齐”，侯艳甚至亲自用牙撕开了粗布，而不是用剪刀剪开。

侯艳的“执导”并不只在舞台表演和现场录制的调度上，“赵一曼”脸上、手指的伤口都是由她亲自上妆的，甚至“赵一曼”的道具——她为孩子缝制的老虎帽，也是她用做衣服的粗布的边角料缝的。原本剧组可以用买来的老虎帽做道具，但是侯艳认为监狱里不会有那么鲜亮的颜色，才想到了要“撕下身上衣服的布来做老虎帽”。“其实我也不会，我就是把布头缝起来，再缝出两个角，我还没缝完，谁知道我这是不是缝的老虎帽。”介绍起这个老虎帽，侯艳的笑容带上了些许满意。毋庸置疑，作为第25届中国戏剧梅花奖得主、宁夏演艺集团秦腔剧院副院长，侯艳的眼光是精准的，她对表演的理解也非常到位，但促使她对老虎帽这样的小道具如此重视的，还有她对这些人物的敬畏。

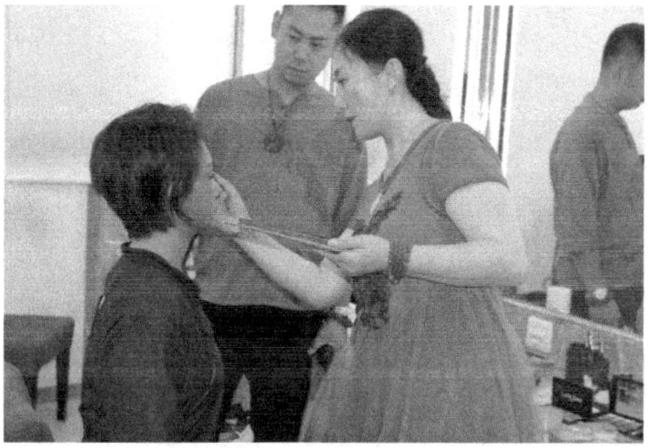

侯艳为“赵一曼”化妆　　李瑾　摄

“我们是怀揣着敬畏的，拍摄前我们也做足了功课。”侯艳这样说。对于赵一曼的认知，执导《赵一曼给儿子的家书》之前的侯艳还停留在“革命英雄”的地步，但是了解到赵一曼组织抗日、两度被捕，并在日寇的非人酷刑下坚持9个月没有吐露任何情报，甚至策反了看守她的狱警和治疗她的护士之后，侯艳才明白赵一曼的形象究竟是如何高大。也正是因为对赵一曼事迹的学习、理解，侯艳才做出了用粗布制作衣服和老虎帽的决定。

“他们都有着人性的闪光点。”这是侯艳对正在录制的剧中这些人物的总结。她没有过多地向我们讲述陈铁军、周文雍、赵一曼、王继才、王仕花的故事，也不再陈述她对这些英雄人物在表演上的理解。“人性的闪光点”她只用这几个字来简单陈述，但是她充满感佩的眼神告诉我们，这些人物到底是如何伟大。

侯艳执导录制的主题情景剧共有七部，是应宁夏回族自治区党委的要求为“不忘初心，牢记使命”主题教育党日活动编排的，录制完成后会下发给全自治区的党委、党支部去观看、学习。“身为党员，参与这些剧目，我很荣幸”，侯艳如是说。

人物有光

剧场里灯光黑暗，时间似乎也走得很快，录到第三场《守岛英雄》时，已经到了下午5点多。从下午2点半开始，侯艳从未离开过剧场和旁边的监视器，好好休息过一次。“让今天没戏的先走吧，特别是孩子。”到了正常下班的时间，剧目录制还未完成，只得继续加班加点，侯艳让已经没有任务的工作人员及早下班，并特别点到了下午参演的小群演们。

参与今天三场情景剧群演工作的小演员们，都是宁夏艺术学院的在读学生，都是上初高中的年纪。“侯艳老师是一个工作和生活反差很大的人，她平时生活中很关照我们，但是工作时很严厉。”接受采访时，这些小群演们得出了一致的结论，有一位同学还举了例子：“有一次，我们中午在剧场里午睡，有人想开灯排练，侯艳老师就说：‘不要开灯，让他们多睡一会儿。’”严格来讲，侯艳并不是这些孩子的老师，但她的作为确实如人师长一般，她也会把自己的早餐给因为怕迟到而未来得及买早餐的孩子吃。

“好好上班，和同事搞好团结，这是她常常告诫我的。”采访侯艳的先生、宁夏演艺集团有限公司副总经理王景旗时，他向我们透露了真实生活中的侯艳。“当我和同事发生争执、争吵的时候，她从不会理所当然地站在我这边，而是帮我分析前因后果，让我退一步。所以我和同事的关系都还不错。”谈及侯艳时，王景旗的脸上满是幸福和自豪，家庭美满、事业有成、团队和睦，这些似乎都得益于站在他背后的侯艳。

“她非常认真，很多次她扶贫演出时都要求我去看，要求我来提意见。”与王景旗的交谈，谈及侯艳总是离不开她的工作。侯艳的母亲是固原市的秦腔名角，而她本人在4岁时就开始了自己的从艺之路，与秦腔结下了一生的缘分。1990年，侯艳从宁夏艺术职业学院毕业，成为一名专业的秦腔演员；2011年，侯艳凭借《武松杀嫂》《花木兰》《安安送米》三部折子戏摘得中国戏剧“梅花奖”。11年间，侯艳对戏曲的热爱和认真从未减弱，到如今，这种热情也并未消退。侯艳能够执导这七部剧，不仅是她身为资深秦腔演员在表演中总结出了许多表演经验，也因为她去中国戏曲学院进修了导演专业。她从未在艺术之路上选择止步。

舞台剧向影视剧的转场是复杂的，困难的。这不仅是对演员们的挑战，对剧组的考验，更是对导演功力的检测。所幸剧组成员都完成得不错，侯艳的整体调度也是通畅、适宜。“关于这些优秀党员的故事，我们不仅想让观众从他们的故事里听到，更是想带给他们来自视觉冲击的洗礼。”侯艳坦言，他们录制剧目，就是要把这些英雄人物的事迹传播得更广。

“我们排这个戏啊，每一场表演都是一次洗礼。”还记得录制开始时，侯艳向我们提到了“洗礼”，她的脸色是柔和，但目光坚定。“这七部剧的录制是全剧组人员向国庆70周年的献礼，这不是我个人的作品。”

（作者为兰州大学新闻与传播学院硕士研究生；指导老师李晓灵、朱霞为兰州大学新闻与传播学院教师）

从石头滩到生态村的康叔：宁夏是我的第二个家

杨茜玥

正午时分，我们走在贺兰山脚下，觉着口渴，便拐进路旁的昊苑村找商店。“康乐商店”的牌子挂在一户平房之上，房屋旁连着乡间大喇叭，还捆着一杆五星红旗。红旗飘扬着，与白云一起点缀着蓝天。这是贺兰山东麓昊苑村三组唯一的一家商店。

康叔　　孔丹阳　摄

门帘遮住了商店的内部陈设，“里面有狗吗？”我们试探着拉开帘子。正所谓“未见其人，先闻其声”，商店里传来一位老汉爽朗而宽厚的笑声，“没有狗，有个老头子哈哈”。

这位皮肤黝黑、身着黑色背心的中年男人姓康，我们便叫他康叔。康叔是甘肃会宁人，二十多年前移民到银川，辗转来到昊苑村，在这贺兰山脚下开了个商店，卖些杂货维持生计。康叔属于最早的一批移民，见证了贺兰东麓昊苑村几十年来的发展变迁。

落脚：“不想过苦日子了”

二十多年前，康叔还在甘肃省白银市会宁县的家中种地，“啥都种，啥都种不好”，康叔回忆道。由于会宁的自然环境恶劣，气候干旱，不适宜种地，他们过着靠天吃饭的苦日子。“会宁是咱们西北的状元县嘛，因为苦得很，娃娃们都想靠读书改变命运，唉太苦了。”谈起当时的生活，“苦”是康叔提到的最多的字。

1995年，在熟人的介绍下，康叔和兄弟姐妹五人来到了银川。康叔刚来到银川时特别想家，一年要回去个五六趟。“咋能不想呢，毕竟是生我养我的地方。”

康叔最初是在银川以打零工为生，之后一家人辗转到贺兰山东麓买了12亩地，用来种玉米。“刚来的时候其实这边也可荒了，没什么树，就路边几棵白杨。”据他回忆，当时那里（后来的昊苑村所在地）是石头滩，遍地是碎石，土层很薄，一片荒芜。“但我们甘肃人特别能吃苦，当时我们把石头蛋子一个个搬走，于是就有土地可以种粮食了。”

后来由于城市发展需要，康叔的地被国家征收，他因此分到了两套房子，其中一套便在昊苑村三组。当时交通还不方便，村民们买生活用品要走很远，康叔便开了一家商店，村里的人都来他的店里买东西，生意很红火。

安家：双手干出来的“沧海桑田”

银川西夏区镇北堡镇昊苑村是一个由自发移民组成的村子，村民来自五湖四海，甘肃、陕西、安徽、河南等地的人居多。“最初这里只有十户人家，亲戚又叫上亲戚，这里人就多起来了。”康叔说。

21世纪初，在国家的号召和部署下，昊苑村逐渐开始大面积植树。“其实当时有些村民不愿意种树，觉得种树会占了自家种粮食的地。”面对植树动员中遇到的困难，康叔作为当时的村民委员会副主任，一家一户地劝说、沟通。由于昊苑村是移民村，语言障碍和文化差异都很大，挨家挨户沟通并非易事。“最初村子里人心是散的，反复沟通以后，大家慢慢拧成一股绳了。”说着，康叔紧锁的眉头又舒展开来。我们不由得将视线移向窗外，草木繁茂的景象，让人难以相信这是西北，昊苑村也成为宁夏首个全国生态文化村。

如今康叔的兄弟姐妹与子女都已经在宁夏成家立业。2005年，国家出台新政策，康叔的户口所在地正式从甘肃省白银市会宁县变成了宁夏银川西夏区镇北堡镇昊苑村。父亲在老家会宁去世以后，康叔便把母亲接了过来。老人恋家，一开始来到宁夏并不适应，康叔和兄弟姐妹们就轮流接到自家陪伴，慢慢地老人也不再要求回老家了。

康叔这位甘肃人就这样告别了黄土高坡，在云雾缭绕的贺兰山脚下安了家。

扎根：其乐融融第二个家

“我每次回家见到那黄土地就像见到亲人一样啊！不过老了也不怎么回去了，娃娃都在这边扎根了。”在宁夏生活了二十多年的康叔，过年已经不再回老家了，只在老家那边的亲戚有事情的时候才回去，昊苑村已成了他的第二个家。

康叔的商店里摆着几个椅子，专供村里的人休息、闲谈。很多村民在移民之前就是老乡，彼此认识，大家闲下来了就会聚在这里聊天。当年康叔的地被征用，得来两套房子，一套是昊苑村的平房院落，一套是北边华西村的楼房，康叔一家选择住在平房，而将楼房出租。“这个院子好着呢，年龄大了觉得住着比楼房好。年龄一大特别不喜欢楼房，院子还比较热闹，楼房这门一关，就不来往了。”

阳光从窗外照进来，摆放香烟的货架上三张荣誉证书和一个奖杯格外显眼。那是一个透明的奖杯，杯顶是一个红色的镰刀，杯身上刻着“优秀党员”四个字。“那是我得的‘优秀党员’，”康叔介绍道，“连着三年。”

紧挨着康叔的奖状和奖杯的，是他上幼儿园的孙子得的“全能宝宝”与“画画小能手”荣誉证书。康叔的孙子就在昊苑村上幼儿园，由他帮忙照看。“孙子和爷爷的奖状摆在一起了。”他把奖状取下来给我们看时，眼里有光。

商店一侧的墙上，“生意兴隆”的字画下挂着一幅彩色蜡笔画的儿童画。画面中，五颜六色的生日蛋糕上挂着两只气球，左侧写有文字“昊苑村幼儿园中小班小朋友祝康马一诺（康叔的孙子）生日快乐！”康叔感慨说，刚搬到这里的时候附近还没有幼儿园，连小学都得跑到华西村上，而如今在昊苑村就可以上幼儿园和小学了，十分方便。

临走时，康叔听说我们是徒步进村的，便热情地说："走，我开我的三轮（车）去把你们送到公交车站。"他将紫色的横条T恤套在身上，我们无意中看见康叔衣服左胸前的党员徽章闪着光。

在贺兰山脚下的昊苑村，还有许多甘肃人，他们像康叔一样，用双手在异乡奋斗着，将"山穷水尽"走成了"柳暗花明"，将一片荒芜变成了绿树成荫。从石头滩到生态村，是一代人的奋斗与坚守。来这个村子走走，你或许会更加清楚：所谓"幸福是奋斗出来的"，绝非一句空话。

（作者为兰州大学新闻与传播学院本科生；指导老师朱霞、李晓灵为兰州大学新闻与传播学院教师）

从小摊贩到总经理，拐杖下"走"出的创业路

杨春　王达

"现在社会上依然有很多人觉得残疾人就只能做残疾人的事情。"对于大众对残障人士的误解，王婷满面笑容地解释道："但我们不是不正常，只是不健全。"王婷是银川深蓝天使科贸有限公司的总经理，也是宁夏残疾人电商运营中心的负责人。三个月前，一家名为"爱尚贺兰"的网店在淘宝上线，这是宁夏回族自治区的首家残疾人电商平台，包括王婷在内，组成运营团队的六人皆为残障人士，店铺产品皆为残疾人手工制作的工艺品。

来访一行人在宁夏残疾人联合会的办公楼里见到了王婷，刚一进门，身着长裙的王婷便立即起身，拄着稍微有些破损的拐杖移到门前来迎接，瘦削秀丽的脸庞上有掩饰不住的笑意。爱笑、开朗、健谈是这个拄着拐杖的姑娘给人留下的第一印象，四个多小时的交谈与互动，让人更懂得了这份乐观背后的重量与来之不易。

身体受限，人生不设限

王婷的人生经历不可谓不丰富，当过公司职员，做过乡村教师，摆过地摊，也开过公司，她一直在尝试着解锁不同的身份，而这个打怪升级的过程也充满了未知与变数。

王婷人生中最大的变数就是一次意外导致了终身残疾。她5个月大的时

候患上了小儿麻痹症，由于治疗不及时导致双腿肌肉萎缩，从此只能依靠拐杖或轮椅出行。

在谈及这段往事的时候，王婷没有表现出任何的失落与伤感，她摊开双手，语气平淡地说：“你看我手上都是老茧，腋下也都是各种老茧，早就习惯了，别人好几年才换一副拐杖，而我一年就要换好几副。”这与王婷高强度的工作量不无关联，即使这样，她依然乐在其中。正如她在朋友圈所说：意气风发，气概豪迈，大步流星，始于手下。

身体被限制，但她从来不为自己的人生设限。王婷大学时学习的是中西医专业，而她往后的职业却与此无关。王婷放弃了安稳顺遂的工作，为她之后起起落落的人生埋下了伏笔。

像很多人一样，王婷也有过迷茫的时期，她尝试了很多职业来不断试错：当过培训老师，从刚开始紧张得只能讲三分钟，一直被磨炼到能不间断地讲两个小时；当过公司职员，连上网都不会，最初只能接一接电话，到最后能独立设计网站；她甚至在甘肃省麦架沟村小学当过支教老师，用自己的拐杖撑起了孩子们的梦想。

谈到过往的经历，王婷回忆道：“我支教的时候，拄着拐杖在讲台上讲课，有一次写板书的时候拐杖掉了，班里好多孩子冲上来帮我捡，那一刻我觉得特别值得。”不问为什么，只看能做什么，一直是王婷的处世之道。

王婷骨子里带着一股子倔劲儿，她从来不是一个安于现状的人，虽然在各行业均小有成就，却始终放不下自己的创业梦。于是她主动从公司离职，开启了自己艰难的创业路。

王婷想从事饰品行业，刚开始由于资金不足，没能加入心仪的加盟店，她决定先从摆地摊开始。每天晚上，她把自己要卖的小首饰放在一个背包里，然后拄着两根拐杖来到夜市一个报刊亭的旁边摆起自己的小摊。

“其实我一直都是一个很腼腆的人，但是当时因为要卖东西，所以就得放下自己的面子去叫卖。我当时一个月的房租450块钱，但有时我一整晚连一条项链都卖不出去。有一次人家买了我三条项链，一条赚三块钱，总共也只赚了九块。但就算是这样我也觉得非常开心。”

虽然过程很艰难，但王婷却坚持了下来，这段经历更加坚定了她要闯出一番事业的决心，正如王婷所说：“青春不设限，创业绽光彩。”

2018年，王婷终于等来了自己的机会，在西夏区残联的帮助下，她在西夏区残疾人创业孵化园开办了一家名为“深蓝天使”的互联网公司。虽然一步一步地在向着目标靠近，但新的难题又出现了。

艰难中才有真乐观

罗曼·罗兰曾经说过：生活中只有一种英雄主义，那就是认清生活的真相之后依然热爱生活。王婷以自己的实际行动诠释了这句话，对于将近十年的创业经历，王婷用一句话进行了总结："艰难中才有真乐观"，而这种乐观更像是风雨后乍现的彩虹，来之不易却又倍加珍贵。

由于普通大众对残疾人的固有成见，每进入一个新领域都要从头再来等原因，王婷的创业路并不是一帆风顺的。

"深蓝天使"创办的最初，王婷和公司成员只能挤在小小的办公室里，环境特别简陋，连接水的地方都没有，他们甚至只能在卫生间里做饭。王婷苦笑着说："直到现在都不敢再去回想那段经历。"

今年4月，"爱尚贺兰"电子商务平台上线，由于项目处于初期，每个成员每月只有1500元的生活补贴，但这并没有打消王婷想要创业的决心。"我十年前的月薪是2000多元，表面上看，一路走来经济方面是在倒退的，但我觉得这是一种积累，我有明确的目标，这个路是一直向前走的。"

王婷觉得在任何社会中，残疾人的出现都是正常的事情，即便是残疾人也应该尽自己的力量为社会做一些事情。这个勇于追梦的女孩儿一路走来磕磕绊绊，但靠着一腔孤勇和执着的信念，瘦弱的身体里迸发出了巨大的能量。

对于经营，王婷已经摸索出了一些经验。她认为商业与公益是两个完全不同的概念，王婷深谙此理，所以在电商平台的运营与推广过程中，她并不想依靠自己和员工的残疾人身份去谋求一些特殊待遇。

按她自己的话来说，假如有一个人去推你，你自己却没有向前走，这样的帮助最终只能把你推倒。线上平台的运营与作品的质量直接挂钩，只有踏踏实实做好产品，才能吸引到更优质的销售路径与宣传资源，投机取巧只能适得其反。

"我们店铺的首页里并没有说我们团队是残疾人啊，坐轮椅怎么样，而是把我们的产品放到最前面，把产品作为我们团队的名片。"王婷解释道，"我们最终的目的是去融入这个社会，而不是同健全人区别开来。"

在团队管理上，王婷也有自己的一套方法。王婷的桌上有一把戒尺，谁犯错她就打一下手心，虽然是形式功夫，但整个团队从不会到会，都是王婷用"戒尺"手把手教出来的，除此之外，她每周都会组织员工进行一次小规模的演讲比赛，以此激励他们提升表达能力。运营中心的员工们都亲切地称呼她为“婷姐”，她既是电商运营中心的负责人，也是运营中心所有员工的“家长”。

王婷认为：“在我们的这个集体里，不管是什么类型的残疾孩子，可能有听力障碍的，也有视力障碍的，大家都具有相当的同理心。大家都能互帮互助，抱团取暖，就像我们在跳一支舞，一个人就算跳得再好，那也只能叫独舞，但我觉得，一个团队步伐整齐，一起进步才是最终目标。”

宝剑锋从磨砺出，十年积累，破冰前行，最终蜕变成了眼前这个自信沉稳的女孩儿。在现实生活中，她有很多身份：创业者、项目负责人、陌陌主播、业余声优、非洲鼓爱好者。如今的她依然在不停地挖掘自己身上所蕴含的更多可能。

不仅有颜，而且有才

王婷是大家眼里公认的美女，即使在美女如云的“陌陌”直播平台，她也拥有一批忠实粉丝，而生活中经常被人叫作“美女”的王婷，比起“美女”却更喜欢“才女”这一称呼，因此她把自己的微信昵称改成了“江南才女”。

尽管是一个土生土长的银川女孩，王婷却对烟雨朦胧的江南情有独钟。“因为身体原因，我从来没有打过伞，下雨天都只能待在家里，我的梦想就是哪天如果我不用拄拐了，我就撑一把油纸伞，穿上旗袍，在江南的雨里走走。”说到这里，她的眼里满是憧憬。

王婷事业做得风生水起，业余生活也丰富多彩。她小时候很羡慕电视节目里那些唱歌跳舞的小童星，希望自己能像他们一样站在舞台上，让更多的人认识她，所以王婷自学了非洲鼓、尤克里里等乐器，唱跳俱佳的她还擅长演讲、配音等。

王婷参加比赛 受访者供图

“虽然我的腿不像正常人一样灵活，但是轮椅的轮子可以代替我的腿，表演的时候我就坐在轮椅上，跟着快板的节奏在舞台上唱唱跳跳。”在2013年举行的银川市第一届残疾人文化艺术节中，王婷拿到了一个一等奖和两个二等奖。而在来年举行的第二届残疾人文化艺术节中，她又获得了两个一等奖和一个二等奖。王婷的多才多艺使她在各项比赛中脱颖而出：演讲比赛一等奖、网页设计一等奖、获“最美银川人”称号等。一分耕耘，一分收获，这些奖项正是对王婷辛勤付出的最佳褒奖。

与其他喜欢明星的女孩不一样，王婷的偶像是阿里巴巴的创始者马云，马云最初只是一个普通人，当过乡村教师，应聘肯德基被拒绝，创业之后不断地吃闭门羹，经过风风雨雨才创业成功。“我最大的愿望就是和马云握握手，你看那个爱心墙里正好有一张图片，是一个残疾孩子在跟马云握手，但那个人不是我，我很羡慕他。”

或许正是相似的经历与共同的目标，王婷一直深受马云的影响和感染。“我也想像他一样做很多有意义的事情，我们一直扮演被别人帮助或者照顾的角色，但是我们也可以尽自己的力量为社会做更多的事情。”如何凝聚更多人的力量，改善残疾群体的生存环境，是王婷一直思考的问题。

星星之火，可以燎原

残疾人手工艺术品在线下已经发展很多年了，而“爱尚贺兰”是宁夏首家残疾人电商平台，平台上线不到三个月，就完成了一笔价值63000元的交易。

王婷认为，如果这样的模式能成为常态的话，可能会对其他地方有一定的示范作用，促进大家的相互学习。王婷不仅在实现自己的梦想，作为一个领头人物，她也在为所有的障碍群体做贡献。“我们有很多人都是做刺绣的，但彼此之间不认识，成立了这个协会之后，大家都能够相互认识，坐到一个桌子上，相互学习、共同进步。这其实也是一个资源节流的过程，可以省去许多没有意义的重复工作。”

王婷不仅是“深蓝天使”的总经理，还是银川市西夏区残疾人创业就业者协会的会长。王婷介绍道，“爱尚贺兰”电商平台既能开源节流，还可以改善障碍群体的就业情况。

“现在不是强调2020年大家都要脱贫吗，脱贫的话肯定是每个人都要脱贫，我们残疾朋友就业本来就比较困难。我们现在做的是一个线上部门，线下是残疾人手工艺师行业协会，他们掌握着一些手工技能，比如贺兰石的雕刻、串珠、刺绣等，把二者结合起来能够改善残疾人的就业情况。”王婷认为："同时现在也在强调文化自信，这些作品基本属于国家非物质文化遗产，不仅具有文化价值，也具有市场价值。"

授人以鱼不如授人以渔，弱势群体更应该学会自力更生。星星之火，可以燎原，只有更多像王婷这样有理想、有责任、有担当的人站出来，才能创建属于所有人的文明社会。

从街头摊贩到公司总经理，王婷的精彩靠自己走出来。荣誉属于过往，现在电商平台刚刚起步，她的创业之路还在继续。正如王婷所说："我的人生已经过了一半，好像一直在走弯路，但我的经历是独一无二的。"前路漫漫，步履不停，专注于自己脚下的路，做好眼前的事，"不能行走"的王婷一直在路上。

（作者杨春为兰州大学新闻与传播学院硕士研究生，王达为兰州大学新闻与传播学院本科生；指导老师李晓灵、朱霞为兰州大学新闻与传播学院教师）

当塞上江南邂逅西北摇滚

——探访银川原宿摇滚音乐场

梁凝湖　关稼萍　齐园园

横亘伫立的贺兰山、蜿蜒而过的黄河和如枝如蔓的湖渠，使宁夏收获了“塞上江南”的美誉。而镶嵌在黄河金腰带上的璀璨明珠——银川，更是集荒芜与繁盛、粗犷与柔美、干燥与氤氲于一体的“双生宝地”。

厚重的土地滋养了人们古朴纯净的灵魂，粗粝的风沙吹不散空中肆意飘扬的乐符。作为仅次于北京的摇滚重镇，银川既孕育了苍劲雄浑的民族乐曲，也见证了无数摇滚乐队的生根发芽。

一个乐场：闯荡与回归

银川原宿摇滚音乐场　　马潇潇　摄

“我就是我，我只是我，只是一场烟火散落的尘埃……”忽明忽暗的灯光不断闪烁，一半照向舞台上歌唱的乐队，一半照进舞台下集聚的观众。清脆悠扬的歌声在馆中的四壁回荡，很快就淹没了喧嚣的人群，只剩下空气中袭来的一股股音浪。这里，是宁夏银川原宿摇滚音乐场。

坐落于银川西夏区801创意产业园的街道一隅，原宿音乐场在成排的门店中显得其貌不扬。翠绿的枝叶缠绕在淡黄色的招牌上，门口左侧放置着欧式风格的圆桌与藤椅，这个音乐场的外观与普通咖啡店别无二致。殊不知，一门之隔，两个世界——门前是平淡无奇的店面摆饰，门后是热情沸腾的摇滚天地。

但这家音乐场的主人刘英却没有料到，自己的人生会和原本平行的音乐产生交集。

皮肤白皙，面色红润，一身寻常的白色斑点外衣，这个外形普通的妇人似乎与眼前的音乐阵地格格不入。“我不喜欢摇滚乐，”刘英接连摆手，“这只是我的商业投资。”

刘英是土生土长的银川人，她早年闯荡各业，留下了一路的奋斗印记。“我早些年在纺织厂工作，给别人打工。从1990年开始，就去摆地摊，做小生意，最后赔得血本无归，还欠了很多钱。”这次惨淡的破产，让刘英灰头土脸地铩羽而归，却也成了她生命中最重要的一个转折点。

在亲戚的引荐下，刘英关注到彼时经营不善的原宿音乐场。她介绍道：“我感觉音乐在全中国都很有市场，宁夏这边的学生也都很喜欢摇滚，所以打算承接下来。”就这样，一无所有的刘英借款80万，从创办者手中接过音乐场，四处漂泊的落叶最终回归了银川这片故土。

而不喜欢音乐的刘英，却就此阴差阳错地延续了儿子与音乐的不解之缘。

今年28岁的孙杰，喜好音乐，擅长吉他，精通架子鼓。母亲的这个选择，被他视作一个惊喜的馈赠，“最初得知这个消息，还是比较意外和开心的。”大学毕业后，孙杰选择回归银川，子承母业，担任原宿音乐场的经理。

在扬州的异地求学之路，让他深切地感知到了两地音乐文化的差异。“在扬州，你背着一把吉他走在校园里，人家都会带着异样的眼光来看你，觉得你很酷、很与众不同。但是在银川，有太多人玩音乐了，这是一个大环境，你不会觉得有什么稀奇。”与含蓄温婉的南方相比，宁夏有着奔放的热情和豪迈的气魄，植根于广阔黄土，孕育了天然的摇滚基因。

摇滚的种子开始在原宿音乐场破土而出，渐渐茁壮成长。随着原宿音乐场的落地，周围各类音乐场馆遍地开花，形成颇具特色的摇滚集聚地。

而这块并不广阔的音乐园地，也成了摇滚乐队的寄居所和各路音乐人大放异彩的舞台。原宿音乐场不仅签约了长期驻唱的指纹乐队，更陆续吸引了宁夏摇滚乐坛名人苏阳、《中国好声音》宁夏赛区亚军马楠、谣乐队主唱王峥嵘和新裤子乐队等一众风格各异的音乐人。

双面角色：权衡与妥协

刚一下班，孙杰便向音乐场匆匆赶来。此时，他已经褪下工作的正装，换上了简单的蓝色T恤衫和休闲裤，俨然一副普通青年的模样。

“两点一线”是孙杰生活的真实写照：晚上，他穿梭于五光十色的聚光灯下，时不时伴着舞台上的摇滚乐忘我歌唱；白天，他任职于银川本地的一家企业，过着朝九晚五的平淡生活。

“你不可能把全部精力都投入音乐之中，付出的代价太大了。”曾组过乐队的孙杰，挠了挠头，无奈地苦笑道：“我也老大不小了，得回归自己的生活啊!”从白天到夜晚，从企业到乐场，从职员到经理，孙杰日复一日地来回穿行、自由切换。

如孙杰这般的双面角色，在摇滚的生态圈里更是常态。

接连演唱完七八首曲目后，简文彬和刘宇在众人的欢呼声中走下舞台。一高一矮，一胖一瘦，一旧一新，看似截然不同的二人却一拍即合，成为最默契的摇滚搭档。

已经步入不惑之年的刘宇，是原宿音乐场的元老级人物。身材高壮，面庞圆润，戴着一顶时尚的黑色鸭舌帽，看起来年轻活泼的刘宇已经在指纹乐队弹了17年的键盘，“就是不知不觉地，在这里待了十几年”。这位老键盘手白天的身份，则是一名钢琴老师。

而乐队主唱简文彬，也同样从事于吉他教学。这个身材瘦弱的25岁大男孩，本科所学的经济学与音乐可谓是风马牛不相及。怀揣一个滚烫的音乐梦，他不顾家人劝阻，大学毕业后就选择加入原宿音乐场，走上了自己梦寐以求的舞台。

“理想太容易妥协，欲望太容易放大。”简文彬在自己的微信朋友圈中如此写道。于他而言，吉他教师和乐队主唱的双重身份，是理想对现实的妥协。“用音乐不可能维系生活。你得吃饭，得生存，不能只谈梦想这种虚无缥缈的东西。”简文彬皱着眉头，向我们坦言，“而且玩音乐是一件很烧钱、很奢侈的事，没有经济来源根本玩不起。就比如音乐设备的更新，需要持续不断的金钱投入。”

企业职员、音乐教师、走穴乐手、汽车司机、餐馆服务员……这是摇滚乐手们白天形形色色的身份。只有当夜幕降临，他们才会卸下一切装扮，拥抱内心最本真的摇滚梦。

三种归宿：出走与坚守

“我从不轻易谈坚持。如果你足够喜欢，做这件事情就是自然而然的，无须刻意去坚持。”谈及摇滚，简文彬的眼里瞬间闪烁出别样的光感慨道，“可能就需要一些理想主义吧！”

的确，若没有一点理想主义，乐手们很快就会倒在摇滚这片寸步难行的疆土上。

伴着流行音乐的衰靡和雪崩，摇滚和民谣开始从小众文化中走入大众视野。民谣热席卷全国，音乐节、livehouse等摇滚阵地遍地开花，大批地下音乐人迎来了自己的“出头之日”。近期热播的《乐队的夏天》，更让一众乐迷隐约嗅到了摇滚文化回归的气息。

然而，摇滚却没有迎来真正的夏天。

贫瘠土地上开出的鲜花，再艳丽夺目，也难有长久的生命力。辗转三十年，摇滚的盛世渐渐远去，摇滚乐人仍在奋力嘶吼，却在流行音乐独占鳌头的商业时代里渐渐失声。在如今流量当道的音乐环境里，摇滚乐在夹缝中艰难求生；在诸如“夕阳西下”“英雄迟暮”的一片哀叹中，大批摇滚乐人转身抽离，选择出走。“离开的人太多了，都面临着各种各样的压力，理想有时候还是扛不住现实。”才正式踏入摇滚圈两年的简文彬，就已见证了太多的出走和离别。

而继续与摇滚死磕的一批音乐人，则分别走向了两条轨道：一是高举理想和情怀的旗帜，成为全职的摇滚乐人；二是与刘宇和简文彬一样，在夜色中回归音乐人的身份。在现实的打磨下，越来越多的乐手不得不选择后者。

对于指纹乐队而言，这份坚守不仅是对摇滚的执着，也是对宁夏这片故土的守候。

虽然在演出的场地、设备和宣传上，宁夏远不及北上广，但键盘手刘宇却深深地依恋着这里。“我舍不得离开宁夏，”他笑着说，“这里的土地、这里的人民都非常热情和开放，这儿的音乐环境也是非常自由的、多元的，唱什么取决于自己。”

辽阔的土地、壮丽的高山和奔腾的黄河，共同孕育出西北别样的风情。孤独浪漫的张楚、忧伤深沉的许巍和狂放温情的郑钧，这些摇滚乐坛的风云人物都是从西北大漠中走来的。而被誉为“西北摇滚的心脏”的宁夏，也衍生了众多强劲的摇滚力量——苏阳、赵牧阳、赵已然、谣乐队、布衣乐队……他们的歌声，仿佛一杯西北的烈酒，时而辛辣，时而芬芳，带着宁夏特有的烙印。

“贺兰山下一马平川，花落花又开。风儿吹过吹黄了树叶，吹老了好少年……”这首动情的《贺兰山下》，出自中国著名的民族摇滚音乐人苏阳之手。西北风情和宁夏特色，是苏阳创作的根基。唢呐与贝斯，“花儿”与秦腔，宁夏民歌的豪迈与现代摇滚的酣畅，都在苏阳的曲目中得以完美契合，使其形成了独树一帜的摇滚曲风。其代表作《贤良》《长在银川》，都是典型的西北版另类摇滚，哼唱着对故土的眷恋。

贺兰山下，总在回荡着赤子们发自灵魂的呐喊与歌唱。

长期驻扎在原宿音乐场的指纹乐队，也跟上了前辈苏阳的步伐，将这种独特的乡土情怀糅进了歌曲中。在原创歌曲《哈依木呷》中，他们唱出了别样的情调：“我的姑娘你还好吗？好想带你回到家乡，回到曾经相识的地方，永远守在你的身旁……”指纹乐队用最朴实的语言与最自然的曲调，歌唱着塞上江南的土地、人民和爱情。这种最纯真的感情，越过了摇滚的界限，与民族音乐交相辉映。

四重困局：阻力与窘境

“实在是太不容易了！”回想起两年前演出的场景，简文彬感叹道。

当时，指纹乐队一行五人前往中卫金沙岛音乐节演出。狭小的车辆，挤着司机、乐手和各类仪器。“后排挤着三个人，还放着键盘、箱琴、电琴、贝斯和军鼓，来回六个小时的车程让我们差点窒息。”在简文彬看来，音乐节演出的奔波，地下录音棚的嘈杂，默默无闻时的挣扎，都是摇滚乐手们必经的困难，“玩摇滚肯定苦，你得承受这些”。

除去“硬件”上的阻力，大多数摇滚乐手们还站在家庭与梦想的分岔路口上。大学毕业没多久的简文彬，就已经感受到了强劲的催婚压力，“家里人都不支持我走音乐这条路，觉得我不务正业，催婚也催得特别紧”。40岁的刘宇，则已经结婚生子，肩扛起家庭的重任。成家立业，成为摇滚乐手们无法避开的一道人生关卡。正如指纹乐队的前吉他手白钢、前贝斯赵刚和前鼓手黄磊，在家庭责任面前，纷纷选择淡出乐队。

原创作品在市场面前的低头，则是当下摇滚生态圈中普遍的窘境。从

《烟火里的尘埃》到《平凡之路》，从《水星记》到《理想三旬》，原宿音乐场中始终回响着传遍大街小巷的流行曲目，却未出现一首指纹乐队的原创作品。“没办法啊，我们唱原创，观众不爱听，当下的市场就是这样。”刘宇坦言，要想在音乐市场中站稳脚跟，就必须迎合听众的口味。

而流量歌手与注水作品的大肆入侵，成了摇滚音乐人所面临的又一困局。“我们可不是瞎玩的！态度和实力，是硬指标！”简文彬激动地说道。刘宇则摇了摇头：“不单是摇滚圈，整个音乐圈都非常浮躁。现在的年轻人很少有脚踏实地的，满脑子都是成名和赚钱。学了两天和弦，就想着上台选秀，这种态度是不行的。”浮躁风气的横行，造就了畸形的摇滚环境，也压榨了众多音乐人的生存空间。“我现在都还在听窦唯和汪峰，现在的音乐市场实在是太乌烟瘴气了。正经做音乐的歌手无人问津，反倒是没什么实力的人受到追捧。”对此，孙杰十分愤慨。

“我好想和鹰一样，在天空展翅翱翔。”指纹乐队在原创歌曲《少年》中如此唱道。对于未来的“翱翔”，乐手们也有了初步的规划。

望着锁屏上女儿的照片，刘宇的嘴角扬起了微笑。他表示，未来会尽力平衡好家庭和事业。而简文彬则透露，今年打算考取法律专业的研究生。“应该还是会留在宁夏，摇滚也还是会继续做下去，走一步看一步吧。”眼前的这个大男孩露出了自信的笑容。

（作者为兰州大学新闻与传播学院本科生；指导老师李晓灵、朱霞为兰州大学新闻与传播学院教师）

枸杞神　农民魂：张家三代与枸杞的故事

闻晨阳

这是一次不适时的采访。

在去往中卫市中宁县舟塔乡上桥村的路上，出租车司机告诉我们：你们来晚啦，枸杞采摘的旺季早已经过去了。再看看车窗外只剩下绿叶的枸杞田，一行人陷入此行采访或不成功的恐慌。

再者，因前一天深夜才定下选题，没来得及与受访者提前取得联系。快到上桥村村口时，我们才辗转与对方联系上。不料对方因之前受访时发生过不愉快，对我们来访的事由和身份一度表示怀疑。万幸的是，在说明事由和出示介绍信之后，对方接受了我们的采访。

其实一出中宁县火车站，街道上的许多标示都在说明我们此行的目的：走进“中国枸杞之乡”，探究其“红色产业”。其中，最重要的是去拜访宁夏回族自治区及中卫市“枸杞非物质文化遗产传承人”张伟中及其目前从事枸杞电商销售的三儿子张超轶。

起步：一种特殊枸杞品种的发现

中宁县种植枸杞的传统由来已久。四面环山，清黄两河交汇，少雨多阳的地理条件让中宁县成为种植枸杞的绝好位置。明代药物学家李时珍云：“枸杞，二树名。此物棘如枸之刺，茎如杞之条，故兼名之。”但是在相当长的一段时间里，由于农民种植口粮以解决温饱的首要需求，经济作物枸杞并没有得到大面积的种植，中宁县的枸杞种植业也始终存在品种差和种植面积小的问题。

这种情况在20世纪30年代得到了改善。

1932年，年仅22岁的张佐汉在别人的枸杞园中发现了一株与众不同的枸杞树。为了得到这一品种，他用了三年的时间求人说情，借债筹资，以倾家荡产的代价购得360棵枸杞树苗。最终张佐汉发现并不断优化的这一品种被命名为“大麻叶”。这就是仍然在枸杞种植领域“独占鳌头”的枸杞品种“大麻叶”的来历。

一位妇女在张家枸杞园摘枸杞　　闻晨阳　摄

“枸杞种植是一套完整的技术。其中修剪是最重要的。（修剪）一跟不上，不仅不挂果，其他一系列问题也都出现了。”张超轶介绍说。在培育出大麻叶之后，张佐汉又探索出符合大麻叶特性的骨架修剪技术。这种被称为“三层楼”的修剪技术提高了枸杞树的挂果率。直到今天，许多中宁人远赴外地谋生依旧靠的是这一修剪技术。“外地人不会修剪。”张伟中解释道。

但是在过去，种植枸杞并不算是一件“聪明事”。在人们温饱问题都难以解决的时代，仅张佐汉一人苦心孤诣种植枸杞，这样的行为被不少人嘲笑痴傻。但正是这股“傻劲儿”，为抗战结束后的中宁县和其他地区保留了充足的枸杞种源，并最终发展为仅一个县就拥有几十亿年销售额的枸杞产业。

普惠：枸杞技术的传播

张家种植枸杞名声在外，不少人来到张家学技术。或许是家学渊源的滋养，张佐汉对枸杞技术的传播一直都是积极并且无私的。张伟中说，银川曾邀请过父亲张佐汉去做技术指导。张佐汉从上桥村出发，一路步行至银川，到达后认真指导，不收分文，不仅对枸杞种植技术“倾囊相助”，土地改革时，张佐汉还将自己辛苦攒下的四五十亩枸杞园无偿捐给国家。直到现在，也常常有人来到张家，求教枸杞种植技术，张伟中也依然分文不取。张超轶非常认同祖父和父亲的无私精神：“技术没有收费，属于义务做贡献的阶段。要是全部讲金钱，那这个社会就没法儿弄了，还是要讲点儿奉献的。”

张伟中接过三儿子的话，“顶多人家请吃上一顿饭”。这位常年在枸杞园辛苦劳作的西北老汉一脸憨厚地笑着说。张超轶又说：“来的人里面农民多，收入不高，给人家帮帮忙。”中国人守望相助的精神在张家父子朴实的话语中得到充分体现。

提及祖父辈对枸杞技术的传播，“普惠”和“裂变”是张超轶最常提及的一个词语。枸杞培育技术何尝不是一种知识呢？这种技术甚至在很多时候成为一个人或者一个家庭安身立命的根基。“那个时候他们的这种精神真是不容易，我们现在少了，要多学习。”张超轶听完父亲张伟中的介绍后感慨地说。他同时认为这样的技术传播意义重大，“这种传播是‘裂变’式的，一个传两个，两个传四个，为整个中宁县包括别的地方产生的经济价值是难以估量的”。

在人们早已习惯为信息付费的时代里，张家三代这样不图收获传播枸杞技术的精神更令人动容。中国人常用“桃李寂不言，下自成蹊径”来歌颂人品德高尚，用不着自我宣传，就自然受到人们的尊重和敬仰。枸杞不言，下自成蹊。张家三代为传播枸杞技术兢兢业业，造福了一方百姓。

继承：一家三代的坚守

特殊的时代背景下，品学兼优的张伟中被迫结束学业回到家乡。放下书本，他拿起了父亲的锄头和剪刀。对待学业一贯用心的张伟中将勤奋刻苦的精神发扬到枸杞种植中去。从小到大在父亲那里耳濡目染得来的技巧让他种起枸杞来得心应手，但是他并没有吃“祖宗本”。农科院培育出宁杞7号，但是该品种修剪不易，张伟中受委托进行培育。

在父亲张佐汉“三层楼”修剪法的基础上，他创造性地提出了“蛇探头”式的剪枝方法，大大提高了宁杞7号的亩产量。自开始种植枸杞起，张伟中的生活就围绕枸杞展开。他的几个孩子从小都在枸杞园里长大，“好小的小孩就带到地里一起摘枸杞。”回忆起艰辛的过往，张伟中不无唏嘘。

张超铁也不是一开始就想要继承家里的枸杞事业。“逃离枸杞”成为他少年时代的重要目标，为此他远赴湖北求学，又远赴云南水电厂工作。再后来，他选择回到宁夏。

但真正开始投入枸杞事业源自一次节目录制。中央电视台《远方的家》来到上桥村拍摄张伟中。这次拍摄其实给成年的张超铁一次重新认识自己祖辈和父辈的机会，更加了解祖父辈为之辛劳一生的枸杞。思考之后，他决定同样投入这份家传的事业中。先是做实体店，后是做网店，电力系统自动化专业毕业的张超铁“半路出家”“自学成才”。不同于多数的网店店主，除了经济效益，张超铁更想“传承下去”，想让自己祖父辈的事业和精神让更多人知道，想让好的枸杞产品让更多人了解。“电商不好玩儿”，这是张超铁谈起自己的电商事业时经常说的一句话。“比创意、比价格、比质量的，各种卖法。”入行四年的张超铁说自己依旧在“不断地摸索”。

不管初衷是不是枸杞，殊途同归，张家三代都在与枸杞打交道的过程中，默默地将其纳为生活乃至生命中的一部分。张佐汉的后代们除个别外，都从事跟枸杞有关的职业。其中，张伟中的大儿子在甘肃省玉门市承包了八十亩田地用于枸杞种植。可以说张家的历史，就是一部轰轰烈烈的枸杞发展的历史。

张家客厅最显眼处是一幅张佐汉的照片，照片上的他正聚精会神地修剪枸杞树，下书几个字：“枸杞神　农民魂　天高地广”。在21世纪伊始，这位出生在战乱年代，为枸杞事业付出一生的西北老汉走完了自己波澜壮阔的一生。他不畏艰辛、无私奉献的品格和精神深深地影响着张氏家族，这或许也是中宁枸杞如今在市场上颇受欢迎的原因之一：无数人默默努力使其品质始终保持较高水准。

人们也没有忘记张家的贡献。

今年5月，一块写满张佐汉贡献的纪念碑被政府立在了张家的枸杞园中。高高的纪念碑和背后的四株枸杞树相互辉映，在上桥村7月耀眼的日光中无言地述说着一个人、一个家族和一个地区的峥嵘历史。

另外，据张超铁介绍，一尊张佐汉的塑像正在被制作，不久的将来将被立起。到那个时候，风中，河畔，张佐汉将永远地守护着这片绵延至天边的枸杞园。

（作者为兰州大学新闻与传播学院本科生；指导老师李晓灵、朱霞为兰州大学新闻与传播学院教师）

枸杞之乡行走记

——电商机遇下的“小红果子”

杨茜玥

宁夏回族自治区中卫市的中宁县是中国的“枸杞之乡”，人们常说的“中国枸杞看宁夏，宁夏枸杞看中宁”，指的便是这里。我们来到这个历史悠久的枸杞之乡，试图探寻它的“前世今生”，探寻小小红果子背后的故事。

枸杞与“非遗”

如今“保温杯里泡枸杞”成了生活常态，而人们不太会想到的是，这小小的红果竟然承载着一份非物质文化遗产，记录着悠久的历史。

中宁县舟塔乡上桥村的一位年轻人叫张超铁，他的父辈皆是杞农。20世纪30年代，张超铁的爷爷张佐汉无意中发现了“大麻叶”这一优良的枸杞品种。张佐汉几经周折向人要到了该树种，悉心研究栽培，不断提纯复壮，使得这一即将消失的品种得以保存至今，并成为如今枸杞品种的“排头兵”。“爷爷一生的时光都献给了枸杞种植，探索出‘三层楼’的骨架修剪技术（即‘张氏修剪法’），这种技术可以使枸杞产量明显提高。”

“现在的人你会觉得不可思议，甚至无法理解。但是放在当时那个年代，就是讲求奉献，现在的人太关注金钱了。”张超铁感慨道。他说当年爷爷张佐汉为了去宁夏农科院传授枸杞种植技术，从中宁徒步走到了银川。“人家又不给他钱，他也不是图个啥。”在这种无私的推广下，全村人几乎都学会了枸杞种植术。“估算起来，爷爷张佐汉和父亲张伟中两代人把中宁枸杞从亩产200多千克提高到400至500千克。”

2007年，中宁枸杞传统栽培技术被列为“宁夏回族自治区非物质文化遗产”，张伟中被评为非遗传承人。

“枸杞世家”的网上枸杞店

张氏一家四代种植枸杞，但“枸杞种植确实苦，太阳最大的时候就是最忙的时候”。父亲张伟中本不建议儿子张超轶再做杞农。张超轶大学毕业后在云南工作，但他觉得家中父辈得到的关于枸杞的各种非遗荣誉，不应当被忽视，不应当被当作过时之物堆在杂物中，他想把这些东西利用起来，宣传出去，让大家都了解枸杞背后的故事。

于是在2015年，张超轶正式做起了电商，在淘宝上开了“张氏枸杞官方店”。后来一次偶然的机会，他发现父亲张伟中会制作枸杞膏、枸杞酒，“那可真是好东西”，张超轶很兴奋，他将这些也在网络上进行推广、销售。经过一番摸索，近两年网店的营业额稳定在十几万元，父亲张伟中说这比原先卖给枸杞贩子要好多了。

但张超轶坦言，想把电商做好并不容易。一般的买家并不识货，常常盲目追求低价，而自家种植的枸杞的价格又拼不过那些成本低的非中宁枸杞。

张超轶也尝试用时下很火的方式推广。他拍短视频，在抖音、快手等平台上进行宣传，也在田间地头做过直播，但效果并不太好。“我们西北人还是不太会说，实干可以，要夸自己的东西还是不太行。”张超轶调侃说。“我觉得有点怪。你找不到大家喜欢的那个点到底在哪，今天这个发了个搞笑的吸引人了，就卖得好了；明天那个又有个什么新点子，又卖得好了。好像靠的不全是枸杞本身的品质。”他显得有些迷茫。

“爷爷、父亲都曾走在枸杞产业发展的最前端，我们兄弟俩也不能落后，传统农业向现代农业转变既是潮流，也是机会，我们会在顺应中创新，把枸杞这个传统产业做出现代范儿。”张超轶说。

电商兴起是机遇　品牌维护需加力

为了了解中宁枸杞的销售状况，我们又来到中宁国际枸杞交易中心。这是一个全国枸杞的货物集散地。全国各地的枸杞批发商汇集于此，批发购买来自宁夏、甘肃、青海等地的枸杞。据里面的店家介绍，每天上午是交易最火的时候，交易人数有时高达近千人。卖家绝大多数为中宁县本地人，他们的商品来源或为自家种植，或为收购周边果农的种植产品。

中宁国际枸杞交易中心是近年来政府倾力打造的，聚集了数百家枸杞零售店。据了解，为了维护中宁枸杞的品牌影响力，防范以次充好现象，政府对每家的枸杞进行了产品认证，凡是真正的中宁枸杞，都会为他们颁发统一的产品标识，在店名牌上就能一目了然看出，极易识别。

而电商平台的枸杞市场则有些鱼龙混杂。

电商平台上有着繁多的“中宁枸杞”店铺，令人眼花缭乱，然而实际上中宁本地的人大多数并不开淘宝店，据他们说，淘宝上的很多枸杞并非产自中宁，而是来自其他地方。网上商城的商家多是打价格战，买家很难判断哪种是中宁枸杞，真正优质的中宁枸杞很难在价格战中取胜，因此本地枸杞往往不放在网店上销售。

相比入驻淘宝等网上商城，本地枸杞销售商更倾向于通过在线下实体店的经营来寻找潜在的客户群，将客户吸引来后，靠中宁枸杞优秀的品质将其变为“回头客”，“回头客”借助微信群与他们联系，进行长期订购。

中宁国际枸杞交易中心　　杨茜玥　摄

“这小小的红果子啊，从播种、修剪到采摘，不知道花了我们多少心思，我就是个农民，也就只希望它卖得好一点。”张伟中的一句感慨令我们印象深刻。我们看到枸杞之乡的线下销售已经较为规范，而电商平台销售环节的中宁枸杞品牌维护或还需下大功夫。

（本文作者为兰州大学新闻与传播学院本科生；指导老师朱霞、李晓灵为兰州大学新闻与传播学院教师）

贺兰山下的“不尤人”

——寻访宁夏残疾人电商运营中心

雷晨琅

《淮南子》有言：“知命者不怨天，知己者不尤人”，意为能认识形势的人不埋怨天命，能认识自己的人不埋怨别人。依偎在贺兰山下的银川市，就有这样一群“不尤人”，他们因为身体的缺陷，难以像普通人一样生活和就业，但他们并没有就此自怨自艾，而是联合起来，搭建起了一个特殊的电商平台，并借此向社会证明：残障人士也能创造自己的价值。

7月10日，我们来到了银川市残疾人联合会，残疾人电商运营中心就位于残联大楼三层的就业培训基地中。

栩栩如生的《八骏图》、鲜艳明丽的《寒梅图》以及满满一面墙柜各式各样的仿真花盆栽……甫一进入，电商运营中心的刺绣作品和灿烂的仿真花就牢牢吸引了我们一行人的目光。基地的长廊中做了许多隔断的展示厅，用以展示残疾人就业培训的成果，这些手工作品格外夺人眼球。

踏入电商运营中心，这是一个宽敞明亮的办公室，员工们都在认真忙着手里的事情，窗前支着一块白板，进行着员工当月业绩的记录。桌上、窗台上都放着平台销售的仿真花，看上去十分温馨。

负责人婷姐一看到我们便连忙拿起拐杖起身迎接，因为小时候发高烧用药不当导致肌肉萎缩，漂亮的婷姐再也不能像健全的孩子那样走路、奔跑。我们落座后，和她再次聊起了来意。因觉得平台刚起步曾婉拒过我们的采访，婷姐显得有些羞涩和不好意思。

“我们也想为社会做更多事情”

想要搭建电商平台的创意，最初是由宁夏残联、残疾人就业服务中心和义工联合会三方共同牵头的，婷姐自己的公司银川深蓝天使科贸有限公司和三方签订了协议，由婷姐来负责平台的运营。她从2008年就开始从事有关网站和电商等职业，十一年的从业经验让她带起团队来得心应手。

目前，这个平台上主要经营贺兰石雕刻、仿真花、刺绣、葫芦烙烫等产品。婷姐介绍道：“贺兰石雕刻本来就是一个国家的非物质文化遗产，而大家提到刺绣可能先会想到的是苏绣或者湘绣。但我们西北的刺绣实际上也是有自己的特点的，前段时间我们的作品在海峡两岸交流活动上也收获了许多好评。”

“宁夏残联每年都会给残疾人举办技能培训活动，许多孩子做了很棒的手工艺品却只能闲置，卖不出去太可惜了。”

这个电商平台正属于宁夏残联手工艺师行业协会的线上销售渠道。协会大约有40名会员，他们都是残障人士。婷姐觉得，如果能有一个网络平台把他们这些作品收集起来拓展销路，一来给许多障碍人士提供了再就业的机会，二来能得到经济回报，实在是一举两得的事情。

“我觉得我们并不是要宣传我们这个团队有多么特殊，而是因为我们做出的一些成绩，我们真正帮助到了别人。我们一直扮演被别人照顾的角色，我们能不能尝试尽自己的力量为社会做出更多的事情。”说到这里，婷姐眼中满是认真。

据她介绍，这个电商平台4月初才正式上线，团队目前有6个人，包括文案、物流、设计、网络编辑、摄影等，在旅游景点和一些较大的超市也有专门的线下商店。

正在认真工作的员工　　许子威　摄

尽管刚刚起步，上周他们也签了一个63000元的订单，并和客户建立了紧密联系。婷姐自豪地告诉我们：“他们买我们的东西并不是出于其他的目的，而是因为我们这个地方做的东西的确是他要的，他信任我们才来和我们做生意。”

把他们都发掘出来，放在合适的位置上

婷姐说，社会一直在进步。

中国有8600万残疾人，包括肢体障碍、听力障碍、视力障碍等，每一个群体都有特殊的地方，需要社会去慢慢了解。

“宁夏残联劳动就业服务中心的作用很重要，因为他们会帮助我们开发岗位。”婷姐说，有单位愿意招收障碍人士，但不知道把他们吸纳进来后能够做什么，岗位开发就是把那些渴望积极走入社会的孩子们都安排在合适的位置上去发光发热。

一切如果安排得恰到好处，那么障碍人士和健全人并没有什么不同。

“给他们一个就业的机会，其实也是在给他们背后的那些个家庭机会。”

婷姐也是这样一个独具慧眼的人。

佳琦在就业培训中心学习过物流管理，孔繁盛大哥曾经开过淘宝店，苏燕姐当过三年的淘宝客服。婷姐的团队都完美地契合她的创业需要，非但如此，婷姐还鼓励他们学习设计，期以在电商领域胜任更多的工作。

孔繁盛大哥正对照着网上一张动漫小熊图片练习PS。他是一个脑瘫患者，疾病让他的双手变得不易控制，说话也有一些吐字不清晰。早些年他自学电脑，还开过淘宝店铺，卖过枸杞，在闲暇时间凭借毅力学会了需要准确操作的PS。

他说，虽然因为身体的原因做什么事情都很慢，但却知道笨鸟先飞。

苏燕姐四年前因为药物导致双腿行走不便，此前她从事着医疗美容行业。消沉了很久后的她在社区帮助下，成了一名专业的淘宝客服。

三年的客服经验，让苏燕姐对淘宝的各种规章制度十分了解，能够帮助这个刚起步的团队规避很多问题，熟悉咨询服务的流程，也让她接待客户更加专业。

除了当一名出色的客服，苏燕姐也在学习PS设计，并且画得一手漂亮的葫芦手绘，还给我们展示了她许多精美的作品。

在介绍他们各自的工作时，每一个人都神采飞扬毫不露怯。这是他们的人生主场，也是他们的信念寄托，更是他们渴望争取的和健全人一样的尊严。

婷姐、佳琦、苏燕姐、繁盛大哥，贺兰山下的这群“不尤人”，不怨

天，不尤人，不自艾，他们正如他们的名字一样美丽。

也曾洗手间做饭，但“路在向前走”

说起办公室优美的环境，婷姐有些无奈地笑笑：“我们也受过累、吃过苦，来这里之前，公司在宁夏工商管理学院，因为属于一个孵化园，不能做饭，平时还可以去学校买饭，但是学生放假之后，我们还是要上班的呀，因为只有洗手间有水，我们甚至只能在洗手间做饭。”

婷姐说，她现在都不敢去回首这段经历，甚至告诉我们，如果再重复一次，都会觉得苦涩。

“还好是和大家在一起，每个孩子都很聪慧，我们在一起特别融洽，特别是有时候失去信心了，一看到他们就又有力量了。”

到了新的宽敞明亮的办公室，他们的店铺刚起步，最让婷姐头疼的还是销量问题。

打开店铺的页面，整个“装修”设计都非常古朴雅致，头条的位置上是他们的主打产品，接下来是团队介绍，仅用了很小的字体简单阐述了他们的特殊之处。婷姐并不想用自身的缺陷作为招牌来夺取注意力。

启动阶段资金有限，按照淘宝的规则，他们的店铺并不能获得较为靠前的搜索位置，所以销量平平。即使是这样，也有同行完全抄袭他们的产品链接，甚至还会有恶意买家毫不在乎背后是怎样一个特殊的团队在运营，利用淘宝的漏洞要挟他们，以此赚钱。

“我们现在项目资金不够，每个月这6个员工只能拿到1500元的补贴。”婷姐笑着说，“我在想着，我创业以来好像经济方面是在一路倒退，但我觉得这是一种积累。”

“我觉得这个路是一直在向前走。”

“梦想是和马云握握手”

这个电商平台有一个三年计划。婷姐说：“第一年和残联手工艺师行业协会合作，平台不要提成，把收益都留给产品制作者，项目会给我们补助费用，就等于给我们发工资。等到第二年，项目会变成半扶持的状态，第三年如果条件允许，就放开手完全由我们自己去做。”

“其实我最大的愿望就是和马云握握手，但是现在马云已经升值了，品牌也打到国际上去了，我离他已经越来越远了。”婷姐有些惋惜地说。

婷姐对她的团队充满了信心，希望能够在目前努力积累有关销售、运营和盈利模式等的经验。“一旦我们积累的经验达到一定程度的话，我们就可以把我们的运营模式推广到宁夏以外的地区，让更多的残疾人受益。”说到这里，她十分坚定。

三个月以来，众人忙着“装修”淘宝店铺，给客户拍照，处理图片，她还拿了一把戒尺，“每个小孩犯错、工作不达标的话，我就会打他们”，婷姐笑得有些狡黠。

这个团队在一起很融洽。婷姐说，他们特别有韧性，什么事情都特别坚持，不怕失败，大不了再重来。

“其实我们能做的地方很多，未来还想尝试更多大众化的产品，比如说服装。”婷姐觉得，如果这样的模式能成为常态，也许会对其他地方起到一定的示范作用，让其他地区的障碍人士获得更好的发展。

“别人做企业、做品牌，可能看到的更多的是利润或者很商业化的东西，但是我们在做一个信念——有梦想就有未来。”婷姐说，“我们都是努力增加生命厚度的人。”

（作者为兰州大学新闻与传播学院硕士研究生；指导老师李晓灵、朱霞为兰州大学新闻与传播学院教师）

记录、传承与凝聚：小城博物馆的屹立与担当

脱畅　王雯静　李宁　陈盼

“豆荚纹双耳彩陶壶、鎏金铜牛、错银云纹铜镦、三彩陶马俑、陶楼、鎏金铜佛像……”翻开宁夏博物馆入口领取的宣传册，六件特色文物代表了通史展厅从新石器时代到元代六个不同的时代章节，切片式地描摹出宁夏自远古至今四万年间形成的狩猎采集文化、畜牧文化、农耕文化、丝路文化、西夏文化等具有鲜明地域和民族特色的多元文化。

从文明曙光、西戎春秋，到帝都藩屏、丝路重镇，再到大夏寻踪、塞北江南，这里不仅镌刻和铭记了宁夏人前行步履的“岁月标本”，也将宁夏人的过往与未来、共识与气质凝聚在一起。

结识一座城，从博物馆开始。2019年国际博物馆日的主题是“作为文化中枢的博物馆：传统的未来”，聚焦于博物馆在社区中作为活跃参与者的新角色。不同于过去功能单一的机构，当今博物馆都在努力重新定义自身，变得更具有交互性、灵活性、适应性和可移动性。

如今的宁夏博物馆也致力于扮演文化中枢角色，它敞开胸怀招募宽泛年龄阶段的志愿者讲解员，设立岩画拓片等中小学生研学实践教育体验项目……在打造创造力与知识相结合的求索道路上，一个城市与观众共同创造、分享文博事业并积极互动的努力身影，在全国乃至世界文博大馆中依然闪烁着不可替代的光芒。

这里，是城市的文明会客厅

宁夏回族自治区博物馆的前身是1959年9月成立的宁夏地质博物馆筹备处，1973年正式更名为宁夏回族自治区博物馆。原馆址位于自治区首府银川市承天寺院内，1988年整个院落整饬重修为仿古建筑，使用至今。2004年，宁夏博物馆新馆建设被列为自治区成立50周年大庆的献礼工程。2006年11月，宁夏回族自治区博物馆新馆破土动工，总投资2.28亿元。经过两年半的艰苦努力，新馆为迎接50周年大庆，于2008年9月正式开馆使用。

"我能感受到宁夏人对自己博物馆的看重。"在博物馆做志愿讲解已经2年的贾娟，平时在中卫市青少年爱国主义教育基金会工作，两份工作的贯通使得她更加深刻地体会到历史文化与城市文明之间千丝万缕的勾连。她更欣喜地发现，现在越来越多的银川本地以及周边城市的宁夏人节假日、周末都会选择带上孩子与亲朋走进博物馆，这里成为新式的度假、休闲甚至社交空间。

"岁月失语，唯石能言"

地方历史的脉络留在了穿越千年万年的文物碎片上，例如贺兰山岩画的趣意和神妙，不会讲话的它们想要把自己的前世今生告诉世人，单凭陈列与欣赏是远远不够的，图文展示和人工讲解便成为文化古今与内外传播的重要一环。多年前，民间文艺家冯骥才来到苍凉古朴的宁夏贺兰山前，面对原始朴素的壁画，发出过"岁月失语，唯石能言"的感慨。

"这一级文物和国宝级文物啊，其实是不一样的，咱们馆里经鉴定确认的国家一级文物有159件，而其中十分珍贵的胡旋舞石刻墓门、鎏金铜牛、力士志文支座被鉴定确认为国宝级文物。"正在带领参观团体欣赏"朔色长天——宁夏通识陈列"这一展厅的博物馆讲解员小刘，穿着统一淡蓝色的套裙耐心地解答参观者关于"镇馆之宝"的好奇与疑问，光阴逝去无形无迹，原始先民以文化符号或艺术作品表现着对生活的勇气和情感。漫长岁月凝聚在这数不清的"国家宝藏"里。

宁夏博物馆现馆藏文物近4万件。其中三级以上珍贵文物4000余件，经鉴定确认的国家一级文物159件。场馆总建筑面积30258平方米，全高21.2米，共四层。其中，地下一层建筑面积8456平方米，分为文物库房、设备用房及办公区域，文物饱和藏量达15万件。地上建筑面积21802平方米，其中西夏文物、回族文物的收藏数量和质量为文博行业所瞩目；贺兰山岩画、红军西征和陕甘宁边区时期的革命文物也很有代表性，现今一共陈列有通史篇、专题篇和临展篇三大板块十二个展览，多层次、多角度地反映了宁夏历史文化和地方特色。

为自己充电更愿为喜爱历史的参观者充电

博物馆这张城市名片上亮丽的一抹颜色，来自行走其间的讲解员。在连接博物院与社会大众，让历史文物在参观者记忆中留下深刻印象的过程中，讲解员起到了关键的作用。通过精彩的讲解，可以把观众情感与历史的场面融入一体，把观众的思路带回到历史的长河之中，好似身临其境般感受每一件文物。

宁夏大学文学院周老师表示："博物馆就像城市的眼睛，文化的灵魂，作为讲解员就是传递文明的纽带，既是深奥与通俗的桥梁，也将自身的经历与感悟融会其中，成为内容与形式一体两面的文化使者。"

唐淑荣是今年3月刚刚"入职"的58岁宁夏博物院的义务讲解员，退休之后在宁夏博物院义务为大众提供讲解服务。

在没有来博物馆上班前，唐淑荣也是一个"闲不住"的人，她进入宁夏老年大学学习舞蹈、书法、绘画，积极参加公益活动，也对历史文化有着浓厚的兴趣。和宁夏老年大学里所有学员一样，她希望自己的老年生活充实多彩，听说宁夏博物馆招收志愿者讲解员，她想都没想就报了名。几轮严格的考核淘汰，如今想起来她似乎仍能感受到当时紧张的心情，她坚持每天翻阅及背诵有关的历史资料，不断在博物院中观看其他讲解员工作以及文物历史。唐淑荣不断地修改和增添着自己的解说词，从每一件文物入手，深入造型材质、艺术科学价值、历史研究价值等，原本两页半的"标准台词"如今已扩充到12页，只为了能让参观者通过她的讲解更好地了解

唐淑荣在讲解中　　　　陈盼　摄

每一件文物。她说："来这里的也有很大一部分是外地游客，他们不了解宁夏，而我希望通过我的讲解能让他们认识宁夏，爱上宁夏。"

一份责任即是十分汗水。五周时间的专业培训后唐淑荣上岗，平均每天上、下午各带两批游客参观，每次仅讲完一个展厅就要近一个小时。时间最长的一次，她一口气带了四批参观者，从上午10点开始，一直到下午近3点才结束。午饭拖成了晚饭，全程没有喝一滴水的"连轴转"经历，对于已经58岁的她来说确实是很大的体力和精力考验，许多与她同龄的志愿者都选择了退出，但她不仅继续坚持这一公益事业，还表示："博物馆讲解是给我自己'充电'的好平台，我更愿意为喜爱历史的参观者充电。"

也许就是源于这份热爱，每次解说之后，唐淑荣都非常满足："我讲'虎形岩画'时就会拓展性地讲一下老虎最厉害的'三招'，听说有的小学生会对这些知识产生兴趣，回家会继续查阅。"作为博物馆的一名志愿者，唐淑荣认为来自五湖四海的游客们认真倾听的神态，脸上的笑容，频繁的点头示意以及带给他们的或深或浅的影响和启发，对她来说就是晚年时光最宝贵的财富。

更多的历史与文化就在身边

古风古韵的馆内，处处洋溢着孩子们的气息。一楼专门为中小学生提供的岩画拓片制作的区域、展厅里来自邻近省市的研学旅行少年团、青少年活动中心……此外，宁夏博物馆还为市民免费提供和开放图书阅览室、网络视听室，每年引进、合作举办境内外展览数十个，不仅丰富了展示和交流平台，而且不断满足了人民日益增长的美好生活需要，充分发挥了博物馆的社会功能，个人生活与城市文明在历史文化的牵引下水乳交融。

宁夏博物馆观众服务中心的负责人表示，希望有更多的人走进博物院当中，了解我们宁夏历史，了解我们祖国的文化，从而增加文化自信。记录、传承、服务，如今的地方博物馆立足小城市，放眼大格局，肩负起一方水土的文化中枢职责，让当地文化与过往历史"活"在人们的日常生活当中，不再遥远，在每一个新的境遇里，时刻准备做出属于自己的选择。

（作者脱畅、王雯静、李宁为兰州大学新闻与传播学院硕士研究生，陈盼为兰州大学新闻与传播学院本科生；指导老师朱霞、李晓灵为兰州大学新闻与传播学院教师）

健身队“出道记”

马潇潇　李欣鞠　齐园园

“从金凤区举办第一次广场舞比赛开始，我们每个人都很争气，拿了个一等奖，之后便一发不可收。”到2018年为止，宝湖健身队拿到了四连冠，“今年最大的一个愿望就是，争取五连冠。”广场舞健身队长薛萍兴奋地对记者讲。

自费、自荐：薛萍创建健身队

薛萍是一位喜欢舞蹈的退休妇女。六年前，她看到小区里的一些退休妇女业余文化生活十分贫乏，而且大家住在高层电梯房，平时没有过多的交流与来往，几乎形同陌路，于是她提议大家一起出来跳舞健身。

“广场舞不仅能强身健体、愉悦心情，最重要的是还能够增强彼此之间的交流沟通。”当她说出自己的想法时，大家都很赞同，但有人提出不会跳舞，需要有人指导，于是薛萍毛遂自荐地当起了广场舞领队，由于自身并非舞蹈专业出身，她便从网上自己学习广场舞。

团队组建完成后，薛萍等人选择在公园训练，这里不仅场地足够，也不存在扰民的风险。但是银川早上八九点钟的太阳，就像烫了金似的，喷薄而出，金光耀眼。宝湖健身队的领舞人薛萍为了让大伙儿不被太阳晒到，就自掏腰包修建了遮阳棚。

薛萍还自费置办了音响，带着小区里的一群退休妇女学习跳健身舞蹈。起初薛萍的宝湖健身队只有7个“小伙伴”，逐渐地，宝湖健身队的人越来越多，如今已达到200余人。

一群人，一条心：促健身团队发展

“我这些队员都是一条心，大家都是为这个队的。”薛萍提到，当初与她一起创办团队的七人之一——80多岁的唐克英，自从她开始跟着薛萍跳广场舞，六年来风雨不间断，总是每天最早到达，默默为大家清扫场地。最近正值修建遮阳棚，她主动捐出了500元。薛萍劝她，不用捐这么多，她却说：“这点钱算啥，我住一次院还要花更多。”

其实在最初搭建遮阳棚时，出现了填不上的资金空缺。但在薛萍的团队中同样有个宁愿自己吃亏，也要补助团队的一位美容行业的陈惠娟阿姨。在遮阳棚不能如期进行时，她一心想解团队的燃眉之急，于是提出了自己的想法：给我们宝湖健身队的成员们修眉。她主动提出只收300元，并拿出150元补助团队建遮阳棚。在她看来，薛萍为团队做了那么多事，她这小小的事根本不算什么。

宝湖健身队之所以能够“千人同心，则得千人力”，离不开薛萍自己独有的一套管理经验。

首先，要传递正能量。薛萍在第一天组队的时候就提到：“来这儿就是为了愉悦心情、锻炼身体，不是东家长、西家短。你们要吵是非、倒闲话，就不要加入我这个队里，我不愿意听到任何负能量的东西。”

其次，财务独立。团队的资金由专门的人来负责，薛萍并不经手财务流动。

最后，薛萍还非常重视团队文化建设。宝湖健身队每年举办年会，向大家汇报和总结这一年的状况，并和大家一起畅所欲言；同时，为了增强团队的凝聚力和融合度，还经常组织成员们去世界各地旅游，以此提高团队间的熟悉感和轻松感。

宝湖健身队能达到今天这样的规模，也离不开薛萍身后支持她的家人。“他就是我坚强的后盾，可以说没有他，我也干不到今天。”薛萍望着丈夫张振魁说。记者在采访的始末，张振魁一直在修理健身队的音箱和“遮阳棚”的支架。

宝湖健身队的“遮阳棚”就是他一手操办的，已经63岁的张振魁为了给健身队搭建一个良好的健身环境，自己经常爬上爬下固定遮阳网。同时，张振魁还是宝湖健身队的“技术担当”，队里每次的比赛、演出以及活动，他都负责摄影、摄像、剪辑、排版和宣传等工作。

不为荣誉，只求蜕变：赢得社会认可

在领舞者薛萍的带领下，一群年过50的退休阿姨们，登上各大平台亮相，用她们的自信斩获无数荣誉。从金凤区、银川市再到全国的比赛，无一例外。

“连着两届，宁夏春晚、银川春晚都让我们上节目，你想一个民间团队，好多专业团队都上不了。”在薛萍眼中，获奖、荣誉、头衔，这些都是对她舞技外在的肯定，也是对宝湖健身队的认可。

她觉得广场舞所带给她最多的不是荣誉，而是自身性格的改变和身体素质的提高。以前的薛萍不爱与人交流，人多会害羞。可是如今的她说：“这一广场一二百号人，我站那给他们教，根本都不怕。”薛萍特意举例子说，在跳广场舞之前，唐克英是一个心脏病患者，几乎年年住院，但自从跟着她开始跳广场舞，六年来风雨不间断，从此再没住过一次院。

这个团队同样给了每个人改变自身的机会。不仅是身材的改变，更是自身气质的改善。正如薛萍所描述的那样：“他们每个人刚来的气质，不论各个方面都是一个改变，身材胖的人跳瘦了，气质出来了。我们走到哪儿，他们都说你们是一个专业团队，实际我们哪有专业的，全都是刚退休的大妈们。”

社会上给予薛萍及宝湖健身队的荣誉，让她感受到的是一种成就感，是自身价值的体现以及社会的认可。对于这里每一位成员来说，让自己身心受益匪浅的同时，最重要的是能够享受这一过程，这也是广场舞最重要的功能。

宝湖健身队广场舞比赛一等奖　　薛萍供图

广场舞，本身就是一种体育文化，更是一种居民社区文化。像宝湖健身队这样，自发组织，并且所有活动团队成员共同参与，构建起了一个新的“公共性”社区。

同时，团队间形成的这种社区文化，也弥补了当前社区所匮乏的情感联系与共同体的感受，使得参与其中的中老年人重获集体归属感，增强了居民对幸福的获得感。

（作者马潇潇、李欣鞠为兰州大学新闻与传播学院硕士研究生，齐园园为兰州大学新闻与传播学院本科生；指导老师李晓灵、朱霞为兰州大学新闻与传播学院教师）

李文辉：用草编织梦想

陈盼

“一生只专注于一件事，再把它做到极致，这是匠人精神，也是自己坚守的信念。”

——李文辉

一张饭桌大小的桌子前，坐着一位六十多岁的老人。远看，他鼻子上架着一副花边眼镜，正专注地低头做着什么。当摊位前面有人停留时，他才抬起头来。近看才知道，这位老人正在用棕叶编织蚱蜢，他手指飞快地操作着，不停地一折一叠，没几分钟，一只蚱蜢就成型了。

李文辉编织手工艺品　　陈盼　摄

这位老人就是李文辉，一位宁夏西部影视城的草编民间艺人和国家非物质文化遗产传承人，一个用草来编织梦想的人。

以生计为本

李文辉从小就热爱编织。儿时，父亲在家编织日用筐子、笼子、扫帚、扫把等，李文辉便会跟着父亲学习，一同编织。在学习的过程中，李文辉发现了编织的乐趣，手指也越来越灵活，这为他日后学习草编工艺品打下了一定的基础。

初次接触草编手工艺品，是一次偶然的机会。有一次，李文辉去内蒙古乌海市，碰到一个师傅编织蚂蚱、青蛙、蝴蝶等工艺品，当时他内心的好奇心和兴趣就被激发了出来。于是他便跟着这个师傅，帮师傅干了三天活，一边帮忙，一边仔细学习和记忆师傅编织的步骤和手法。临走之前，师傅为表感谢，赠了一把棕叶给他。这把棕叶，就是李文辉草编艺术的开始。

虽说草编入门门槛较低，但要想真正做好草编，是十分困难的。如果有一步做不好，便会影响整体效果。草编对捏、折、叠等基本手法要求极高，每一步力度都要恰到好处。李文辉从初步学习到掌握精髓花费了大把时间，付出了很多努力。

刚开始，李文辉尝试自己去编织一些简单的昆虫和动物。“我一般都是先观察一个工艺品，然后自己不断琢磨、尝试、研究，经历好多次失败后才能做出一个成品。把一个学会学精后，才会接着尝试下一个。”李文辉说。因为无人教学，李文辉只能靠自己摸索。多数情况下，他会先观察集市上草编人的手法，然后再买一个模型回家学习，在不断地观察、琢磨、尝试、练习以后，才能做出一个成品。但是初次做出来的手工艺品，一点都不美观，很多细节都处理得很粗糙，所以还需要多次打磨才能形成一个精美的成品。一般情况下，自学一个工艺品直到完成，需要花费李文辉好几个月的时间。但李文辉却从不觉辛苦，即使在学习过程中，手被棕叶划伤过好多次，他也一直坚持不懈。

功夫不负有心人，通过不断练习，不停思考，李文辉终于有了自己的成品。

大概自学了4个简单工艺品以后，李文辉便迫不及待地去集市上售卖自己的成品。李文辉的想法一开始并没有得到家人的支持——靠草编赚钱有什么出路呢？这给李文辉泼了一盆冷水。但是李文辉并没有放弃，一席塑料纸在地上一铺，便有了自己的摊铺，算是开始了自己的草编手工艺品生意，没想到，这一做，就是十几年。

这十几年间，李文辉不断学习，不断寻求进步。从西安到银川，从步行街到镇北堡西部影视城，是他一路行走的踪迹。现在，李文辉制作一个蚂蚱的时间已经由最初的几个月缩短为短短三分钟，除了简单的蚂蚱、青蛙等制作外，他还会用草本植物为原料编织松鼠、小鹿、猫头鹰等复杂工艺品。

受李文辉影响，他的妻子、儿子及儿媳都会草编。家人在闲暇的时候，也会编织一些手工艺品，在李文辉的摊铺上售卖。自2006年来到西部影视城开始工作，至今已有13年的时间了。西部影视城，对李文辉来说，意义非凡。这个地方，既是他梦想实现之地，又是他维持生活、养家糊口之地。

生计变事业，热爱终身

最初，李文辉销售草编制品是为了生计。未从事草编工作之前，李文辉20多岁时在某一所学校给老师做饭，后来觉得没有前途，便辞职打临工，那时一天工资仅20元。但自从从事草编销售，他一天最高收入可达100元，是之前工资的5倍。所以，他很坚定地选择了草编事业，这样，既可以追逐自己的梦想，又可以靠其养家糊口。

2006年，一次偶然的机会，影视城经理碰到了李文辉，看中了其草编手艺，便把他招纳到西部影视城进行摊点销售。“到西部影视城销售，更加稳定，我不用再担心城管会把东西收走。”

接触草编十几年，李文辉对这项事业越来越热爱。一把剪刀，一把棕叶，是制作草编手工艺品的全部工具，就是这两种简单的工具，成就了李文辉，也成就了草编艺术。对于李文辉而言，十几年前，草编手艺，更多意义上是自己谋生的手段。而现在，它成了他终生热爱的事业。

李文辉认为：“已经消失的和正在消失的都是最珍贵的。”在现代社会，草编文化已经在慢慢淡出人们的视野，逐渐消失，所以继承和发扬草编文化是当务之急。李文辉不仅是草编文化的继承人，他还是草编文化的传承者。

为传承草编文化和技艺，不让其流失，李文辉办了一个草编培训班，现有学员30人左右。目前学员学习热情很高，每个人都对草编技艺充满了兴趣和热情。李文辉说：“只要还有人喜欢草编艺术，他就会一直坚持下去。”受李文辉影响，其妻子、儿子及儿媳都在学习草编技艺，可以说，他们家是“草编之家”。

草编，是我国传统的民间手工艺品，距今已有七千多年的历史。对于李文辉来说，一把剪刀，一把棕叶，便能造就一个五彩缤纷的草艺世界。正是因为多了像李文辉这样的国家非遗传承人，国家的非遗文化才得以不断传承、壮大。

李文辉，一指间，一折一叠，便促进了草编艺术的传承。草编，是李文辉那一代人的回忆，也是李文辉热爱的事业。

他一生只专注于草编这一件事，并把热情、耐心倾灌于此，促使草编文化得以不断延续。

（作者为兰州大学新闻与传播学院本科生；指导老师李晓灵、朱霞为兰州大学新闻与传播学院教师）

罗发俊：我这一辈子就是“花儿”

王志涛

2007年6月，19岁的罗发俊拖着破旧的音箱，瞒着自己的母亲出了门。那一年是罗发俊第一次站在海原广场上唱起他心爱的“花儿”，他说：“站在广场中间那一刻我就知道，我这辈子都脱不开‘花儿’了。”

年轻的“花儿”

罗发俊是宁夏回族自治区级非物质文化遗产项目“回族山花儿”的代表性传承人。距离5岁时从父亲的收音机里第一次听到“花儿”，已过去27个年头了。“从来没听过那么好听的声音。”罗发俊回忆说。打那以后，因为眼疾无法上学的罗发俊成天抱着那台老式收音机反复收听“花儿”的录音带，又因为村里有不少老人在赶着羊群路过他家窗户的时候也会放声高唱“花儿”，聪明的罗发俊很快就学会了。

“眼睛看不见，所以听觉就更灵敏些。”1岁那年的高烧损伤了罗发俊的眼睛，但谈起自己的眼疾，罗发俊的语气里更多的似乎是一种感激。

1987年，罗发俊出生在一个典型的回族家庭里，在他之前这个家庭已经有三个男孩和两个女孩。罗发俊的父母在老家海原县李旺镇以务农为生，罗发俊长到5岁时家里迎来了最小的弟弟，也就是在这一年，罗发俊的父母决定举家搬离李旺镇。“我跟着我爸妈去到了同心县给人放羊，羊主给我们家提供住宿，这样一大家子人才算勉强能活下去了。”

但对于5岁的罗发俊来说，童年时代的那次搬迁不过是把“花儿”从田地里转移到了羊背上。

“总是一边放羊一边唱歌，‘花儿’本来就是我们回族人放牧时唱的歌，一边放着羊，歌声一边打着拐拐。”渐渐地，罗发俊的父亲也发现了家里的老四似乎很有唱“花儿”的天分，同样喜爱“花儿”的父亲很支持罗发俊。家里条件不好，但每次进城，父亲一定会从城里给罗发俊带上一两盘“花儿”的录音磁带。在罗发俊的屋子里至今摆着一个大纸箱，里面满满地装着录音磁带，“这都是我爸当年留给我的，”罗发俊说，“一共是201盘。”

2006年3月，罗发俊的父亲因胃癌去世，父亲给他送的最后一盘磁带是1956年由朱仲禄填词的《花儿与少年》。这是一支很喜庆的情歌，歌里开头的一句歌词是：“春季里嘛着到了这，迎春花儿开，迎春花儿开。”

罗发俊卧室的201盘录音磁带　　王志涛　摄

罗发俊说，父亲再也听不见自己为他唱起春天的迎春花了。

漂泊的“花儿”

2007年的冬天，刚刚过完19岁生日不久的罗发俊拖着他的音响设备走出了家门，“我母亲年纪大了，我和她没什么劳动力，为了补贴家用，只能出来卖唱”。出门的前一年，罗发俊特意拜了个老师学习了宁夏方言快板，宁夏的街头艺人那么多，他担心自己比不过。

母子两个从海原唱到固原，八年时间他们几乎走过宁夏的每一座城市，每到一座城市，母子俩便会在城市的中央广场上进行三小时的演唱，因为罗发俊歌唱得好，经他改编的方言快板也幽默逗人，到后来一场演出的收入也能有几百块。那时的罗发俊以为日子终于要好起来了，他甚至想好了要在第八年年底前把母亲带回海原老家，直到2015年冬，罗发俊的母亲因为一场意外去世。

"我母亲走得很痛苦，一点也不安详，她跟我说她害怕，我知道她在怕什么。"说到这，罗发俊的神情黯淡了下去。在罗发俊的磁盘堆里有一首"花儿"是唱父母的，歌中有几句是"天不下雨草不生，天有雨嘞地上就有水了。南山头上的一朵云，天没下雨地面就没淌的水了"，罗发俊说他一直没敢听这盘磁带。

回老家安置了母亲的后事，2016年的春天罗发俊重新走上街头，这一次陪同罗发俊的是和他最亲的二哥，"我觉得我的父亲母亲想让我把花儿唱下去"。

而这时候的罗发俊在宁夏也已经是小有名气的艺人了。去到红寺堡和石嘴山的时候，当地媒体甚至对他的到来进行了报道。"好多人提前到广场上占位置听我唱。"也是在这一年，只会用按键手机的罗发俊通过二哥接触到了短视频平台快手，二哥将罗发俊演唱的场景录制成短视频发布在快手上，罗发俊很快有了近七万粉丝。"我二哥跟我说，要不咱再开个直播？"罗发俊没想到，每次一小时的直播，能带给他两三百的收入，这几乎是前几年和母亲卖唱时两人一天下来的收入。但罗发俊并不贪多，他说，开直播赚个生活费也就够了。街头漂泊十年，罗发俊更渴望有个安定的居所。

他的愿望很快实现了。

落地的"花儿"

2017年，中卫沙坡头区鸣沙村招商引资，政府想要把这个从前的移民村打造成回族特色乡村旅游村寨，依托鸣沙村地理位置优势，发展乡村旅游，帮助村民脱贫致富。也是在这一年，30岁的罗发俊走进了村子。

很快，承办鸣沙村建设事业的宁夏发展旅游公司发现了罗发俊的歌唱天赋，花儿是宁夏的特色歌种，村子里想通过罗发俊向游客更好地展现宁夏的文化特色。面对公司的诚挚邀请，罗发俊很快便答应了下来，就这样，30岁的他成了鸣沙村穆民风味餐厅的驻唱歌手，罗发俊正式住进鸣沙村了。

如今的罗发俊住在村里安排的房子里，餐厅里有客人时，罗发俊就过去给客人唱上一支"花儿"。罗发俊说，村里的客人都喜欢听他唱，他也喜欢给客人们唱，一是自己通过演唱"花儿"给自己增了收，二是他相信，多一个人听他唱"花儿"，"花儿"就多一点被了解和传承的可能。

在屋后的田地里，罗发俊和妻子还自己种上了一些果蔬，虽说穆民风味餐厅免费提供有三餐，但罗发俊仍然喜欢在闲暇时打理这片小菜地，"吃这些东西的时候有真正靠自己吃饭的感觉”。地里的香瓜已经结出了果子，豆角的花开着，罗发俊站在地头笑得很甜。

“山里高不过凤凰山，凤凰山它站在白云端，花儿里为王的红牡丹，红牡丹它开在春天。”采访间隙，罗发俊轻轻哼起这支小调来，他说，他从心底里感谢党，感谢鸣沙村帮助自己脱贫致富，过上了安稳的好日子。他同时提起，如今的他最大的理想是开办一个培训班，专门用来教年轻人唱“花儿”，他还想让更多的年轻人学习宁夏方言快板。“这些都是咱们自己的老东西，不能丢。”在罗发俊眼里，只要后面还有年轻人，“花儿”就总不会飘散。

漂泊一生，盲人歌手罗发俊终于在鸣沙村找到了落脚的位置。“花儿”在村子里扎下根来，但罗发俊说：“‘花儿’还是会飘向远方的。”

（作者为兰州大学新闻与传播学院本科生；指导老师李晓灵、朱霞为兰州大学新闻与传播学院教师）

米雕：小米粒见大乾坤

苏晓程

2019年7月12日，当记者走进镇北堡西部影城的明城时，花满楼前一个安静的、不起眼的小摊吸引了记者的注意。桌上是零散的米粒，工具摆放整齐，小摊上的几条挂绳拉起了几排米雕成品——挂绳、项链、钥匙扣……小摊的主人张应全安静地端坐于小摊后，正在用镊子夹起一颗挑选很久的米粒对着太阳光细细端详，然后开始动手打磨。

“上面挂的是米雕的成品，里面是一颗米粒，米粒上面是字画，这是一门民间手艺。”每当有游客驻足于小摊前时，张应全便会像这样介绍摊位上摆放整齐的米雕成品。如果游客感兴趣的话，他还会继续介绍下去：“这个是古代科考用来作弊的工具，到现在有一定历史了，是一种传承文化……”

从花鸟字到米雕：手艺的转型

高中毕业后，在外省奔波的张应全一开始也是从事手艺人的行当，主要是学习板笔书画，也就是写花鸟字。他时常去赶一些庙会和民间艺人的活动，这也是张应全第一次见到米雕的契机的由来。

1998年，张应全带着“花鸟字”参加成都龙泉驿的“桃花会”，这次机缘使得他和师傅求得了米雕技艺。在“桃花会”上，一位专心致志、不受他人干扰的老者正在大米粒上刻字，这吸引了张应全的注意。“木雕、纸雕、石雕什么的都见过，但是在大米粒上雕刻字和山水画的，还是第一次见。”张应全表现出了浓厚的兴趣。

和老师傅聊天后，张应全知道，米雕这门手艺十分需要耐心和定力，还需要一定的书法和绘画功底，老师傅为了这门手艺能够得以传承，常常游走于全国各地寻找继承人。

“老师傅看我有点兴趣，又知道我写得一手好字，便决定手把手教我。”老师傅的择徒标准和张应全的兴趣、耐心、书画基础不谋而合，因此在为期十天的“桃花会”上倾囊传授自己的所得，完成了张应全在学习米雕技艺上“师傅领进门”的任务。

“我买了三斤大米，有几万粒，也记不清自己失败了多少次，往往一坐，完成一幅作品，就是从深夜到天亮。”师傅领进门，修行在个人。二十年来这样日日夜夜的功力积淀，张应全已经成为国内少数掌握米雕技术的手艺人之一，水平跻身前列。

结缘西部影城：非遗＋旅游

2015年，张应全来到了镇北堡西部影城，与西部影城正式结缘。

张应全告诉我，以前的西部影城是很多电影、电视剧的取景地，可惜在当代先进技术的冲击下，早难以再现当日的辉煌；而且现在拍电影大多数直接在摄影棚里进行后期制作，对于西部影城取景的需求也越来越淡化，西部影城面临转型。

当问及为什么会响应号召来到西部影城时，张应全笑了笑。

“以前在外省奔走，没有传承基地，也没有传承文化这一说，但是国家现在对这些比较支持，像西部影城这些地方景点对我们这些地方艺人也比较优待。而且现在随着年龄增长，也在银川成家了，这里更加安定，不用像之前一样在全国各地到处跑庙会了，就打算以后就在这边干了。”

在来到西部影城之前，张应全时常奔波于全国各地，和大多数民间艺人一样在赶庙会。“累，不安稳。”

“国家现在对非遗和民间手艺很重视，我想了想，也许旅游和非遗结合起来，我的这些手艺能够更好地传承下去。”张应全表示对西部影城“非遗+旅游”的模式十分赞同，也对西部影城能够帮助传承和保护非遗有着美好的期待，“也许这些传统工艺，只有在人来人往的地方，才能够让更多的人去了解它们。”

为了安定的生活，也为了手艺的传承，张应全和许多民间艺人一样，在众多选项中，最终选择了西部影城。

从2000年开始，镇北堡西部影城就开始引进非遗项目和民间艺人，着力打造北方的特色小镇，用“非遗+旅游”的模式为其注入新的血液与活力。西部影城为招募而来的民间艺人规划了摊点位置，解决了很多民间艺人摊点无处安设的问题。早期动员的时候，影城甚至不收摊点费，如若遇到民间艺人生意不好的情况下还会适当给予补贴，以维持这些民间艺人们的生计。

“现在过来旅游的人多了，生意都还可以，摊点也才开始收摊点费，不再有补贴。”发展至今，西部影城的非遗集聚，已经具备了一定的规模。

在西部影城里，像张应全一样的民间手艺人还有很多。他们早年常常奔波在全国各地赶庙会，或者是将祖传手艺搁置在家中角落，出去外省做苦力讨生计。因为西部影城，因为“非遗+旅游”模式，这些能人巧匠最终回归，带着自己的手艺入驻西部影城，汇聚于此，向游客们展现手艺，展现中国古代劳动人民的生产、生活方式。

张应全在西部影城的摊点　　受访者供图

在镇北堡西部影城，非遗体验是其一大增色与亮点，同时也得益于非遗，近年来，西部影城不受季节的限制，全年游客不断。采用“非遗+旅游”的模式使得西部影城的旅游体验更佳，同时也更好地保护和传承了非遗，在2008年，镇北堡西部影城被国务院和文化部确定为“国家级非物质文化遗产代表作名录项目保护性开发综合实验基地”。

镇北堡西部影城，已然成为非遗和民间手艺人的小天地。

未知的未来：还会和米雕一起走下去

清晨，从距离西部影城一二十千米的银川市家中驱车，八点前就要抵达西部影城自己的摊点处开摊，直到晚上才能回家，张应全过的还是早出晚归的日子。

“虽然累，但是值得了。”

比起早些年在外省奔波的岁月，现在利用自己的一门手艺生存，而不仅仅是用体力谋生，张应全欣慰得多，而且自己的手艺被认可的感受让张应全觉得更加值得，“天天面对这些顾客，做出一些他们喜欢的东西，如果做得好的话，他们拿走的时候都是很高兴地拿走了”。通过自己的手艺获得别人的赞许，这种愉悦感是张应全前所未有的，这让他觉得自己的手艺更有价值。

张应全表示，不管是花鸟字还是米雕，他都会继续坚持学习下去，会经常练习，然后带着满意的作品去赶庙会、参展或者是参加一些活动，“为了传承吧，这些东西应该被看见”。

不管未来如何，米雕已然成了张应全割舍不下的东西。

“那现在学这个的年轻人还多吗？”

“学得人不多。很多人没有那个耐心，这个也比较枯燥，而且这个东西需要一点书法和绘画功底。”张应全有一些无奈，“以前我刚来的时候游客还没有这么多，也没有这么繁华。以前那时候人不太多，这两年人多了，拍照、宣传这些力度的加大，是网络起了作用。”

“但是也会遇到几个游客对这个感兴趣，想要跟着我学习的。”

张应全开始望着来来往往的人群，面对传承人的问题，他陷入了和老师傅一样的困境。值得开心的是，在西部影城的这些日子里，他遇见了形形色色的游客，其中不乏感兴趣者想要拜师学艺。

“现在你所看到的米雕也是一项中国传统的民间文化。米雕最早源于清朝乾隆时期的民间工艺，其实是当时古人用来科举考试作弊的工具……”导游用极快的语速介绍完米雕，便领着游客往其他方向去了。

一位十几岁的小朋友跑了过来，眼睛睁得大大的。

“这里面有字，看您认识这个字吗？”

“里面是一颗大米。这是啥字？”

“看着了没有？”

“没看着？”

小孩子腼腆地笑了笑，没作声，迷茫地跑走了。

张应全不再说话，只是露出了浅浅的微笑，继续认真地在一堆零散的米粒中挑选。

（作者为兰州大学新闻与传播学院本科生；指导老师李晓灵、朱霞为兰州大学新闻与传播学院教师）

宁夏镇北堡：塞上华西村的电影梦

王雯静　脱畅　李宁

“中国电影从这里走向世界。”一走进镇北堡西部影视城（后称“西部影视城”），就可以看到这样的描述。

《大话西游》《新龙门客栈》《红高粱》《大敦煌》……沿着明星走廊，一部部耳熟能详的影视作品数尽西部影视城的丰富阅历。

从最初的一片荒凉、两座废墟和几十家破旧羊圈，镇北堡西部影视城已经发展成今天“中国西部最具规模、知名度最高的影视城”。

如今，影视业发展如火如荼，在光环之下，明星背后，有一个鲜为人知的群体存在于荧幕之中。2018年，一篇名为《横店群众演员生存实录》的“爆款”微信文章，将横店的群众演员群体推至公众眼前。

今天，我们走进距离横店影视城2000多公里的宁夏镇北堡西部影视城，试图寻找影视作品中“路人甲”们背后的故事。

“我们村子里大部分人都在影视城工作”

1995年，江苏华西村与宁夏回族人民政府签订合作协议，从宁夏南部山区的固原、海原、西吉、同心等地移民1000户6000人，在镇北堡林草场管理区域内援建了宁夏华西村。经过二十四年的发展，宁夏华西村已经成长为宁夏“移民第一村”。据了解，这个村子里的大部分村民都在西部影视城工作。

韩丽（化名）就是其中一员。我们遇到她的时候，她正在“后花园”整理紫霞仙子的衣服。

“后花园”是镇北堡西部影视城的大热景点，电影《大话西游之大圣娶亲》就在这里取景，不少游客身着戏服，在桃花丛中演绎属于自己的“爱你一万年”。

“旺季的时候，一天可以租出去几十套衣服，整个影视城里都是紫霞仙子。”韩丽说。

在韩丽的描述中，华西村的村民很多都已经不种地了，“年轻人外出打工求学，年纪稍微大一点的就在影视城打工”。

有时候，韩丽的工作是戏服租赁，有时候她也会做零食贩卖的工作。“这要全看影视城的安排，工作内容都不固定。”

“想采访群众演员啊，你们得到村子里面去，有一个专门负责群演工作的人。”韩丽告诉我们，沿着西部影视城大门的马路向北步行20分钟左右，就可以到达华西村。

韩丽不知道这个负责群演工作的人究竟姓甚名谁，更不知道他家住何方，只知道那个“神秘人物”是华西村村民，每当有新剧组开拍的时候，他就会从村子里面招募群众演员。

一路打听，我们找到华西村群众演员招募的“面试点”——两间没有招牌的沿街房，可惜卷帘门紧闭的情形很清晰地告知我们可能是“白跑一趟”。

隔壁邻居、红鹰商店的老板，48岁的周随伍在得知我们来意后，十分热情地帮忙联系那个招募演员的“神秘人物”。

“神秘人物”在电话里告诉我们，他正在银川市内与剧组沟通相关事宜，大约一小时之后回来。

在等待的过程中，周随伍和我们分享了他的“拍戏经历”。他没当过演员，但是跟着自己的邻居去给剧组送过盒饭。

“拍战争片的时候，场面特别壮观，几百号人，枪声炮声。”周随伍说，导演让你怎么演，你就怎么演，在剧组导演说了算。

66岁的喻其秀拍过四五部戏，算是“经验丰富”，具体演了什么他已经记不清了，只是记得一天工资是80元，工作不难，比种地干活来得容易。

“我们村子里很多人都当过群众演员。”喻其秀说。

在采访中我们得知，做群众演员的当地村民，他们一般都有自己的事情和工作，演戏纯粹是为赚钱，也有些是出于好奇，想去看看“拍电影是啥样子”。对他们来说，当群众演员是工作，是饭碗，与西部影视城的其他岗位的打工者一样。

“我的群众演员都是明星”

我们坐在印着镇北堡三个字的水塔对面，等候着村民口中那个“拍戏的”。他不是导演，却是华西村村民眼中的“造梦者”。

在那两扇紧闭的卷帘门背后，是一个怎样绮丽梦幻的“电影工厂”，我们好奇并且期待。在两个小时的等待过程中，我们想象着这位“造梦者”的形象。

太阳渐渐下山，华西村街道略显冷清，一辆银白色七座商务车停在我们面前，车上印着“镇北堡西部影视城”几个大字。

“上车吧!”车门打开，里面坐着一个看起来不到四十岁的男子，他皮肤略黑，身着黑色短袖，说话有几分江湖气，颇有早期香港电影里的“大佬”风范，加之名字里有个“龙”字，大家都叫他“龙哥”。

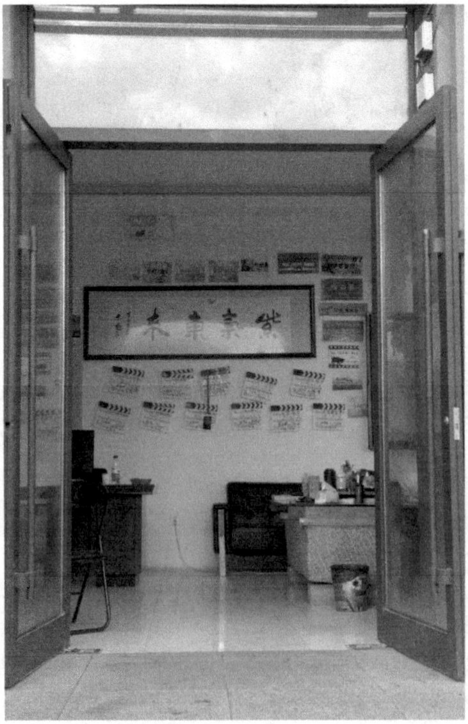

“龙哥”的办公室　　陈盼　摄

怀着忐忑和紧张，我们陆续上车。车还未发动，我们听到一个略带粗粝的声音：“你们发现我是残疾人了吗?”顺着声音看去，龙哥眼中带笑，没有双腿。

车停在了西部影视城对面的一排商铺前，龙哥介绍说这是他们平常办公的地方，华西村里那两间没有牌子的店面只有在演员招募的时候才会打开。

办公室不大，有一面墙上挂着各种各样的摄制组打卡板和通行证，有耳熟能详的电影、电视剧，也有大热的网络剧，似乎在诉说着龙哥这些年的“快意江湖”。

“我从事这一行已经二十多年

了。”龙哥的全名是秦龙，最初是西部影视城的工作人员，也是影视城最早的一批群众演员，机缘巧合下又做了组织群众演员的活儿，现在他的团队除了招募群众演员，还承担了摄制组接待、器材租赁和拍摄统筹的工作。

尽管秦龙经常和镜头打交道，但是当他面对我们镜头的时候，还是显得有点局促和不自然。

秦龙介绍，群众演员分为普通群演、群特和特约。普通群演一天能赚80元，特约可以拿200～1000元不等，工作时间是八小时，超时费用另算。

从业二十余载，秦龙见过几百个明星，其中有家喻户晓的一线演员，也有粉丝无数的顶级流量，还有名不见经传的底层演员。从最初看到“女神”赵雅芝的激动欣喜，到现在看到大咖大腕也不为所动，秦龙说“自己已经麻木了”。

“麻木”是秦龙在采访中提到最多的一个词。在他看来，别人眼中高高在上的明星其实就是普通人。

“我们的群众演员才是明星。”秦龙说，是西部影视城造就了一批农民为艺术服务。

“帮助年轻人圆电影梦才是我的事业”

信息技术的发展给秦龙的演员招募工作带来了便利。在以前，他需要在村子里面挨家挨户敲门询问是否要来当群众演员。而在今天，秦龙只需要在自己的多个微信群组和朋友圈里发布招募面试的消息，告知大家什么戏需要群众演员。

“院线电影《×××》，筹备地点在宁夏银川，现有大量群众演员未定，有意者报名。”报名后还会组织面试。普通群演的“面试”，基本不看“姿色”与“资历”，而是凭借“先来后到”的顺序进行排戏，如果有幸排到，就需要在规定时间内到剧组集合。

“二蹬三”是秦龙印象最深的群众演员。他本名陆国宁，初三毕业后就来秦龙这里做群众演员了。

秦龙在与陆国宁接触的过程中决定“拉这个年轻人一把”，把他推荐到上海进修摄影摄像，现在陆国宁已经是国内某知名影视公司的摄影助理。

“推荐家乡的年轻人去发达地区进修学习”是秦龙这些年一直在做的事情。在群众演员群体里发现“好苗子”，然后培养他“一部戏的时间”。

一部戏的拍摄时长一般是三至四个月，足以考察一个人的品性如何，通过秦龙“审核”的年轻人就可以前往北京或者上海学习，“只需要买一张火车票，到达目的地会有人接站，管吃管住管学习”。这是秦龙多年和摄制组打交道积累下来的人脉资源。

秦龙帮助过的年轻人里，有的已经成长为小有成就的制片人或者摄影师，秦龙给了他们一个新的出路和实现梦想的机会。

“但行好事”是秦龙的微信个性签名。比起招募演员，他更愿意把帮助家乡孩子圆梦作为自己的事业。“我小时候是在西海固长大的，我比谁都知道贫穷是什么。”他希望能够用自己的资源帮助有“电影梦”的家乡孩子走出去看看，实现自己的梦想。

在华西村，“秦龙”这个名字可能并不是人人知道，但是说起那个“拍戏的”的，村民不约而同都会指着那两间没有牌子的店铺说：“就在那，有个人专门组织村民去影视城拍戏哩!”

打开秦龙的朋友圈，背景是印着他名字的通告表。尽管他总说自己“没有电影梦，都是为了养家糊口”，但从他的诉说中，我们还是可以看到他对于影视行业的热爱，眼中的光芒不会说谎。

（作者为兰州大学新闻与传播学院硕士研究生；指导老师朱霞、李晓灵为兰州大学新闻与传播学院教师）

人生一碗：银川老王的牛肉面

李宁　王雯静　脱畅　陈盼

清晨的雾气还未散去，凌晨五点钟的银川有了苏醒的迹象，早市商贩悄悄聚集。在一间没有招牌的馆子里，老王和他的红雷面馆已经开始了一天的工作——制作一碗源自兰州、长于银川的牛肉面。

老王的面馆不大，算上厨房前后两间，一眼扫去不过十几张桌子，却坐满了来自银川各区乃至全国各地的食客。很多远道而来的食客冒着停车被贴条罚款的风险，也要开车来到这个坐落于早市旁小巷内的牛肉面馆。

1979年，结束学业的老王拜师学艺，学得一身制作牛肉面的本领。本想在兰州大展拳脚的老王，因家庭原因离开了兰州，来到并不遥远的隔壁省会城市银川。“1982年，我就来银川了，可以说，我这也是宁夏第一家牛肉面馆。”老王笑着说。

银川牛肉面的本土改革之旅

初来银川的老王，遇到了制作牛肉面的第一道坎——蒜苗。

在兰州学艺的老王知道，正宗的兰州牛肉面是“一清二白三红四绿五黄”，面汤清，萝卜白，辣椒红，蒜苗绿，面条黄。其他四样都能就地解决，唯独这蒜苗，在20世纪80年代的银川算是稀罕物，近几年才引进宁夏六盘山等地区大规模科学种植，没有了蒜苗的牛肉面像被抽去了两分灵魂。

对于老王来说，生计和手艺的考核才刚刚开始，一场兰州牛肉面的银川本土化改革势在必行。

“当时的银川没有蒜苗，没办法只能放葱，现在人们都吃习惯了，也不好改了。”老王站在厨房的制作窗口旁，指着出餐边上的三个陶瓷大盆，一盆香菜，一盆牛肉碎，一盆葱花。老王坦言，这种迫于无奈的改良获得了银川人民的认可，是他意料不到的。

紧接着，干辣椒和油辣椒的选择成了老王新的心头事。

在店里，我们看到每张桌子放着一个硕大的辣椒碗。红彤彤的干辣椒泛着油亮的颜色，在初夏阳光的照射下映着食客的脸也是红彤彤的，这是老王取舍抉择的结果。

起初，店里提供的是同兰州牛肉面一脉相承的油辣椒，从出餐口舀一勺油辣椒，泼在刚出锅的清汤上煞是好看。但食客们对辣椒的不同需求使得经常出现辣椒油被舀走，只剩下一盆辣椒渣的尴尬局面，这对于以辣椒为点睛之笔的牛肉面自然是难以接受的。

一番思考过后，老王想了个折中的办法，一桌一碗干辣椒，能吃辣的多加点，不能吃的少加点。辣椒的选择自由使得老王的牛肉面在汤汁的调配上更加讲究。

“我回兰州很少吃面，因为我感觉兰州的面都是一个味。”深谙牛肉面制作流程的老王知道，牛肉面制作的高度程序化使得这一种西北特色面食渐渐失去了“百花齐放”的独家风味。

“这边（银川）的牛肉面都是一种调料调出来的，味道都一样。”老王吸溜了一口碗中的面，说道。“我和他们不一样，我都是煮肉，然后再兑水。”在牛肉高汤包裹下的牛肉面，有了拴住人的胃的魔力。

每天上千碗的出货量使得老王的生活一年比一年好，每逢周末，吃面的队伍能从店内排到街上。人们愿意在老王的小店中排队等候，只为用一碗牛肉面开启新的一天。

“无名”的人生一碗

价格是餐饮行业的一条红线，定高了食客敬而远之，定低了便做成了赔本生意。在老王的店里，五元一碗的牛肉面已经卖了十年。

老王说，之前也不是没想过涨价，尽管只是从五元一碗涨到六元一碗，但一元的涨幅对于从贫苦日子走来的老年顾客仍有些难以接受。“我大不了多卖点，薄利多销呗！”老王一边说着，一边又夹起一筷子面吃下去。

我们注意到，老王的面馆没有招牌，白色的瓷砖外墙上只有一张银川市制作的旅游二维码告示。老王说，店里最早的时候也有招牌，白底的牌子，红油漆在上面喷上“红雷牛肉面”几个字，后来在门口风吹日晒地掉了下来，也没再写，一直保持到现在。老顾客不用问，新顾客也能找到，走到人多的地方就到了。

谈及店名中的“红雷”二字，老王起身来指向斜对角的几栋矮楼说，原来那边有个红雷部队，大家找面馆问得多了便以红雷部队为地标，口口相传得多了，名字就这么定下来了。

当问到经营小店的秘诀时，老王搓了搓手，把筷子放在碗上，沉思了一下说：“诚信，你把最好的给你的顾客，人们相信你的，才吃你(的面)。”

老王笑着介绍属于他的“人生一碗”　　　　李宁　摄

对待牛肉面的认真，对待食客的诚信，只是老王三十七年做面生涯的一个缩影，对生活的包容才是他坚持本心的人生哲学。

在老王的店门口，我们注意到有一位卖玉米的中年女人，硕大的遮阳伞下面有一口大锅，里面放着煮好的玉米，她坐在面馆的小椅子上叫卖着。简短的介绍后，我们知晓了她是早市的商贩，在早市结束后来到老王的门口摆摊继续售卖。

老王也是从小摊做起，自然懂得个中的辛勤劳苦，所以他默许了小贩的售卖行为，还经常将小贩请到面馆里卖。“人都是为了生存，要不然谁一天到晚这么辛苦，都是为了生存。”老王吃完面抹抹嘴，笑着说。

临近采访结束的时候，我们一再追问老王的名字，他摆摆手，笑了笑，“这么多年了，他们都叫我老王，你们就这么写吧！”

午后的阳光温暖灿烂，店里依旧是人声鼎沸，依然是络绎不绝。三十七年的越来越好，隐藏在小巷的独家风味，人生一碗，从平凡的市井人生开始。

（作者李宁、王雯静、脱畅为兰州大学新闻与传播学院硕士研究生，陈盼为兰州大学新闻与传播学院本科生；指导老师朱霞、王臻为兰州大学新闻与传播学院教师）

探访宁夏宣和：养鸡产业的传承与转型

王达　杨春

宣和镇位于宁夏中卫市沙坡头区。在大力发展养鸡产业之前，宣和只是西北地区一个寂寂无名的普通小镇。但从20世纪90年代开始，这里的养鸡产业迅猛发展，养鸡由小规模散养到科学化笼养，再发展到现在的规范标准园区规模化养殖，产业影响力不断扩大。宣和成了当之无愧的“西北养鸡第一镇”。

宣和镇半自动化养鸡场内景　　雷晨琅　摄

2019年7月，我们来到宣和镇，走访了当地的养鸡场，采访了部分养鸡产业的从业人员，对宣和镇的养鸡产业进行了深入了解。

规模化、专业化发展的宣和养鸡

时值7月，宁夏中卫下午的气温接近35 ℃。烈日高高地挂在空中，投下炙热的阳光，仿佛要把道路上的沥青晒化。刚刚进入宣和镇，刺鼻的气味就间接证明了该地养鸡产业的庞大。跨过门口的消毒池，我们进入了距离宣和镇中心三公里的养鸡园区。

今年五十多岁的丁大爷是宣和众多养鸡户中的一员，他饲养金红鸡的场地是一个普普通通的西北农家小院，同大多数人印象中的“养鸡场”相去甚远。但就在这个简陋的小院内，丁大爷投资80多万元，建立起一个能同时容纳2万只鸡的现代化鸡房。

丁大爷从二十岁开始向父母学习养鸡技术，在此后的三十年间，他再没有从事过其他工作。肤色黝黑，操着一口地道的西北口音的他热情地接受了采访，允许记者参观自己的鸡舍，并耐心地为我们介绍自家的养鸡设备。

因为风扇的持续运行，鸡舍内部并没有太大异味。2万只鸡被放置在三排笼架里，笼架前方的塑料槽中有许多鸡蛋。丁大爷的鸡舍从投食到粪便清理都是半自动化操作，鸡舍内部的温度和湿度通过电脑控制。即便如此，他依然说自己的设备在当地已经算落后了，在未来几年他还有更新设备的打算。

丁大爷刚开始养鸡时，自家的养殖规模只有300多只。随着当地养鸡产业的不断发展，他家的养殖规模也不断扩大。2015年，他花费重金购进了自己现在使用的这套半自动化设备，使养殖规模得到了质的飞跃。纵观整个宣和，由于半自动化养鸡设备的推广，养鸡产业的规模化在2015年前后发展显著。

“我家两万只鸡的规模现在在当地根本不算什么，稍微大一点的养鸡户的养殖规模基本上都在5万只鸡到10万只鸡之间。”在参观鸡舍的途中，丁大爷对记者说道。

在十多年前，像丁大爷一样的养殖户必须操心养鸡流程中的方方面面，从选苗到饲养再到销售，他们都必须亲力亲为。但随着宣和养鸡产业专业化的发展，养鸡产业的生产、流通、加工和服务环节得到了有机衔接。现在的养殖户只需要做好饲养工作，选苗和销售这样的环节都可以托付给专人负责。

在宣和镇，由于养鸡产业的发展，在外的年轻人回乡从事同养鸡相关的工作已经成了比较普遍的现象。丁大爷的儿子与儿媳在一年前辞去了各自原本的工作，回到家乡帮助丁大爷打理自家的养鸡场。“他们现在已经学得差不多了，以后我也可以放心地把自家的鸡托付给他们。”说到这里，丁大爷脸上的笑纹如同涟漪般缓缓泛起。

养鸡产业的持续转型

丹阳村距离宣和镇中心九千米，这里靠近大山，有大片尚未开发的荒地。在近五年的时间里，陆陆续续有养殖户把自己的鸡舍从山下搬迁到这里。在这附近，一个由政府规划建设的，养殖规模可达到1600万只鸡的大型养鸡产业园区正在建设中。

魏大娘的新养鸡场就位于丹阳村，为了建起这座可以同时喂养10万只鸡的半自动化养鸡场，她前前后后投入了100多万元人民币。当被问及自己为什么会搬迁到这里，魏大娘表示自己搬迁到这里既是对政府号召的响应，也是为自家养鸡场的长远发展考虑。

"比起下面，这里的土地资源更加丰富，有利于养鸡场的规模化发展。而且这里的风一年四季都很大，空气流通性好，居民也比较少，所以不用太担心养鸡场造成的环境污染。"

比起丁大爷的鸡舍，魏大娘养鸡场的设备更加先进。在平时的日子里，这里的养鸡规模在10万只左右，但大多数时候，这里只有魏大娘和他雇佣的一个当地工人在打理。魏大娘养鸡场先进的设备可以做到自动拌料和自动去粪，集中起来的鸡粪会被运到山下的工厂制作成有机肥，从而实现废物的循环利用。

魏大娘赶上了宣和镇的第一次养鸡浪潮，她从1994年就开始从事养鸡事业。2010年，魏大娘的养鸡场成了全中卫第一家实现半自动化规模养殖的养鸡场。回顾自己三十多年的养鸡生涯，她却依然表示自己要学的东西还有很多很多。"养鸡的技术在不断进步，市场在不断变化，要把这行做好只有与时俱进，不停学习。"

宣和养鸡带着问题走向未来

宣和养鸡虽然历史悠久，且随着养殖技术的现代化发展，近几年来宣和镇的养鸡业呈现出了十分良好的发展趋势。但宣和养鸡业本身依然存在着许多问题。

首先，宣和镇养鸡产业曾遭受重创。2012年和2016年由于疫情感染，宣和镇进行了两次大规模捕杀，被誉为"西北养鸡第一镇"出现了一只鸡都难觅踪迹的状况。疫情的暴发跟卫生质量不过关有直接关联，2006年以前，由于养鸡利润高，宣和镇基本家家户户都建起了鸡舍，盲目扩张的直接后果就是很多鸡舍卫生防疫条件不达标，扩大了疫情的破坏力。

其次，养鸡是一个高投资、高风险的行业，有时候，一些小事就有可能让养殖户血本无归。对于养鸡户魏大娘来说，2017年的6月15日是一个让她无法忘记的日子。

“规模化养鸡对鸡舍内部温度的稳定性要求很高，一旦出现停电的状况，舍内温度失控所造成的后果是无法挽回的。那天晚上，一只老鼠咬断了我们养鸡场的一根电线。等到我们第二天早上发现情况的时候，鸡舍里的15000只鸡已经死了10000只。”

最后，虽然新式的半自动化养鸡设备可以在一定程度上解决大规模养鸡所造成的环境污染问题，但因为半自动化设备过于昂贵，所以短期之内无法在养鸡户中普遍推广。而由于设备未更新、鸡舍老旧等原因，传统的养鸡模式并不能保障养鸡环境的卫生与安全。所以当地政府一直在大力提倡环保，建设新园区，让养鸡户搬离人口密集区。

但大型养鸡场搬迁的费用在500万元左右，这个花费对于大多数养鸡户来说是无法承受的，由于经济条件的限制，像丁大爷这样的养殖户只能继续在村镇里养鸡。

总之，宣和镇的养鸡产业在现代化、规模化、集约化的路途中已先行一步，但产业未来的发展之路依然任重道远。

（作者王达为兰州大学新闻与传播学院本科生，杨春为兰州大学新闻与传播学院硕士研究生；指导老师朱霞、李晓灵为兰州大学新闻与传播学院教师）

烟壶画世界，微粒载乾坤

——记银川西部影视城非遗传承人艾福多

李欣鞠　马潇潇

“干这个已经40多年了，这些东西早已深深刻在骨子里了。在画之前都已经知道怎么画，在哪画。”内画鼻烟壶传承人艾福多说。

12岁开始就与“内画”鼻烟壶结缘的他，一干便是40余载。如今58岁的他，依旧俯身于工作台前，从未停止作画。在记者采访的过程始末，艾福多师傅几乎都在认真作画，很少与我们有眼神交流。在他那斑驳的老花镜下难以掩藏的是对“内画”的专注。

鼻烟壶是舶来品，在清代中期开始盛行。鼻烟壶“内画”可以说是集手艺人技艺和功底于一身的绘画艺术。艾福多师傅说：“内画对人的眼力和心力要求都高。它是反着在鼻烟壶内壁上绘画、写字。”他作画时，会用自己特制的带钩细笔，蘸上墨或颜料伸到水晶、玻璃等材质的鼻烟壶内，在经过磨砂的内壁上细细勾勒。

一个个小巧玲珑的鼻烟壶在艾福多师傅手中渐渐丰美灵动，为我们展现了一个奇妙的世界。这小小的壶中包罗万象，寸幅之地展现着的不仅是品种盛多、形态各异的画作，更多的是传承人艾福多“内画”手艺延续背后的生动故事。

始于热爱，陷于钻研，忠于认同

在与艾福多师傅交谈的过程中，“喜欢”“热爱”“痴迷”等词，一直是他话语中的核心词。“我个人对绘画很感兴趣，喜欢画画。”在他看来，做任何事情，要把它做精做出彩之前，一定是喜欢。像鼻烟壶内画这种需要耐心的手艺，“一般不喜欢也坐不住，画两笔就闹心了”。

在他刚接触“内画”技艺时，并没有接受过专业的绘画训练，仅有对绘画的一腔热情。可以说，是热爱让艾福多真正踏入了内画鼻烟壶的这条路。如今，记者仍然能在艾福多眼中看到他对内画鼻烟壶的痴迷。当有游客在他的摊位前驻足留意时，他就会起身为游客们讲解内画鼻烟壶的“前世今生”，并为他们演示“内画”技艺。在游客离去后，他便又坐回原处，细细作画。

“内画”是个细水长流的技艺。因为学习“内画”手艺难度系数很高，而且时间跨度很长。它需要传承人的热情与坚持。艾福多也提及，“它在内部画，首先便是反着画，又是不透明状态下画，另外一只手不能抖动。”

年轻时候的艾福多想早点把手艺学好，能够出人头地，“不间断地训练自己的技能，一坐就是一两天”。创作耗时很长，废寝忘食便也成了家常便饭。

就是在这样对自身的严苛要求以及多年的作画经验下，他逐渐总结出了不同内画鼻烟壶的画法以及其难易程度。“一是口越小难度越大，画得越慢；二是中国画本身分工笔画、写意画。工笔画画得就慢一些，写意画画得就快一点。写意画一笔能画好几片花瓣，工笔画就慢了，要把它的神态、线条、比例等全都掌握清楚。”

他正在画的这一幅，即是工笔画，需要两天的时间才能完成。艾福多师傅也正是根据作品所用的时长以及制作难度来确定它们的价位。价位越高，证明付出的心血越多。这也是他坚守几十载如一日，研磨锤炼后的成果。

艾福多正在创作　　马潇潇　摄

对于艾福多来说，内画鼻

烟壶技艺就像是一块心灵的栖息地。在这块栖息地上，不光有他的热爱，还有能够让他坚持下去的理由，这便是认同。

“这是个流落街头的活儿”，艾福多师傅向记者这样描述他的工作。他觉得自己就只是个普普通通的民间手艺人，“能够养家糊口，我就满足啦。”可他也有自己身为民间手艺人的骄傲：“这个手艺也讲尊重，很多人买我的东西，让我给他们签个名，说一声谢谢，掏了钱还得谢谢你，因为他们尊重我这个手艺，尊重这种文化。这让我内心觉得很宽慰，起码他们认可你的手艺。”

但在艾福多师傅的摊位前，更多的是出于好奇而短暂停留的游客，可他却毫不在意，“即使有人不买，他们会看，会夸你，咱也有成就感啊。这是对我手艺的一种认可”。这种认可不仅来源于人们对“内画”这种传统手艺的认可，更是对他本人技艺的一种认可。

也正是因为热爱，促使一个辽宁人，只身一人离开家乡，来到宁夏。在谈到为何是西部影视城时，艾福多师傅很是感慨，他很感激张贤亮先生。“这个影城是文人企业家张贤亮创办的，他当时从全国各地招了不少手艺人来这边表演。而且这边有对非遗的政策支持和保护。”张贤亮创办的西部影视基地，给了艾福多更好的机会去延续那份对鼻烟壶内画的热爱。

传承：对技艺的坚守与出新

艾福多的儿子并没有选择继承父亲内画鼻烟壶的老手艺，而是选择自己感兴趣的建筑方向，成了一名工程师。“这个手艺讲究悟性，也讲究兴趣，主要是喜欢这个手艺才行。他的兴趣不在这个上面，不能强求。”艾福多尊重孩子的兴趣，支持孩子的选择，因此，为了能够继续传承这项技艺，他收了6个徒弟。

在艾福多师傅的家乡，有很多人想要拜他为师，但他收徒弟始终秉承“知之者不如好之者，好之者不如乐之者”的宗旨，不刻意强求，顺心而为。所以他收的徒弟都有一个共同的特征——热爱，还得耐得住寂寞。艾福多师傅在他的徒弟身上总能看到自己年轻时候的影子。

如今，6位弟子的“内画”技艺各有所长，但是在艾福多师傅看来，“画画这个东西其实挺枯燥的，尤其画小件东西，不像在纸上，铺开以后就能挥毫泼墨。”徒弟们想要达到融会贯通、了然于胸的程度还需要“肯钻研，能够下苦功夫去练习，不能半途而废”。

千里之行，始于足下。徒弟入门之后的第一场磨炼就是“勾线”。这是内画鼻烟壶这门技艺的基本功之一，勾线勾得稳，绘画才能练得精。“你看这个笔放到这里面，要是手抖，两面不是都弄脏了吗，你看我现在画就弄不脏，所以得把基本功练好。把线勾好了，才能练习画画。”

学习制作画笔和坯胎则是第二个必备的基本功。艾老先生提及他们的画笔都是自制的，在外面买不到。称手的画笔是每一位内画鼻烟壶手艺人的良工巧器，他们可以根据每一种鼻烟壶坯料的特色，用不同粗细的画笔勾勒出风格迥异、细致入微的画面。

同时，“内画”技艺的传承也离不开载体的创新。记者注意到，在艾福多的摊位上，不单单只有鼻烟壶，各种摆件、挂件、香水瓶、项链、耳环、花瓶等琳琅满目，其中几款小猪佩奇图案的摆件显得格外引人注目。

“最近暑假了，我特意给小学生做的。想让孩子体验体验，看看是怎么制作，了解一下中国古代传承下来的技艺。”在艾福多的观念中，“内画”的图案是与时俱进的。随着社会多元化的发展，很多年轻人都不知道鼻烟壶是什么，单纯的灌输讲解，往往会适得其反。为了让他们更了解这门传统手艺，就需要在图案、造型等上面去适当地创新形式，紧跟当下的时代发展潮流。

小小内画，方寸之间，内画技艺的传承凝聚的是手艺人几十年如一日的坚守与耐得住寂寞的初心。人物、山水、花鸟、走兽、草虫……每一笔都神采十足。

每一个时代都需要手艺人，他们不富裕，但他们身上却留存着那份纯粹的精神坚守。非物质文化遗产需要有艾福多老先生这样“热情”的人传承下去。

（作者为兰州大学新闻与传播学院硕士研究生；指导老师李晓灵、朱霞为兰州大学新闻与传播学院教师）

移民与脱贫：两个人和一个村的故事

秦文玉　黄文清　马萍

七年前，朱广宏没有想到一家七口人会因为移民搬迁，而逐渐脱贫致富。

七年前，陈永东毅然接下重任，摆在他面前的是复杂而严峻的新农村建设工作。

来自同一个县不同乡镇的朱广宏和陈永东，最终住进了同一个村。这就是和顺新村。

和顺新村位于银川市金凤区良田镇，是2011年组建的移民村。仅仅八年时间，和顺新村从无到有、从弱到强，目前已成为银川市金凤区健康村建设示范点。朱广宏和陈永东的人生，也在和顺新村柳暗花明、大放异彩。

作别故土

因地质条件差、水资源缺乏等原因，2012年，朱广宏一家七口从固原市彭阳县王洼镇搬迁至银川市金凤区和顺新村。

在移民搬迁之前，朱广宏离开家乡和亲人，整整在宁夏固原市打了九年工。在这九年时间里，他从事的主要是给人送菜和做泥瓦工的活。每天凌晨两三点起床给人送菜，回来后睡上个两三个小时，又爬起床去给人做工。如此生活，周而复始。

朱广宏的父亲早早就去世了，母亲瘫痪在床，家中有四个还要上学的孩子。全家七口，都依靠朱广宏一人打工来维持生活。朱广宏谈起那些年的生活，直言“太苦了”。

2011年，宁夏正式实施“35万生态移民工程”。朱广宏所在的彭阳县王洼镇被列入搬迁名单之中。2012年10月，朱广宏一家搬迁至和顺新村。

今时不同往日，搬迁至和顺新村后，朱广宏再也没有外出打工，依靠温棚种菜，如今他家已是和顺新村有名的“好家庭”。

同年，陈永东一家也从彭阳县小岔乡搬迁至和顺新村。皮肤黝黑，脸上总是挂着和蔼的笑容，眼角有着岁月留下的细细的皱纹，这就是和顺新村村主任陈永东。

2011年，应政策要求，彭阳县下辖的王洼镇、小岔乡、草庙乡在内三个乡镇的750户3300多人要分批搬迁至银川市金凤区组建和顺新村。

新村刚建，人心惶惶。从小岔乡卷槽村村支书升任和顺新村村主任的陈永东清楚地记得，当时领导问他能不能胜任这份工作，他说：“无论谁做这份工作，都要为了大家好。”至此，陈永东接下重任，摆在他面前的首要问题就是安抚人心。

2012年到2013年连着两年，陈永东联系武警部队，在腊月二十三这天，开展村民一同过小年的活动。陈永东记得：“当时武警开着炊事车来村里，大家一起包饺子、拔河，气氛很好。”此外，陈永东还经常召开村委会，带着村民一起议事。他还主导举办各类文体活动，促进村民的情感交流。陈永东说：“这是三个乡的人，大家之间都有距离，只有把他们当成一家人，才能消除隔阂。”

陈永东　　黄文清　摄

他们富了

早年间，朱广宏一家七口人生计困难，2012年搬迁至和顺新村后，因年人均收入低于2700元而被立为建卡贫困户，是重点脱贫对象。如今七年过去了，朱广宏家又是扩建房屋，又是子女成家，成了村民眼中的“好家庭”。而这一切，温棚种植功不可没。

2012年，在农业扶贫政策的指引下，和顺新村开始推广温棚种植。朱广宏家也被分到了六分地来进行温棚种植。“不外出打工，靠种菜能养活一家人吗?”朱广宏心里很忐忑，他担心农产品卖不出去。

朱广宏的担忧，陈永东感同身受。“我们的东西很好，但没人知道就很麻烦。”陈永东说道。身为和顺新村村主任，陈永东深知，要想把新村建设好，最根本的问题就是增加农民收入。

为了拓宽农产品销售渠道，陈永东四处联系协调，最终在上级领导的帮助下，在和顺新村搭建起了“田间蔬菜水果市场”，这就为农户和买家提供了一个交易场所。同时，陈永东也带着农户们在网上发布招商信息，吸引买家前来和顺新村进行农产品交易。

经过两年的艰苦探索，和顺新村的名号终于打了出去。现在，和顺新村一天能卖出一百吨农产品，这些蔬菜水果销往上海、天津、山东等国内各地，也销往欧洲各国。

尽管农产品价格受自然条件、市场等因素影响较大，但朱广宏家每年至少能依靠农产品销售获得四万元收入。“以前吃土豆，现在吃肉。”朱广宏爽朗一笑。

回想起以往的苦日子，朱广宏说：“现在不愁吃不愁喝，只要打理好温棚，一年四季都有收入，满足得很。”

朱广宏的幸福，也是陈永东的骄傲。陈永东说：“其实农村建设并不复杂，只要把惠民政策宣传清楚，通过村民代表会、议事会透明公开，老百姓知道是对自己好，他就会配合你。”

陈永东表示，他们村“不缺钱”。

新的苦恼

既然“不缺钱”，那缺什么?

“我们村现在最缺的就是技术。”陈永东说。

陈永东表示，温棚种植所需要的土壤条件比较复杂，对温度、湿度的要求很高，和顺新村经过七八年的蔬菜水果种植，土壤条件早已发生改变，亟须进行专业的土壤检测，重新规划农业产业。对此，和顺新村的村干部们很是苦恼，他们希望能有兰州大学这样在农业、商业方面比较优秀的科研人员前往和顺新村进行调研，帮助他们解决问题。

"现在温棚种植的收入算是比较固定的，下一步想尝试草莓采摘。"朱广宏这样打算。作为村里"有想法"的农户，别人还在种青菜的时候，他就在尝试种比青菜利润好几倍的葡萄。现在，朱广宏又发现，农产品采摘的价格要比销售的价格好一些。

"但是，怎么把采摘给搞起来，我现在也不知道。"朱广宏说道。

（作者秦文玉为兰州大学新闻与传播学院硕士研究生，黄文清、马萍为兰州大学新闻与传播学院本科生；指导老师李晓灵、朱霞为兰州大学新闻与传播学院教师）

银川凤凰里：经营者的“坐”与“做”

亓钰

坐落于宁夏平原中部，被黄河之水滋养出通身的灵气，银川这座塞上古城在民间曾有一个传奇的名字——“凤凰城”。作为银川旅游的地标性景区，银川文化城“凤凰里”也因此而得名。

走进凤凰里，首先映入眼帘的是刻有“银川文化城”五个红字的石碑。街道宽阔整洁，红瓦灰墙的仿古式建筑排列两侧。旅客极少，间或有店主三三两两聚在一处，谈些你我家常。午后阳光正暖，哪家的小狗趴在地上打盹。仿佛因着与森林公园相向而立，这座文化城也带上了悠远而深谧的韵调。

我们试图透过凤凰里这一隙光亮，窥探这座塞上古城中鲜为人知的文化情态。

坐着

向西转过街角，“石墨轩”的牌匾赫然在目。推门而入，高矮展柜环在四周，柜里摆放着各式古玩；中央是可供数人习字的方桌，桌上铺着一张墨迹斑斑的毛毡。李启金正坐在里侧窗边的茶几前看着儿子练字，手里把玩着一串玉石链。

李启金的店落户凤凰里已有十二年了。1988年他美术专业毕业后，在兰州城隍庙摆地摊卖古玩，后来去了西安，又辗转来到银川，终于得以落地安家，交流古玩、期会同好之余，也带学生练习书法。当被问及为什么选择古玩和字画生意时，他笑了一下："太喜欢自由了，啥也不会，就会干这个。"

窗台上摆着一张李启金与朋友在餐桌上的合影，合影中的他伸开双手，笑得露出两排牙齿。如今提到这张照片，他的言语中满是怀念："那是十多年前吧，都是书画交流群里的，山东的、河南的、长沙的、内蒙古的，他们来银川看我……还有2010年上海世博会开幕，全国书画家在上海聚会，九百多人。""那时候好像大家都有一股劲，一起出去采风，一起写生，忙碌着一起往上走。"

每年5月，李启金都会参加在文化城举办的石展，遇到有眼缘的古玩，便要淘回来摆在展柜里，若是别人喜欢、价格也合适的，他也不吝于倒手卖出。他指着展柜里一对石头向我们介绍："黄河里的，它天然地有这样的纹路，吸引人之处就在这，这么自然与手艺完全是两码事。"石头是莹润的白，漫开水墨一样的波纹。

近两年古玩市场不太景气，用李启金的话说，古玩属于文化奢侈品，而不是必需品。那些宝贝似的古玩，在展柜里已颇有些时日。什么时候、会是谁打破这样的安静，连李启金自己也不清楚。

可他知道，他会一直坐在这里，也守在这里，"因为喜欢，才会一直坚持下去，离开它我不知道还能干啥"。

做着

安安静静的凤凰里，有人坐着守一份初心，也有人做着自己的手艺活。

踏入兴源仿古木雕店时，方跃平正在工作室为一块木雕挂饰"福鹿寿喜"做最后的打磨。这块半径15厘米左右的圆形椴木雕上，摘桃童子衣袂飘飘，驱车童子动态各异，远近布景错落有致，刻画得栩栩如生。

方跃平工作时也穿着格子短袖衬衫和水洗牛仔裤，除了鬓发有些灰白，几乎看不出他已是花甲之龄。2005年，他揣着祖传手艺离开浙江老家，如今已经是他在银川做木雕工艺的第14个年头。从拿到原料观察木材材质和形状、设计造型，到描形、打磨、喷漆，光是用来削的刀就有百余把，要耗费三五天时间，整个过程在方跃平的嘴里也就是"说简单也简单，看过就知道怎么雕"的轻描淡写。

在凤凰里的生活对方跃平来说是自在的，“高兴的时候做木雕，没活就玩嘛，图个心情好”。“玩”的一个重要方面就是各种木材制品。话语间，雅晟斋书画坊的许谡来借锯木（编者按：又称锯末，一种在加工木材时因切割而产生的粉末状木屑，可用于补裂纹）。方跃平自工具箱里摸出一小包褐红色的粉末，乐呵呵地跟老朋友分享最近的收获。他打开雕着“竹报平安”的香樟木箱，里面整整齐齐地摞着十余张串珠坐垫，“缅甸花梨的，坐上可舒服。”

“木工，修修补补的，也叫美容师呢。”许谡半开玩笑道。

也许对方跃平来说，做木雕手艺不只是为家具“美容”，更是心灵的净化。“随便什么事都不去操心，就静下心来”，手里的刻刀仿佛能留住时光，亦慢慢从容了岁月。

乐趣

仿古木雕店出门没几步，迎头撞上商泽斋画廊的层层绿意。

爬山虎瀑布似地泼了半墙，门口大大小小摆了数十盆绿植，生机盎然，长出了不管不顾的恣意架势。平日里，这些都是史广基一个人在侍弄。

凤凰里的老店家都知道，史广基不仅寿桃画得出色，画廊也侍弄得如同花园。

经管专业毕业、公务员出身的史广基退休三年，种花养草，自学绘画，把收藏的得意之作拿出来，开起了画廊。他笔下的寿桃生动饱满，形态、颜色各异。抱桃的老人须眉飘飘，都是喜笑颜开的。“我们说老有所为、老有所乐嘛，寿桃求的就是一个寓意吉祥，笑着看着多喜庆、多舒服。”

被问及画寿桃的技巧，他指了指画廊一角的钢琴，给我们举了个俏皮的例子：“比如这钢琴我就只会弹《小星星》一首，因为没时间练。而画寿桃我反复地研究、反复地画，嘿，就能成为行家。”他一直认为，复杂的事情简单做，就能成为专家，而简单的事情重复做，就能成为行家。

史广基正在画寿桃　　亓钰　摄

画廊里收藏的数百张字画

和满满三四个书架的各类书籍告诉我们，史广基的乐趣远不止于绘画和花草。“灵魂要和外界碰撞嘛，不能局限在这里。”不论是《三联生活周刊》里的奇思妙想，还是挂在门头上巨幅的《贺兰山秋色》，他乐于在享受文化城的安谧的同时，让灵魂出去走走。

正如同音乐工作室老师黄冠向我们介绍的那样，在这样一座沉默着的凤凰里中，有人坐着，守着最初的情之所起；有人做着，接续祖辈传下来的手艺；还有人，在这样一日复一日的平淡里，找到了生活的惊喜，散发出柔和的光芒。

而这些平淡的、沉寂的、温柔的光，明明灭灭，最终汇成银川这座塞上古城文化的灯塔，也许会在某个月明星稀的夜里，悄无声息地叩开属于它的未来。

（作者为兰州大学新闻与传播学院本科生；指导老师朱霞、李晓灵为兰州大学新闻与传播学院教师）

影城飘来高粱酒香

关镓萍　齐园园　梁凝湖

跨过张艺谋著名电影《红高粱》的标志性取景点“月亮门”，映入眼帘的便是几座由低矮的土院墙围起来的，荒凉粗犷却又极具大西北美感的土屋。土院落门前摆着几口大缸，大缸上面用红纸黑字写的“红高粱”总是在第一时间吸引着游客的目光，这便是电影中的取景地“酒作坊”。我们怀着好奇又惊喜的心情跟随一阵阵酿酒的香气向土屋走去……

谈经历：走南闯北归初心

“喝了咱的酒　上下通气不咳嗽　喝了咱的酒　滋阴壮阳最不同
喝了咱的酒　一人站在青沙口　喝了咱的酒　见了皇帝不磕头”

这是电影《红高粱》的插曲《酒神曲》中的几句歌词。红高粱和高粱酒是张艺谋传达原始野性精神的具体体现，高粱酒代表生命的传承和人性的喷涌。但是对杨少锋来说，他的红高粱酒更多代表的是传承和奋斗。

今年49岁的杨少锋是非物质文化遗产红高粱酒的第四代传承人。他不到20岁便开始接触红高粱酒的制作，至今已经有三十年了。“在老家就是酿酒的，也是红高粱酒，西部影城这里就我一家，原来这里也是没有红高粱酒的。”杨少锋腼腆的笑容中透出一丝自豪。谈到学习制酒的初衷，杨少锋说：“一方面是也干过建筑一类的行业，结果并不理想；另一方面是为了将家传的手艺传承下去，哪一门手艺都得有人传承，三百六十行每一行都得有人干。”

杨少锋和妻子周彩范并非宁夏本地人，而是来自河南南阳。两人自由恋爱，1988年在老家结婚，一年后生下了大儿子，为了寻求更好的生活，他们一起去过广东，也走过江苏，干过建筑，也开过饭店，并于2006年生下了小儿子。在经历过盖房子、砌墙、铺地板砖、做刀削面、拉拉面等工作之后，2007年在老乡的介绍下夫妇俩来到了宁夏这片多元而又包容的土地上，重新开始以酿酒这门家传的手艺谋生，并在镇北堡西部影城扎下了根，红高粱酒作坊一开就是十二年。“在老家做酒的多，生意也不是很好，来这边人比较少，行业还可以，毕竟是个独门生意，应该传下去。”说到这里周彩范的眼神中全是感激和满足。

酿酒师杨少锋谈自己的经历　　马潇潇　摄

谈酿酒：兢兢业业求品质

杨少锋的酒作坊里挂着一块牌匾：“用心酿造真传承，匠心酿酒每一滴。”

谈到酿酒技术时，杨少锋摆了摆手说道：“这个东西学会容易学精难。会着容易，几个月就能会，但是要精就要考虑到气候等很多因素，天冷天热都不一样的。春秋时节出酒好些，天气不冷不热。冷的话微生物少，酒发酵不好；天热的话出酒度数太高。”对于杨少锋来说，每一道工序都很关键，“哪一步都关键，哪一步做不好，出酒都不好。最终的目的，就是要出酒多、品质好”。

正在这时，一位工作人员将一大瓶今天刚出的红高粱酒放在了桌上，杨少锋从柜子里拿出了一个破旧的铁盒。打开铁盒，只见盒子里放着几支酒精度数测量计，一头带有一根绳子。杨少锋拿出一支将其仔仔细细擦一遍，拎着带有绳子的一头将其沉入酒瓶中。他凑近酒精度数测量计细细查看其上刻度，待看清之后将测量计取出。重复该步骤两次，最后他在瓶身的标签上写下了一个数字，这便是这瓶酒的度数了。

杨少锋每天的工作就是酿酒，一天一百斤粮食，先浸泡、煮、蒸、制曲、加曲、发酵，然后再上料蒸酒。由于酿酒需要的时间相对较长，杨少锋一般早上八点钟来影视城的酒作坊，到下午六点钟下班，中午在酒作坊内随便吃点，晚上时常还要来加班。他得把粮食下池发酵，发酵两遍，发酵早就早点回，发酵晚就回得晚。他就这样日复一日、年复一年地酿酒，没有节假日，365天都得上班。“酿酒技术就是要通过不断练习实践来积累经验，除此之外还要注重思考，勤于找失败的原因。平时和其他酿酒师的交流也有很重要的作用。”杨少锋说道。

当被问到是否进行过互联网宣传时，杨少锋摇了摇头：“那个倒没有。我这个主要靠口碑销售，来的都是回头客。”他想了想又说：“啥东西都得质量好才行，酿酒讲究的是品质，品质好了才能有好口碑，现在实实在在的东西才是人们喜欢的。”

谈未来：踏踏实实搞发展

杨少锋也有烦的时候。“干得烦的时候也不想干，但是想想还是得坚持干。有些传统手工艺都没人愿意干了，有些已经被现代科技所取代。虽然酿酒这个活是辛苦，但也是家传的酿酒技术，值得发展，况且我对我这个酿酒师的职业还是很喜欢的。”

除了每天在弥漫着红高粱酒香的酒作坊循规蹈矩地制酒，杨少锋也琢磨过红高粱酒的创新。例如，普通酒一般都是挥发成蒸气然后冷凝出来，因此是透明的。而杨少锋的红高粱酒则是在蒸酒的时候加上生高粱，把高粱上面的红色冲下来，制成真正的“红高粱酒”。这样在不改变取材和口感的情况下，使得红高粱酒更具有视觉冲击和传奇色彩，更加热烈、炫目。

说到这些年酿酒过程中的变化，杨少锋说：“虽然现在有了很多新工具、新技术，但是我的红高粱酒价从2007年到现在都没变过，从没涨过价，未来也会是一样。”杨少锋的客户主要还是游客，如果是外地游客想买，他会帮忙邮寄回去，大大减轻了游客的负担，方便了不少。

据杨少锋说，现在非遗办公室、旅游文化局会保护非物质文化遗产项目传承下去，他们会给一些相应的支持，帮助办一些活动或者发放一些资金，有些项目还会组织一些学习班等。“再高大上的事只说不做也是虚的，传承也不是靠我一个人就能传承下去的，但是能干的话就踏踏实实干着吧，只要有人感兴趣，就一定能发展下去。”

现在杨少锋的红高粱酒作坊早已成了银川镇北堡西部影城中不可缺少的一部分，杨少锋半辈子的人生积淀也使得红高粱酒香愈加醇厚，来来往往的游客就在这浓浓的酒香之中品尝着杨少锋的心意。

（作者为兰州大学新闻与传播学院本科生；指导老师朱霞、李晓灵为兰州大学新闻与传播学院教师）

榆林一家人：我们现在都是宁夏人

马圆圆　陈莉红

"我们算是外地的本地人。"年近七十的乔奶奶操着一点陕西口音向我们这样介绍她和家人的身份。眼前的一家人，七八人围着一张小木桌，桌上的家常菜还未见到底。大女儿起身打算倒掉剩菜，一旁的老母亲急忙出声阻拦，三女儿朝我们笑笑说："受过苦的人过来的。"五十多年的酸甜苦辣好像都消融在这一个微笑中了。

"那时候是靠天吃饭……"

对于刘大姐和自己的弟弟妹妹们来说，他们人生轨迹的改变都是因为面前这个精神抖擞的老人，"都是托了我们老姨的福。"刘三妹笑着说道。

乔奶奶是跟随自己的丈夫来到宁夏的。20世纪60年代初，千千万万的年轻人怀着满腔热情，投身建设大西北的浪潮中。乔奶奶作为军人家属，陪伴自己的丈夫先是在兰州生活了将近十年，1968年底，由于部队换防，乔奶奶又来到了宁夏银川，一待就是五十多年。从榆林到兰州，从兰州到银川，乔奶奶走出了原来的那个小山村。"我们是七个姨姨一个舅舅。"刘三妹说道。作为八个兄弟姐妹中的老二，乔奶奶也早早独立。

说起那个年代的经历时，乔奶奶眯了眯眼，仿佛又看到了当年的家乡，"这帮孩子小的时候真是靠天吃饭。"20世纪70年代的陕西农村还没有发展起来，农民面朝黄土背朝天，只能看天吃饭。对于有着八个孩子的大家庭，更是一切都要靠自己。当时的刘三妹虽年纪尚小，却对这一切印象深刻，“连土豆都吃不上。”

对于当时在纺织厂工作的乔奶奶来说，远在陕西老家的家人是她深深的牵挂，尤其是家里有着八个孩子的姐姐。乔奶奶家里只有两个孩子，相对来说家里比较宽裕。“家里有什么衣服、鞋，我就赶紧打包给带回去。”这些旧衣服和鞋帮衬着刘三妹一家人度过了那段艰难的日子。

初到银川，乔奶奶也没想到自己会在这里扎根。“以前都是土坯房，这里都是稻田。”乔奶奶回忆着初到银川的景象，“有的路就是石子路。”当时的银川市西夏区还没有发展起来，周边都是土房子、农田，马路也是一条窄道，这便是老银川的真实写照。“骑个车子还害怕摔跤。”刘大姐说道。而对比家乡的闭塞和偏远，乔奶奶心中也萌生了一个念头。

乔奶奶和自己的姐姐、外甥们（从左到右依次为乔奶奶、刘三妹、乔奶奶的姐姐、刘六妹、刘二姐）

马圆圆　摄

“后来他们大了，我就把他们一个一个带出来了。”乔奶奶说道。老家的一亩三分田，一大家子人只能靠天吃饭的生活让乔奶奶决定把姐姐的孩子们带到银川。对于年轻的孩子们来说，离开家乡也是人生新的开始，与当时的家庭生活相比，不会更糟了。

乔奶奶退休之后便在家里待着，到怀远市场看看自己的姐姐和外甥们成了她生活的一部分。高楼和马路是乔奶奶眼中银川变化最大的两点，现在的银川处处高楼，马路也早已修成了八车道，宽阔干净。生活也像这高楼和马路，宽阔美好，“我孙子都已经在西安上大学了。”乔奶奶看着我们笑呵呵地说。

“现在都挺好……”

“现在都挺好的……”提及以前的故事，刘二姐有些不愿细说，“现在我们国家富强了，生活就好了”。坐在饭桌右侧的刘二姐，头顶架着一副墨镜，身着橙色的裤子，白色的上衣，鲜艳的颜色衬着女人容光焕发的气色，似乎可以看出她对于当前生活的知足，过去的棱角也在岁月的打磨中磨平了。

20世纪80年代末，人们的工作都是按指标分配的，刘二姐幸运地拿到了这个指标，在乔奶奶的帮助下从老家来到银川，并被分配到纺织厂工作。不久之后便与在宁光电工厂工作的丈夫结识，两人为了生计，一天的工作结束后再次出门摆摊。摆地摊需要早出晚归，“夏天大太阳晒着，冬天就冻得手都肿了，脚肿得睡不着觉。”夏晒冬冻，在刘二姐的印象中，那时候夏天晒得人全身上下牙齿是最白的，冬天的冻疮只有用开水泡开才能睡觉。

虽然生活艰难，但对于性格比较潇洒的二姐来说，还是不太会计算生活上的支出。“自己够吃够喝够玩就行了，对金钱我还不是那么看重。”

生活是一盒怪味糖果，你永远不知道自己尝到的糖是什么口味的。20世纪90年代，刘二姐和丈夫双双失业，2004年，丈夫又出了车祸，“差不多半身不遂吧”。意外发生的时候，刘二姐的儿子才上五年级，她成了家里唯一的收入来源。刘二姐为了生活不得不寻找出路，“摆过地摊，啥都干过，开过车，开过饭馆”。困难的日子里连每天挣十几块钱也是一种满足。

“为了生活啥都干。”年轻时期的刘二姐因为生活而四处奔波。摆地摊的经历也为刘二姐积累了做生意的经验，后来她便将店开到了怀远市场里。怀远市场离宁夏大学的校区很近，周围也有居民楼，生意比较稳定。“我现在就是维持个生活。”刘二姐觉得这里的人流量足以维持生计。

刘二姐的丈夫在残联的帮助下有了一份轻松的工作，自己的儿子也在上海找到了工作。面对当前的生活，刘二姐已经很满足。“我们现在的心态就是：上把父母孝敬好，下把子女带好，兄弟姐妹之间和和睦睦，就这样。”

“最难的事就是把下一代教育好”

面对二姐现在的轻松，刘三妹却觉得自己肩上的责任还得挑着，“带好子女”对于刘三妹来说是一项艰巨的任务。“太难了，有时候我觉得自己可失败了。”对于孩子的教育，刘三妹显得有些苛求完美。

“我妈就不识字，你必须得识字。”刘三妹说到了父母坚定的教育理念，“我借钱给你报名都可以，但不能不识字。”虽然生活在偏远的农村，父母自己也不认识几个字，而对于孩子们的要求很严，自己再苦再累也得供孩子上学。最难的时候，家里连糠都吃不上，但父母还要想办法让孩子接受教育。父母的言传身教让她也对自己孩子的教育更加执着。

刘三妹是比二姐晚两年来到宁夏的。来到宁夏，有了自己的工作，但其后不如意的事却接二连三，其中最大的事就是刘三妹下岗了。下岗后刘三妹开过饭馆、摆过地摊，几经辗转选择在怀远市场里面开了杂货铺。

生活的艰难没让刘三妹忘了父母坚持的“必须得识字”的家训。

在孩子还小的时候，刘三妹便开始给孩子报各种兴趣班、请家教，“我看店没时间辅导他”。刘三妹说起来还是有些遗憾。然而孩子不领她的情，家教老师反映小孩老是躲在厕所玩游戏，她也无可奈何。磕磕绊绊上了高中，刘三妹与孩子达成统一意见：自己给孩子空间，孩子自己安排学习。“当时他们班就三个上三本的，他们老师都没想过有他。”刘三妹的语气中透露出骄傲。

“一代人会影响一代人。”刘三妹说道。刘家八个兄弟姐妹在自己二姨的引导下从榆林的小山村来到银川成家立业，对于他们来说，二姨是他们的“精神领袖”。对于自己的下一代，刘三妹有着自己的顾虑，“独生子女这一代，太难了”。

除了对学习的关注，刘三妹更看重孩子品质的培养。“我儿子从小到大不骂人，不会说脏话。”说起孩子的这个特点，其中还有一个小故事。刘三姐的儿子小时候和亲戚家的孩子吵架，亲戚的孩子相比更加调皮，在吵架过程中说了脏话，刘三姐的儿子说不过只能动手。刘三姐得知两个孩子的矛盾后，直接开始教训自己的儿子，因为“这是妈妈的教育方法，妈妈教育不了别人的娃娃”。

刘三妹对于孩子严格教育的同时，也不忘和孩子进行交流。孩子懂事早，晚上都会去帮刘三姐收摊，母子两人步行回家的路上就会聊一聊。有一次孩子提起妈妈的教育方式，认为刘三姐不会当妈妈，刘三姐便直接提出两人互换角色，“以后你来照顾我，教育我，我跟你学”。直接的交流方式让母子之间的关系更为亲密。“那好吧，你要虚心学习。”孩子回应道。说起这件事，刘三妹又笑眯了眼。

值得骄傲的是，家里的小弟弟是兄弟姐妹中唯一一个完成大学学业的，所以对于孩子的教育问题他们也有了榜样。小弟高中时候成绩好，爱好打篮球。“你知道我弟弟那时候的外号吗？‘流川枫’。”（流川枫是日本动漫《灌篮高手》中的主要角色）刘大姐撇了撇嘴，似乎那段时光就那么回来了。

现在，刘大姐的儿子在北京上班，刘二姐的孩子在上海上班，刘三妹的儿子在银川上大学，刘四妹的女儿在重庆读硕士。

一条巷子里，姐妹们一起开了五家店铺；一张小圆桌，围坐了三代人。他们可能从未想过自己会在他乡就此扎根，“我们这一大家子，不管有啥事都凑在一起帮忙”。乔奶奶中气十足的笑声再次响起。她的对面坐着自己的老姐姐，还有坐在自己姥姥怀里撒娇的外孙女。

五十多年的变迁，他们随着这座城市一起成长。他们见证了这座城市的崛起，同样，这座城市也见证了他们生活的改善。这座城市与他们早已相融，就像乔奶奶说的，“走哪儿都说我们是宁夏人了，不说是其他地方的人了”。

（作者为兰州大学新闻与传播学院本科生；指导老师李晓灵、朱霞为兰州大学新闻与传播学院教师）

走近下河沿：回不去的旧时光

蒋丹

“我们三个人一共多少钱？”“呃……三块一个人吧！”在宁夏中卫市常乐镇政府门口等了将近一个小时后，公交车司机将我们放在了下河沿黄河渡口的桥头边。这个对话便发生在我与常乐镇村镇线公交司机之间，司机连收费情况都不太确定，实在在我们的意料之外。然而，当我们走近下河沿，却又觉得这一幕仿佛也在意料之中。

走进下河沿，仿佛打开一本落满灰尘、尘封已久的历史画册。

通常一个地方的历史兴衰总是与当地经济文化有着密切的联系。常乐镇位于中卫市沙坡头区西南部，距离中卫市区10千米左右，北邻黄河，南依香山，山川共济，有着独特的地理优势，曾在中卫乃至宁夏工业经济发展史上写下浓墨重彩的篇章。而常乐镇下辖的下河沿储藏着丰厚的煤矿和适合做陶瓷的黏土，曾被当地人称为“小香港”。

在常乐镇下河沿六七十岁人的记忆中，这里曾经有过一段“煤”好时光。据《中卫县志》记载，上下河沿煤矿查明可采煤24层，储量5000多万吨。1953年私营小矿组建为煤炭社，1956年年底正式改建为中卫县上下河沿国营煤矿。20世纪60年代，下河沿煤矿是当时县域经济里主要的支柱产业，伴随着煤产业的兴隆，当时的下河沿商铺林立，富甲一方。沿黄河南岸相伴而生的当地居民也大都以煤矿而生活生存，在矿上做工，沿街道做生意，矿区的生活热闹非凡。

当地居民回忆说，下河沿当年要比宁夏中卫市区繁华。说起来似乎很难想象，当年矿厂的周围设施齐全，不大的地方，银行、学校、邮局、电影院等城镇里应有的设施这里一个都不缺。当时，还被称为中卫县的县城里仅有两家电影院，其中一个便在下河沿。在这里土生土长的郭福全老人回忆说："那时候电影院放电影，我和老婆子跑去那边看，周围七八里外的人也都跑过来看。"说起当年的盛况，老人的眼睛里闪过亮光，随即又叹了口气。

看到如今的下河沿，确实令人唏嘘。随着中国改革开放的脚步加快，中国的大门开始向世界敞开。中国的企业开始在市场经济的环境下与世界的企业竞争。而产能低下、设备老旧的下河沿煤矿厂、陶瓷厂、水泥厂终究是跟不上时代的脚步，2002年11月原下河沿国营煤矿厂破产。生产陶瓷的陶瓷厂，直到20世纪70年代才实现机械制陶，过去靠羊皮筏子、轮船运往各地，不少外地人也在这做生意。但是，后来随着公路、黄河大桥的投入使用，这一带的黄河渡口渐渐冷清了下来。2002年，陶瓷厂也彻底停产了。

随着一系列工厂的倒闭，下河沿也随之衰落，郭福全老人说，当年陶瓷厂最多的时候差不多有1000人，但是，现在下河沿村的常住人口不超过10户。当年矿厂附近的银行、电影院等设施早已随着厂倒人散而关闭，村民们没了"工作"，大多数人选择进城打工安家，剩下的只有几户年迈的老人。从前繁荣的老渡口，到今天黄河岸边的"空心村"，下河沿成了年轻人再也不回去的家乡。

因此，也不难想象，不到10户的人家，公交车早已不愿再在这里停留。郭福全老人告诉我们，现在每天从村里往市区的公交车只有五六趟，名义上是一个小时一班车，但实际上等一个多小时不来车早已是家常便饭，且没有人能确定每天具体的发车时间。在车上，我们问司机，最后一班从下河沿去市区的时间时，司机带着略不好意思的笑容告诉我们，她实际也不清楚。郭福全说："以前这个公交车能开到村子里的站牌那，现在啊，就开到桥头。"我们跟着老人的步伐，从桥头走了快2千米才到村里的公交车站牌处。

再也没有公交到站的公交车站　　蒋丹　摄

往事不堪回首，已如云烟般散去，只有村里的老人和工厂的遗迹还记录着这里往日的喧嚣。十室九空的民房，破落的墙院，散落在土地上的煤渣、陶瓷片，无言地述说着历史的尘烟。穿越这些历史的遗存，看到当时的繁荣与兴盛，真有些物是人非之感，这些破落与衰败的背后不知有多少人的故事，幸福与辛酸，生存与死亡……踏上这尘封的历史遗址，我们的思绪在翻江倒海。

想起20世纪30年代，记者范长江曾乘羊皮筏子沿黄河顺流而下，来到过下河沿，他考察了黄河南岸分布的煤矿以及煤工的生活。今天，我们也来到这里，了解今天的下河沿，下河沿兴盛过，清代中卫知县黄恩锡在《中卫竹枝词》写道，“土窑磁器通宁夏，石炭连船贩水滨”，可以一窥当日之繁华；现在衰落着，只剩空村不闻人语，唯有黄河水穿流而过。

回去的时候我们感慨万千，我们不知道960多万平方千米的中国大地上，还有多少个这样的“下河沿”，在国家乡村振兴战略的背景下，不少空气村在寻求转型。那么，今天的下河沿将如何走上复兴之路，为自己“填空”呢？

（作者为兰州大学新闻与传播学院硕士研究生；指导老师朱霞为兰州大学新闻与传播学院教师）

四川线

四川线路线简介

郭翠玲

2019年7月10日至2019至9月24日，在魏占兴、郭翠玲两位老师的带领下，由兰州大学新闻与传播学院36名学生（19名本科生及17名硕士研究生）组成的“重走中国西北角”活动四川线分队，将内江、成都、绵阳等地当作校外课堂，在两个多月的时间内，完成了接力采访和稿件修改、发表等工作，进行了一场收获颇丰的社会实践。

四川既是记者范长江的故乡，也是他西北之行的始发地。因此，四川线的队员们以“追寻范长江足迹，探寻四川新变化”为主题，以小分队的形式，分头走向了对四川的探索调研之旅。队员们结合平日所学，通过前期搜集资料、找寻选题，中期实地调研访谈，后期撰稿成文发表的方式，前后历经两月有余，完成了一次生动的新闻实践。队员们以范长江在四川的足迹为主要行进方向，既重视对四川传统文化的挖掘和记录，也对沿途各地出现的新变化充满兴趣。重走之旅，不仅让队员们将足迹留在了范长江曾走过的地方，更让队员们记录下与范长江笔下有所不同的四川。我们用和范长江同样的方式行走在四川，仿佛以新闻实践为媒介，与范长江进行了一场跨越时空的对话。沿途所见所闻，所思所感，所记所录，都将新闻学子和职业记者的距离越拉越近。

在出发之前，队员们就已通过阅读书籍、搜索资料等方式对范长江记录的四川进行了了解，并且根据自己的兴趣确定了四川之行的目的地。四川内江，是范长江的家乡，也是所有四川线队员的第一站。国家级非物质文化遗产资中木偶、国家地理标志保护产品田家紫皮大蒜、范长江纪念馆的讲解员，都是队员们眼中十分有价值的选题。离开内江，各个小分队就开启了不同的探索之路。在成都，金牛古蜀道的原点成都锦门和模范乡村战旗村都曾出现过队员们的身影。在绵阳，北川地震遗址的讲解员，九绵高速公路的建设者都是他们的采访对象。

队员们在指导老师和沿途所遇采访对象的指导帮助下，在一次向前辈学习和致敬的新闻实践活动中，不仅收获了宝贵的经验，还用一篇篇作品为自己的重走之行画上了圆满的句号。其中的代表稿件有：《几度浮沉守初心——川剧演员的“台下戏”》《“沱江船工号子”进课本：传承人的守正创新之路》《誓把天堑变通途：九绵高速公路的守望者》《北川“裂缝”里，讲解姑娘留下的四个理由》《“三无”战旗村　蹚出特色“振兴”路》等。

“三无”战旗村　蹚出特色“振兴”路

关郁凡　孙茂宁　康雪嫣

7月14日上午10点，成都市郫都区战旗村的大戏台上空空荡荡，旁边的盖碗茶店倒是热闹得多。店门口摆好了桌椅，十几人正围坐在一起，正在讲话的就是村主任杨勇，他又在“开会”了。

这次参会的村民有些特殊，他们不是战旗村人，而是从龙泉驿赶来向战旗村学习和交流经验的外地人。自从战旗村“火”了之后，来参观考察的团队络绎不绝，最多的时候，村里一天要接待50个。就是这样一个作为乡村振兴的典范、总书记曾亲自考察、上过央视甚至名扬海外的战旗村，在杨勇眼里，和中国70%的村庄没什么区别：“我们村就是一个最普通的村。”

杨勇正在开会　　关郁凡　摄

“三无”战旗村的发展路

2018年2月12日，农历腊月二十七，正在为过新年忙碌着的战旗村村民迎来了一位特殊的客人。就是这一天上午，习近平总书记来到了唐昌街道战旗村，他在战旗村五十多分钟的考察过程中，与村民亲切交谈互动，除了带走一双国家非物质文化遗产唐昌老布鞋之外，还给战旗村留下了嘱托：“战旗飘飘，名副其实，要继续把乡村振兴这件事做好，走在前头，起好示范，让村民收入像芝麻开花节节高。”

这座横山脚下，柏条河畔，占地面积2.06平方千米，只有1700多人的小村庄，因为这位特殊的客人，一下子“火”了起来。2018年，从全国各地到战旗村参观考察的团队和游客达到65万人次，2019年上半年刚过，这一数字就已达到50万人次，原本平静的战旗村一下子变得热闹起来。

“我们村是个纯农业村，没有得天独厚的地下资源，没有得天独厚的好山好水，没有得天独厚的悠久历史。”生于战旗、长于战旗的杨勇掰着指头介绍着村子的情况。在没有进行资源开发和乡村改造之前，战旗村和中国的绝大多数农村一样，种地卖粮是村民唯一的经济收入来源。

1950年初，战旗村还叫作集凤村，1965年，集凤村成为金星大队11-17生产队成立的新大队，但村上也只有三间猪棚、一个木制文件柜、三把圈椅，外加700元的债务。因为在兴修水利、农田改造中表现突出，大队多次当选“先进”，成了一面战斗旗帜，就改名为战旗大队，“战旗村”一名也由此而来。

随着时代的变迁，战旗村发展的车轮始终紧紧地追随着追求先进的理念前进。各方面条件并不得天独厚的战旗村一心想谋发展，又怕走错路，一代又一代的领导班子只能抱着让村民们富裕的心，牢牢地跟着党的政策走。从参观学习大寨村后，党支部书记带领村民们修建新村，到乘着改革开放的东风大力发展经济，创办豆瓣厂、酒厂等集体企业，再到大学生进农家，土地规模化流转经营，一直到发展战旗乡村旅游，建设“乡村十八坊”，战旗村抓住了每一个发展机遇，进入乡村发展的第一梯队。

“一个村发展得好要靠传承。既要会管理村庄，融洽老百姓的关系，处理好老百姓的生活琐事，还要带领大家走富裕道路。”杨勇说，战旗村的领导班子到他这里已经是第八届了，在他看来，战旗村能够取得现在的成绩，离不开之前领导班子一脉相承的发展理念和潜移默化中达成的战旗共识。

就是这样一个“无资源、无环境、无历史”的“三无”战旗村，从当年的先进大队已经变为了如今的模范乡村，“战旗”一飘就是54年。

学经验更要学思路

战旗飘飘的背后有一群挥动旗杆的战旗人，而他们，是推动战旗发展的领头羊。“作为领头羊的基层管理团队存在着一个重要的问题就是思想不够开放。”杨勇总结道，“所以战旗村首先就在基层管理团队的培训上下了大功夫。”从此之后，现代企业经营及管理就成了战旗村基层管理团队的一门“必修课”，用管理企业的思维来管理一个村子，战旗村探索出了一条经验之路。

在战旗村，不仅仅管理团队需要接受培训，参与乡村旅游环节过程的所有村民也都需要接受培训才能“结业上岗”。而针对村民的培训则被分成三类，即：从事商业买卖的需要接受商家培训；参与商业活动的需要接受服务培训；缺乏致富方法的需要接受技能培训。在战旗，精准分类和系统管理代替了以往粗放式的乡村管理方式，新的管理方式激发了村子的活力。

“我们的村子现在是国家AAAA级景区，必须要用现代化的理念来管理和运营。”杨勇用手指着不远处的乡村振兴研究院说道。目前的战旗村，已经形成了自己的品牌管理、产品质量管理、对外营销管理、老百姓的行为态度管理等一整个完备的管理系统。

除了引入先进的经验，战旗也在不断输出。战旗村研学基地自2019年3月正式开放到今天为止，已经接待了一万多名学生。“我们也在摸索。”杨勇喝了一口茶，“我们首先弄清楚了研学是什么，研学要做什么。”理清思路之后的战旗村，就着手建立导师团队、编写教材、设立实训点位，最终形成了涵盖小学、初中、高中三阶段的27个实践课程和7个研学项目。

杨勇坦言：“研学从大方面来看，属于半公益的事情。”而战旗村之所以要做这件事，为的就是“让更多的学生到农村来，认识新农村，了解新农村，热爱新农村，最终是能够从这些学子中培养一批新农人”。面临全国普遍存在的农村和农业问题，战旗村也想要做点什么，而基于乡村旅游下的研学项目就成了战旗村的第一选择。

关于农业和农村问题，杨勇也有着自己的理解，在他眼中，“新农村就是城乡无差别，城市向往的农村。新农人就是农民与在大城市工作、创业的人的收入无差别，受人尊敬，有技术，有自豪感，能够为大家带来健康，带来好的食品，带来好的环境”。而战旗村也在努力朝着杨勇所说的方向不断前进，“产业振兴方面，战旗村着重从三个方面来打造，第一个是乡村旅游，第二个是教育培训，第三个是战旗品牌的对外运营”。杨勇笑着说：“乡村发展方面，我们在做两个事情，一个是村里面的人返回来，另外一个就是城里面的人住过来。农村要发展，大城市是最好的依靠。”

面对未来，战旗村似乎并不迷茫，在“领、创、改、治、富、美、育、文”乡村振兴“八字诀”的指导下，战旗村的发展并不追求“短平快”，而是更加注重村民的获得感和幸福感的满足。

还未居安，仍要思危

来学习的人越多，村子的压力也就越大，“乡村旅游现在这么多，我们的危机意识很强”。杨勇说，好不容易探索出适合本村发展的道路，却又要再次卷入乡村发展的大浪潮中，“乡村旅游全国都在搞，现在存在的一个问题就是同质性太强了，所以每个区域要发展就必须要创新，根据自身的实际情况做创新”。已经走在乡村振兴前列的战旗村就像杨勇一样，步履匆匆，不敢停下前进的脚步，既要走得快，又要走得稳。

在很多人看来，战旗村一路走来都是顺顺利利的，路子对，方向准，定位好，但这路上的磕磕绊绊和发展到现在的迷茫都是乡村振兴路上需要迈过的“坎儿”。

“乡村十八坊”所在的位置过去是战旗村的养殖场，经战旗村自己策划、包装、打造，现在已经成了特色景点，是战旗村产业振兴的重要部分。这样一个具有川西民居特色，为村民们带来收益的项目，未建成之前，在部分村民眼里，就是村主任嘴里的“空话”，因此很多村民不支持也不参与十八坊等振兴项目的建设，面对这样的困境，杨勇也有着自己的解决办法：“最后支部两委统一思想，要做这个事情就必须做，就给村民们做工作，先给思想开阔的人做，再让他们带动其他人，十八坊的招商就一点一点发展起来了。”

十八坊内的商铺里，吆喝叫卖，递货收款的多是战旗村本地的中老年人，年轻人并不多见。

在十八坊的一角，不足百平的场地上，一个挨一个地摆满了酱油缸，一名穿着围裙、戴着帽子和口罩的妇女，正在给游客打酱油，封口之前再放上几瓣蒜。酱油缸的旁边就是售卖酱油、豆瓣酱的酱园坊。酱园坊的老板刘畅是一名大学生，打酱油的正是他的丈母娘。他的丈母娘原本是酱油厂的工人，现在就在酱园坊的后场和做了几十年酱油、豆瓣酱的亲戚一起做酱油，刘畅则主要在前面的店铺做销售：“我本来是学建筑的，在工地上工作，回来就是为了传承酱油制造的技艺。”在外开阔了眼界的刘畅回来不仅要传承技艺，还为酱油的新销路做起了打算：“传统技法制作的酱油不好保存，制作周期也比较长，在网上售卖起来比较困难，来这儿买酱油的顾客可以加我的微信，线上联系好了我再给他们邮过去。”像刘畅这样肯学习、有想法的年轻人，恰恰也是战旗村最缺乏的。

战旗村每年都会考出几个大学生，却很少有回来的。缺乏人才的战旗村就主动和高校联系，从2006年开始，展开了“大学生进农家的活动”，13年来，每年都会有来自高校的学生到战旗村进行暑期社会实践，年年不落。他们起先是住在老乡家，和老乡们同吃同住，后来村里条件好了，学生们有了专门的住宿地点。杨勇正说着，不远处统一穿着绿色上衣，举着小旗的一群人走到了大戏台旁，他们是来自成都纺织高等专科学校的学生，主要负责做生态振兴宣传。看着正在忙碌的学生们，杨勇欣慰的眼神掩不住淡淡的失落：“学生回到乡村有一系列的问题需要解决，比如说待遇、住宿、吃饭、小孩上学都要解决，这也是我们目前人才引进面临的一些难题。”基础设施方面存在的短板限制了村里的人才引进，“现在的人才回流情况还是不理想，观望的人比较多，基础配套做起来之后，就会让很多人真正看到是有希望了。”杨勇说。

为了把十八坊做起来，利用有限的资源把村子振兴起来，战旗村一边发动村民，一边挖掘人才，十八坊内的铺面不多，能人巧匠却也不少。

总书记购买了布鞋的唐昌布鞋坊，一进十八坊的大门就可以看到。将布鞋递给总书记的赖淑芳是唐昌布鞋制作技艺的传承人，已过花甲之年的她依旧在布鞋坊后的工厂里忙碌着，前店后厂的经验模式将传承了700多年的制鞋工艺完整地呈现了出来。

布鞋坊的不远处就是卖竹编、草编、棕编的三编坊，老板娘摇着竹编的扇子，坐在椅子上，看着来来往往的游客，铺面上摆满了草鞋、竹扇子、竹簸箕、小竹背篓、棕编帽子等三编制品，这里面有一部分是老板娘李天清亲手做的。出生于棕编世家的李天清从两三岁的时候就开始学习棕编，先是帮大人们打理棕叶，等到了五六岁就开始编一些简单的玩意儿，做了将近60年棕编的李天清现在也有了自己的合作社。谁能想到坐在这不足十平方米的铺面内，被一堆竹制品包围的老板娘竟然是非物质文化遗产“棕编”的传承人呢?“战旗村在2018年被评为全国研学基地，那些娃娃要来，要学棕编，我就教人家，我带他们了解认识，最后体验，就把棕编传播出去了。”李天清介绍道。现在，李天清的合作社由丈夫打理，自己则在十八坊开着小铺子，偶尔教来参观考察的人做一做棕编。

十八坊是战旗村的旅游景点，也是村民们上班的地方，临近下午五点，十八坊内的“景民”就准备下班回归“村民”，杨勇又去接待来自南开大学的调研团队了。这个出了名的小村庄依旧按照自己的节奏缓缓行进着，面对过去的荣誉和未来的发展道路，杨勇坚定地说:“战旗村要保住乡村的本底，要留下淳朴的农民。”

(作者为兰州大学新闻与传播学院硕士研究生；指导老师魏占兴、郭翠玲、王臻为兰州大学新闻与传播学院教师)

“坦克兵”返乡记：回熊猫故乡养蜂

吴雅楠

李芯锐腰板挺直，皮肤黝黑，身着军绿色上衣，站在蜂场中央，眉头紧皱，眼睛盯着被黑熊动过的蜂箱，叹了口气说：“都装上钢筋栅栏了，还是防不住黑熊！”

就在7月11日晚上，一只黑熊“光顾”了李芯锐的蜂场。在一场现实版“熊出没之熊偷蜂蜜”落幕后，现场只留下被熊爪掏破的蜂巢和“落难”的蜜蜂，蜂农正无奈地收拾着“熊口余粮”。连坦克都搞得定的李芯锐，如今却为一只黑熊伤透了脑筋。

李芯锐是四川省绵阳市平武县关坝村的返乡青年，2019年是他返乡的第八个年头。

向往“江湖”

从绵阳市区出发，过了江油，进入一条接着一条的山路，途中经过弯路、土路和陡坡，大概需要四个小时的车程，才能抵达关坝村。

“穷乡僻壤嘛！”这是李芯锐在18岁时对它的评价，此前他从未离开过关坝村。

1982年，李芯锐出生在这里。童年记忆里，他和家人一起种地、养猪、养牛、养鸡，农忙时往田里背粪，放学了和小伙伴满山跑。

"小时候从来没出去过，上学时我喜欢看武侠小说，就觉得外面那个'江湖'会很精彩。"李芯锐说道。

在他10岁时，一场洪水冲走了他家的房子，也"冲断"了他的读书路。一夜之间，家里一贫如洗。他们一家四口挤在亲戚家的房子里，穿别人的旧衣服，吃救济的陈米，更没钱交学费。"有一回我出去借了50块钱学费，等拿回家，钱在我手心里都被捂湿了。"李芯锐回忆道。

"初中毕业后，就再没上过学。"他的语气里带着些许遗憾。在他眼里，想走出大山，除了读书，另一途径就是当兵。

"为了前途呀！"李芯锐说。

1999年，刚满18岁的李芯锐，带着对外面世界的向往，前往西北，当上了"坦克兵"。

刚到新兵连的第三天，不习惯西北干燥气候的李芯锐，鼻腔内毛细血管破裂，流了一小时的血。除了生理上的反应，生活里突然出现新的人也让他感到"别扭"。毕竟，十八年来和他说话的都是村里的同一拨人。

刚到部队时，因为家里条件不好，没有电话，就连报平安，李芯锐也只能打给县城的叔叔家。电话通了，另一端传来婶婶的声音："喂——"听到熟悉的声音，他叫了声"娘娘——"，哽咽得说不出话来。

"我记得很深刻，那通电话打了三分钟，对面一直在说话，我就一直回'嗯'，是没法说话的，也说不出来话的。"李芯锐说道。

戈壁滩里，烈日当空，脚踩黄沙，他想念关坝。

"在西北的戈壁滩训练，风一吹，半碗饭都是沙子。"他笑着回忆道。

山里来的孩子最不怕吃苦。李芯锐刻苦训练，被选上班长，也得到了全连队唯一一个入党名额。

2001年退伍后，他去面试宾馆保安。当被面试的人问有什么特长时，他自信地说："坦克驾驶！"没承想对方说了句："不好意思，我们这边没有坦克给你开！"回家后，他一句话也不说，一个人跑到山里，放了一个星期的羊才下山。

他曾向往的这个"江湖"并不美好。

回山里去

"我就想留在村子里面，可是在家里我无法养活自己，没有能让我做事的平台。"李芯锐说道。

他觉得卖饲料这个营生应该不错，就开始辗转各个村子卖饲料，可卖了两个月，成本都没赚回来。无奈之下，他决定踏上第二次离乡之旅。

重返“江湖”，这名昔日的坦克兵当过工人，也做过服务生、厨师、司机。四处漂泊讨生活，他去过哈尔滨、大庆、北京和西昌。

“西北、东北、北京，这些地方我都待过，可是始终对家乡念念不忘。”“在山里‘野’惯了的人，很多做事方式和城里不一样。”他在随笔里这样写道。

十年一晃而过，在外的一切都在朝好的方向发展，钱包也鼓起来了，但李芯锐还是觉得，这里没有他想要的生活。

他想要的生活就是回山里去，而这个机会终于来了。

2009年，公益组织北京山水自然保护中心入驻关坝村，与关坝村共同成立了关坝养蜂专业合作社，创立“熊猫蜂蜜”品牌，原生态的饲养模式开辟了关坝村的独特养蜂之路，养蜂人让蜜蜂飞向山野，自己采集花粉，酿造出百花蜜。

李芯锐的父亲是关坝养蜂合作社的骨干，2011年9月，北京山水自然保护中心的人常来家里做客，在他们的谈话中，李芯锐第一次接触到非政府组织（NGO）与非营利组织（NPO）的概念。

“他们在为我们的村子做事情，我们一直在这里生活，但是我们没有去反思我们的行为对环境的影响。”这让李芯锐感触很深。

李芯锐走在“白熊沟”的山路上　　陈思敏　摄

父亲没怎么出过村子，因此普通话讲得不好。听父亲和外边来的人聊天，李芯锐常常感觉到，在这个偏远的小山村，父亲这辈人如今已很难和外界沟通了。

“问吃了没，这可以聊，但更深层次的聊天，父亲就插不上话了。”李芯锐回忆道。而合作社的发展少不了和外边的人打交道，这里越来越需要年轻人。

他决定留下来帮父亲打理养蜂合作社，平武素有“天下熊猫第一县的美誉”，也是从那时起他称自己为“熊猫故乡的返乡养蜂人”。

卖蜜和“做保护”

“关坝可以有不一样的发展方向，如果按照原始的方式去走，它只会沦为平武县248个村子里比较落后的一个。”他决定带着家乡的蜂蜜往外走，希望合作社能独立将蜂蜜卖出去。

2012年，李芯锐开淘宝店铺卖蜜。此前，他只接触过一次电脑。他不会拼音，打一个字要在键盘上摸索好久。处理淘宝业务时，他一只手拿着字典翻看，另一只手用食指戳键盘。一个字母一个字母地戳，直到拼出一个完整的字。“没办法，我得逼自己打字啊。”他说道。

2012年年底，李芯锐用淘宝店铺和微信朋友圈，终于将滞销的土蜂蜜全部售出。

2013年，合作社股东选举李芯锐做理事长。为了进一步打开销路，李芯锐只身前往北京去寻求合作。

李芯锐带上50瓶蜂蜜，事先查好目的地和路线，并一一记在纸条上。到了北京，他在每一个他去过的地方留两瓶蜂蜜和一张名片。但最后，他只谈成了一单，为这一单，他往这个地方跑了三趟。

“我不抽烟不喝酒，也不爱推销自己，但卖蜜这事儿总得有人做！”李芯锐说道。

历经种种曲折，关坝村逐渐有了转变。据李芯锐介绍，到2013年，合作社从欠账状态转变为开始给村民分红（按照投资比例的40%），2014年和2015年投资比例达到80%，到2015年合作社给村上返利累计现金28800元。如今，关坝村的蜂农投资回报率可达到200%。

蜂养起来了，蜜卖出去了，养蜂合作社的发展步入正轨，李芯锐将更多精力放到了生态环境保护上，作为“养蜂人”守护着“熊猫的故乡”。

20世纪90年代以来，村民们在山中无序地开采破坏了环境，也威胁着山中野生动植物的生存。为此，关坝村村民自发形成了巡护队。2013年，李芯锐开始担任巡护队队长。

他曾独自一人进山，用红外相机拍摄野生动物，带领巡护队对关坝沟加强管护，为村民开展自然教育。村民不再上山打猎，有人在河里撒网捕鱼会被举报，昔日猎人变巡护队队员。

行走在深山与“江湖”之间，李芯锐最终于山水之间实现了一场“江湖梦”，从繁华世界走过，故乡才是他的归宿。

“与其在城市的蜗居里面感叹‘回不去的是故乡，记忆深处是乡愁’，干吗不选择回到家乡，回到生我养我的地方？”今年的1月9日，李芯锐在一篇日志里这样写道。从2019年开始，他打算逐渐从养蜂合作社的事务中抽身，“我准备一心扑在生态保护上。”李芯锐说。

（作者为兰州大学新闻与传播学院本科生；指导老师魏占兴、郭翠玲、王臻为兰州大学新闻与传播学院教师）

“沱江船工号子”进课本：传承人的守正创新之路

马梦瑶　程浩　李敏　赵倩倩

李远辉正在演唱沱江船工号子　　程浩　摄

“沱江水呦，绿油油么啰嗬，大小船儿呦，随江流么啰嗬，号子声声脚下起呦，一路高歌下泸州么啰嗬。”李远辉再次唱起这首号子时，整个人容光焕发。

2009年，李远辉被命名为“沱江船工号子”第七代代表性传承人。五年后，《沱江船工号子》被编入全国义务教育音乐课本，进入中小学课堂。五十年的传承之路，李远辉把民间的“俗”曲儿搬上了内江春晚舞台，把音符记录在了全国学子的课本里。非物质文化遗产守正创新的这条路，李远辉一直在走。

记录消失的声音

李远辉跟音乐打了一辈子交道，4岁时跟随大舅二舅上了木船，跟船工们一起生活了三年。“吃住都在船上。拉船、划船、休闲的（时候）都得喊号子，号子就是平常化了。”在他的记忆中，沱江上总是号子声声。

“一起出来的，他都有个团队，都是一个村的，十一二只船组成一个队，一起出船，互帮互助。”李远辉说，一队会请上一两个领唱人，再带着全村的盼望出发。

“在船上总听人唱歌，我也喜欢唱歌，回老家，天天到村头广播下跟着喇叭唱歌。”回忆起这段音乐启蒙，李远辉兴奋地说。

随着工业文明的快速发展，20世纪50至70年代机械船替代传统木船，不再需要人力拉船，“那船工就在长运公司都解散了，（沱江船工号子）没有了。”李远辉说。

真正让他再次与号子结缘的，是1984年中央的指令。中央下发文件要求各地做好民间音乐的记录工作。当时在内江文工团工作的李远辉接下了这项任务。他说：“是机会，得彻底了解它（沱江船工号子）。”

凭借儿时的记忆，他开始寻找还会唱号子的老船工。可现实情况是，当年的老船工有的已经拥有了新的职业身份，需要深入走访，很难寻得；有的已年老体弱，难以开口说话，更不要说再吼号子。

打着“不管不顾、挨家挨户”的战术，李远辉带着另一名同事就这样开始了寻找老号子声的工作。两个人背着七八斤重的老式录音机，沿着沱江，走遍了百合镇、石子镇、顺河镇、平坦乡、沱江乡、史东乡等各个乡镇，三年里，李远辉踩烂了十几双鞋。

“每天要走几十里山路，虽然很辛苦，但发现会唱号子的老船工时，那种喜悦也是巨大的。”李远辉说只找到了十余位会唱号子的船工，录制了十首歌。

李远辉介绍道：“记谱子是最难的，谱子需要分上下两声部，主旋律是有唱词的，附和声是‘嘿啰、嘿啰’，得把听到的分开。”李远辉把录好的号子一遍一遍地听，落成一个一个音符，再将单独的片段整理成谱子。

可惜的是，这些珍贵的资料由于没有受到足够重视，保护不当现已丢失。“我只能凭借记忆重现‘老腔号子’。”谈起这些，李远辉很自责。

守正创新之路

在对沱江船工号子的录入、谱曲过程中，李远辉发现，号子在自我进化的过程中也融入了沱江沿岸特有的韵味。

李远辉说："号子里的唱词内容都是即兴演唱，根据河流的形状、距离等，唱出沿河所见、所闻、所感。"沿途经过的地名、滩名在歌词中也有体现，"大洲坝儿能跑喂马呦嗬，三元井转弯弯儿，你要顺道划耶，七家滩抱到大脚要哟，白马庙的滩儿一饼粑呦。"李远辉介绍道。

"曲子种类多样，什么时候都可以唱，船准备开拔的时候唱《出档号子》；开拔之初，上下滩的时候唱《支架号子》；遇到激流，逆流而上的时候唱《大斑鸠号子》；平水划船的时候，节奏缓慢就唱《划船号子》，用来放松心情；即将下滩唱《沱江参口号子》。"在谈到不同类型的号子时，李远辉显得神采奕奕，现场唱起时还配合着拉纤的勾、拉手势，脚后跟也一前一后翘起。

"虽然大部分调子是欢快的、高亢的，但是配合着川剧高腔来唱，多少有些凄厉。"据李远辉介绍，纤夫身处社会底层，生活艰辛，拉船危险，船上劳累，船下要养活妻儿老小，在唱的时候，难免会唱得悲些。"号子里的悲切，自己唱得都要哭，"李远辉说，"再创作时只能做适当保留。"

旧曲新编，对歌词、曲调进行艺术化的加工，他将沱江船工号子"由俗变雅"，以舞台剧的形式登上演出舞台，写进中小学音乐课本。"去掉传统中与时代不符的东西，去掉俗的部分，把号子作为文艺作品，往雅的方向推进，也要考虑到年轻人的喜好，"李远辉说，"我做得还远远不够。"

后继有望的欣喜

沱江西林大桥上的第一个亭子里有一个雕塑，上面记录了沱江船工号子的故事，作为内江的代表性文化浇筑在桥头。铜色的雕塑上是李远辉亲自撰写的文字，文字右侧是纤夫拉纤的动作。

沱江船工号子能成功申请成为四川省非遗项目，得到政府的支持，与李远辉注入的心血密不可分。家里人说塑像建成的十几天里，李远辉就去了四次。按李远辉的话来说，"平时没事就去江边转转，采风，写新作品"。

73岁的李远辉，如今回想起旧日登台表演的歌曲，需得想一会儿，有时过好一阵才能想起来。老人会低声哼着调子，双手自然又有幅度地小摆着，回忆断掉的节奏。

前些年，李远辉还曾借助媒体的力量寻求传承人。"对号子有兴趣的人不多，愿意来学的（嗓音）条件不好。"号子传承困难重重，他一度担心后继无人。

李远辉找了很多年都没有找到称心如意的弟子，直到今年，一位少年主动找上门。“刘东灵，男孩子，不是他父母送过来的，是自己找来，悄悄跟我说的，我已经在考虑了。”李远辉说，“他年龄最小，条件也好，兴趣也高，个头高高的，才16岁，在校生，样子很帅，很有灵气。”提起准徒弟，李远辉满脸笑意，“他很孝顺，很喜欢京剧、川剧”。

（作者为兰州大学新闻与传播学院硕士研究生；指导老师魏占兴、郭翠玲、王臻为兰州大学新闻与传播学院教师）

“长江韬奋奖”获得者韩咏秋：“在沙漠中行走”的新闻人

郭阳　宋美彤　王毅璇　狄梦瑶

“邹韬奋、范长江这些伟大的前辈、拓荒者和开辟人，在关键时刻他们对我们来说就是指路明灯。”韩咏秋说。

“长江韬奋奖”是经中央批准常设的全国优秀新闻工作者最高奖，由中华全国新闻工作者协会组织评选。2018年，韩咏秋获得第十五届长江韬奋奖。从业25年来，他在新闻媒体的道路上一步一个脚印，用他自己的话说，干了就得踏踏实实地把它干好，喜欢一个东西，就把它弄明白。

调解一件，教育一片

说起“市场”这个词，它似乎天生就和“公共”矛盾，“做公益不能当饭吃”成了一些自媒体甚至是传统媒体上低俗内容充斥的天经地义的借口。但在韩咏秋看来，民事矛盾是媒体的富矿，注重公共效益比博眼球更能实现媒体的经济效益。

他相继策划推出了《大城小事》《都市700》《家事有道》等节目，着眼于老百姓生活中的各种矛盾纠纷，在客观分析事件的基础上，给老百姓出谋划策，包括婚姻矛盾、邻里纠纷、整容问题等。

韩咏秋谈到他所策划的各类调解节目中，比较典型的就是拆迁问题。他说：“在拆迁问题面前，往往是农民面朝黄土背朝天，一拆越过贫困线。”

与别人汲汲于拆迁过程中撒泼打滚、无理取闹的刺激画面不同，韩咏秋眼里的拆迁不光蕴含着社会矛盾，更蕴含着媒体人解决问题的希望。“‘拆’意味着生活的变化，如果一个人祖祖辈辈生活在农村，他对事物的理解方式有所不同，隐形中会暗藏矛盾。”他说。

韩咏秋说：“2012年之前什么叫人民调解，10人中有6到8个人不知道。但是要做调解人民矛盾这样的服务，身份和程序必须合法，机构也要合法。”因此，2012年，韩咏秋所在的重庆广播电视集团成立调解委员会，针对拆迁等社会问题开展人民矛盾调解，将电视台作为一个普法和调节解决的发光点，以点带面地普及法律知识和解决社会问题，实现荧幕内外的联动协同，更好地服务公众。

有一种调解叫“巴渝和事佬”

“世上难事千千万，和事佬更是出了名的难做。”但是一款“巴渝和事佬”App却将电视节目上难以调和的民事矛盾顺利解决了。

韩咏秋在都市频道全力打造每天3小时电视调解节目带，但这所能调解的问题仅仅是冰山一角。“我们节目每年处理4600多件民事矛盾，我觉得我们忙不过来，服务不到位，生态链也不完整。”面对电视台有限的调解类节目资源和人力资源，韩咏秋如是说。但是在韩咏秋看来，干不了不是不干了的借口，总有办法和平台可以解决难以调和的民事矛盾。2016年，借着大数据和智能手机的东风，一款名叫“巴渝和事佬”的App上线了。

“效率太高了！头一天晚上在App上寻找人民调解员，填写了申请。第二天一大早调解员就联系我了。”网民邓先生在App下载主页的留言上表达了对这个“和事佬”的喜爱。

这个存在于手机上的“和事佬”并不是让矛盾双方自己“和事”，而是将相关调解案件推送到法院、司法局去和事。以重庆市合川区为例，韩咏秋说：“合川区的法院把他们那儿适合做调解的案子推送给司法局，司法局分发到司法组，调解完后结果直接送回到法院。”截至2017年下半年，“巴渝和事佬”App在重庆市调解的问题已经达到8000件。“巴渝和事佬”App不仅管得多，还管得宽，家庭婚姻纠纷、合同纠纷、山林纠纷等10余个类别都在它的管辖范围之内。高点击率和高解决率也使得这款App成了重庆法院和司法局后台唯一对接的App。

放下成功，重新开始

从策划《拍案说法》，到推出《大城小事》《都市700》《家事有道》《为你喝彩》等品牌栏目，韩咏秋的节目一个又一个地火了起来。从2013年获“中国播音主持金话筒奖”，到2018年获评“第十届全国德艺双馨电视艺术工作者”、第十五届“长江韬奋奖”，一个又一个奖项接踵而至，韩咏秋一方面觉得自己的工作有意义，有回报，另一方面却又开始迷茫无措，陷入恐慌。他说：“当你拿的奖越来越多，到达一个高点，就很难再突破，心中也会产生恐慌。”

放低身段，到自己出发的老地方再走一遭新路，韩咏秋给自己的“迷惘病”开出了药方。恰逢产业机制体制改革，韩咏秋成了重庆广播电视集团（总台）都市频道和公共·农村频道的总监。虽然已经是一个老电视人，但是成为频道总监却着实让他犯难。韩咏秋说：“频道发展与做节目不同，现在是一个公司集团，要养活200多人。”但在当时电视台普遍不景气的情况下，电视台又要自负盈亏，养活200多人谈何容易。就是在这种逆境之下，韩咏秋从“德治”与“法治”的有机结合中找到了媒体转型升级的契机。他说：“我刚接手这两个频道的时候，第一年要亏4000多万元，第二年亏2000多万，第三年亏1000多万，到现在已经每年创收6000多万到7000万元了。”

韩咏秋向记者讲述自己如何“扭亏为盈” 王毅璇 摄

在几年的时间里，韩咏秋不慕虚名而取实利。从做节目到做总监，从功成名就到放下身段，韩咏秋在“回炉重造”的过程中，也找到了提升自己的那条看似荆棘的路。

为《万里行》行万里

1997年，《渝疆万里行》作为重庆直辖前夕拍摄的纪录片，在当时引起了不小的轰动。而为了这“万里行”，韩咏秋结结实实地走遍了重庆的万里山路。

山城之概念，重庆之风貌，绝非只存在于笔尖的一点一滴和图上的一尺一寸。提及这段艰苦的岁月，韩咏秋现在仍感慨：“太苦啦！老重庆有句话叫养儿不用教，酉秀黔彭走一遭。”韩咏秋当时就曾在这些地方采访，“那种感觉你体会不到，走进一片荆棘丛生的地方，以为十分钟可能就过了，走了半个小时，前面还望不到头，后面又退不回去，身上全是刺，浑身都疼。”

可就是在这种考验之下，《渝疆万里行》仍然横空出世，并将重庆的山川林湖、人文景致呈现在了世人面前。

真正的新闻人，要有悲天悯人的情怀，韩咏秋说：“每个人的人生境遇不一样，对不同的人要保持同样的高度，同样的视角，这是做记者的应该有的态度。对于地位高的人，我做到不卑不亢，对于地位低的人，我要给予足够的尊重。”二十多年来，韩咏秋把对事业的追求当成“在沙漠中行走”。他说：“要想让身后留下一行清晰的足迹，就必须不停地向前。”

（作者为兰州大学新闻与传播学院硕士研究生；指导老师魏占兴、郭翠玲、王臻为兰州大学新闻与传播学院教师）

柏龙村的电商脱贫生意经

赵为德　李裕鸿　李金玥

四面环山，常住人口不到800人，位于四川省资中县铁佛镇的柏龙村，近年来因为一种水果声名鹊起，这里是“龙泗沟”牌血橙的重要产地，产品畅销四川乃至东三省、新疆、西藏等地。一到年末，平时寂寥的村子便热闹起来，每年的12月到次年的3月，成千上万个装有血橙的深红色箱子，便从这里乘着物流快车，销往全国各地。

走进村子，印有“电子商务淘宝村”的广告牌在村口高高立起，“村邮乐购”的金色招牌在村党群服务中心格外显眼。

但是五年前的柏龙村，远非如此。

开始起步

“这里面有不少的辛酸，所以一说起我们村里的电商，眼泪都要出来。”钟天红笑着说。

他是柏龙村前村主任，也是村里电子商务的带头人。

血橙并非原产于柏龙村，而是和菠萝等水果一样，也是个舶来品。十几年前，资中县农林局的专家从意大利引进血橙，最初是在资中县西北部的归德镇试种，由于气候条件不适，种植并不成功。

后来，柏龙村成了第二批试验基地。

“最大的问题是管理，因为至少要种植四年才能结果，”钟天红说，“刚开始的时候出现裂果，一棵树的果子有八成都裂开了，裂了就往下掉，而且果子也不红，是黄的。”出现这种情况，钟天红心里很着急，请来县上的专家，才发现是细菌感染，土壤里碳肥过多，找到原因后就对症下药，果树才慢慢好起来。

“但还是不好卖。”钟天红继续说。

在没有打开电商渠道前，村里的果农大多是将血橙拉到集市上去卖。“那个时候基本上是几毛钱到一块钱一斤。”钟天红表示，市场不景气，村里的血橙卖不上好价钱，果农种植也没有积极性。

转机出现在2014年。

因为经常刷朋友圈，钟天红脑筋一转：“那么多东西都可以在网上卖，血橙怎么就不可以呢?”说干就干，钟天红叫上当时的村支书李火秀和其他几个村干部一起商量，先尝试着在自己的朋友圈里发一些血橙的照片，于是亲朋好友便成了第一批线上客户。

“只要朋友圈一发，就有一两百人来买。”网络的便捷，让钟天红看到了血橙的未来。

但是光靠几个村干部的力量还不够，钟天红又把村上有文化的年轻人召集起来，做了简单的培训，让他们也在自己的朋友圈发布血橙的销售信息。由于村里有大量外出务工人员，钟天红后来又建立了柏龙村乡亲群，鼓动他们将血橙通过朋友圈卖给自己的同事。

柏龙村血橙马上有了销路。

2014年，村上开通网络销售平台，一到年末，血橙红遍田间地头，数万斤的血橙被集中装箱，销往全国各地。

但是新的困难又接踵而至。

“铁佛镇有快递，但是相当慢，为了让快递准时寄出，我是用我自己的车拉到资中县城去发的。”钟天红介绍，由于当时快递慢的缘故，自己每天早上6点就会从家里出发，开车将装好的血橙拉到资中县城快递点，“哪怕三五箱血橙也会拉”。

因为气候差异大，销往国内各地的血橙在运输过程中就出现了不同程度的损坏。东北气温较低，又恰逢冬季，血橙在运输时便全部冻烂了；而到了华南，冬天少数地区的气温也在20度以上，血橙没有运达目的地就出现腐烂。“血橙冻坏了，要赔偿，就要重新发货，东北三省快递费二十几块钱，西藏、新疆的快递费都是五十几块钱，但是为了信誉，还是得赔偿。”

钟天红说。

找到原因，钟天红便改进包装箱。发往气温较低的地区，包装使用全封闭的保温箱，而对于华南一带，则使用带有透气孔的箱子。

随着合作的增多，柏龙村开始与资中县邮政等快递物流公司进行洽谈、合作，逐步建立起柏龙村物流一体化销售、运输模式，解决了过去血橙运输线路长、运输中易损坏的问题。

重在管理

为了管控品质，“资中县春华种植农民专业合作社”和“资中县易盛种植农民专业合作社”（以下简称专业合作社）于2014年在柏龙村挂牌成立。村上对血橙种植进行统一管理，包括统一用药和施肥。

专业合作社下设10个组长，钟天红是负责人。“我们有专门的专业合作社微信群，该打药施肥的时候，我们就在群里发通知，出现天气问题我们也直接给组长讲，他们再通知农户。”钟天红介绍，专业合作社跟资中县农业局植保站长年合作，植保站的技术人员提供技术支持，每年会到村上组织三到五次现场培训。

从2016年起，资中县政府组织钟天红到昆明、眉山等地学习。就眉山市的水果种植来说，钟天红给我们举了个例子：“以前树下的杂草，我们都打了除草剂，但是他们（眉山市水果种植人员）不打药，还要把它种着，因为要保持水分的蒸发，防止天旱，而且可以变成有机肥。”

种植方法优化的同时，电子商务的管理也在跟进。

“开淘宝店，要想有人关注你，网店就要一直有东西卖。”钟天红说，村里的血橙品种太单一，不利于电商模式的发展。

血橙的主要成熟期在每年12月到次年的2月，过了这几个月，村上的网店便无货可售。考虑到这种情况，柏龙村于2016年引进爱媛、春见、血橙8号等品种，血橙8号是晚熟血橙，每年3月底才成熟，而爱媛在10月份就已经上市了。新品种很好地填补了市场空白。

在引进新品种的同时，“留树保鲜”的技术也在柏龙村开始推广。钟天红说，“留树保鲜”是从县上引进的技术，就是将已经成熟的血橙留在树上，从1月开始，在树上覆盖一层塑料膜，并施上防冻肥，用来保温，可以将血橙上市时间延长至3月。

此外，作为国家农业扶贫项目的冻库也于2018年修建起来。“争取在端午节的时候都还能有血橙卖。”钟天红说。冻库从今年开始投入使用，储量高达100吨，并配有清洗打蜡机、选果机等设备，帮助血橙进行简单加工。冻库的投入使用大大延迟了血橙上市的时间。

销路广了，销量大了，柏龙村血橙的招牌也响亮起来。但与此同时，新的问题纷沓而至。

“我们村上的牌子打响后，其他村也打我们的招牌。”钟天红说，2017年的时候，网上有一户商家自称是铁佛镇柏龙村的血橙，消费者怀疑该商家的血橙注射有甜蜜素，便向工商局报了案。工商局找到钟天红，经过调查，才发现有人冒用柏龙村的品牌。

出于维护品牌形象的考虑，钟天红于2018年注册了柏龙村血橙的“龙泗沟”商标，并进行“绿色食品”认证。

“注册了商标，他们就再不敢打我们龙泗沟的招牌。”钟天红笑着说。

欣欣向荣

2014年是柏龙村血橙种植户收入发生质变的一年。钟天红说：“当时市场上的血橙是一块多钱1斤，网上是七八块钱1斤，我们卖的话是68块钱一箱，有8斤。”销售渠道的转变让果农的收入有了明显增加。

仅仅在血橙售卖打开电商渠道的一年后，也就是2015年年底，柏龙村便已经全面摘帽脱贫。

“因为我们这个村有收入嘛，主要收入来源就是血橙。”钟天红说。

血橙的线上销售不仅使柏龙村名声大噪，也富了村民的口袋。在2015年之前，柏龙村有104户贫困户，人均年收入不超过3000元，而到了2018年，人均年收入已经达到10000元。从2014年到2018年短短4年间，柏龙村血橙的销售均价由8毛钱1斤上升到6块钱1斤；电商销量更是由20万斤增加到180万斤之多；种植面积也由2000亩上升到3100亩。

果农林贵生算得上是当地的种植大户，家里种了10多亩地2000多棵血橙。去年一年，纯收入就有七八万块钱。

村民的腰包鼓了，村子的基础设施也在改善。“村上这几年的村貌有明显的改变，老百姓也好集资了。”钟天红说，除了主街道已经全部硬化，村里的支路以国家补助和村民集资相结合的形式，也已基本建好，而且生产便道直接通向果林。

作为柏龙村的支柱产业，血橙为乡村振兴注入新的发展活力的同时，也在吸引着外出务工人员的回流。为了更好地推广血橙，吸引外出务工人员返乡创业，资中县从2016年开始举办血橙节，迄今为止已经举办了三届。据钟天红介绍，2019年第三届血橙节在资中县苌弘大剧院举办，柏龙村开设分会场。开幕式上，钟天红因电商扶贫工作出色，当选为“资中县血橙产业十大风云人物”。

2016年，柏龙村党支部被评为“四川省先进基层党组织”。

“还是不容易。”钟天红最后说道。

血橙节　　受访者供图

因地制宜，攻坚克难，这是柏龙村摘帽脱贫的真实写照。在“互联网+产业”发展方兴未艾的背景下，“钟天红们”将互联网和当地产业充分结合，大胆试错，讲述了一部成功的电商脱贫生意经，托起了一个贫困村的致富梦。

（作者为兰州大学新闻与传播学院本科生；指导老师魏占兴、王臻为兰州大学新闻与传播学院教师）

北川“裂缝”里，讲解姑娘留下的四个理由

李裕鸿　范鑫

“5·12”地震在北川县城留下了无法弥合的裂缝。震后第二年，由此向南约三十千米的永昌镇成为接纳地震幸存者的新县城，只剩断壁残垣的“老北川”被规划成地震遗址，逐渐成为“空城”。遗址内，许多震后的楼房被原貌保留，地震纪念馆于2013年落成在废墟的三千米外。在青山的环抱下，它们一同静默地迎来前来参观或悼念的人们。

迎来这些人的，还有在此工作的讲解员们。2010年，“老北川”废墟向社会开放，遗址开始招聘讲解员。来来去去，全职的中文讲解员在近两年固定为十二位姑娘。她们在废墟或纪念馆里穿行，站在倒塌楼房或是展品前讲述其中的历史，就像终年青翠的山林，与刻在群山间的“裂缝”共生。

做到这种日复一日并不容易，而自招聘以来，离开的讲解员也远多于留下的。对这些仍然在职的讲解姑娘而言，总有理由让自己把青春留在山里，并学会面对伤感和苦闷。

“讲解员是地震的守墓人”

王婷婷已经在地震遗址工作四年了。入职前，大专还没毕业的她想找一份工作养活自己。2015年7月，通过面试和试岗的她进入试用期，成为所有讲解员中最年轻的一位。

得到这份工作后，王婷婷才第一次进入北川，“当时觉得风景好，空气也好”。但这样的兴奋感很快被记忆讲解词时的吃力取代。她生在江油，“5·12”地震发生时只是听说过北川县城的遭遇，正在读初一的她也才知道有北川这个地方。而第一次去“老北川”废墟讲解时，她被满眼废墟和灰尘、没有平整公路的景象吓住了，“不知道自己要讲什么。”

四年来，即使相似的话语反复地讲，王婷婷也不觉得厌烦，因为在讲解中会遇到不同的人，也会带来不同的感受。一名曾参加救援的商人在参观时说“讲解员是地震的守墓人”，她对这句话印象深刻并深有同感。她常常接待有小孩的家庭，经过公墓时，看见许多家长要求孩子在这里脱帽鞠躬，她觉得“很多家长还是很重视对孩子的教育”。看到游客在参观中表现出的不同举动，她很有感触，对自己的讲解也有成就感。

然而，直到现在，王婷婷在讲解时看到游客哭，自己有时也会跟着流泪，在一些地点还会边讲边哭，“地震发生在这里，感情也在这里”。这些工作中的负面情绪只能靠自己调节。

此外，身体的劳累也难以避免。一般情况下，讲解员平均一天完成两次讲解就可以得到正常的工资，超额完成会获得提成但也有上限。遇到法定节假日，所有讲解员没有特殊情况都必须上班，而在清明节等特殊的日子，讲解员们从上班讲到下班是常有的事。“（讲解员）讲一天下来都说不出话，基本上都有慢性咽炎。”王婷婷记得，自己一天最多曾讲过十五次。

平时，讲解员会分成两组，在纪念馆和“老北川”的废墟轮流讲解，而在废墟的讲解通常更加煎熬。因为废墟里的道路不平整，且几乎没有树荫，讲解员的鞋子经常被走坏，自己也容易中暑和感冒。王婷婷最怕单位里有人感冒，“感冒在这里很容易传染，只要有一个人感冒，其他人都会感冒”。

“5·12”地震公墓　　李裕鸿　摄

王婷婷说：“我每个月都会有几天在想，每天都在这个地方讲这些东西，以后要怎么办?”但她目前暂时不考虑离开“裂缝”，因为2019年年初，当时还不到二十四岁的她在“新北川”成了家，“其实每个人的工作都不容易”。

“这里是我永远的家”

在地震遗址当讲解员，是高粒原的第一份工作。但留在“老北川”的家，是她九年前决定向这里投简历的唯一理由。

地震发生时，高粒原正在机场实习。由于通信信号中断，她联系不上在北川的家人，“如果可以第一时间知道消息，我可能还不会那么想回来”。2009年，在地震中幸存的父母回到重建中的县城，她毕业后也从成都回了家。第二年，“老北川”的废墟向社会开放，地震遗址开始招聘讲解员，学习空乘专业的高粒原应聘通过，在这片裂缝里一干就是九年。“这里离家近，也离外婆近。”她平静地提到，外婆在老县城遇难了。但说起回家工作，她的解释简短而坚定。

得知要在地震遗址当讲解员，高粒原的父母担心她太难过而无法坚持工作，但她还是想试试。现在的她已经适应了这份工作，“他们的生活也越来越好，那我们就应该好好活着，才是对他们最好的安慰”。但作为本地人，她在讲解之初不可避免地面临着内心的“裂缝”。

在游客的安慰下，高粒原一路哭着完成了讲解，也在震后第一次仔细地走完残存的北川县城——此前，她只会走到“三倒拐”，去那里的望乡台上遥望有许多熟人逝去的故乡，或是在祭奠时才走进废墟，去特定的地方看看。直到现在，讲解中的某些内容或5月12日等特殊的日子仍然令高粒原感伤，但她觉得自己心态还不错，不会一直陷入这样的情绪，“毕竟那么大一次灾难，那么多人离开了。不是说这场灾难我们不记得它，而是藏在心里面，不会特意去翻出来”。

像许多当地的受灾者一样，高粒原和父母在2010年住进了“新北川”，而这里的一些建筑因每年夏季的涨水被泥沙掩埋。三个人在家基本不聊十一年前的事，父母也很少回到“老北川”。退休后能和朋友在一起，她觉得父母平时的心情还挺好。她带孩子去过废墟，但参观时没有刻意提起过亲人。孩子知道有亲人在地震中遇难——正在绵阳的寄宿学校上小学二年级的他在家里问：“奶奶我见过了，奶奶的妈妈也见过了，那外婆的妈妈我怎么没见过?”

工作中，高粒原也见过许多讲解员离职，“可能是结婚生子，或者当时在绵阳读书但家离这里远，还有就是内部调动”。工作中，她有近三年的时间被安排去遗址的其他岗位工作，“其实基本也算没有离开”。

高粒原肯定地说，自己从没想过要离开这里。尽管还没有规划过未来，但因为现在的工作可以顾家，她目前会继续当讲解员。平时坐四十多分钟的班车上下班，想孩子了就在家长开放日去接他出来，“现在这样挺好的”。

然而，尽管从小生活在曲山镇，习惯了地震遗址周围的山，但高粒原也认为这里与“新北川”相比的确有些沉闷，“大家都是女娃子，还是需要有自己的活动调节这种情绪”。

“喜欢，所以留下”

“下班以后，没事就跳操、看电视、看书、散步、爬山、玩手机。还有就是几个人聚在一起自己做好吃的。”来自绵阳的羊芳已经习惯了山里的生活。因为自己不会开车，也不愿每天搭乘往返的城乡巴士，她就一直住在职工宿舍。

2010年10月，羊芳入职时住的还是震后板房。“就像学校里几个人住一个寝室，其实挺热闹的。大家一起聊聊八卦，日子很容易打发。”刚毕业的她觉得房子很新奇，完全不觉得“裂缝”里苦，“有住的地方，洗漱也安排得也比较好，好像还行。当时要求不高，想的东西也简单，蛮怀念那种纯真的”。

羊芳目睹着周边的房屋被重新建起，也从“连讲解员要做什么都不知道”开始成长，在讲解时放任自己哭泣，从而学会控制情绪，度过困难期后劝慰新来的讲解员，“现在是很悲伤，但做得都是很有意义的事”。她也和同事去成都、绵阳等邻近城市招聘新员工，其中还不乏一些从附近学校毕业但家在省外的学生。因为没有换过岗位，她到今年10月就算在地震遗迹讲解了九年整，是现任讲解员中干得最久的。

然而，与她同一批入职的讲解员中，只有她一个人留到现在，早期招聘的省外学生也都不讲了。她猜想：“他们可能有更好的选择，或者不喜欢这里的生活，又或者觉得这份工作不适合自己，就不做了。”而因为觉得要出去闯荡，她在单位结识的爱人也走出群山，在绵阳做小生意。

工作的近九年里发生过很多事，这些也让羊芳曾多次想要离开。“哺乳期过了以后，孩子被他的奶奶带回了绵阳，当时特别难过，因为特别想孩子，觉得不能陪在孩子身边一起成长。”还有一次，何时何故已经记不清了，她甚至写好了辞职信，但最后还是没有交出去。

“这个工作会让你放弃很多东西，比如与家人团聚的机会，还有繁华的都市。”羊芳多次强调，自己能坚持下来不离开，是因为有一个强大的理由可以战胜离开的念头，“就是因为喜欢”。但她不敢保证自己将在“裂缝”里干一辈子，“谁也不能保证未来会发生什么，但至少现在是不想走，会一直留在这”。

“我要让自己的讲解有价值”

当讲解员两年的王华蓉曾被一些游客的迷信言论冒犯。她觉得很无奈：“我们就在这里守护着他们，我们觉得没有什么啊。”她2012年就来地震遗址工作，但因为往返于废墟和纪念馆的摆渡车停运，她从票务员转岗来讲解。

王华蓉强调，她是这里的工作者，“把自己当作一个幸存者就没办法工作了”。地震发生前的两个小时，王华蓉一家从当时县城的公安局去了外婆家，算是与地震最严重的地方擦肩而过，转移安置时，全家人在山间走了一天一夜才回到县城。“爬了七座山，而且没有路，我老爸就拿着一把刀在前面开路。”回想灾难发生时的经历，她觉得自己十分幸运。

地震后，王华蓉觉得自己的魂丢了一半，一个月后开始哭得撕心裂肺，“没有找到亲人我都没有哭。后来才觉得当时是哭不出来”。而讲解之初，她还没走到公墓前就开始哭，用了半年时间才调整好情绪。因为是当地人，她在工作时就会多讲一些过去的情况，也会有游客向她询问当时的事，“有的客人会先问我方不方便讲，有的游客就直接拉着我问这个问那个。其实也能理解，因为到这个地方来的人都想了解更多嘛”。

王华蓉特别喜欢这份工作。一方面，她可以每天回到在“新北川”的家，与父母团聚。更重要的是，她满足于“讲解”本身的价值：“通过我，让不了解遗址的人能了解北川地震，了解防震减灾，了解以后地震时躲在哪些地方比较安全，让他们了解发生了哪些感人的故事，我就觉得挺好的。”

和所有讲解员一样，除了完成讲解的工作，王华蓉还要参加每周一在纪念馆的例行培训，“当了讲解员之后，接触和了解的东西太多了。你会每天去充实自己的讲解词，看很多关于地震的书，看汶川、映秀和其他地方的相关资料。有些故事真的特别感人”。

讲解员培训的内容广泛，既有与地震相关的知识、故事和救援精神，也有应对突发情况的急救措施。而与王华蓉见面的周一下午，讲解员们围坐在纪念馆大厅一角，依次起身讲述“5·12”地震中的故事，正在为一项讲解比赛做准备。一名讲解员介绍，为比赛准备的演讲词和平时的演讲词差不多。

在这天下午的培训里，抑扬顿挫的演讲声、忘词时的笑声和结束的掌声交替出现，回荡在三四百平方米的大厅中。而在更早的午休时间里，已经有一些讲解员在纪念馆各据一方叽叽喳喳。一名讲解员说：“很多人都会说这里工作不好啊，但真的没有想象中的那么惨。这里氛围挺好的，大家都是姐妹。”

这些讲解姑娘们都习惯了留在“裂缝”的日子。

（作者为兰州大学新闻与传播学院本科生；指导老师魏占兴、郭翠玲、王臻为兰州大学新闻与传播学院教师）

变脸大师彭登怀的“变”与“不变”

宋美彤 狄梦瑶 郭阳 王毅璇

沱江，长江上游支流，位于四川省中部。沱江的中段资阳河，覆盖了资阳、内江、自贡、泸州等地，这条河流不仅孕育着生命，也滋养着文化。以资阳河命名的资阳市正是川剧资阳河流派的发源地。

据传资阳有一座城隍庙，庙里住着个城隍老爷，不但有求必应，还爱听川戏，护佑戏人。据《资阳县志》载，清朝时期（公元1748年前后），乾隆皇帝在京听闻资阳城隍“佑国护民”种种神迹，亲笔御书“显忠大王”四字悬于城隍庙正殿。自此，巴蜀百姓不论远近，皆前往城隍庙朝圣，各地演出戏班也蜂拥而至，大腕云集、名伶荟萃，风靡川渝近两百年。

“所有唱川戏的人，只有上了资阳河城隍庙的大舞台，才能成为‘角儿’。就像现在只有在北京得了‘梅花奖’，你才是角儿。”在资阳河川剧文化滋养下成长起来的彭登怀，以前做梦也没有想到，“破吉尼斯世界纪录”“收刘德华为徒”“登上央视春晚”“受到49个国家元首的亲切接见”……有一天他会成为这么大的“角儿”。

变脸大师彭登怀的“古稀”状态　　受访者供图

“娃娃头”变“武生小子”

“观众黑压压地一片在底下坐着，锣鼓一打我就开始发抖，怎么也迈不出那一步。老师说：‘出去！’接着就一把将我推出了马门。”年仅8岁，对于川剧中的步法、指法都没有系统学习过的彭登怀穿着老师从庙里借来的蟒袍，开始了他的川剧生涯。“可说也奇怪，出去的时候我一下就想起了看过的动作。于是我把脚踩到台口上，模仿着看到过的动作比画了一招。”彭登怀回忆，台下顿时掌声雷动，观众与镇上的川剧老师都感叹道：“这娃真是个天才！”

实际上，彭登怀对于川剧的“天赋异禀”离不开生长环境的滋养。他出生于资阳市祥符镇，父亲的小酒馆成了他川剧生涯的启蒙地。明清时期就有“成渝好角色，难过内江国”的说法，足见资阳河的艺术水平与川剧的鼎沸盛况。祥符镇，也是资阳河川剧流派中一个典型的“戏窝子”。父亲的小酒馆成为过路艺人、过路剧团的歇脚地。武打、变脸……5岁的他在父亲的脖子上“骑马马”，一边看这些精彩的表演，一边还拍手大叫“好！”，每次看到这些表演，彭登怀都欢喜得不得了。潜移默化中，《白蛇传》《望娘滩》等传统川剧已被他牢记于心。

“今天我看到什么，明天我就表演什么。”彭登怀最喜欢“现学现卖”。从此，镇上多了个“小戏班子”。他经常带领着一群小伙伴拿着自制的刀枪在街上“打打打”；或者他们来到河边，一个猛子扎进河里，抓着泥巴往脸上一涂，假装表演变脸；有时他们回家会将小手涂满锅灰，来到镇上的茶馆里帮老爷爷们变个“大花脸”。

“孩儿们，变！”彭登怀假装是他们的师父，指挥道，几个小孩就转过身去，用手里的锅灰给自己“变脸”，涂得只剩下双黑溜溜的眼睛，引得茶馆里的老人拍手叫好。镇上的川戏老师喜爱机灵又有天赋的彭登怀，主动提出要收他为徒。在老师的口传心授下，彭登怀坐在茶馆里，屁股下垫个小板凳，就能一板一眼地唱起戏来。

上小学时，他既期待有川剧团来演出，又害怕他们来。因为川剧团一来，他总是心痒难耐逃课去看川剧，直到老师找到父亲：“你儿子已经三天没来上课了……”他才会乖乖回家。趴在父亲早已准备好的长条木凳上，旁边墙上是两根树棍。尽管每次都挨打，下一次他还是照去不误，“翻墙”“钻洞”“上树”……为了看戏他用尽了一切办法。

1959年5月，成都的戏班子，也就是今天的四川省艺术学校，来到当时的资阳县城招生。还在上小学的他，与父母各背着一袋麦子从祥符镇一路走到了资阳县城。可当他们来到这里时，成都来的戏班子早已人去楼空，连摊都收了。“走了这么多里路！”他沮丧极了。阴差阳错，有人向他推荐了资阳川剧团。一路找去，他见到了自己人生中的第一个恩人——当时资阳川剧团的业务副团长朱俊臣。朱俊臣一听到眼前这个小子要考川剧演员，便停下了手中的麻将。自此，他由一个“娃娃头”变成了一个真正的“武生小子”。

“武生小子”成“变脸大师”

在资阳川剧团，他看到了川剧中真正的变脸技艺。《九变化身》中侠盗贝戎通过九次变脸躲避官兵追杀，《白蛇传》中的紫金铙钹几番变化，都让他备感惊奇。强烈的兴趣让他从武生走上了“变脸之路”，并走出了自己的风格与高度。

1993年开始学习变脸；1999年在新加坡破世界纪录：“25秒12张脸”；2000年收刘德华为徒，着手借名人之势将川剧推向世界；变回本脸之后再变化，不再用手挡就能直接进行变脸……相较于第一代变脸人康芷林，第二代变脸人孙德才，彭登怀以张张大、张数多、颜色反差大为特点的突破创新，使他被誉为第三代川剧变脸的旗手。著名川剧表演艺术家许倩云、兰光临对他说：“祝贺你，你为川剧做了新的贡献！”实际上，彭登怀的变脸之路却不是一帆风顺的。

“彭登怀这个人太鬼了！”他第一次上台表演变脸后，剧团里的人评价道。资阳川剧团在外演出之时，表演变脸的老师突然生病。此时，观众已经进场，“猴子都要救戏，救戏如救火”。本着这样的想法，彭登怀向团长自告奋勇：“团长，我来唱贝戎（川剧《九变化身》中的主角）！”团长虽一开始惊讶道：“你开什么玩笑！”但后来还是硬着头皮让他上场。表演结束后，团长才发现彭登怀居然神不知鬼不觉地在偷学技艺。

“我的老师不会变脸，会变脸的老师不教我。”彭登怀也有些无奈。当时，对于变脸技艺的传承理念还不像今天这么开放。“传内不传外”“传儿不传女”“教会徒弟饿死师傅”这些观念是川剧变脸技艺中的“行规”。每个川剧团平均只有一个人会变脸。因此，尽管感兴趣，彭登怀却始终无法学习这门技艺。

好在“人小不起眼”，他常蹲在马门偷看别人变脸。剧团团长只道他人小鬼大，却不知他跟着舞台上的老师演了多少遍贝戎。他注意到，剧团的变脸老师每天9点去下棋，趁着老师去下棋，他便进老师的房间拿着戏服在自己身上比画，一遍又一遍。直到变脸的师傅快回来了，他才赶紧将衣服按照原来的样子折好，放在原位。除此以外，彭登怀还在变脸老师的化妆间凿了个洞，偷偷观察变脸的技巧。有人曾笑话他，彭登怀的眼睛一大一小，一定是“凿壁偷学”的缘故。

“变脸大师”与“舆论主角”

“委屈，我太委屈了。”尽管已经时隔近20年，提起2000年刘德华拜师一事，彭登怀依然感慨万千。“我那时候非常‘讨厌’刘德华。”他戏称。

2000年是他“毕生难忘”的一年，天王巨星刘德华拜自己为师，彭登怀承受了巨大的压力。一时间，“彭登怀收了刘德华40万”“彭登怀泄露国家机密”“彭登怀收刘德华为徒是为了‘粮谷进仓’”等流言四起。有人要他认错，甚至有人要求将他开除公职。长达四年的时间，彭登怀都被这样的流言蜚语包围着。面对这一切，这位老艺术家哭过，也费解过，但最后他选择把注意力放在真正有意义的事情上。

“从刘德华拜师开始，我就萌发了把川剧推向国际的念头。要用华仔的知名度将川剧的变脸艺术推向一个新的高潮。”于是，他开始着手打造一部以“变脸”为主题的电影，目的就是弘扬川剧变脸。从2000年萌生想法，到2002年剧本初稿形成，现在这部电影依然在不断修改中。因为不仅彭登怀已年过七旬，刘德华也已年过半百了，再去演川剧中的年轻小生对于刘德华来说也是极其困难的。提起这个过程，他感叹道：“太难了，实在是太难了，电影界里面太复杂。”光是设想一下未来电影成功的场景，这位已历经沧桑的变脸大师都想流泪。

20年磨一剑，这对师徒走过了流言鼎沸却躲不过无情岁月。但彭登怀还是坚定地跟华仔说：“这是老师的闭眼心愿，后半生的闭眼心愿。”他顶得住当时所有的流言蜚语，却顶不住别人骂：刘德华拜师20年了，变脸没有推广出去，你们这就叫欺骗公众！

而刘德华在发给他的录像中认真承诺道：“我一定要帮老师，把变脸这个艺术推向全世界。要让全世界的人都知道，我们中国、我们川剧有一种艺术叫‘变脸’。是世界级的！”

“变”与“不变”皆有恪守之道

“变”与“不变”皆应有恪守之道，这句颇有哲学意味的话语是他多年所信仰的。他虽是“变脸大师”，但当退下舞台，他坚守着他做人的“道”。成名以后，他谨遵彭氏“孝、忠、善”的家训，坚持做慈善事业。他是“四川省慈善大使”，目前资助着30多个孩子，这些孩子有戏剧圈内的，也有戏剧圈外的，他一视同仁。“成名”二字，对他而言只是意味着可以更好地推广川剧文化，意味着要更加规范自身言行。

在2004年的四川“希望之声”慈善公演中，慈善总会宣传的将要捐给儿童、孤寡老人、困难家庭的门票收入，最终落入了演出中间商和一些演艺明星的口袋。一些明星收取了1万～40万不等的出场费后被文化部通报，所收费用悉数退回。这场慈善风波中，只有他与刘德华一分钱都没有拿。问他为什么没有拿，他说：“那是慈善公演，既然是慈善，我为什么要拿?”

因为坚持“变”，他不断创新，让川剧变脸乘上传统文化复兴的潮流；他打破传统观念，传外也传女，力求让变脸技艺后继有人；他一步步走出祥符镇，走出四川，走出中国，走向世界……又因为坚持“不变”，他初心不变，坚持推广变脸；他谨遵家训，坚持慈善……曾有新加坡富商花重金买变脸技术，但彭登怀认为变脸是中国的国粹，断然拒绝。一步步走出去的变脸大师，诉说着他的“变”与“不变”，眉宇间尽是豁达与从容。

现在他依然在研究新技术下的变脸技艺该如何突破。他的徒弟中有天王巨星刘德华，有“川剧变脸王”康勇，也有散落在成都大街小巷里的变脸艺人……川剧变脸再也没有“不为人知，不为人喜，不为人传”的失落，这是他主动扛在自己肩上的责任。提起他的“变脸之路”，彭登怀的眼里除了酸楚，更多的是坚定，是力量。

（作者为兰州大学新闻与传播学院硕士研究生；指导老师魏占兴、郭翠玲、王臻为兰州大学新闻与传播学院教师）

成都锦门：唤起尘封的丝路记忆

孙茂宁　关郁凡　康雪嫣

成都东北，绕城高速交会的三河镇，是今天重要的出川通道。而将历史的转轮拨到千年以前，那时的三河镇就被称为“北城金锁”，是进出成都的重要关卡，而也正是在这里，矗立着一座象征着成都北大门的牌坊——“锦门”。作为进入天府蜀都“锦官城”的第一门所在的三河镇，是金牛古蜀道的原点，亦是南方丝绸之路的起点。

昔日繁华，今已鲜为人知

千年以前的成都盆地，家家户户养蚕缫丝、织布织锦。天然适宜的气候条件加上成都人民的心灵手巧，丝绸逐渐成了成都的一张名片。得益于特殊的地理位置，成都与中国古代四大丝绸之路之一的南方丝绸之路联系在了一起，而恰好原产于南方丝绸之路起点的成都丝绸，便从成都出发，沿着南方丝绸之路一路向南，只“蜀身毒道”这一线就可经云南至缅甸、印度，并进一步通往中亚、西亚和欧洲地中海地区。作为成都北大门的“锦门”，更是见证了南方丝绸之路的起起落落。

也许只有老成都人才知道，“生意人”尹昌龄先生的故居就在老北门，被称为“中国慈善第一人”的他，在辛亥革命后就办起了成都第一家慈善机构——慈惠堂，之后又兴办了成都最早的托儿所、孤老院，还创办了火柴厂等实体机构。而老北门能成为“五老七贤”之一的尹昌龄经商施善之地，不能不提南方丝绸之路所带来的影响。

“成都丝绸业与南方丝绸之路密不可分。”四川丝绸博物馆讲解员张占秀介绍道。最直接的证据就是2012年在成都市金牛区老官山一座汉墓中出土的4部蜀锦提花机，“它们的出土填补了中国纺织史上一直以来都存在的史料空白”。而这座古墓距离“锦门”仅有几公里，“锦门”附近蜀锦产业的发达也变相印证了南方丝绸之路的兴盛。

“据史料记载，早在隋唐时期蜀锦蜀绣就已远销亚、欧、非各国，”张占秀介绍道，“考古发现也表明，在西亚、中亚以及新疆、甘青地区出土的隋唐至宋时期的‘唐式锦’主要为成都蜀锦。也是因蜀锦蜀绣影响较大，成都得一别名‘锦官城’。”

古代南方丝绸之路是巴蜀丝绸输往周边各国并进一步输往西方的最早线路。通过这条古道，中国的丝绸、茶叶、瓷器等商品远销缅甸、印度以及西亚等地。此后，在一批商人的努力下，古道再次恢复了商业的功能，它仍然是一条重要的商道，只是它在历史的进程中越来越不为人所知。在老成都人的嘴里，常听到的是，住在北门的人都是“三无”人员。北门，是被忘记的地方，而这背后被隐去的是清朝时通过北门大桥迎接官员来蜀的遥远记忆。北大门才是成都人最早生活的起点。

直到现在，这一悠悠古道才开始被外界逐渐认知和深入研究，成都北大门也逐渐被人们重新记起。

复建锦门，重述过去的故事

上午10点，从承顺街转向蓉都大道天河路，经高速公路大件站C出入口而去的大小货车依旧络绎不绝，一旁的锦门城市文化主题商业街区则显得冷清了许多，拍照留念的游客更是寥寥无几。没有交织的游人，没有热闹的叫卖，没有大排长龙的商铺，只有“游客中心”四个字默默提醒着，这里还是一个景区。

事实上，在复原修建的老成都百年老字号的商业建筑群中，别有洞天。西南地区唯一的一家以丝绸文化为主题的博物馆——四川丝绸博物馆在这里安家落户。有意愿的适龄成都市民可以在街区内的蜀绣免费培训基地接受培训，蜀绣专家孟德芝会亲自指导学员，做好的蜀绣成品可以作为商品出售，所得皆为个人所有，这样的培训一方面使得古老的蜀绣技艺得以传承，一方面也解决了部分妇女的就业问题。与南丝绸之路起点一河之隔的地方不仅是古桑林立的纪念公园，还是桑树品种最多的全国桑文化科普教育基地，在这里，游客甚至可以购买蚕宝宝，给它们喂食园内的桑叶，体验养蚕缫丝的乐趣。

“蜀锦蜀绣都是属于非物质文化遗产，现在就是要把丝绸文化传承下去，让更多的人了解丝绸。”在四川丝绸博物馆工作了五年的张占秀对于丝绸有着更深厚的感情，刚刚送走社区组织的亲子游活动团队的她常常盼着来这里的人能更多一点，“节假日的时候人会多一点，平时比较少，主要还是学生春游、研学会来这里，博物馆搬到这里，还是希望更多的人能了解丝绸文化，了解农耕文化”。

复建的锦门　　关郁凡　摄

没有锦里的热闹与喧嚣，没有宽窄巷子的商业与繁华，作为南丝绸之路起点的锦门试图重述千百年前这座城市与丝绸的故事，只是更多的听众，还未到来。

丝绸之路因商业而始，也因商业而止，如今，因为商业和文化，古道丝绸之路又被重新提起，借着共同建设“丝绸之路经济带”和“21世纪海上丝绸之路”的机遇，一条条古道正在焕发新的生机，锦门也在其中，只是复兴的步伐迟缓了一些，也沉重了一些。

这座全国首创以“丝绸产业”为背景的丝绸商贸旅游小镇拥着锦门静静地立在那里，守着老成都的繁华记忆，用蒙尘的光芒努力点亮着成都的城市名片。

（作者为兰州大学新闻与传播学院硕士研究生；指导老师魏占兴、郭翠玲、王臻为兰州大学新闻与传播学院教师）

川剧故事

——徐敏与她的团

郭阳　狄梦瑶　王毅璇　宋美彤

从川东到川西，自资阳河至川北，天府之国孕育了四个迥然不同但却互相交融的川剧流派。内江市川剧团成立于1950年，是传承纯正、得艺精深的资阳河派的川剧大团，该团的副团长徐敏更是川剧“变脸大师”彭登怀的高足。台上人兜兜转转，到了台下却又成了那品尽世间沧桑的台上人，作为经历了川剧没落和复兴整个过程的川剧人，徐敏将她与内江川剧团的故事娓娓道来。

与川剧结缘，笨鸟先飞

1988年，那时的徐敏正上高二，老师注意到了这个喜欢唱歌的女孩，恰逢川剧学校来招生，当时上川剧学校和念大学的待遇一样，毕业包分配，能解决就业问题，机缘巧合之下徐敏参加了招生考试，这也是她与“变脸大师”彭登怀交集开始的地方，彭登怀是她的恩师，也是当时面试她的老师。

徐敏从小就是个大嗓门，面试时，她的歌声从四楼的考试教室传到了一楼的陪考区，周围的家长对徐敏的母亲说：“噢哟，你家女儿真的不得了，好厉害啊！”但徐敏的母亲却高兴不起来，陪徐敏复试的时候，一个与她年纪相仿的演员正在练功，抬起腿“啪”的一下就搭在了扒杆上，没有一点含糊和犹豫。见此情形的徐敏和母亲心里满是担忧：年龄偏大，身体的柔韧性较差，练功的时候容易受伤，“咱们就试着考一下吧，考不上就回去接着读书。”徐敏的母亲说。

本着“既然来了就试试”的心态外加一副天生的好嗓子，已经高二的徐敏顺利通过了初试和复试，进入了内江川剧学校。徐敏不知道的是，受到的“吓唬”不过是她即将经历的第一关，真正的“锤炼”还在后面。

回忆起进入学校正式学习川剧后的生活，徐敏说：“当时有点后悔，练功是真的苦。”虽说进入包分配的川剧学校在外人看来是拿到了“铁饭碗”，可徐敏相对高大的身材和偏大的年龄却似乎每时每刻都要砸掉这个“铁饭碗”。此外，川剧学校一年的试读期也时刻提醒着徐敏努力练功，因为不合格会被立刻清退。

为了练好基本功，徐敏下了不少苦功，偷偷练功是常事。但川剧学校对练功时间有严格的规定，徐敏说：“刚开始学习的时候要求每天早上6点20起床，我一般5点起床，但是这样的做法会扣操训分。”因此每天早上5点钟，校园还是一片漆黑的时候，徐敏和另一个女生就打着手电筒，摸黑在练功房里偷偷练功。

学习川剧过程中的两次受伤至今让徐敏记忆犹新。第一次是因为徐敏身材偏大，为了达到最好的训练效果，老师在给她掰腰时用力过大导致徐敏休克；第二次是在几张垒起来的桌子上，徐敏为大家表演下腰的时候，因为臂部力量不够，用力不均直接导致胳膊脱了臼。“当时‘哇’的一声就哭了出来，以为自己不能再唱戏了。”徐敏笑着回忆道。当年练功时留下的伤痕，直到今天仍然清晰可见。

天赋高，肯吃苦，徐敏一直是老师重点栽培的优秀学生。靠着勤奋和努力，徐敏的基本功越来越扎实，抓住“铁饭碗”的概率也越来越大。

川剧走向没落，话剧带动复苏

1992年，徐敏顺利毕业进入了内江川剧团，这份盛着徐敏无数汗水、泪水甚至鲜血的“铁饭碗”终于被徐敏捧在了手里。意料之外的是，空有一身本领的徐敏毕业了却没有戏唱，“铁饭碗”也即将被改革的大潮冲走。

20世纪80年代末90年代初川剧开始没落，卡拉OK火爆全国。当时剧团只有过年的时候有戏曲表演，为了谋生，川剧演员们开始自谋出路，有些演员彻底离开了川剧这一行，有些在剧团外兼职，剧团有演出才回来，徐敏就是后者。

面对川剧没落的现状，内江川剧团想尽办法在困境中求生存。因当时川剧无法演出，剧团就找一些聚焦社会热点话题的话剧剧本排练演出。1998年的话剧《粉祸》的主题是禁毒，2002年的《天国梦》的主题是反对邪教，2003年和2004年的《为了孩子》则聚焦留守儿童和家庭对孩子成长的影响。

2003年，《为了孩子》方言话剧出炉，徐敏在这部剧中饰演老师。新剧需要推广，内江川剧团的团长刘佩全希望徐敏能回来帮助剧团，徐敏很坦诚地说："其实当时很纠结，因为回剧团意味着收入会直线下降，川剧团的工资只有400多元，当时一场的演出费也很便宜，1100块钱，平分给十三四个演员、调音师，道具也都是演员自己搬。但是丈夫说我的专业条件这么好，应该坚持本专业，家里赚钱的事不需要我操心。"

有了家人的支持，对川剧艺术团有着深厚感情的徐敏全身心地投入了新剧的宣传中。话剧《为了孩子》几乎走进了全市区六十多所学校，当时反响很好。观众的反应也让徐敏感受到了超越物质的回报：有一所学校的男校长看了《为了孩子》后在台下感动得哭了；徐敏也经常在《为了孩子》的舞台上陷入角色、无法自拔，情绪失控时哭到一分钟说不出台词。回想起那段激动人心的岁月，徐敏说："老师和同学们的热情让我们有一种当明星备受追捧的感觉。"

为了这些话剧能顺利演出，徐敏需要一个学校一个学校地联系，"当时三县两区已经被我跑遍了"。回团以后，徐敏尽可能多地争取演出机会。她说："演员不表演，功夫就会废。演话剧也是让演员们多锻炼一下，话剧是生活化的东西。进校园的节目不能是老腔老调的，还要有教育意义。"

2012年对内江川剧团来说，是一个转折。这一年距1982年四川省委提出"振兴川剧"的口号正好30年，四川省举办了四川青年川剧演员比赛，徐敏用老师彭登怀给自己排的启蒙戏，获得了一等奖。内江川剧团的演员在第一、二、三届比赛中都斩获了一等奖，第四届是通过人才引进留在剧团的"80后"女演员获得了二等奖。内江市开始重视川剧团，至此川剧团慢慢开始复苏。

2012年川剧团开始举行"月月看大戏"的活动，包括4个折子戏，总共两个小时，市民陆陆续续知道川剧团恢复了演出，前来观看的人越来越多，渐渐地，由职工俱乐部改成的观众席就被闻讯而来的市民挤满了。

2013年，渐渐红火起来的川剧引起了内江市宣传部长的注意。当时的宣传部部长拍板开展了"百场戏曲进校园"活动，将100万元的学生课外活动费拨给川剧团，让川剧团在各大中小学演够100场，每场1万块。内江市川剧团不用再到处寻求演出机会吃“百家饭”了。

事实证明，川剧并不“老掉牙”，也并不比任何一种艺术形式逊色。事后从表演过的学校的反映和建议来看，大家都希望川剧能够多进校园，川剧也就此在校园里打出了名气。从此“月月看大戏”和“戏曲进校园”成了川剧团在内江乃至四川的两张响当当的名片。

正视发展问题，从娃娃抓起

每逢唱大戏的时候，川剧团会在开演的前一天早上八点半开始放票，但在凌晨，领票的长队就已经排起来了。来剧团看戏的观众大多数是上了年纪的人，到了开演时，往台上一瞧，演员大部分也都是四十岁左右，下腰翻跟斗都不那么麻利和漂亮。“需要正视的一个问题是老年观众和演员会慢慢消失，要把川剧传承下去，还是要靠年轻一代。”徐敏感叹道。

青黄不接，人才凋零，川剧和国粹京剧面临着同样的问题。徐敏说：“我们这一批进来的只剩下17个人，都过了40岁，有些动作并不能很好地完成。”十几年未曾招生的川剧团亟须“新鲜血液”补充自己的人才队伍。

2017年，经徐敏提议，内江市人大常委会通过了以政府补贴来招收川剧新人的提案。2018年，内江川剧团在冷清了十几年后，重新招收了30个学生，并委托四川省川剧学校培养。踢腿下腰，爬高上梯，孩子们在川剧的殿堂里摸爬滚打，历练本领。看到他们，徐敏就像看到了当年的自己。

现在不仅有送戏进校园表演，还有演员进校园教孩子的活动。为响应中宣部、教育部、财政部、文化和旅游部联合出台的《关于戏曲进校园的实施意见》，四川省已经举办了五届中小学川剧传习普及展演活动，内江川剧团的演员会去内江市的中小学校指导喜爱川剧的学生排练，让他们去参加展演。

提及川剧如何在中小学生心中扎根，徐敏说：“从川剧戏歌如《春夜喜雨》慢慢教起，由浅至深。”

一招一式，代代相传，华夏文明的传承不光存在于诗词曲赋、圣人之言中，在以徐敏为代表的每一个川剧人的默默传承与守护下，川剧正焕发着新的生机与活力。

（作者为兰州大学新闻与传播学院硕士研究生；指导老师魏占兴、郭翠玲、王臻为兰州大学新闻与传播学院教师）

当“张大千”撞上范长江：书画家段瑞明的“回转身”

王毅璇　宋美彤　姜世丹

“我最大的愿望就是做书画。”段瑞明偏着头，慢慢吐出这句话。

他的脸庞略显棱角，狭长的眼睛上罩着一副细金属框眼镜，别在耳后的长发微卷，讲话敦厚斯文，流露出一股艺术家特有的气质。

1971年，段瑞明出生于书画之乡、大千故里——四川省内江市。张大千传承下来的书画基因塑造了内江城的“文艺范儿”，也滋养了一批像段瑞明一样的书画家。

相比张大千，内江的另一位名人范长江则要“低调”许多。范长江是中国新闻史上最杰出的新闻工作者之一，他创立中国青年新闻记者协会的日子被国务院定为“记者节”，以他和邹韬奋的名字命名的“长江韬奋奖”是中国新闻工作者的最高荣誉奖。段瑞明坦言：“范长江是新闻界的泰斗，内江人的骄傲，但之前我对他的具体事迹却并不清楚，只知道他是个名记者。”

2008年6月，段瑞明的一位朋友想去范长江的老家看看，并邀请他一同前往。出于对一个不熟悉的家乡名人的好奇，段瑞明与朋友结伴来到了内江市东北角的田家镇正子村。当时，范家祖宅正在修缮，造型优美的百年老屋，屋前屋后的水田，黄荆树还有蜿蜒的青龙河都给他留下了深刻的印象。在范长江故居，段瑞明拍摄了许多照片，那时的他还不知道，这些照片往后将成为珍贵的历史资料，他以后的人生也将与这座老宅以及他的主人——范长江紧紧地联系在一起。

撞入范长江纪念馆的书画家

在钟灵毓秀的内江山水的滋养下，在书画之乡浓厚的艺术氛围中，“农家娃”段瑞明从小就对书画产生了浓厚的兴趣。他画山，画水，画花鸟，热情地追逐自己的梦想，幻想能够成为张大千式的书画家。

画画需要空间，花费也大，而书法，特别是硬笔书法则要省事许多，随时随地，拿出一支笔，摸出一张纸，段瑞明就能将情思寄于纸上。18岁那年，在全国“利达杯”硬笔书法比赛中，段瑞明意外地获得了“鼓励奖”。与他后来获得的许多荣誉相比，“鼓励奖”看起来微不足道，但在当时，它的确给了段瑞明很大的“鼓励”，他开始将更多精力放在练习硬笔书法上，一边打工，一边拜师求学。

1994年，段瑞明推出了自己的第一本硬笔书法专辑。此后，他又相继出版了多部硬笔书法字帖，在书画界崭露头角。由他独立完成的《学生新概念习字》系列作为学生写字教材在省内外被普遍使用，总发行量逾千万册。字帖的销量好，出版社便经常主动向他约稿，“那个时候，我一年能出版10多本字帖”。谈起书法，段瑞明的自豪感便油然而生。

段瑞明在硬笔书法上下了很大功夫，但他画画的手艺也没落下。当时，内江市最大的商业集团——百货集团公司聘请他做美工，为公司绘制广告画。出字帖、画广告便成了段瑞明的日常。将“最大的愿望”与“吃饭的饭碗”结合起来，他自得其乐。因为段瑞明在书画方面的造诣，内江市文化馆将他作为专业人才引进。

段瑞明平静安逸的生活在2009年被一份“临时抽调”的工作打破。在中共中央办公厅秘书局的批示下，内江市政府于2006年8月启动对范长江故居的修复工作，这项工作被列为市重点工程项目。2009年，适逢范长江诞辰100周年，故居的修复工作接近尾声，开放故居的准备工作顺理成章地被提上日程。段瑞明此前在百货集团公司挂职，对展陈、装饰装修比较有经验，便被临时抽调到范长江纪念馆，协助布展公司进行展览策划工作。

1937年2月，为弄清西安事变的真相，《大公报》记者范长江几经辗转，“撞入西安”，并在周恩来的介绍下进入延安，成为首位进入红色政权中心采访的国统区记者，迎来了思想上的重要转折和职业生涯的重大突破。2009年3月，在范长江诞辰100周年的背景下，书画家段瑞明被临时调派，撞入范长江纪念馆。历史相似，但当时的段瑞明却没有范长江那样大的抱负，对一向不爱做行政工作的他来说，“临时工作”完成后，他还是要做“老本行”。

坚守十年的“门外汉”

草创时期的纪念馆只是故居的12间小屋，简单的展板就陈列在这些逼仄的房子里。纪念馆小，馆内的工作人员也少，加上段瑞明只有4人。在人手紧缺期，熟悉情况的段瑞明便留在了纪念馆，作为副馆长主持工作。在纪念馆，段瑞明不仅要处理行政事务，还要兼任讲解员。

谈起书画，段瑞明头头是道，但说起新闻，说起范长江，他却是个彻头彻尾的“门外汉”。更让他为难的是，自己的普通话实在是“太差了”，让他来当讲解员简直是天方夜谭。但当时的情况不允许他做选择，段瑞明只能硬着头皮上阵。

为此，他有意地纠正口音，恶补范长江的相关知识，方蒙、徐向明的两本《范长江传》，陈涛的《范长江评传》是他的“启蒙”读物。“从那时起，我的床头柜上摆的除了文字文学方面的书籍，就是范长江的资料书。”段瑞明说。

纪念馆开放后，大批新闻人士慕名前来。2011年，时任四川省委书记的刘奇葆专程到纪念馆参观。刘奇葆曾是《人民日报》的副总编辑，新闻知识深厚。段瑞明指着展板上的照片向刘奇葆介绍道：“北平和平解放后，范长江奉命接管国民党的《华北日报》，在此基础上创建了《人民日报》，这是《人民日报》的创刊号。”刘奇葆反问：“据我所知，《人民日报》此前就已经创刊了，照片上的那张怎么是创刊号呢？”这触及了段瑞明的知识盲区，看着眼前的大领导，他惊出了一身汗，也意识到了自己的不足。参观完纪念馆，刘奇葆告诉段瑞明：“纪念馆虽小，但你们需要做的事很多。长江同志的成功不是偶然，你们要好好挖掘‘长江精神’。”段瑞明将这番话默默地记在了心里，他想方设法地与范长江的亲友取得联系。

在与范长江亲友的交往中，段瑞明对范长江其人其事有了更深入的了解，感受到了“长江精神”的感召力。段瑞明曾去拜访国际新闻社的老同志季音。“季音同志的身体不太好，讲话的时候嘴巴都包不住了，但他一提到范长江就很有精神，跟我们讲长江同志是他学习的榜样。”已到耄耋之年的季音拄着拐杖亲自到小区门口迎接他们，回忆起当时的情景，段瑞明说话的声音有些颤抖。

“来纪念馆拜谒的新闻人都很虔诚，像我们搞书法的人将王羲之视为‘书圣’一样，他们也把范长江看作是新闻工作的‘圣人’。”在和参观者交往的过程中，段瑞明感受到了纪念馆工作的神圣，“这不仅是一份工作，更是一份责任。”段瑞明说。

除了神圣感，支撑段瑞明走过来的还有价值感。对非专业人士来说，他们可能并不知道范长江是谁，做了哪些事，但当他们参观完纪念馆，感到有收获，称赞纪念馆办得好的时候，段瑞明就觉得自己做的一切都值得。

“过去，我把纪念馆的事情当作工作，现在，我是怀着对范长江、对纪念馆的感情在坚持。”聆听新闻前辈的讲述，看着来来往往的参观者，段瑞明开始真正理解自己工作的意义。“范长江一生坚持真理，这种坚持使他在新闻界大放异彩，也深深地影响着我。”认准一件对的事情，并且坚定不移地做好它，让段瑞明感到很安心。现在，那个当初“只知道范长江是个名记者”的年轻人已经在范长江纪念馆坚守了10年。

长江精神的“播火者”

“范长江的身上有三个可贵的品质，一是知识渊博，二是不畏艰险，三是追求真理，这些品质是当今社会普遍缺乏的。”段瑞明认为，纪念馆的价值不仅在于缅怀先贤，更在于让历史照进现实，影响今天。

为了让纪念馆的展览更加生动，段瑞明多次向范长江的亲友征集范长江生前使用过的物品。范长江的小儿子范小建捐赠的一件衣服让段瑞明印象深刻。那是范长江的一件咖啡色皮夹克，范小建下乡插队时，父亲把这件皮夹克送给了他，此后，这件衣服就一直陪伴在范小建的身边。这件皮夹克让段瑞明看到了两代人的传承，纪念馆要做的工作正是传承。

段瑞明(中)与范长江的弟弟范长城(左)、长子范苏苏(右)

受访者供图

相比单调的文字，段瑞明认为口述和实物资料更能打动人。为此，纪念馆馆长当起了记者，范长江的弟弟、儿子、同事、同学，甚至是范长江采访对象的后代，他都一一走访了。除了做口述史，段瑞明还用脚步丈量范长江行走过的土地，收集资料。

2009年至今，段瑞明行经川、甘、陕、青、蒙五省，几乎把范长江在《中国的西北角》一书中走过的路又走了一遍。“范长江当时走过的原路很多都没有了。”2017年9月，段瑞明对照范长江的旅行通讯，在额济纳旗史志局局长李靖的带领下，对范长江内蒙古自治区西部地区的考察路线做了还原。

1936年8月，范长江曾化装成公司职员在额济纳旗探访日军动向。段瑞明来到额济纳旗的时候，范长江当时路过的新绥汽车站早已不在，新绥公路也已被沙丘掩埋，电报局的电线杆没了踪迹，“沙漠白宫”也化为废墟，只剩几棵干枯的胡杨歪斜着倒在沙丘上。在李靖的带领下，段瑞明沿着戈壁行走，有时依稀能够看到脚下老新绥公路的痕迹。实地考察让段瑞明对范长江不畏艰险的精神有了更深的体会，也得到了一些新的线索，他将沿途的所见所闻记录下来，就成了范长江新闻活动的实证资料。

2009年，范长江纪念馆还只是范长江故居的瓦房，段瑞明连办公的地方都没有。经过10年的努力，现在的范长江纪念馆已初具规模，范长江生平事迹陈列馆、长江大课堂、范长江新闻林、故居广场、游客中心等设施一应俱全，各种形式的资料比较全面地反映了范长江波澜壮阔的传奇人生。针对不同的参观者，段瑞明还特意设计了不同的解说词，帮助他们更好地理解“长江精神”。

因为段瑞明的悉心规划，原本“低调”的范长江现在也开始“高调”起来，走在内江的街道上随便问一问，很少有人不知道范长江，不知道田家镇的范长江纪念馆。“纪念馆刚开馆的时候，百度百科上关于范长江的词条还不到10万个，现在已经涨了10倍。”段瑞明说。

“如果有人还不知道范长江，那就是我的工作还没有做到位。”这是段瑞明经常挂在嘴边的一句话。2019年是范长江110周年诞辰，段瑞明计划与中国记协合作，在纪念馆建立培育新闻人才的课堂——长江干部学院，将范长江纪念馆打造为中国新闻界的圣地，更好地弘扬长江精神。

因为纪念馆的工作繁忙，段瑞明很少有时间写字画画，2009年到2015年这6年的时间里，这位“高产”的书画家再没有出过字帖或作品集。现在，范长江纪念馆初具规模，段瑞明又“重操旧业”。他的办公桌上总是放着练字的白纸；电脑桌面上满是书法作品文件夹；在他的微信朋友圈里，也偶尔能够看到他的“涂鸦”作品……

10年，段瑞明见证着范长江纪念馆的成长，而纪念馆里报纸形状的建筑，碧波荡漾的荷塘，郁郁葱葱的新闻林都打上了他书画家的烙印。

（作者为兰州大学新闻与传播学院硕士研究生；指导老师魏占兴、郭翠玲、王臻为兰州大学新闻与传播学院教师）

盖碗茶铺里的村主任

康雪嫣　关郁凡　孙茂宁

穿过熙攘的人群，跨过宽阔的门廊，一瞬之间豁然开朗的，除去一个大戏台，便是成都市郫都区战旗村村主任杨勇的会客之所——盖碗茶铺。上午10点，这里早已围满了人。茶铺的老板娘笑着说："这已经是今天第二波咯！"

杨主任在盖碗茶铺"见客"　　康雪嫣　摄

被围在中间身穿淡蓝色衬衣、黑色西裤，长得又瘦又干练的中年男子便是杨勇，大多数时间你都可以在盖碗茶铺找到他。盖碗茶铺属于战旗村旅游项目"乡村十八坊"的二期工程。白天，盖碗茶铺的桌椅都会搬到外面的空旷场地，不仅可以给人歇脚品茶，还能听杨主任说说战旗村的故事。选这个地方见客，一来宽敞，二来亲切，用杨勇的话来说就是："自由嘛！不拘束噻！"

50个考察团：八方来客，扫榻以迎

正值暑假又逢周末，这意味着杨主任要见更多的“客人”。“客人”虽多，不过三类：来交流经验的乡镇干部、采访的记者和社会实践的学生。

7月14日，星期天，一批来自龙泉驿的“学生”整装待发，准备前往总书记去过的村子，学学乡村振兴的路子，看看迎风飘舞的战旗。杨勇并未因周末而稍显怠慢，而是面露微笑地和来自67千米以外的“客人”在盖碗茶铺畅谈。仅这个星期天，他就接待了四批不同的考察团。据杨勇说，以往最多时，一天要接待50个考察团，其中最远的考察团来自辽宁。

成都纺织高等专科学校历来与战旗村有着良好的合作，当天杨主任接待的第一批“客人”便是成都纺织高等专科学校的学生。他们要完成暑期实践，需要在这里待上一个月，参与战旗村的建设，丰富自己的技能。合作起始于2006年，过去的12年，培训走的是传统模式，今年杨主任想“搞”点不一样的东西。他把这些学生分成五个组，分别负责战旗村的生态、电商、产品设计、文创和营销。“这样孩子们既有自己拿得出手的作品，战旗村也从中享受到了好处，一举两得。”杨勇喝了一口茶，笑着说。至于希不希望这些孩子留在战旗村，杨主任却摇了摇头。摇头不意味着这些孩子不优秀，而是杨主任更希望他们能在战旗村学到东西，增长见识，提升经验，将来他们才能更好地投身各地去实现个人的价值。杨主任直言：“人才是缺乏的，但是现在条件还不成熟。”他很清楚，战旗村目前各项基础设施不完善，还不具备吸引人才的基本条件，招来人才难，留住更难。

所以杨主任总是会接待各种各样的客人，不论对方来自哪里，不论来的时间早晚，他都会选择到盖碗茶铺泡杯茶跟对方谈上几个小时。对于杨主任而言，这不仅是在向外分享战旗经验，更是在学习别家长处来建设战旗。

22年闯荡：人生在勤，不索何获

每一艘满载而归的船都是渔人乘风破浪的犒赏，每一亩丰美的良田都是农人辛苦耕作的报偿。杨勇人生中有过辛苦耕作，也有过乘风破浪。今天，作为战旗村村主任，坐在盖碗茶铺里来讲他与战旗村的故事，杨勇百感交集。

2010年，生于战旗、长于战旗的杨勇因丰富的人生经历和管理经验被选为战旗村村主任。其实，在做村干部之前，杨勇曾在13个行业打拼过。

从1988年高中毕业算起，他做过无线电维修，搞过蜡制工艺品，还去当地的豆瓣厂打过工。只是打工挣的是“死工资”，他不愿过这种没有滋味的生活。机遇来自1992年邓小平的南方谈话：“改革开放胆子要大一些，抓住时机，发展自己。发展才是硬道理。”于是杨勇开始学做唐昌板鸭，一年后前往山东寻求发展，构建自己的商业版图。但现实总与理想有着很大的差距，不到一年，买卖失败，孩子出生，杨勇便回到了成都。尽管是这样，杨勇依旧热情不减。表亲办了企业，找杨勇过去帮忙，他什么都愿意做。“保管材料、产品生产、商品推销，各个方面我都有接触，形成了一个链条。”这是杨勇的经历，也是他学到的经验。今天，这些管理企业积累下来的经验成了杨勇管理战旗村的珍贵“法宝”。

1997年，杨勇当上了生产厂长，手下管着七十号人，三个组。只是苦在这三个组内部有矛盾，生产又需要抓质量、赶时间，着实愁着了杨勇。爱琢磨的他买来了很多书来学管人用人的智慧，细心研究之后发现了一套完美的组合：“法家的决断力、儒家的包容思想、道家老子的无为而治。”随着阅读量的增加，杨勇发现很多问题其实并没有想象中那么难以解决，之所以不能解决，是因为没有把所有的问题串起来，不会应用。“人是一个大的应用家就好了，把学到的应用到现实生活中就好了。”这是杨勇得出的人生智慧，也是现今战旗村发展的一大战略，对于一个无资源、无环境、无历史的“三无”战旗村来说，“资源是找过来的，嫁接就行了。一代又一代的努力就会发展起来”。

此后杨勇学做银芽柳，学看设计图纸，做花卉苗圃，屡次创业屡次失败，屡次失败屡次重整旗鼓。直到被选为村干部，他才将手头上的事业交给家里人打理。与他同期起步甚至发展更晚的生意人如今腰包都比他更鼓，有时他也会内心矛盾，也会想“要是我不当这个村主任，那人生又会不一样”。但是在社会效益面前，他舍弃了“小我”，选择了“大家”。

杨勇说：“村干部要与时俱进，更要有胆识。村干部是离村民最近的人，也是村民最相信的人，干事情是最累的人，甚至是吃力不讨好的人。”只有村干部起到模范带头作用，各项工作才能走到前列。正因为在很多行业接受了“洗礼”，杨勇才吸收了更多的东西，也学会了把握时代。自此，生意人杨勇变成了杨主任。

9年经验："新农村"与"新农人"

没有农业农村的现代化，就没有整个国家的现代化。只是现在大多数的农村都面临这样的现状：下田种地的都是老年人，年轻人出去的很多，回来的很少，他们基本已经不再种地了。这也是战旗村面临的问题。

在杨主任看来，农用地也可以变成乡村振兴的宝地，原有的传统大农业用地可以挪一部分来做水果采摘、花卉观赏，这样可以给年轻人更多的机会。"村里还缺少给年轻人展示自身才华的平台，如果在家里的收入和城市里面接近，年轻人肯定愿意回来。"这是杨主任对战旗村现状的看法，在他看来，"新农村就是城乡无差别，城市向往农村；新农人要与大城市工作、创业、收入无区别，受人尊敬，有技术，有自豪感"。

和大多数年轻人一样，杨勇的儿子也想挣"快钱"，上大学时选择学习电子商务，但真正良好的发展是稳中求进，曾在商海沉浮几十年的杨主任深谙其道。为了打造"新农村"与"新农人"，杨勇开始搞研学，找人编教材，让更多的学生到农村来，认识新农村，了解新农村，热爱新农村；给村里思想开阔的人做工作，给村民找榜样；和企业谈合作，形成战旗品牌输出。他把"新农村"与"新农人"的打造比作八卦图，内外互相推动才能形成有机循环。

2019年是他任期的第九年，这九年战旗村发生了巨大的变化，再干一届，杨主任打算把机会留给年轻人，不再做村干部了。在他看来，"不急于求成，不在短时间内求政绩"就是最好的管理模式，就像盖碗茶铺里悠闲自在的喝茶人一般，毕竟"乡村要有它的本底：要有农耕文化，要有淳朴的农民"。

战旗村"火"了，郫都电视台的记者一周来一次，四川电视台的记者一月来一次。已到知命之年的杨主任，对每份工作依旧满腔热忱。

已近黄昏，戏台边的丝竹之声夹杂着飘散而来郫县豆瓣的清香，盖碗茶铺依旧热闹非凡。杨主任带着泡好的茶，放松地靠在椅背上，在背离茶铺不远的僻静处与南开大学的老师和同学们交谈着。时光在流转，杨勇还是杨勇。一些东西已改变，一些东西仍然在。

（作者为兰州大学新闻与传播学院硕士研究生；指导老师魏占兴、郭翠玲、王臻为兰州大学新闻与传播学院教师）

工人村众生相：“宽窄巷子”里的成都肌理

王佳欣　杨星　谢冰

在成都市一环内，有一片被高速发展的城市包围起来的“城中村”——工人村，有一群人性格迥异却不约而同地过着热火朝天的生活，不同于年轻人热衷打卡的商区宽窄巷子，这些旧楼里布满了成都最生动鲜活的肌理。

几块房钱的老屋，生活很满足

工人村位于成都市金牛区马鞍路。进入内曹家巷，有的平房的间距窄得难以并排走下三个人，雨后有些路面布满水坑，泥泞不堪。有人在这样的“窄巷子”里生活了44年。

今年70岁的郭逢智和73岁的蒋宣国1976年就住在这里了。郭逢智的父亲是四川华西集团的员工，分得了一套平房，郭逢智30岁在华西集团十二公司顶班工作，没有再要房子，父母走后，她和蒋宣国继续在这套房屋里生活。郭逢智说：“我的工作不好，下砂石、搅水泥，但是总比老了以后没依靠好，下泥就下泥，没关系。”她的老伴蒋宣国14岁就参加了工作，在一个小单位当电工，如今已经退休23年了。

“我们的房钱便宜得很。”郭逢智从抽屉里取出一张缴费单据，上面显示一年的房费是24.4元。他们的房子没有房本，缴房费的条子就相当于房产证。“当时这个房子算好的，”她颇有些怀念地说，“大家都羡慕。”虽然现在这样的房子年轻人都看不上，但她和老伴仍很满足。

“就是漏得很。”郭逢智指着一根从天花板顺着墙壁延伸下来的白管子说：“这也漏。”这一带不是没有整改过。郭逢智介绍，附近的老楼有的从两层变成四层，改成了招待所；有的进行了低洼改造，但是他们住的那排房子“搬来（时）是这样，现在还是这样”。如果要进行改造，郭逢智表示没有意见：“随便分到哪里我都去，国家咋个改，我们咋个跟，老百姓都希望日子越过越好。”

20世纪50年代和他们父辈一起搬过来的老住户现在只剩不到十户人家了，“老人走了，年轻人不愿意住。”郭逢智说。即使这样，他们仍不打算搬走，“我们这个年龄的人觉得这儿还是清净，而且方便”。他们靠退休金生活，平时老伴在附近的市场买菜，郭逢智在家里做饭，日子平平淡淡倒也悠闲自在。“我母亲91岁去世，父亲96岁去世的。”郭逢智说。虽至古稀却精神矍铄，长寿的基因写在这位爱笑的老人脸上。

当年四处奔波，老来纸端挥墨

同样在“窄巷子”里住了44年的还有刘小玉和陈国超。弓着腰在报纸上写毛笔字是刘小玉在家中的日常。“我写不好，”她不好意思地笑笑，“怪头怪脑的。”

在孤儿院长大的刘小玉没念过书，“原来不识字我就画画，后来发现连自己名字都写不得”。于是她买来旧书开始自学，已经练了两年毛笔字了。过去她患有白内障，老伴打工攒了两万块钱治好了她的眼睛，“我现在看得到，又能画画又能写字”。刘小玉精气神十足地说。

刘小玉正在写毛笔字　　杨星　摄

夫妻俩都曾是华西集团的员工，刘小玉在五公司打零工，陈国超在十二公司干刷油漆的活儿，房子也是公司分的。与郭逢智的说法一样，“一个月几块钱，就是漏得很”。刘小玉说，从搬进来到现在，房子一直没有维修过。尽管如此，她还是说：“岁数大了不想走。”

刘小玉和陈国超退休后曾到处打零工，然后在火车站卖起了包子。“（摊位）是固定的，这条路走惯了，他就买你的。”刘小玉说。这一卖就是10年，一直卖到了她60岁。“年轻的时候到处跑。”回忆起往昔，刘小玉感慨那时自己的身子骨还很硬朗。她和老伴今年分别已经77岁和80岁了。

客厅的墙壁上挂满了照片，许多是黑白的。“都是家人。”刘小玉的语气里充满温柔。她有五个孩子，大女儿已经57岁了。一介绍起这些照片，刘小玉就沉浸在四世同堂的天伦之乐里，“这是我老伴”“这是我儿”“这是我孙的儿”……

和老伴各领着每月2500元和3000元的退休金，刘小玉觉得他们的生活还不错。陈国超经常出去看别人下象棋，刘小玉爱在家里练字，“我喜欢这个。”她呵呵地笑着说。

打工不易，养家值得

许多搬走的原住户把房子租给了外来打工者。今年35岁的陈菲和丈夫就是租客中的一员。

陈菲是四川广安人。“邓小平的家乡呀！”介绍起自己的家乡，陈菲的语气里满是自豪。她和丈夫来成都好多年了，来这里之前住在双流区。陈菲说：“家乡工资低，一月1000多（元）。”而且她的母亲很早就来成都工作了，对这里的环境比较熟悉，可以给她一些帮助。

陈菲在一家快餐店做服务员，每天去两趟店里：早上九点到下午两点，下午五点到晚上八点。这里离她上班的地方骑共享单车只要5分钟。“服务员，门槛低，”她坦白地说，“我没有读书的天分，一上数学头痛得很，没有办法，读不进去，就上到初中。”陈菲常常教育她的两个都正在读初中的女儿：“多学一点，不要像我。”她对她们的心情是喜忧参半，“这两个读书成绩好，就是贪玩，等她们大了体会到人生的过程就好了”。由于觉得女儿年龄还小，她和丈夫没让她们住校，平时两个女孩住在广安的奶奶家，暑假会来成都外婆家玩。假期里不上班的时候，陈菲会与63岁的母亲和12岁的小女儿一起坐在板凳上收拾家里的鞋子，一家人边聊天边干活，很是热闹。

他们租的房子一个月800元，不包括水电费。“不是很好，但是其他的都要1800（元）、2000多（元）。”陈菲撇撇嘴。她介绍，屋子里有厨房和冲凉房，但是有些地方还是不方便，比如没有天然气，做饭只能用“小罐罐气”。

她叹了口气说："出来打工有什么好不好的。"他们夫妇仍打算继续留在这里。

守门30年，留恋"长寿村"

外曹家巷铺的是宽敞的水泥路，环境好些，租金也更贵。今年50岁的任勇富已经住在这条"宽巷子"里很多年了，"我住的是瓦房（平房），一月1500（元），不便宜"。选在这里租房是因为工作比较方便。他从德阳市中江县到成都打工，用他自己的话说就是"啥都做"。

被询问年龄时，看起来仍是青壮年模样的他咧开嘴笑着说："真的满50了，外孙女都7岁了，放假回来耍。"他平时和老伴一起生活，没想过离开这里，"过惯了，不用搬。"

外地人不想搬，本地人想搬却心怀不舍。曹家巷46号院的看门人陈秀英在这里住了近30年。退休前她在十堰市中建七局第四建筑公司上班，"修房子、打泥石板，啥子都做"。如今81岁的她已经退休31年了，每个月领着1200元守门人的工资。她除了负责看门以外，还要负责门口的卫生。"就我一个人，最早的时候工资2块钱。"她伸出两根手指比画着说。面对偷自行车的行为，这个清瘦的老人有点狡黠地笑了笑说："我不怕贼娃子。"

陈秀英把孩子参加工作的日期记得清清楚楚，"碎娃子研究生毕业，7月3日分到电影局"。她有4个孩子，大儿子在北京从事房地产行业，"挣得多。"提到这个她很高兴。陈秀英现在一个人住在院内的楼房里，尽管条件比平房好得多，她却仍觉得房子"太烂了"。

但是这些"烂房子"扎根的地方，正是她已然习惯的、幸福的"老成都"。说起自己的生活，陈秀英伸手指了指马路对面说："（天）黑了这条街好多人烤烧烤，还有炒饭、炒面。成都（的）生活那么好，啥子都有，想吃啥子就买啥子。"她又指了指坐在一旁纳凉的两位老人说："他两个都过90（岁）了，还有活100多（岁）的。"

蜗居在城中村的"宽窄巷子"里的老一代建筑子弟，曾托举起现代城市的繁华；汇聚于此的来自四面八方的打工者，正钻进这座城市的各个组织、系统，推动庞大机体的运转——他们是成都1600万张面孔的一部分，是成都粗糙的、沁着烟火气的皮肤的肌理。

（作者为兰州大学新闻与传播学院本科生；指导老师魏占兴、郭翠玲、王臻为兰州大学新闻与传播学院教师）

关坝护林人：十年巡护，守望家乡的绿水青山

刘卫琛

关坝，这座位于四川省绵阳市平武县木皮藏族乡的村寨，对多数人来说或许从未听说过，但说到支付宝牵头开展的蚂蚁森林公益保护活动许多人并不陌生。关坝，正是与蚂蚁森林合作的公益保护地之一。

作为全国第一家以村民为主体做环境保护还能自我运营的保护区，关坝从2009年开始自发组建巡护队，到如今已经过去了整整十年。从探索到实践，从饱经质疑到获得认可，几代关坝人坚守在这里，接力守护着自己生活的这片土地与山林。

“保护这里的环境，其实我们自己是第一受益人。这里的山好了，水好了，空气好了，是我们对大自然的贡献，但实际上也能让我们的生活变得更好。”巡护队员李芯锐始终这样认为。

保护，就是生产力

平武县西接九寨、松潘，北靠甘肃陇南，东临江油，南连北川，地处秦巴山区，山高谷深，交通闭塞，到目前为止，从绵阳进出平武的县级以上道路只有S205省道这一条。封闭的自然环境，落后的交通设施等因素，使得这里长期以来都是国家重点贫困地区之一。许多山谷深处的村落曾经长期过着狩猎打鱼的传统生活，自然环境处于一个相对原始而稳定的状态。

然而，20世纪末，平武掀起了一场伐木经济的浪潮，许多森工企业看准了平武丰富的林业资源，开始入驻平武的各条沟谷中，伐木场四处可见。无节制地砍伐森林严重破坏了平武县部分地区的生态环境，熊猫、羚牛、黑熊等许多野生动物数量锐减，取而代之的是严重的水土流失，局部气候的失调以及旱灾、洪涝、冰雹等自然灾害的频发。

2000年之后，随着退耕还林、封山育林等政策的推行，平武的自然生态开始逐步恢复。2009年，时任关坝村村主任，同时也是关坝沟里养蜂户的唐虹，与其他几位村民共同组建了关坝村的第一支村民巡护队。谈到这一举措的初衷，唐虹直言不讳道："当时开始做保护只有一个目的，我们想要发展，想要生存。我们想要通过发展养蜂产业来提高老百姓的生活水平，而养蜂与保护环境又是相辅相成的关系。"恰好在2009年时，北京山水自然保护中心（下文中简称山水）专家冯杰带领团队来到了平武考察，在和山水沟通的过程中，唐虹发现双方的思路不谋而合。于是，在山水的指导与帮助下，"养蜂护林"的观念逐渐被推广开来。

在巡护队组建前，关坝沟的村民多依靠养羊为生，面对未来产业发展的新思路，村民们大多抱着不理解的态度。"我只能用一次次的行动来感化大家，为了说服大家，我往沟里面跑了无数次。"在唐虹的不懈努力下，关坝沟的养羊户逐渐卖掉了家中的山羊，加入唐虹的养蜂合作社当中去。

表面上看，养蜂合作社与巡护队的发展似乎还算顺利，然而唐虹心里明白，事情远不止那么简单，想要村民们打心底里接受新的发展思路，还有很长的路要走。回忆起自己在关坝做保护的五年经历，唐虹最大的遗憾就是自己没有一个很好的学历，没能为继任者打下更好的基础。"如果说我有本科这么好的学历的话，有可能关坝的现在会更好些，我为他们之后铺的路子还能更顺畅些。"唐虹说道。

家，就在这里

2011年，唐虹考上了公务员，调任白马乡副乡长，离开了关坝村。刚刚回到村里的李芯锐和父亲李天才一起接过了合作社与巡护队的任务。

用父亲的话讲，当初李芯锐是被他强行拉回来和他一起养蜂的。李芯锐是个喜欢闯荡的人，1999年初中毕业后，由于家里供不起他读书，李芯锐毅然搭上了北上的列车，离开生活了十八年的家乡，前往兰州军区入伍，成为一名坦克驾驶员。"十八岁之前，一直在这里长大，总觉得家乡是个穷山恶水的地方。通过电视看到的外面的世界很精彩，去当兵真的是想去外面精彩的世界看一看，为了自己的前途也要走出去。”李芯锐说道。然而第一次离开家乡，来到陌生的西北戈壁，训练场上干燥的空气和炙热的阳光让李芯锐在进入军营的第三天就打消了自己曾经美好的幻想。在军营的这三年，李芯锐才真正体会到自己生活的家乡是多么美好。

2001年退伍后，李芯锐选择了继续留在外面奔波。2001年到2011年的十年里，李芯锐进过工厂，卖过饲料，当过厨师，不服输的他不断尝试挑战自己。然而，一次次的碰壁以及独自一人在外闯荡的孤独寂寞让从小成长在山里的他始终找不到家的感觉。2011年，李芯锐在父亲的劝说下回到了家乡帮助父亲养蜂，“不回家就娶不到老婆嘛！”李芯锐调侃道。

在西北当兵时所处的环境更加激发起了李芯锐参与到家乡环境保护中去的热情，在他看来，环境保护才是村子可持续发展的基础。以前的巡护队设立在合作社名下，经过前期几年的摸索与实践，虽然取得了一定的成绩，但也暴露出许多亟待解决的问题。2013年，巡护队上升到村一级来管理，李芯锐接过了父亲的任务，担任村子里的巡护队队长，负责40.3平方千米的保护区的野外巡护、红外摄像机的调试安装等具体工作。巡护队的许多队员们在年轻时做过猎人，如今放下了猎枪，跟着李芯锐拿起GPS与红外相机，做起了看护动物的工作。

“我们现在做的事情其实就是在打破一些传统，打破这些东西自然就会有许多阻力的存在。”在李芯锐看来，人类文化走到今天，狩猎已经到了被淘汰的时候，如果抱着旧的观念走老路，注定会被时代淘汰。“我们这帮人算是看到了这一点，所以想要做些什么，留给我们的子孙一些动物，让他们也能看到。”这样朴素的愿望始终存留在李芯锐的心中。然而，在农村宣传一种新的思想谈何容易，与唐虹当年的遭遇类似，村民们对李芯锐的说法并不买账，甚至在不断猜测李芯锐之所以选择回村，是因为有利可图。

巡护队员在保护区内进行日常巡护　　李芯锐供图

“老百姓需要你做出成果，而不是说出来。说服大家最好的方式就是给大家带来实实在在的生活上的变化。”李芯锐坚信自己所做的一切最终会被村民们认可。常年和村民打交道，许多人对他们的工作不理解，发生口角也是有的。但他总能摆事实，讲道理，以理服人，日子久了，村民也都理解了，现在他和村民们的关系也都比较融洽。

回来的这几年，除了为关坝带来的变化，李芯锐也能够清楚地看到自己的成长与改变。由于自己学历较低，李芯锐面对未知的事情时总是十分谦虚，每一次接触新的事物，去往新的环境，他都要逼迫自己去学习进步。

“反正我们的家就在这里，折腾一下也是这样的，不折腾可能还不如这样，大不了从头再来嘛!”李芯锐是个乐观的人，在言行之间总会传递出一种朴实的正能量，“有人帮助我们会走得更好，没人帮助我们也要继续走下去”。

未来，仍需坚持

2015年底，关坝保护小区成立，2016年下半年保护小区开始正式运营，李芯锐曾经的同窗孟吉成为保护小区的负责人。

妻子最开始对孟吉放弃外面高薪的工作而选择留在家乡每天忙着做生态保护十分不理解，随着保护工作的深入，妻子的态度也逐渐发生了转变，“做保护的这几年虽然钱没有挣很多，但对人的转变还是很大的，原来我的性格并不好，但做我们这样的事情接触的外面人很多，这让我的性格以及做事方法有了很大的转变，对孩子的成长有很好的影响，回了家也懂得对老婆嘘寒问暖，关心家里的事情了。”孟吉一边说着，一边嘴角微微上扬，露出一丝微笑。

这两年孟吉做的一个很重要的事情就是与其他几家保护组织定期开展联合巡护。“动物它们不清楚保护区的界限，会随意地流动，这就需要几家保护组织的共同联动。”孟吉说。最开始的联合巡护只有关坝保护小区和老河沟公益保护地，到今年已经有新驿、福寿、和平、金丰、林发司五家保护单位加入联合巡护中。孟吉认为，做巡护对周边社区的意义要大于对环境的实际意义，“周边的社区一直在看着我们做事情，他们看着我们坚持了十年，觉得我们做出了一些成绩，也就愿意跟着我们来做生态保护这些事情”。

随着保护体系与机制的日益完善，新的瓶颈也逐渐显现。保护小区每年稳定的资金来源只有政府的拨款，除去每年十八万的运营支出，每个护林员进山一次只能补助一百多元，作为保护小区管理人员的孟吉每个月也只有一千元的工资，远不如在外打工的收入。因此，如何让更多的青年人返乡加入护林的队伍中来，保证人才的连续性，依旧是摆在唐虹、李芯锐以及孟吉他们面前的一个棘手的问题。

谈及关坝保护小区的未来，唐虹说："虽然现在的这种模式还不成熟，但我们已经迈出了非常重要的一步。"唐虹在2019年上半年刚刚回到了木皮乡做乡长，她对自己曾经付出心血的地方依旧保持着深沉的爱与绝对的支持，但唐虹同样有着自己的担忧："目前看来，关坝的理念是独一无二的，但不能保证两三年后这个理念还是独一无二的，只有通过保护带动关坝的发展，才是一种可持续的模式。"

李芯锐与孟吉同样坚信自己正在正确的道路上做着正确的事。生态保护仅仅依靠相关机构和组织是不够的，只有让人们发自内心地真正认同这种理念才是长久之计。对于目前面临的瓶颈与挑战，他们有着自己的判断与解决之道，无论成功与否，他们依旧选择坚持走下去。

（作者为兰州大学新闻与传播学院本科生；指导老师魏占兴、郭翠玲、王臻为兰州大学新闻与传播学院教师）

几度浮沉守初心

——川剧演员的“台下戏”

宋美彤　郭阳　王毅璇　狄梦瑶

“现在正在排练的现代川剧是《乱世糖坊》，拟入选国家艺术基金成果运用项目，将在9月的‘四川省第十七届戏剧小品比赛’的开幕式上首次演出。”正在指导排练的内江川剧团副团长徐敏介绍道。作为资阳河流派的典型地标，内江市川剧团坐落于上南街291号。这里葱茏的树木、斑驳的朱红色牌匾、颓圮的围墙，无不诉说着川剧的沉浮及川剧人的执着与坚守。台上演别人，台下是自己，他们是饱经沧桑的川剧人。

浮沉几相逢　高腔一生付

她曾是舞台上英姿飒爽的穆桂英，《白蛇传》里知性痴情的白素贞，《武松打店》中精明豪放的孙二娘……她一生演绎了数千个经典的川剧角色。尽管已年过八旬，但当面前这位老人眼波流转，手指兰花，一颦一笑之间依然能看到一代武旦的意气风发。她是川剧资阳河流派第七代传承人周苛荪。

她赶上了川剧最好的时代。在20世纪50年代那个物质文化资料极度匮乏的时代，人们的娱乐方式只有黑白电视、黑白电影、无线电收音机。相较于这些没有半分色彩的视觉“默片”，大红大绿的戏剧自然有着极大的竞争力。“那个时候噻，我们最多的时候，一天要在农村演3场，场场爆满。”

周苛苏声音轻轻柔柔，巴蜀方言从她嘴里说出来显得十分温柔。

1955年，周苛苏经人推荐来到内江川剧团。来到剧团还不到三个月，她便开始跟着剧团巡回演出，在实践中学习。一开始，周苛苏站在舞台上跑龙套，通过近距离观察老师进行学习。“想想想，那时候特别想演主角。”提起那时候的渴望，这位老人的眼睛亮亮的。

机会很快来临，一年后，内江川剧团举办青年学生汇报演出，凭借《芙蓉花仙》中的芙蓉一角，她由青年学生正式转变为青年演员。“那个时候，川剧火得不得了，很多上海人专门来四川就为了看一下周苛苏。”提起这些，周苛苏还有点不好意思。有一次，她一进后台，就有一封信塞过来，“写的那是撒子哟，我吓得赶紧交给我们领导。”她捂嘴笑着，仿佛又回到那个害羞的少女时期，就像今天很多明星有粉丝一样，他们那时候也有很多“粉丝”。

眼见他高楼起，又见他高楼塌。

20世纪80年代，短暂的繁荣过后，川剧在人们心中的地位被其他娱乐方式取代。在卡拉OK、电视机、电影等新兴技术与外来文化的冲击下，川剧无人问津，川剧演员无戏可演，团里很多的年轻人纷纷转业出去打工。一时间，剧团倒闭，人才凋敝，这门艺术岌岌可危。“团里再也发不出工资，我们这些老人还好，可苦了那些刚进来的年轻娃娃。”她惋惜道。

即将退休的周珂苏也不得不离开川剧团，另谋生路。“本来以为川剧就这么没得了。”周苛苏直言。没想到在2004年，她被重新邀请回内江川剧团教导青年川剧演员。原来在川剧低沉没落时，内江川剧团团长刘佩全、副团长徐敏等川剧人没有放弃，他们提出“振兴川剧”，不断寻找川剧新的出路。他们为了复兴川剧，召回了许多漂泊在外的川剧艺人。

“这些年，这些娃儿纷纷出去接婚庆主持、唱歌，身法指法都已忘记。”刚开始，周苛苏也有些头疼。但是很快，她们就投入“战斗状态”，带着徐敏等青年演员又从基本功开始，腰、腿、刀枪剑戟，一步一步稳扎稳打。在这些老艺术家的帮助下，青年演员们的川剧底子开始慢慢“复活”。“幸好徐敏他们这帮娃儿进步得很快，川剧才不至于完全不存在。”周苛苏欣慰道。

盛衰各有时　立身苦不早

声音、形态俱佳的“老旦”徐敏万万没想到，她会面临着“毕业就失业”的窘境。

1988年，徐敏来到了内江川剧学校。彼时的内江川剧学校属于中专，定向招生，毕业包分配。“当时考试的学生来自内江、自贡、达州、万州、遵义……共2000人报考，最后只录了32个，竞争非常激烈。”回忆起这些，徐敏脸上带着骄傲。

“那时候是真的苦啊！”徐敏叹息道，她回想起她刚去时看到一个与她年龄一般大的女孩，“啪”一下就能够把脚搭在栏杆上，没有一点含糊和犹豫。为了能够追上同学的进度，她每天5点打着手电筒去练功。她这时已经17岁，在川剧初学者中已属于“大龄”。她经常因为练功伤痕累累。“腿被拉伤”“掰腰时休克”“肩膀碰到桌角”“胳膊脱臼”这些她都经历过。现在，她说得云淡风轻。

1992年，徐敏毕业。她没想到的是，她一身“老旦”功夫竟毫无用武之地。市场经济的发展，外来文化的进入，各类崭新的娱乐方式让人应接不暇，冲击着年轻人的眼球。徐敏终是没赶上周苛荪她们的时代，川剧由场场爆满到无人问津，川剧艺人无戏可演。她失业了。

“没办法，要生活。”徐敏吐露的这六个字，诉说着那一时期多少川剧艺人的无奈。她只得离开川剧团出去表演唱歌，接婚礼主持。而与她同时期的年轻演员也都像徐敏一样，川剧的筋骨与血脉就这样散落在各个酒店、卡拉OK、婚礼现场……内江川剧团的戏班子只剩下了她的老师刘佩全。1992到2004年，徐敏在川剧门外漂泊了整整十二年。

直到2004年，内江市川剧团团长刘佩全打电话希望她能够回来，一起振兴川剧团，振兴川剧。“我其实不太愿意回来的。”徐敏坦言道，“因为当时团里的工资一个月400多，与我在宾馆的收入相差几十倍。”而这时，家人给了徐敏莫大的支持。徐敏的老公是一名军人，他告诉徐敏川剧没落非常可惜，现在有机会她应该做回本专业，否则便浪费了她这么好的老旦嗓。内心一番挣扎后，徐敏选择回到内江川剧团。

“我那时候好穷啊！”这是徐敏回来后最直接的感受。他们偶尔出去演一场戏得到报酬仅1100元，剧团十几个演员分。其实不仅仅是徐敏“好穷”，是整个内江川剧团都“好穷”。穷到连剧团的舞台都出租给了川人大酒楼，变成了别人的员工食堂。

但穷困潦倒的川剧人，他们没有放弃，努力在夹缝中求生。徐敏知道，回来则意味着挑战。为了川剧团能够活下去，她配合团长刘佩全，利用自己多年外出表演积累的人脉，排练了《艾在身边》《为了孩子》等话剧。在

2004年、2005年接连演出，覆盖了内江全市区60多所学校。除此以外，他们还开展“月月看大戏”“百场戏曲进校园”等活动培养观众兴趣。这些活动都引起了非常大的反响，成为内江市两张响当当的名片。“有一所学校的男校长看了我们的演出在台下感动地哭，我也经常在舞台上带入情绪后哭到一分钟说不出台词。”徐敏又找回了当初在舞台上的热情。实际上，这些活动都是为了培养观众。为了培养学生的兴趣，他们在表演时加入“滚油灯”“变脸”等川剧绝技，同时还将一场川剧的时间改为45分钟。“否则学生们就容易注意力不集中。”徐敏说。

2014年，经过努力，川剧团影响力不断扩大，赶上了传统文化复兴潮流。“那个时候，内江市委书记来到内江川剧团调研，看到内江市川剧团被出租，感叹道：‘你们真是太不容易了！’”徐敏回忆说。从那时起，在政府的帮助下，川剧团出租的地方被收回，剧团开始重新装修，内江川剧团终于起死回生。“现在，我们川剧团每年紧紧结合内江文化，推出与时代结合的川剧，观众都喜欢得不得了。”徐敏对于川剧团的现状十分满意。

糖坊送甜香　时代拆沧桑

“哎，茶水来喽，大家来喝茶水喽！”一句地道的川音回荡在川剧团大厅。陶红此刻正在排练大型现代川剧《乱世糖坊》。9月2日，他们将在“四川省第十七届戏剧小品大赛”开幕式中进行首次表演。

陶红介绍道，《乱世糖坊》以20世纪30年代为背景，紧密结合内江历史悠久的蔗糖产业，展示了一幅我国早期民族工业的全景图画。这一剧目将继续沿用资阳河流派中的高腔艺术为表现形式，同时也会结合内江的民谣、风俗，具有浓郁的地方特色。她在这里面扮演男主角的妻子林玉秀。“我一定会用心刻画好这个形象。”陶红表示。

陶红正在进行排练　　宋美彤　摄

陶红是目前内江川剧团年龄最小的演员，年仅34岁。她9岁进入川剧团学习，至今已经和川剧打了二十二年交道。长江后浪推前浪，在《中国有川剧》比赛中，陶红凭借川剧《六月雪》获得了二等奖。对于川剧的发展，陶红充满了希望，“现在提出的对于传统文化的传承、保护，让我们对于这个行业充满了信心，我们再也不用害怕没有戏演”。

2006年，川剧被列入第一批国家级非物质文化遗产名录；2015年7月，国务院办公厅印发《关于支持戏曲传承发展的若干政策》；2016年四川省发布了《四川省人民政府办公厅关于支持戏曲传承发展的实施意见》。在“大潮流”的牵引下，“小地方”很快行动起来。在2013年，内江市政府宣传部与内江川剧团合力推出“百场戏曲进校园”活动，政府出钱，剧团演戏，观众受益。内江财政局拨款100万元，要求内江市川剧团进校园演够100场戏剧，每场1万块钱。“政府的大力支持，正是我们坚守、传承川剧的底气。”陶红表示。

“唯一的问题在于现在人才的断层，周苛荪老师她们那一辈都退休了，你想想我30多岁都算最小了。”陶红自嘲道。由于川剧长期的没落，在1992年以后，川剧团再也没有招过新人。现在川剧团年纪最大的70岁，最年轻的也30多岁了。面对剧团“黄青不接”的情况，2017年徐敏根据2015年国务院52号文件《国务院办公厅印发关于支持戏曲传承发展若干政策的通知》，2016年川办发12号《四川省人民政府办公厅关于支持戏曲传承发展的实施意见》等文件精神，撰写了关于招收新人的提案并获得通过。

在2018年，内江川剧团终于“注入”了30个年轻的“血液”，他们年龄在12岁到16岁之间。“这30个孩子目前委托给四川省川剧学校培养，在经过四年的培训后，将回到内江市川剧团的舞台上，成为我们剧团里资阳河流派最小的川剧演员。”陶红说。

川剧资阳河流派，未来可期。

后记

喷火变脸滚油灯，藏刀点蜡踢慧眼。生旦净末丑，嬉笑怒骂间，你可尝出那人生百态？台上演别人，台下活自己，他们是饱经沧桑的川剧人。

川剧是国务院公布的第一批入选“国家非物质文化遗产名录”的地方戏曲，是巴蜀文化中最具代表性和根深蒂固的艺术形式。川剧艺术有过最好的时代，高朋满座，场场爆满；它也曾经历阵痛，剧目失传，剧团倒闭，艺人漂泊，无人问津……长期的落寞后，我们很高兴还能看到川剧在今天焕发出新的生机。而剧团与川剧艺人正是川剧的根骨和血肉。

7月12—13日，我们接连采访了川剧资阳河流派的几位传承人。连续两天的采访，原本对于川剧只是门外汉的我们，跟着他们，一起“经历”了川剧资阳河流派这几十年的兴衰变化。他们没有程蝶衣“戏比命大”的决绝，川剧繁荣昌盛时，他们是名动一时的“角儿”；川剧低沉没落时，他们也会出去“另讨饭碗”。这些平凡的人，他们也为了生活想要放弃，也有川剧人已经淹没在人海中。三代川剧人，三个不同的时代轮廓，他们只是传统戏剧长河中一点点小小的星光。但，正是这一点点小小的星光，让中国传统戏剧生生不息。

谢谢每一个中华文化的守护者。因为你们，祖国优秀传统文化经久不衰，群星灿烂。

（作者为兰州大学新闻与传播学院硕士研究生；指导老师魏占兴、郭翠玲、王臻为兰州大学新闻与传播学院教师）

蒋丽丹：我是范长江纪念馆的“哨兵”

狄梦瑶

“1936年爆发‘西安事变’时，范长江马不停蹄地赶往西安，成为第一位敢于报道西安事变真相的记者。”讲解员蒋丽丹手指展板，将新闻先驱范长江的生平娓娓道来，前来参观长江故居的游客们倾耳细听。

蒋丽丹是内江市范长江纪念馆的一名讲解员，26岁的她来到范长江纪念馆已近五年时间。她价值观的转变，业务水平的提升，走上国家级平台讲解的出彩经历，都离不开长江精神的影响。“虽然我不会事事都想到长江精神，但在关键时刻，它对我就是种引导。”谈起范长江，她难掩感恩之情。

“忆苦”与“吃苦”

蒋丽丹出生在四川简阳的一个普通村庄，因为家处偏远，小时候经历过一段因电线损坏而一个月无电可用的生活。据她回忆，那时家里只有奶奶与她两个人，为了打发那段没有电的时光，奶奶每天点燃用麻绳自制的油灯与她聊书、猜谜或给她讲故事。日子尽管清苦，但她未觉漫长。

“我小时候因为挑食，被奶奶说我们这一代的小孩儿就是日子太好了，没吃过苦，没饿过肚子，还总是挑这挑那的。”奶奶为了教育她珍惜粮食不忘本，用米糠和玉米糊混在一起为她做了一顿“忆苦饭”。“说真的，很不好吃。”想起那顿“忆苦饭”，蒋丽丹感慨道：“奶奶看到我难以下咽的样子，说她们那会儿连玉米糊也没有，日子困难的时候只有米糠。”一顿奶奶为她改良的“忆苦饭”，让蒋丽丹体会到了奶奶所处年代的生计艰难，更感受到一餐一饭的来之不易。

蒋丽丹说：“范长江对母亲纺线织布做成的衣服格外爱惜，哪怕衣服旧了、破了，也舍不得丢弃，总是脏了洗洗，破了补补，穿了一年又穿一年。”在接触了范长江的故事后，蒋丽丹发觉，自己童年的家庭教育和范长江勤俭的作风有所契合。简单质朴，不图时尚的想法慢慢在蒋丽丹心中生根。

范长江纪念馆馆长段瑞明评价这个年轻的川妹子：“她工作认真，热爱学习，很阳光。”会计专业出身的蒋丽丹，因热爱与机缘来到范长江纪念馆工作。长江精神带给她的工作动力，使她在工作中即便碰到困难，也依旧能埋头苦干。

进入纪念馆学习讲解，练好普通话是她的当务之急，“那时我的普通话毛病很多，前后鼻音不会发，字音归音不到位”。此外情感的把控和动作的配合，都是讲解的难点。“我在感到疲惫的时候，会想到11岁入学，用了3年时间完成了小学全部课程的范长江，索性自己再多加一点班，多吃一点苦。”对于这些困难，蒋丽丹克服的办法简单而原始，就是一个字：练。“多练，反复练，练到想吐，直到‘修炼成型’。”她把曾经的痛苦练习化作笑谈。

功夫不负有心人。2018年10月，蒋丽丹被选赴国家博物馆参加“伟大的变革——庆祝改革开放40周年大型展览”的讲解工作。来到北京，蒋丽丹在进行了基本的技能培训后，便开始背诵讲解词。上厕所、洗澡、吃饭、走路，蒋丽丹随时随地都在背词。时间紧迫，任务繁重，重压之下，那几日她未等清早的闹铃响起，五点就睁开了眼，“醒了后怕影响舍友，就跑到厕所里悄悄地背词”。就这样，三千多字的讲解内容，包括晦涩难懂的专业术

蒋丽丹参加“庆祝改革开放40周年大型展览”的讲解

受访者供图

语，蒋丽丹用了四天时间一字不错地完整背诵了下来。

背会了词后，她再到现场一遍遍演习。最终，在一周的规定时间内，蒋丽丹顺利上岗，在展厅内为1400多人进行了讲解。蒋丽丹说："就像长江同志把跟随毛泽东、周恩来转战陕北的那段经历视为'一生中最宝贵、最值得回忆的经历'一样，这次走上国家级平台讲解，也是我最珍贵的一次锻炼。"

"讲人"也"待人"

说长江讲长江，这是蒋丽丹的点滴日常。

在讲解的方式上，蒋丽丹在不停摸索。如何让游客了解范长江的为人，体会长江精神的内涵？她的做法是：依托展板，把范长江的成长经历、新闻成就、新闻奉献铺陈开来；借助细节，将范长江秉承简朴、追求真理、廉洁奉公的事迹生动呈现。

在讲解的手段上，蒋丽丹也在不断创新。当介绍到毛泽东于1937年为长江同志写过的一封信时，她走到展板旁，借助背景音乐将信的内容诵读，在情感与音乐的配合下，让讲解效果达到最大化；在讲到毛泽东在凤凰山窑洞里与范长江彻夜长谈的情景时，蒋丽丹播放起两人谈话的模拟录音，用这种方式设法让观众身临其境。蒋丽丹说："我相信观众们进到那个情景里，就会为之动容的。"

蒋丽丹说："范长江在新闻采访中真诚关心采访对象，敢于为劳苦大众鸣不平，他鼓励记者为真理而奋斗，要说真话。"对于自己的工作，蒋丽丹认为，真挚的感情比高超的本领更重要。

蒋丽丹每天接待的游客人数不定，少时一个人都没有，多时一天接待过五批。前来范长江纪念馆参观的游客，年龄上至八十多岁的老人，下至五六岁的孩童。普通群众、党员干部、学生、教授、外国友人，什么身份的人都来，各行各业的人都有。

谈及令蒋丽丹印象深刻的游客，她说："有好几次，经历过战乱及见证过国家发展变化的人听到范长江的廉洁事迹和去世情景时，总会情不自禁地留下或感动、或惋惜的眼泪。"真情实感连接了这位先辈与今人，也连接了蒋丽丹与游客。

想到游客们大多是第一次到访纪念馆，为了让他们能有所收获，不虚此行，蒋丽丹的每一次讲解，都会以最热情饱满的状态认真对待。"你讲解得太有代入感了”“讲解员很辛苦，你要保护好嗓子”……游客们的反馈和关心，让蒋丽丹倍觉珍贵。

“有道”亦“传道”

上岗近五年，蒋丽丹经历了工作的瓶颈期。调整疲倦的心态，找回积极的状态，在起伏之中，蒋丽丹摸索出了一套适合自己的讲解方法，让解说“有道可循”。

“每天讲的故事都一样，有段时间觉得无论怎么讲解都很‘累’，找不到起初的愉悦感。”蒋丽丹的工作心态也曾陷入低迷。静下心分析原因后，她发现心态倦怠才是寻求进步的最大的障碍。“‘九一八’事变爆发的时候，蒋介石政府压制学生的抗日救亡活动，长江先生感到在这样的学校找不到自己想要的道路，他毅然决然地离开学校前往北平。”蒋丽丹说，“他没有忘记自己一直在寻求的道路，我也不能忘记初心。”为了突破瓶颈，蒋丽丹开始从多方面进行调整。

讲解的内容上，蒋丽丹开始依据听众的不同，调整内容的比重，针对不同的对象，进行适当的互动。对待普通群众，蒋丽丹会将讲解重点放在范长江的人生经历和精神品质上；面对在校学生，蒋丽丹则会着重介绍范长江求学时的思想与态度，择业时的理念与担当；接待机关单位工作人员时，蒋丽丹又会侧重于范长江从政后廉洁奉公的那部分内容。“因人而异”让她摆脱了固有的解说模式，摸索出自己的讲解之道。

当被问及讲解中什么最重要时，蒋丽丹不假思索地给出答案：“激情。”她说：“范长江先生开始研究红军、共产党和苏区时，曾封门闭窗、冒着酷暑、擦着汗水，兴奋地阅读了一千七百多本苏区的小册子。跟长江先生一样有激情，才会有学习的动力和坚持讲解的信心。”这一点也是她走出低谷的关键方法。每次讲解前，她都会给自己做心理暗示：“这是我的第一场讲解。”暗示多了，习惯了，每一场讲解的情绪便自然而然地保证了。

蒋丽丹说，在参加“庆祝改革开放40周年大型展览”面试时，第二个环节是让大家展示一段自己所在纪念馆的讲解，她足足说了五分钟。这是她第一次走出内江，在更为广阔的平台上介绍这位新闻先驱的生平。她开始意识到，自己的就业场馆和工作内容，赋予了她特殊的使命，那就是传播范长江的品格道义。

“中华人民共和国成立后，范长江觉得国家给自己的工资待遇高了，主动要求降低待遇；一次生病，范长江觉得自己没有为国家工作，专门发了封电报给妻子，让妻子把工资退还给国家。”蒋丽丹说，“我心里范长江就是一个爱国为民、追寻真理、求真务实、廉洁奉公的人。这不是官方口号，他真的就是这样。很多时候我常想，如果我是他，处在同样的地位，遇到同样的事，我能和他一样吗？我不知道。”

长江精神以润物无声的方式，在不断地改变着蒋丽丹。“一是事业，范长江给了我进步的动力，发展的方向；二是思想，范长江的精神提醒着我务实，改变了我的格局。”除了在展馆中讲解长江精神，她还走进过乡镇学校，以宣讲的形式向孩子们传播范长江的品格。“把先生的品格播种在一颗颗童心里。”蒋丽丹想让身边的人都因范长江而受益，她表示，自己愿当范长江纪念馆的一名“哨兵”，守卫长江精神，让内江人以范长江为荣，让更多人被长江精神感召。

（作者为兰州大学新闻与传播学院硕士研究生；指导老师魏占兴、郭翠玲、王臻为兰州大学新闻与传播学院教师）

兰州、兰舟、拦舟：羊皮筏子的困境与希望

李妍

小暑，日头正盛，黄河在阳光的照射下灿然闪烁。

著名记者范长江曾于兰州乘皮筏“遵黄河以赴宁夏”。范长江在《中国的西北角》一书中曾这样写道：“最险者为‘焦牛把子’，河水直冲一石崖尖上，皮筏必须对石崖放去，同时又须于未接触之一刹那，转筏下流，生死存亡之际，期间不能容发。”

羊皮筏子这种仅存在于西北的古老船运方式，在奔腾不息的黄河上已经存在了三个多世纪。

羊皮筏子俗称排子，曾经是黄河上游最为常见的交通与运输工具，横渡黄河、运输货物都要靠它。而在黄河上游，能熟练驾驶筏子搏击风浪的人被称为筏子客。

羊皮筏子的前世今生

羊皮筏子又称“革船”，从清光绪年间就已经兴起。据载，清康熙十四年（公元1675年），据守兰州的陕西提督王辅臣叛乱，西宁总兵官王进宝奉命讨伐时，曾以木料结革囊夜渡黄河，大破新城和皋兰龙尾山，这就是关于兰州羊皮筏子的最早记载。在兰州民间流传着一句俗语：“羊皮筏子赛军舰。”抗战时期，羊皮筏子在陆上交通运输极为困难的条件下，为支援前线

发挥了巨大的作用。当时，地处黄河中游的内蒙古河套地区，成了抗日前线。为了支援抗战，补充前线的物资，来自兰州的筏子客们组建了水上大型运输队，乘着羊皮筏子一路西去，向宁夏、绥远运送了大批枪支弹药等军用物资，为抗日战争贡献了不可忽视的力量。

随着时代的变迁与科技的不断进步，羊皮筏子逐渐退出了交通运输工具的行列，转而成了民俗旅游项目。作为兰州的城市名片，羊皮筏子也越来越多地受到游客关注，这个原本只属于西北河道上的古老遗产，焕发出了新的生机与活力。

7月是兰州的旅游旺季。作为一种重要的旅游资源，羊皮筏子本该在黄河上竞渡，但由于最近黄河水位上涨，羊皮筏子无法运营，筏子客牛强就有了一段难得的“清闲”时光。

“旅游业发展得好了，来坐羊皮筏子的人也多了。游客就喜欢这种传统的项目。”说这话的时候，牛强显得很愉快，他饱受西北阳光洗礼的黝黑面庞上有着明显的笑意。

对没有乘坐过羊皮筏子的人来说，很难想象一只看起来无比简陋，只由一个竹排和十几个羊皮口袋组成的“简易”筏子，能在风急浪高的黄河中安全穿行。很多游客不放心羊皮筏子的安全性。事实上，筏子上每一个皮口袋的制作都非常精细，即使一个破掉，也能保证筏子整体不受影响。

牛强指着一旁的筏子笑着说：“羊皮筏子是祖宗留下的智慧，它的制作工艺非常复杂，即使是修补，我们也能做到‘天衣无缝’，一代一代都是这样做的。游客坐了才知道，它的安全系数非常高。”

曾体验过羊皮筏子的当地人突然接了一句话：“羊皮筏子就是看着吓人，坐上去就很稳当，他们这些筏工的水平都成着呢。”夹杂着兰州口音的话逗乐了牛强。牛强又与那人攀谈了几句，转回头来，他的目光扫过一旁的黄河，发出了一声轻轻的叹息。

事实上，对于看似兴盛的羊皮筏子，牛强还怀有着深深的隐忧。

风浪之外还有险阻

“十五年前，黄河在兰州段的羊皮筏子有很多，几百个呢，但是现在剩下的就三十多个吧。”牛强怀念的语气，似乎能让人看到当时黄河上的繁华景象。

邻座茶摊上的客人突然喊老板倒水，牛强快速说了声抱歉，起身给旁边的客人送了一壶热水。他回来时带着一抹不好意思的笑，说这是他临时的工作。

“做羊皮筏子需要很高的成本投入，制作一个筏子需要一整个冬天。黄河连续两年发（洪）水了，羊皮筏子没法儿运营，一停业，吃饭都成问题。我们这些人没办法只能打打零工维持生计。”牛强说，绝大多数的筏子客收入都依赖漂流项目，但是连年来黄河的汛期，为他们的工作蒙上了一层阴影。

近两年来，黄河的汛期成了在黄河边谋生人的“噩梦”。

不仅仅是羊皮筏子，快艇、水上巴士，甚至于黄河河滩上的茶摊都饱受“摧残”。茶摊老板李磊说：“损失很严重，不只是一两个月没法儿营业的事儿。很多东西都给冲走了……之后清淤也是一笔费用。年年都这样，本身就指着夏天这段时间挣钱，这一涨水，今年几乎就挣不到什么钱了。”

“如果明年汛期还是这样，可能很多人就做不下去了。”牛强的语气里充满了无奈。他们靠着黄河吃饭，而如今，黄河的汛期正在逐渐剥夺着筏子客的生存空间。

牛强说：“我干这一行时间也不算很长，二十年吧。也是因为偶然的机会才开始从事这个行业的，就这么一直与水打交道。我今年40多岁，算是筏工里比较年轻的一个了。”虽然这样说，但是由于筏子客经常接触河水，身体总会出现各种伤病，尤其是关节，风湿性关节炎几乎是筏子客们无法逃避的问题。身体功能的快速下降使得筏子客到55岁左右就很难继续工作了。

青黄不接，已经成了羊皮筏子发展传承中不得不直面的困境。

牛强介绍学习筏子不仅要通识水性，还要充分熟悉河道里的漩涡、暗流。此外，撑筏的技巧、羊皮筏子的制作、保养、修补等都是必修的课程，可能需要三到五年的学习，才能成为一个合格的筏子客。“我已经好几年没见过主动要求学筏子的年轻人了。太辛苦了，就没什么人愿意学了。”牛强说这话时语气很失落。

即使是有人主动学了，未来如何运用这门手艺也成了一个问题。

不是学会了就能当筏工。作为旅游项目，为了保证游客的安全，现在想要成为筏子客还需要考取相关的证书。当周围的年轻人被问到是否有意愿学习羊皮筏子的时候，有几个人似乎表现出了几分兴趣，但是在大致了解学习筏子中需要面对的困难后，他们都摇了摇头。“羊皮筏子应该要传承，但是一旦去做这件事，要承受的压力太大了。可能只有极少数人能够坚持下去。我想我做不到这一点，甚至绝大多数人都做不到这一点。”生活在兰州也喜欢羊皮筏子的汪熙鑫直言道。

“我也怕再过十几年羊皮筏子就要从黄河上消失了，人们再也不能只花几十块钱就能坐着它从黄河上漂流了，再想要见它就只能去博物馆。”牛强说。

在谈到是否会让孩子来继承自己羊皮筏子的事业时，牛强抹了把脸说：“没人愿意把孩子送来学这个，我自己都没想过。”提起一对子女，牛强的语气都温柔了不少。在黄河上漂流了二十年的牛强深知，这个看似自由自在的行业背后到底有多少艰辛。他是真的舍不得让儿女吃这个苦。

这个将自己的青春都奉献给羊皮筏子中年男人，在子女是否要继承自己衣钵的问题上陷入了深深的挣扎。现实的压力与困难，让这个在黄河翻滚的波涛中都面不改色的西北汉子低下了头。

牛强沉默了很久，又接了一句：“如果他们愿意学，我也一定会教。”

困境中的希望

宣传上的不到位，使得外来的游客如果没有本地导游的介绍，几乎想不到去体验羊皮筏子。没有游客，筏子客的生活就很难维持。

离开的筏子客越来越多了。

除此之外，羊皮筏子发展所要面临的困难还有很多。传统复杂的制作工艺使得羊皮筏子几乎很难在其本身有所突破创新；运营成本与准入门槛的不断升高等问题都在制约着这项传统技艺的沿袭。

“说实话，我对羊皮筏子的未来并不乐观。保护不是靠一张嘴就行啊。”在提到羊皮筏子的传承时，牛强显得很激动。在他眼里，羊皮筏子就是“活文物”。“只有留住我们这些手艺人，羊皮筏子才能留下去。”牛强略带自豪地说。

好在即使风急浪高，还有一群人愿意去触摸它，记住它。

2014年6月，兰州黄河羊皮筏子漂流中心正式挂牌成立，黄河上飘飘荡荡了几百年的“古船”终于有了一个稳定的“家”。羊皮筏子漂流中心的成立把零散的筏子客们组织到了一起，扩大了羊皮筏子影响力的同时也提升了它的知名度。挂牌当天，兰州水车园总经理滕宝成介绍，漂流中心的成立，使得羊皮筏子这一黄河流域非物质文化遗产能够更好地被保存，“古船”得以继续漂流在黄河上。

现在，有很多媒体开始关注羊皮筏子，信息传播极其迅速的社交平台为羊皮筏子提供了不少的流量与关注；创立网站、开设团购项目、与兰州一日游结合，等等，羊皮筏子的运营管理者们也在尽自己最大的努力留住这道黄河上的独特风景。

“能看到孩子们来是最开心的。”牛强说，“孩子们是未来，只要他们能记住，那羊皮筏子就不会消失。”羊皮筏子被编入小学语文课本之后，越来越多的学生愿意来亲自体验、用手去触摸和感受这个在课本中被描画的“古船”。

进入6月，黄河逐渐涨水，羊皮筏子停运，但是仍然有许多外地游客选择去码头“碰碰运气”。他们说不为别的，就是想看看羊皮筏子长什么样，也算是见过了“黄河的主人”。

谈及自己的心愿，牛强显得腼腆起来，犹豫了许久之后，他说想要几个新的码头，能让他们这些筏子客漂得更远些。

下午4点半，阳光依然毒辣，黄河边上往来着行色匆匆的人们。牛强靠着河边的护栏招了招手，转身投入了人流之中。

（作者为兰州大学新闻与传播学院硕士研究生；指导老师魏占兴、郭翠玲、王臻为兰州大学新闻与传播学院教师）

李华军：
返乡创业先行者，脱贫致富带头人

刘欣　金筑欣　李慧

啤酒肚，额上三道刀刻似的皱纹，黝黑的脸庞上有一对显眼的招风耳，这是李华军给人的第一印象。相较于生意人，庄稼人的气质在李华军的身上似乎更为突出。

作为全村返乡创业致富带头人，李华军联合协义村七社的十余名股东先后创办了三家村级企业，以入股分红的方式带动全村76户贫困户实现了脱贫致富。

自2016年从广东惠州回来后，李华军的返乡创业路已走过三个年头。

闯广东　学技术

1968年，李华军出生在飞龙乡协义村七社的一个普通农民家庭。34岁之前，他还是个不折不扣的庄稼人。“我们那时候太穷了！”说起在老家种地的那段岁月，“穷”和“惨”是李华军唯一能想到的形容词。

“只有一两亩地，我们种些玉米红薯只能勉强维持生活。”李华军还记得自己当初娶老婆的时候要下聘礼，整整3000元，“我根本拿不出来，后来是向我家二姐借的”。1991年女儿出生后，李华军更觉生活艰难。一方面“小孩很会读书，一定要供她读完大学”的想法越来越明确，但另一方面却是李华军连十几块学费也交不起的现实冲击。

对于李华军来说，“出去赚钱”似乎成了唯一的出路。

2002年，随着南下打工潮，34岁的李华军背着背包就来到了广东惠州。在工地搬砖是他的第一份工作。“每天工钱几十块，又苦又累还赚不到钱。”李华军很快就放弃了这项工作，并通过老乡介绍进入了一个大型菜市场，在那里，李华军一干就是八年。八年里，李华军从最初在菜地里拔草的普通员工一步步晋升为可以管理1000人的主管经理，工资也由一个月700元变为了一个月1万元。八年里，李华军摸透了蔬菜种植、运输、销售的每个环节。

“我当初也是带着抱负出来的，就想着要多学点技术。”2010年，李华军辞去了菜市场经理一职，一头扎进了甲鱼养殖这一全新领域。李华军重新开始，在占地五千亩的甲鱼养殖场里一待又是五年。

回乡创业　反哺农村

而在李华军外出闯荡的十三年间，老家协义村也正发生着翻天覆地的变化。

2012年，协义村被列为省级贫困村。此后几年里，协义村坚持以习近平总书记扶贫开发战略思想为指导，坚持问题导向，紧扣“基础设施、产业扶持、民生保障”三项重点开展扶贫工作。2016年协义村顺利完成“村摘帽、户脱贫”的任务，进入巩固提高振兴阶段。

也是在这段时间，协义村前任书记找到了李华军，希望他能作为重点人才留在协义村，通过自主创业，带领村民们发家致富。

“我一直有这个想法，就是无论怎么样，我有一天一定会回到老家，帮助老家建设起来。”当被问到为什么会选择返乡创业时，李华军这样回答。在外闯荡十三年后，47岁的李华军带着不输年轻人的满腔热情回到了老家。这是落叶归根，也是为了实现年少时的抱负。

正在接受采访的李华军　　金筑欣　摄

2015年年末，在吃年夜饭的晚上，李华军向自己的发小兄弟们提出了返乡创业的想法。“大家伙各自都出去干了这么多年，也应该组织起来为老家做个大事。”得知李华军的想法后，同社里有九个人表示愿意参与，就这样，李华军与另外九个合伙人在进行了一定的估算后，决定每人先提供6万块钱，共筹集了60万的公司启动资金。与此同时，在政府的帮助下，李华军成功承包了协义村七社的一千多亩土地。

2016年4月13日，李华军和他的合伙人们正式创办了简阳市高粱湾生态农牧有限公司和简阳市乡约农机专业合作社。至于为什么取名为高粱湾，李华军解释道：“协义村曾有几百年的种高粱传统。一片片的高粱地，我们这过去就叫高粱湾。”

规模种植　铺路先行

7月，往协义村的绿色山头上一眼望去，一片片白色的蔬菜大棚如缎带装饰其间。大棚内，苦瓜、辣椒、马齿苋等蔬菜长势喜人。大棚蔬菜作为李华军做过八年的老本行，是李华军成立高粱湾公司后投资生产的第一个产业。

“我们当时以为60万（元）肯定够的，现在看来简直太天真。”李华军连摆了几次左手，显得有些激动。“山湾湾里全是一人高的有刺的野树，没有路，人根本走不进去。”“没有路”成为李华军创业路上的第一个拦路虎。

雇了几辆挖掘机后，李华军尝试着自己上山去开路挖沟，但这样耗资巨大且并没有什么效果。于是，李华军根据大棚建造地的需要向政府提出了修路的想法。“政府在基础设施建设这方面还是给了我们很多支持的。”李华军说。据了解，协义村近年来坚持固本强基，完善基础设施建设，目前已经完成13座山头毛基路连片铺设，累计硬化道路27.3千米，黑化道路5.36千米。

修建蔬菜大棚的成本远比李华军想象得要高。“一万多块钱的大棚都还是相对简陋的。”由于资金有限，李华军第一年只修建了20亩的蔬菜大棚。每亩大棚可种三季蔬菜，而李华军这20亩第一年第一季种的全是苦瓜。等到6月苦瓜成熟的时候，成都大型菜市场的批发商就开始主动联系李华军了。李华军说：“销售这块一直不是问题。”

“我们第一季就回本了，蔬菜本来周期也短。”李华军这20亩的苦瓜最终算下来有30万的纯利润。收获第一桶金后的李华军看到了大棚蔬菜广阔的销售市场，随即便产生了自己销售的想法。购置了一辆三轮车后，李华军和合伙人就直接将采摘好的蔬菜拉到县城里自己去卖，“当时苦瓜的批发价一斤有四五块，很好卖”。但很快这种模式就出现了管理上人手吃紧的弊病。“钱是赚不完的，该人家赚的还是得人家赚，我们把自己的菜种好就行了。”跳出小农思想后的李华军很快就放弃了自产自销的想法。

种植蔬菜回本快，但投入也多。资金问题一直是李华军实现现代化大规模大棚蔬菜种植的阻碍。

2017年，简阳市委副书记、市长赵春淦在调研时看到李华军的大棚蔬菜做得有声有色，问李华军想不想再做大一点。李华军当时回答：“想，但没有资金。”得知具体情况后的赵春淦当即承诺提供几十万的政府补贴资金，有了政府支持，李华军便彻底放开手干了。

如今，李华军的蔬菜大棚已经过了四次扩建，占地面积从2016年的20亩扩大到了现在的100亩，共有145个大棚，总资产从60万元开始“利滚利”，现在已达几百万。此外，李华军的所有大棚已实现智能化灌溉系统的全覆盖，可以利用手机软件远程操控，指定某一亩地喷水灌溉。“我们原来都是自己用肩头挑水，晚上12点可能还要在地里拿着水管灌溉。”李华军说。

不忘初心　粮食为本

除了大棚蔬菜外，李华军还分两季种植了七八百亩的优质水稻与小麦。

协义村地处丘陵，夏秋多阴雨。雨后山坡上雾气缭绕，堪比仙境。但这样的天气条件对于李华军上百吨待晾晒的粮食来说并不友好。“第一年收水稻的时候我们这天天下雨！”李华军说起水稻种植2017年的情况时脸上满是痛惜。那年李华军不得已以两毛九的低价将水稻卖给了成都一家粮食批发商。“因为无法晾晒，我们直接在田埂上就卖给他们了，他们有烘干设备。”第一次大规模种植水稻的李华军这才知道了原来还有“烘干”这一说法。

2018年7月2日，在成都市委副书记、市长罗强来协义村考察李华军的农机专合社时，李华军提出了希望政府能配置一套烘干设备的想法。2018年8月31日，在简阳市委、市政府的大力帮助下，协义村粮食烘干中心建成投产。目前，该烘干中心建有4组烘干机器，日烘干量达40吨，是简阳市第一座现代化大型粮食烘干中心。

李华军的合伙人之一李培军现在就主要负责水稻、小麦这部分。在烘干中心，李培军正将已烘干的小麦装袋称重。“我这是170亩地20吨的小麦，昨天晚上放进烘干机器里，今天中午就能装袋了。”李培军指着堆满小麦的仓库一角笑着说，语气里是满满的骄傲。

2018年，李华军承包种植的小麦和水稻的总产量分别为12万斤和15万斤。所有小麦烘干完后会直接运往成都的大型面粉厂，相比于以前农民个体户的独立经营，这种省去中间商的直销方式利润更高。而水稻主要是供给协义村及邻村。水稻烘干后会先存放在烘干中心，村民们可以直接到烘干中心以稍低于市场价的价格来购买粮食。“我们这环境好，长出来的水稻会比较好吃，关键是新鲜。”据李培军介绍，飞龙乡的居民也经常会来协义村购粮。

“种粮食不赚钱的。”被问到水稻、小麦的年利润时李华军摇着头说道，“我们现在是靠着种粮补贴才能保证不亏损。”根据国家每亩地补贴200元的种粮补贴政策，李华军水稻小麦各种一季，每亩补贴400元，七八百亩的土地算下来有30万元的补贴。即使这样，每年的水稻收入也远比不上大棚蔬菜。但李华军却说他无论如何都不会去打那七八百亩土地的主意，“别人可能不理解，但我对粮食有一种特殊的感情。我看到仓库有粮，家家户户有粮，我心里就踏实高兴”。李华军双手抱臂，脸上挂着庄稼人憨厚的笑容。

李华军还想把邻村的土地也都种上粮。“看着土地就这么荒着，我心里舍不得。”李华军说。

年轻人不想种地，年老的人种不了地，这是飞龙乡包括协义村在内许多村庄的现状。周围村庄的老百姓也希望李华军能承包下他们的土地，“他们去的地方就会发生变化”。一位村民说。就在不久前，协义村邻村朱家碥村提出了与李华军合作的想法，李华军欣然同意。虽然他目前没有精力再去大规模承包土地，但他的农机专业合作社可以给朱家碥村提供大量现代化农业机械。“我要让大家的土地看不到长草的地方。”预计2020年，李华军就会与朱家碥村合作种植300亩的小麦地。

“我小时候农村多风火啊！虽然那时候大家都没钱，但是人多，地里种的也全是粮食。大家早出晚归，一起干活，一起休息。”李华军说那是他看过最美丽的风景。

开拓市场　升级产业

李华军2016年成立的两家公司目前主要是种植大棚蔬菜和优质水稻，虽然因为规模效益尝到了不少甜头，但随着土地质量的下降以及竞争者的增加，李华军公司的利润空间也在不断被压缩。“我们今年的苦瓜情况就不太好，一斤才一块二毛钱，以前我们卖过最高的有五块六毛钱。”李华军对此有些忧心忡忡。

常规蔬菜的市场渐趋饱和，李华军急需开拓出一片“蓝海市场”。

今年5月，李华军带领九个合伙人花了三天时间对福建、湖南和河南三个省进行了考察调研。考察完回来开了股东大会后，李华军决定转型种植高效生态的盆栽蔬菜。盆栽蔬菜种植过程中杜绝化肥农药，主要采用物理方式防治虫害，但其最大的亮点还是蔬菜从田间到餐桌的“最后一公里”。盆栽蔬菜以高端酒店、大型餐厅以及社区居民为主要市场，最终会以“连盆带土”的形式直接被端上餐桌，实现消费者现选现摘，现做现吃的体验式消费。

根据协义村党委提供的市场信息与销售渠道，李华军的公司现已与成都的几家大型火锅店达成合作。盆栽蔬菜成本高，风险大，但其效益也相当可观。李华军介绍说：“一份净重500克的盆栽蔬菜可以卖到40块钱，这样我们一年可达到1500万元的产值。三年了，我一直想要转型。盆栽蔬菜在成都还是个新市场，我觉得我们找对了方向。”

其实不只大棚蔬菜，李华军早在2018年便尝试着走现代农业的转型之路。

2018年4月，李华军与表侄李蒋德合资创办了桃李春风有限公司，着力打造各种精品项目，在协义村党委大力发展乡村旅游的倡导下建设田园综合体、农旅综合体。

今年33岁的李蒋德在深圳经营一家互联网公司，“他有文化，和我们不一样”。李华军认为李蒋德为他们的团队注入了新鲜血液，“他的加入又重新点燃了一把火”。

多年的互联网工作经验让李蒋德能较为准确地分析把握市场的变化。“大家现在都推崇健康养生的生活方式，我们就抓住了这个点。”李蒋德根据食药同源的概念挖掘食物的营养价值，推出了“菌中之王”羊肚菌，“植物大熊猫”金花葵等多个精品蔬菜。此外，李蒋德还遵循“共享经济”理念，创建共享菜园、共享花园和共享果园等田园共享模式。

扬长补短，强强联合，李华军的超强执行力与李蒋德准确的市场把握度让这条转型之路顺利了许多。

“别看我现在是老板，自己给自己发工资，其实我一个月也才3500块钱，比以前少多了。”李华军右手摸着肚皮笑着说道，“也没什么后不后悔的，从一开始我就知道这条路会很难。钱是少赚了点，但看着老家的变化我心里踏实高兴。”李华军说现在他觉得协义村每修一条新路都与自己息息相关。

“我们现在方向明确，希望也很大，但我知道这条路会很漫长，会很艰辛。”

李华军在他47岁的时候走上了返乡创业这条路。他说这条路的苦只有自己知道，但再怎么苦也要一直往前。

（作者为兰州大学新闻与传播学院本科生；指导老师魏占兴、郭翠玲、王臻为兰州大学新闻与传播学院教师）

蓉城童子街小区垃圾分类的“破冰”之旅

李慧　金筑欣　刘欣

盛夏的童子街庭院内，除了高大茂密的树丛，最醒目的绿色便是随处可见的垃圾分类宣传标语，以及遍布小区的绿色垃圾桶——“呐吉岛”。这是该小区开展垃圾分类工作半年多后的景象。据了解，截至2019年7月中旬，童子街庭院通过垃圾分类已经获得2.1万元的收入，小区内已有911户居民注册“呐吉岛”智能垃圾分类账号，参与垃圾分类的“新时尚”。

2019年7月1日，上海市正式实行《上海市生活垃圾管理条例》。《条例》明确规定混装垃圾的个人和企业，都会面临数额不小的罚款。一时间，上海市民陷入干垃圾与湿垃圾的分类慌乱之中。“垃圾分类”一词也火了起来。其实早在2018年12月25日，作为成都市垃圾分类试点单位的童子街庭院，就迎来了“呐吉岛”，开始了与垃圾分类的“纠葛”。

2018年底，成都市太升街道办事处引荐四川群峰环保科技有限公司（以下称群峰环保公司）至平升社区，拟选取一个小区作为垃圾分类的试点单位。在平升社区所属的5个小区中，作为省机关委职工宿舍的童子街庭院成了最终的选择。平升社区党委副书记来晴岚介绍道：“据我们当时的了解，这个小区的居民素质整体偏高，加上小区内60%以上的居民都是党员，更容易开展工作，所以就把试点的地方定位到了这个院落。”

垃圾分类刚起步："推行确实很难"

2018年12月25日，群峰环保公司正式进入童子街庭院，开始实行垃圾分类的试点工作。小区深处的"呐吉岛"，就是那一天开始运作的。呐吉岛是垃圾智能回收装置，目前它用来回收可回收垃圾和有害垃圾。居民通过实名注册后得到属于自己的账号，每次投放垃圾时只需要扫码或者刷卡，便可以领取相应的积分，这些积分相当于人民币，可以换取物品，也可以提现。

呐吉岛入驻小区后，社区、小区物业以及群峰环保公司的工作人员，为垃圾分类行动落实到每一个家庭做了多方的宣传。"我们这个事情属于'企业+公益'，没有政府带头，物业帮助，根本做不下去。"群峰环保公司垃圾分类引导员向炫说道。据了解，刚开始的宣传工作很难做，除了宣传栏、标语、横幅，怎么样让居民有垃圾分类的意识，怎么样指导居民进行垃圾分类，是为保证垃圾分类工作顺利进行需要面对的问题。"我们会去'扫楼'，由社区和物业工作人员带领着，挨家挨户进行宣传。"向炫介绍道。在想办法培养居民垃圾分类的意识时，平升社区将一些社区活动安排到了童子街庭院，这些活动的主题，无一例外都是垃圾分类。社区活动寓教于乐，将宣传对象定位为小朋友。"只要活动有特色，小朋友自然而然就来了，小朋友通过活动学习到垃圾分类的知识，回家之后甚至会教给家长，活动就会起到很好的宣传效果。"来晴岚说道。

2019年2月，通过一个季度的宣传，童子街庭院的垃圾分类工作初见成效。社区、物业和环保公司三方的宣传，定位于不同年龄阶段的群体，让小区居民有了垃圾分类的意识，可回收垃圾的积分激励机制，让居民有了收获感。年龄大一点的爷爷奶奶，更愿意将家中的可回收物投入呐吉岛中，以此来获得收益。可回收垃圾与有害垃圾的率先分类，为垃圾分类开了一个窗口。"小呐吉岛"也被提上了日程。

垃圾分类初见成效："小呐吉岛"登场

2019年3月12日，物业公司将小区内各单元、各楼层的垃圾桶全部撤走，取而代之的，是单元门口的"小呐吉岛"。小呐吉岛是两个带有盖子的垃圾桶，一个垃圾桶用来回收餐厨垃圾，另外一个用来回收其他垃圾。这进一步要求居民将餐厨垃圾分出来，童子街庭院的垃圾分类由此变成了四大类。

餐厨垃圾为什么要分出来？如何处理？群峰环保公司垃圾分类引导员廖占伟进入了小区一侧“环保魔法屋”。屋内正在运行的，是一台餐厨垃圾处理设备。这个设备利用了高温好氧微生物发酵工艺来降解餐厨垃圾，24小时内便可以将餐厨垃圾变为营养土。据廖占伟介绍，这台设备可以负荷300千克的餐厨垃圾，生产出来的营养土，一部分用于环保魔法屋外侧的小菜园，另一部分被居民用手上的积分换走。小菜园由社区工作人员和居民共同种植，使用了营养土后的蔬菜以及花卉，长势喜人。“我们园子里种的这叫‘经济’作物，效果非常好。我们垃圾分类不是要卖多少钱，不是要有多么好的效果，至少我们让居民有了这个意识，垃圾可以回收，厨余垃圾可以变成营养土，垃圾可以变成有限的、可以再利用的东西。”来晴岚激动地说道。

但在小呐吉岛刚开始运作的时候，时常出现居民将自己家的垃圾堆放到楼道内或者小呐吉岛旁边的现象。“刚开始甚至出现了这样的事情：垃圾桶里没有垃圾，垃圾桶旁边都是垃圾。”廖占伟说。随着垃圾分类工作的不断推行，截至7月18日，小区内1026户居民中911户居民已经完成了注册登记，这911户居民中，已有1300多人注册。

童子街庭院中的小菜园　　金筑欣　摄

据了解，童子街庭院垃圾分类已经基本实现了全覆盖，但是餐厨垃圾与其他垃圾的分类效果，还不尽如人意。“垃圾分类我是很赞成的，可是我看到有邻居没有分开餐厨垃圾和其他垃圾，直接就丢进去了，我看着很难受。”小区居民龚奶奶说道：“这要有人监督才行，没有做到就应该罚款。”据来晴岚介绍，目前餐厨垃圾中有60%还并未分离出来，在进入机器之前的二次分类很有必要。关于餐厨垃圾准确分类，涉及每一个人日常的生活习惯，是一个需要长时间努力的过程。

垃圾分类未来时："想办法推广"

向炫在谈及未来引导工作时表示："以后童子街庭院的引导员肯定会减少，我们的工作会扩大到其他小区。在小区工作的这半年来，说句实话，看到垃圾分类逐步落实，心里还是很开心的。"廖占伟则表示："垃圾分类需要政府的引导，最近《成都市生活垃圾管理条例（草案）》的出台和上海正式实行垃圾分类的消息，已经让我们这个地方火了，相信不久之后，成都这边的具体政策也会出台。"

"我们以后要想的，是怎么样推广到其他32个小区。"在谈及垃圾分类工作未来的进程时，来晴岚说道："首先，我们需要培养居民的垃圾分类意识，然后还需要培养一批志愿者来指导居民进行垃圾分类。"他表示，具体怎么样来执行，确实需要政府来很好地决策。"我们觉得这是一个好事，但是怎么样来引导居民，确实也需要付出很多努力。"

（作者为兰州大学新闻与传播学院本科生；指导老师魏占兴、郭翠玲、王臻为兰州大学新闻与传播学院教师）

身边的力量：书店大叔杨浩的反扒“江湖”实录

葛畅　赵为德

“有人偷车了，抓住他！”一声大喊打破了清晨的宁静。2017年6月7日，在绵阳市涪城区富临大都会街区发生了一场激烈的“猫鼠对决”。绵阳市城厢北街社区志愿反扒队队员杨浩与一名身着紫色T恤的偷车贼展开了较量。最后，在现场一名热心快递小哥和队友的协助下，杨浩成功“捕鼠”。

杨浩是绵阳市涪城区警钟街新华书店的一名普通员工，却常常战斗在反扒第一线，这次“捕鼠”行动只不过是杨浩反扒经历的片段和缩影。

我乐意去“管闲事”

今年39岁的杨浩身材敦实，留着利落精干的平头，白净的圆脸配着一双有神的大眼睛。身着白衬衫、西服裤的他相比于反扒志愿者更像一名作家。

但这个书店大叔却总爱以“江湖人”自居。“我从小就喜欢看武侠小说，喜欢郭靖、黄蓉这种侠客。在现实世界我也找到了我自己的‘江湖’，就是志愿反扒。”杨浩坐在书店的沙发上说。

而这个普通的书店员工，却是绵阳反扒“江湖”的“老把式”。2015年，杨浩加入了成立仅一年的绵阳市涪城区城厢北街社区志愿反扒队。杨浩在反扒队工作了4年，4年内他抓获了很多小偷，仅2018年他就抓捕小偷29人，其中21人被判刑，8人被公安机关行政拘留。在城厢街道北街社区举行的2018年度社区义务反扒志愿者表彰会上，杨浩被涪城区公安分局授予“拥警助警先进个人”。

谈起当初为什么要加入反扒队，杨浩说：“主要有两个原因，一是我们书店里就有两个人之前搞这个的，我下班后常常听他们讲抓贼的故事，自然而然地就越发感兴趣了。还有就是我自己性格的原因，比较直，看不惯小偷偷东西还没人管。”

杨浩在小的时候，心中就有着强烈的正义感。10多岁时，他从绵阳乘坐客车前往梓潼，发现车上有人行窃。杨浩告诉前座的乘客，想让他帮忙制止小偷的行为，谁知那位乘客却让他“少管闲事”。“看到别人的钱被贼偷走，却没人上去制止，我感到非常愤怒、心寒，当时我就想，长大后要是遇到这样的事情，我一定要去制止。”杨浩说。

强烈的正义感让杨浩干劲十足，这些年来杨浩不仅多次被社区评为“反扒勇士”，还多了一个称号——“闲事大叔”。“这个称号是小区里的孩子给我起的。”杨浩笑着说。为了不让家人担心，杨浩一直没有将自己从事志愿反扒的事告诉亲友，只是说业余时间在做兼职工作。直到参与评选“2018年度最美绵阳人物”时，亲友们才知道他的事迹。

“我觉得做好事、管闲事就是正义，是有意义且愉快的。为了让小偷少得一次手，邻里街坊少一点经济损失，我乐意去管闲事。”杨浩坚定地说。

初出茅庐抓女贼

杨浩第一次抓贼是在2015年的夏天。

2015年7月14日晚8点半，工作结束后，杨浩在贸业百货公交车站等车。杨浩不经意地向对面街上扫了一眼，看到有两个女人举止可疑。不一会儿，又有两名背书包的女学生进入了杨浩的视线。

几分钟后一辆公交车进站，两名女学生上车，两个可疑女子却快步向相反方向离开。杨浩从她们匆忙的步伐初步判定：她们是小偷，而且得手了。杨浩立即冲出站台，翻过栏杆，跑上前，一把摁住了走在后面的女贼，前面的女贼头也不回地跑进了人民公园。被抓的女贼一个劲地求饶：“大哥放了我吧，放了我吧！”女贼手里还拿着刚偷来的手机，都没来得及放进包里。

杨浩回忆时说：“第一次抓贼我还是比较紧张的，当时从背后摁住她的时候我感觉手都在抖，腿也抖个不停。现在想还是有点后悔，没把跑在前面的那个（贼）抓住。”

群众的安全第一

“群众的安全第一！”反扒队的前辈曾永川讲到反扒工作的原则时说，“所有的工作都必须以群众的安全为核心。”但真正让杨浩把这句话记在心里的不是曾永川，而是一个贼。

“那是个老贼，我抓了他三遍才抓住他。”杨浩说。

第一次是在2017年，杨浩在小区门口发现一个正在偷电瓶的小偷。谁知这个小偷为了逃跑竟然从二楼跳下，还踩碎了一楼住户的玻璃窗，出于人身安全考虑，杨浩只好放弃捉贼。那次追贼，让杨浩记忆深刻，从此他将那个贼的样貌深深刻在脑海里。

第二次是在2018年，晚上下班后，杨浩回家途中经过东风广场，在广场的一个角落，他看见了那个让他记忆深刻的贼。贼想骑车逃跑，杨浩先把钥匙抽走，死拉着贼的衣角把贼从车上拽了下来。那贼从包里摸出一把折叠刀，一边挥舞一边叫嚣：“你别管闲事啊，你再过来我就捅你两刀！”杨浩从包里拿出防身短棍，护在胸前。老贼见势不妙，撒腿就跑，跑向人头攒动的翠花商业步行街。因为前方是人员密集区，为了防止贼持刀伤人，杨浩只好再次放弃。

第三次是在2019年，在中心医院杨浩又遇见那个贼，他戴着同样的头盔。杨浩没有立即上去抓他，而是先打电话通知队友。杨浩和队友一前一后围堵他，谁知这贼竟调转车头不要命地逆向行驶，杨浩当机立断，用自己的车去撞他的车，“砰”的一声成功把他撞倒。那贼见状弃车而逃，逃进街对面一个地下车库。杨浩情急之下翻过马路护栏也向车库跑去，期间还差点被车撞到。在近百辆车的地下车库里，贼和杨浩玩起了“猫鼠游戏”，贼自以为聪明，谁知杨浩从他身后出现，一个过肩摔就把他控制住了。

义务反扒队队员在“顾问”曾永川的带领下在街道上进行反扒实战　受访者供图

“不管什么时候安全都是第一位的。面对小偷我们首先考虑的是安全，不仅是我们自身的安全，还有周围群众的安全，甚至是小偷的安全。”杨浩说。

群众的安全第一，这是杨浩始终恪守的信条，“我宁愿抓不到贼，都不能拿群众的安全冒险”。

我和我的兄弟们

“和一群兄弟一起反扒再苦我也不嫌累。”杨浩说。

“蹲点和跟踪是反扒环节中最累的部分，需要长时间地等待，十分耗费精力，这时就需要团队配合。”杨浩谈起他这四年的反扒经验时说，“而抓捕这个最关键的环节则需要两人一前一后，让贼插翅难逃。”

除了一起进行志愿反扒之外，反扒队的成员在生活上也相互帮助。经常和杨浩搭档的周仰（化名）年近花甲而且经济状况较差，为了照顾老人，杨浩每周都会带一些水果蔬菜去老人家里看望，并做一些家务活。

做反扒志愿者从来不是一帆风顺的事，也有被误会的时候。这时候身边的兄弟们就是彼此的支柱。有一次抓到小偷后，杨浩和队友把手机追了回来。他们通过微信联系失主，几分钟后失主赶到现场一拿起手机就准备离开。杨浩拦住那位失主说：“女士，手机现在是赃物需要先到派出所做一个笔录之后才能还给你。”谁知失主头也不回地说：“手机我不要了，你们拿走好了。”

“这句话让我心里特别不好受，心很酸，感觉就像造成一种误会——我们和小偷是一伙的。”杨浩回忆说，“要不是当时队友的鼓励，我可能都走不到今天。”

兄弟间的情义是杨浩能坚持反扒的重要动力，也是彼此间的纽带。工作上密切协作，生活中相互扶持，尽管年龄不同、职业不同、性格不同，但他们在为让社会多一些清风正气这个共同目标而努力着。

最后，杨浩坚定地说：“我始终相信邪不压正，做这个事是为了让正能量传递，让更多的人加入我们，为更多的人挽回经济损失。在志愿反扒过程中遇到过危险，也被人说过‘多管闲事’，但我既然选择了做反扒志愿者，那我就会一直做下去。”

当天工作结束后，杨浩走到公交站旁，继续义务反扒。对于杨浩来说，义务反扒已经融入每天的生活，成了必不可少的一部分。

（作者为兰州大学新闻与传播学院本科生；指导老师魏占兴、郭翠玲、王臻为兰州大学新闻与传播学院教师）

誓把天堑变通途：九绵高速公路的守望者

陈思敏　李妍　刘卫琛

初伏刚过，平武县城气候还算凉爽。但在九绵高速公路平武段的施工现场，却是一副热火朝天、拼搏奋战的景象：人工挖孔桩，产梁架桥，隧道爆破掘进……

九绵高速公路，即九寨沟至绵阳高速公路，全长244.03千米，平武境内就有135.4千米。从平武县城至白马藏族乡，是海拔865米到2400米的跨越，1535米的距离，需要14个标段间共同协作推进。

一个宏大工程的背后是众多部门之间的配合，是前线工人、技术人员和后方保障人员的辛勤付出。他们之中有人在迷茫中坚持，有人在平常中寻找乐趣，也有人在顺境中追求突破。他们平凡，但他们也真实、伟大。

成智宏：“走的是最不方便的路，等路方便了，我们就走了。”

地处大山深处的平武，沟壑纵横，山高坡陡，路况差，交通基础设施不完善。落后的交通严重阻碍了平武的经济发展，而九绵高速公路的建成将结束平武没有高速公路的历史。

LJ22标段项目部位于平武县城5千米外，来自甘肃天水的成智宏就职于安全管理部，但事实上他现在所做的工作与其所学的土木工程专业并不对口。

安全管理部的日常工作烦琐，文件的整理与恢复，民工现场施工的安全教育以及保护涪江水质不受污染的环水保指导工作都由安全管理部负责。成智宏说："其实刚来这那会儿真的很迷茫，到现在，慢慢适应了，也想开了些。"

平武距离绵阳市有三个半小时的车程，出入只有一条省道，加之修建高速公路需要很多材料和设备，现在的车比之前多了好几倍，出行也变得更加困难。尽管风景秀丽，但交通的不便使得在这长期工作成为一种煎熬。成智宏说："这儿是山清水秀的，来旅游的话十天半个月都无所谓，怎么待着都舒服。但要是在这儿待上几年的话，性质就不一样了。"

工作性质决定了他总是在外奔波，很难拥有平稳安定的生活成了他最大的困扰。成智宏和女友张玉婷是老乡，也是校友，但他们是在项目部认识的。两人正在考虑结婚，但谈到未来的规划时，成智宏陷入了思考："不知道，但我们不能都留在工地，以后家里小孩老人都需要照顾的。"

专业与工作不对口，频繁的工作地转移等一系列问题让成智宏对这份工作有些迷茫，但被问及为什么不选择离开时，成智宏却说："趁年轻嘛，我觉得苦点累点都没什么。在其位谋其职，尽全力做好每一项工作是我的职责。每个行业都有每个行业的苦，可能有些职业看起来很光鲜，但是背后的苦很少有人知道，很多苦难只能自己承受。"尽管迷茫，但责任让他在迷茫中坚持。

这个项目完成之后，他又将启程奔赴下一个项目。成智宏说："其实我们就是这样，现在走的是最不方便的路，等路方便了，我们就走了。但修完之后，会在这条路上走一走，感受一下自己修的路。"

钟国祥："工作是工作，生活是生活。"

离县城60千米的LJ12标段位于海拔2300多米的高山上。标段内索谷修寨隧道的技术负责人员钟国祥已经参加工作九年了。

因为是深埋隧道，洞内幽深昏暗，所以隧道的施工不分白天晚上。每一个工序完成之后都需要检验合格了才能进入下一个工序，如此反复循环，直至将隧道打通。对于钟国祥而言，进隧道值夜班已经成了家常便饭。由于地质环境复杂，隧道作业过程中特殊情况多发，积水、塌方等事故不能拖延，必须及时解决，对隧道安全十分重视的他，一天跑六七趟工地是常事。

日复一日地重复作业，也没有磨灭他对这份工作的热爱。“修路的工程还是很伟大的，能改善一方闭塞的交通环境。”钟国祥认为，中国的交通网是很发达的，而这一定程度上得归功于坚守工地辛勤付出的工作者们。也正是在工地上的坚守，让钟国祥与家人聚少离多，女儿永远是他心底最柔软的存在，“如果她以后想听，我就会告诉她我的故事”。

工作地点偏远，内容单调，作息不规律等困难劝退了一众来此工作的学生，很多人选择了知难而退，但钟国祥却坚持了下来，在这个岗位上一待就是九年。苦中作乐，是他完美平衡工作与生活的诀窍。他说：“一辈子多跑几个地方，对一个地方的风土人情有所了解，很有意思的。”在甘肃宕昌修建兰渝铁路的时候，当地人一进门三杯酒，喝完酒再谈事谈工作的习俗给他留下了深刻的印象。钟国祥微笑着说：“等老了那一天你会想，这一辈子没有白活。”

钟国祥每到一个地方工作就会开车走遍那里，“工作是工作，生活是生活，不可能为了工作没有了自己的生活。人也要有自己的生活呀”。

刘庆元：“工程这一行就是把自己奉献出去。”

“你们现在应该做的就是回家看看父母，等你们参加工作了陪在父母身边的时间会更少。”这是见到刘庆元时，他和我们说的第一句话，“我是独生子女，像我这样的就特别亏欠父母，因为父母把我养大，我毕业之后却不在家乡工作，平常和父母在一起的时间很少。”刘庆元是LJ12标段的总工程师，东北人，豪爽直率在他身上体现得淋漓尽致。

从毕业离家工作到现在已经十一年了，刘庆元的工作性质决定了他与家人聚少离多。父母不断老去，他陪伴他们的时间越来越少；孩子渐渐长大，他缺席的时间也越来越多。他不是没考虑过换工作，“我离不开这个行业。我在这个单位，所懂的这些东西，比如说桥梁怎么干、隧道怎么干、路基怎么干……就像我们知道吃饭要用右手一样，它已经成了我生活的一部分，丢不掉了。当你工作几年之后，再去另一个完全陌生的零基础的行业，要付出的东西非常多。”刘庆元有些无奈地说。

从2009年到2014年，刘庆元做了五年技术员。技术员需要把握现场的技术、生产调度和质量，即使现在成了总工，他还是很辛苦。项目总工要把控整个项目的施工生产和技术以及项目方案的制定。在一个工程项目里，架桥需要多少人、用什么设备，都需要总工把关。他说：“总工是最累的，虽然不用像技术员那样半夜值班，但是项目上每一个环节都要知道，每天要生产几片梁，要灌几个模，心里都要清楚。现场有没有问题都要了解，这就是总工的职责。”

工人们的产梁工作　　刘卫琛　摄

目前，刘庆元正在准备在职考研，“研究生是一个文凭，但考研更是能提升自己的一个好机会。人总是需要知识的武装，需要不断强化自己”。考研很难，考上工程管理的硕士需要340分以上，这对于离开学校多年且工作忙碌的他来说更难。他想考研，一本书放在那儿，可能两三天才能看上几页。他们的手机24小时开机，有时候半夜两点多睡得正香，一个电话打来，就需要穿上衣服开车去现场。

但不断挑战，突破自我，是刘庆元对自己的要求。

刘庆元始终认为，人不能放弃自己的爱好。为了工作，他已经放弃了很多，但他仍不后悔选择这个行业。他说：“工程这一行就是把自己奉献出去。”

（作者为兰州大学新闻与传播学院本科生；指导老师魏占兴、郭翠玲、王臻为兰州大学新闻与传播学院教师）

田家紫皮大蒜：
价格波动揪人心　地标产品寻出路

范鑫　胡美娅　葛畅

7月初的田家镇狮子村，田畦碧绿，屋舍错落，家家户户的屋檐下都用竹竿晾晒着一捆捆白色的蒜种，等待着8月的新一轮播种。

今年紫皮大蒜的销售让当地村民充满了丰收的喜悦。4月收获的几百斤甚至上千斤的大蒜早已销售一空，六块钱一斤的高价和去年相比更是让村民们十分欣慰。村民们回忆称，去年的大蒜只有几毛钱一斤，很多人都不卖了，全部烂在地里或者直接扔在路边上。

田家紫皮大蒜是国家地理标志保护产品，如何利用其品牌效应为当地老百姓带来切身利益，如何减少农产品价格波动造成的损失，成了狮子村一直以来思考的问题。

“六块”的喜悦：后悔卖早了

问到今年紫皮大蒜的销售情况，村民林世碧讲道，自己家的大蒜卖早了，只卖了五块六一斤，有的人家后来能卖到七块多钱。不过比起还有人卖得更早，一块五、两块钱的时候就急急忙忙出售的情况，林世碧还是很满意自家的价格。

有些村民早早出售大蒜是因为去年的价格实在太过低廉，只有一毛五、两毛钱一斤，好一些的能卖到五毛、八毛钱。“他们觉得一块五比起去年的两毛钱已经很好了，所以价格刚开始涨起来的时候就卖了，”林世碧说，“没想到后来价格一直涨到了六块多钱。”

林世碧口中大蒜单价卖到七块钱的正是村里的种蒜大户熊怀本。熊怀本是地地道道的蒜农，家里的五亩地全部用来种蒜，已经种了三十多年。熊怀本介绍说，三千多斤大蒜都卖完了，但只有两百多斤的大蒜以七块钱的单价被村委会买去做研究，其他的都是正常价格。熊怀本骄傲地谈起自家的大蒜，个头大，品质高，这么多年下来已经积累了一定的口碑，以往都是别人直接到家里收购。

“五毛”的辛酸：无人卖，扔路边

即使这样，熊怀本也依然没有躲过去年的滞销风暴，五亩地的大蒜全都堆在院子里，让乡亲们随意带回家当作蒜种。熊怀本说：“我们家因为之前留有蒜种，成本还没有太高。但是卖不出去，一年的辛苦就白干了。”

大蒜滞销不仅让熊怀本这样的大户遭受了巨大的损失，还有其他散种的村民也同样“赔了”辛苦又“折了”成本。村民彭秀仙去年种了一亩多大蒜，收获了一千斤左右，但是只卖了两百斤。她讲起去年卖大蒜就直摇头说：“一毛五一斤，几百斤才几十块钱，连去镇上的路费都赚不回来，卖都不想卖了。”

后来她干脆把大蒜扔到家门口的垃圾坑里，把坑都填满了。“去年走到马路上两边都是蒜，没人要。但是今年有一滴滴儿（一点点）也要捡来卖，因为卖得到钱嘛。”彭秀仙用手比了比小拇指。村长王开森也说，去年村民把没卖完的蒜顺便放在他镇上的诊所里，到最后堆满了整个屋，硬是清理了一个月才清完。

大蒜的困境：地标产品的保护和开发

据村长王开森介绍，五毛和六块的大范围波动并不是特例，而是紫皮大蒜价格的常态，但是低到像去年几毛钱这样的情况并不多见。

2011年，国家质检总局批准对田家紫皮大蒜实施地理标志保护。有资料称，国家地理标志保护产品的认证是对该产品优越品种和良好信誉的认可，对于传承传统文化、促进农业结构调整、农业收入增加等都发挥着重要的作用。

田家镇种植大蒜的历史悠久，紫皮大蒜是当地主要的经济作物之一。村民彭秀仙告诉记者，油菜一亩地只能产两三百斤，玉米一亩地也只能产几百斤，但是一亩满种的大蒜的产量能高达一千五到两千斤。而且玉米每年的单价在一块钱左右，大蒜价格好的年份能达到五六块钱。因此即使去年价格低迷，很多人也会种上一亩地，“闯一闯运气”。

这些年来，田家镇紫皮大蒜的种植面积不断缩减，从2011年的一万八千亩到2018年的不足千亩。王开森初步统计，2017年狮子村的大蒜种植面积是三百五十亩左右，到去年只有二百八十多亩，锐减了将近一百亩。如何留住村民继续种蒜，保护紫皮大蒜这个国家地理标志产品的蒜种，并且利用大蒜的品牌效应实现增收，不让老百姓白白辛苦一年，成为村委会经常思考的问题。去年村委会就想办法，给村民一亩地两百块钱的种植补贴，挨家挨户做工作。

王开森坦言老百姓的工作不好做：“我们也面临很多压力，万一今年价格还是像去年那样，老百姓要把我们骂死了。你叫我们种的，结果又亏了。如果今年赚了，那就皆大欢喜，老百姓看到我们都要高兴一点。”

未来的出路：挖掘附加值是关键

王开森认为，农产品最大的风险就是受全国市场价格不稳定的影响，农产品深加工后价格相对稳定很多。因此，探索紫皮大蒜深加工产品，挖掘其附加值，延长产业链成为下一步村委会实现大蒜增收的主要方向。王开森表示：“还是要靠科技兴村，产业兴村。依靠传统的方式（走不通），如果你的大蒜只能卖一毛五，怎么都没有动力（种蒜）。”

同时，在大蒜的种植和加工过程中，村委会也在思考能不能实现机械化耕作。王开森讲道，种植大蒜的技术含量并不高，但是对劳动力的需求非常大，而村里大多是老人和小孩，机械化能在一定程度上解决劳动力的问题。

目前，狮子村以合作社的名义加工了三千斤紫皮大蒜，首批腌制了一千五百公斤。对于下一步田家大蒜的方向，王开森谈道，他们和内江市的农科院建立了合作，在源头上是对大蒜的优

村长王开森对田家紫皮大蒜未来的发展很有信心

葛畅　摄

质资源进行分类和提纯复壮，确保大蒜的优良品种。在种植过程中，引进大蒜分瓣分选机、播种机、农药喷施机、采收机等，实现自动化播种和采收。在成品加工上，对旧有产房进行升级改造，开展紫皮大蒜蒜米、干品、糖蒜、黑蒜等深加工产品的研发，申请商标，加入内江“甜城味”农产品品牌，进行专业化包装设计。同时积极参加省、市级农博会、展销会，加强电商、农超、农批对接，扩大产品营销渠道，尽量做到订单生产。

听说村里修建大蒜食品加工的厂房，村民林世碧说，如果“腌蒜”在本地销售，就去买点尝尝，当然能销售去外地更好。

（作者范鑫、葛畅为兰州大学新闻与传播学院本科生，胡美娅为兰州大学新闻与传播学院硕士研究生；指导老师魏占兴、郭翠玲、王臻为兰州大学新闻与传播学院教师）

甜城湖的守望者

程浩　马梦瑶　赵倩倩　李敏

甜城湖是长江支流——沱江流经四川省内江市而形成的人工湖水域。早些年，甜城湖严峻的卫生问题，几乎使内江市市民谈湖色变，“塑料瓶、甘蔗渣，看得游人眼睛花”这句顺口溜，就是当时的写照。但在如今，甜城湖已然成了市民们垂钓、游泳、赏景的好去处，被誉为“天赐内江的财富”。

甜城湖的变化，离不开甜城湖水务清洁队的努力。在平时，甜城湖水务清洁队每天出航6至7艘船，每艘船一天就要清理大约1至3吨的水面垃圾；汛期以后，出航的船只数量多达10艘，平均每艘船一天清理6至9吨垃圾。作为“水上卫士”的甜城湖水务清洁队，守望甜城湖是他们的使命和担当。

“要队员做到的，我必须先做到”

第一次见到姚志贤是在周六的甜城湖上。她拿着遮阳伞，穿着绣花鞋，最让人印象深刻的是那一身与清澈的甜城湖水对比鲜明的红色碎花长裙。这是她在休息时喜欢的打扮。她说，她在工作时间不能这样穿，必须和汉子们一样穿着迷彩队服。

因为“比较喜欢环保类工作”，因为能够胜任这份工作，姚志贤来到了甜城湖水务清洁队。到2019年，已经是她担任甜城湖水务清洁队队长的第九个年头。对于这份工作，她有着自己的憧憬和想法。

“天天在水里头工作，肯定安全因素是最重要的。”从接手这个工作以来，队员们的安全问题一直都是姚志贤心里最紧绷的那根弦。对此，她自己摸索了一套系统的制度。根据水上工作及队员们的特性，她要求水性好的队员在腰间系三块泡沫板，以便在高效开展工作的同时，保障队员安全；水性不好的队员，无论天气多热，都必须身着水背心才能工作。

有相关规定和要求还不够，队员们不执行也是姚志贤在建队之初需要解决的一大问题。“队员大部分都是渔民，而渔民自由散漫惯了，他们想今天出工就出工，不出工就不出工，按我们这里的规定安排，他们就接受不了。”说到这里，姚志贤有点无奈。

作为队长，姚志贤说自己是一个工作狂。为了保证队员们严格执行相关规定，她每天早上都要在出航前集合队员，齐唱《团结就是力量》；在队员们出航以后，她还要在所有队员的工作区域内进行巡查。在参加这份工作之前，她就被确诊为乳腺癌中期，对于需要静养的她来讲，长时间的巡查无疑是一件异常艰苦的工作。在工作开始之初，她身体很差，她的家人就带着凳子，陪着她走过甜城湖的各个角落，身体支撑不住时，她就用凳子歇一会再继续。后来，她身体好些时，自费买了一辆自行车，骑着它，姚志贤几乎走遍了甜城湖的每个角落。

作为一位女性，要让一帮糙汉子心服口服，无疑是一件非常困难的事。她经常说，“要队员做到的，我必须先做到”。她不仅是这样说的，也是这样做的。虽然不会游泳，但每一次出现险情，她都冲在第一线。2012年7月，内江市发生了50年一遇的特大洪水，洪水冲垮了上游的移动码头，与移动码头一同奔袭而下的还有千余吨垃圾。正是由于姚志贤在船头第一线的指挥，才避免了下游西林大桥被冲垮的危险。

穿着水背心的队员　　马梦瑶　摄

“在船上有没有想过自己落水以后怎么办？”

听到这个问题，姚志贤没有思考，一下就做了回答："没有想过，脑子里只有险情，就是抢险，其他都没有概念。"

"满载而归是最自豪、最开心的时候"

在水务清洁队中，大部分都是在水里、船上工作几十年的老船工、老渔民，不过也有像杨若凡一样的年轻人。

下午3点50分，是队员们准备出工的时间。到这个时候，甜城湖开始显露出它温柔之外热辣的一面。虽然头顶的阳光较于中午稍有收敛，但经过一个中午的炙烤，湖面升腾起了一股又一股的热气。从上船到开船不到5分钟的时间内，汗水就已经浸湿了后背，用姚队长的话说，人就像入了"水蒸笼"一般。

到达清洁队腾垃圾的码头，队员们开始下船，一篙一篙地将垃圾拖到岸上。这时候，一个年轻而又稍显单薄的身子显得格外引人注目。若不是队长介绍，我们完全无法想到，茧子丛生的双手和被晒得黝黑，甚至还有脱皮痕迹的脸庞会出现在二十岁出头的年轻人身上。他叫杨若凡，是一位大学毕业生。

杨若凡进队已经近两个月了，回想自己参加这份工作的原因，他有些不好意思地说："开始家里人也很不同意，但是自己有自己的想法。自己是喝沱江的水长大的，为自己的母亲河做一点贡献，尽一点力也是应该的。参加这个工作，不管是对自己以后的工作还是锻炼自己吃苦耐劳的精神都有帮助，还能借此了解基层。"在面朝江水背朝天的工作环境中，他感触良多。

"开船、打捞、返航、腾垃圾……"每天不断循环，这是杨若凡工作的日常。谈到他对这份看起来着实辛苦的工作的感受时，他却笑着说："刚开始觉得辛苦，尤其是在打捞垃圾的时候，气温比较高，很热。在腾垃圾到岸上的时候是最累的，因为刚来的时候，力量不太够。但是现在已经习惯了，可以说已经完全融入了船家生活，所以这些我觉得都无所谓。"

言语间，杨若凡毫不掩饰地表达着自己融入这种生活的兴奋。这份工作的艰辛和乏味，在他看来是对自己的磨炼。他说："其实我以前很吃不了苦，我就想通过这个事情锻炼自己。每次看到甜城湖湖面上不是很干净，但通过打捞之后，我们'满载而归'，这个时候我觉得很自豪、很高兴。"说到这里，杨若凡眼睛一下亮了起来，从中流露出的愉悦和与这个年纪不符的成熟，在潋滟的波光里，熠熠生辉。

“我跟沱江水，有缘!”

“在城市建设的时候，拦河大坝建成，就没有船了，在甜城湖21公里内，就只有公务船——海事部门的巡逻监督艇、渔政部门的巡逻监督艇和公安机关的船只。”黄新渡说，“在那一两年没得水的日子，真的难过啊，真的难过。”他显然对这段日子记得特别清楚，很难想象一个连写自己名字都需要一笔一画慢慢琢磨的人，得不断在甜城湖边驻足观望过多少次，才能记住当时甜城湖上所有公务船的类别，并至今还能一个不落、流畅地数出来。

他与姚志贤和杨若凡不同，他这一辈子与船、与水都脱不开。用他自己的话来说，“从小跟着父母出生在船上，生活在船上，工作在船上，的确没离开过船，没离开过水”。那段在拦河大坝建成之后，被迫在岸上工作的日子，似乎被黄新渡认为是属于自己一生之外的时光，在采访之中，总是被他有意无意地省略和忽视。

志在于此，甘之若饴。能够干清理水上垃圾这一行，黄新渡觉得很愉快。他笑着说：“就像鱼儿又回到了水里一样，再苦再累，心头都是甜的。”他深知船对这份工作的重要性，为了防止雨水灌进船舱，他全天24小时都待在基地，春节也不回去。他常说，“船儿船儿，就要像待儿子一样待它”。家人对此也毫无办法，为了见他，只能在周末带着孙子和孙女来基地。

天天在水里游，船上跑，除了清理垃圾以外，救人也是黄新渡重要的工作内容。从2010年至今，不到九年的时间里，他已经在水里救起了100多个落水人员。作为地道的船家儿子，黄新渡对水上救人有着自己的经验。“落水的人一旦在水里要落气的时候，他禾草都要抓一把。他没有落气仍在张开口腔喝水的时候，水里就会有气泡，篙杆顺着气泡的方向伸下去，再把他的手拉过来，逮到篙杆，他不会丢开，他会死死地抓住。这时候，你就迅速地冲出水面，逮着篙杆一拉，他就跟着你起来了，这就是稻草救命的原理。你不用篙杆去救他的话，他把你抓住了，你们两个就都在底下咯。”黄新渡说。

硬气、开朗，这是黄新渡给人的第一印象。他的双耳，由于常年浸在水里，存在一定的听觉障碍，需要大声说话才能听到；他的左手，在防汛演练中差点被船的桨叶绞断，至今仍有两根手指不能伸直，被医院鉴定为八级伤残；他还有着严重的风湿骨病，需要常年喝风湿药酒来缓解。但在谈到这些的时候，这位汉子却一直笑呵呵的。

就是这样的一个汉子，在主动说到自己即将退休的时候，喉咙却有些发硬。他说：“我工作起也很困难，但是很幸运，要完成我的工作任务了，我还有一年多就要退休了。人生的道路即便是走起艰难，但是小心翼翼地走过来了。我爱人在退休的时候就只讲了一句话：‘终于要离开这个水咯！’但是我跟她不一样。我跟这个水，跟沱江河结下了深厚的友谊，不解之缘。”

“那如果让你对自己在离开工作岗位时说一句话，你想说什么呢？”

听到这个问题，他抿了抿嘴角，有些迟疑地说：“沱江河养育了我几代人，说大实话，舍不得离开。”

话语间，尽是这个铁骨铮铮的船家汉子对这份工作的热爱。他说：“现在的水，又恢复到我们童年的那个时候了，在水里游荡得了鱼虾了，又能看得深了，又清澈了，所以工作起来非常高兴，好像自己的汗没有白流，辛苦也是应该的。”

（作者为兰州大学新闻与传播学院硕士研究生；指导老师魏占兴、郭翠玲、王臻为兰州大学新闻与传播学院教师）

乡村建设进行时：聚焦四川连枝村的“蝶变”

唐敏　张佳佳　周唱

连枝村是四川省绵阳市梓潼县文昌镇下辖的行政村，位于梓潼县西北方。村子紧邻潼江，沿梓中路绵延四公里，呈条带状分布。7月中旬，村内绿树成荫，蝉鸣声声，道路平整干净，由于白天天气炎热，少见行人。

“等到了晚上，凉快了，就有很多村民出来活动。”从连枝村党支部书记肖勇军的村委办公室窗口向外望，可以看到宽阔的文化广场。他笑着指向窗外说：“晚上有很多人喜欢到那儿跳广场舞。”

谈起村内的建设，任职六年的肖勇军坦言：“我们确实还有很多不足，但我们坚持每年都搞新建设，都要进步。”

垃圾治理不放松

2015年以前，连枝村还没形成规模化的垃圾治理模式。村里一共九个社，却只有一个巡扫的保洁员。肖勇军说：“反正（她）就每天摆那个样式走一走，转一转，但是不论垃圾堆成什么样，她都不管。”

每社都有一个垃圾池供村民堆放垃圾。“农户走到那里，带着自家扫的垃圾‘咚’的一下倒进去，就不管了。村里就派人一社一社地去收拾。村上没及时收捡走，县上又不来收，那些垃圾就堆在池里，”肖勇军皱着眉回忆道，“垃圾池堆得很脏，气味刺鼻。”对于这些问题，他强调：“垃圾治理是大事，直接关乎村民的生活质量。”

肖勇军联络其他村干部，商讨解决这个问题，雷厉风行地做了决议，在村里大刀阔斧地整改，紧抓垃圾治理，严格把控每道关卡。

2015年，连枝村统一取消了村里各社的小垃圾池，化零为整，修建了一个垃圾中转站和一个全村垃圾回收站，并更换了保洁员，要求新任的两名保洁员“每日多巡，见渣必扫”。

村里还联系了县环卫所协同工作，要求农户在每天早上的7点至9点和下午2点至3点两个时间段内把家中的垃圾统一堆放在路边，由两位保洁员统一收走并放入全村的垃圾回收站。保洁员的垃圾清理车上午要在村里巡两回或三回，下午再巡一回，以确保路面干净整洁。最后放入全村垃圾回收站的垃圾由县环卫所的工作人员集中收走。

“这样我们农户每天都倒垃圾，形成了好习惯。”肖勇军对此感到十分高兴。谈到现在村内的环境状况，他不禁眉飞色舞地说：“我们现在农户的素质也提高了，基本没哪个人乱扔……你看我们村里的路，现在都很干净。”

文化广场修起来

肖勇军自2013年底担任连枝村党支部书记以来，便对村内的文化生活建设十分看重。他扶着眼镜，严肃地说：“村民有这个需求，我们就要满足。”

连枝村近年来有很多年轻人进城务工，家中老人便留守村中，帮着教养孙子孙女。老人们闲着也无聊，没事就喜欢约在一起跳广场舞。但以前村里没有大场地，只有小坝空地，面积实在太小——按肖勇军的话来说，就是“人都站不下”。于是村民们不得不走两公里路去梓潼县文化广场跳广场舞。

肖勇军对此很担忧：“一来路途远，二来大家晚上回来也不安全。”2014年时他就想，要是村里有个自己的文化广场，大家就不用担心这些问题了。那时正好有村民主动向村干部提议修建村里的文化娱乐场所。秉着为村民负责的原则，肖勇军当即决定向梓潼县财政处申请建设资金。

“我们是整个梓潼县第一个申请文化广场建设项目的村”，虽然申请过程烦琐，但肖勇军的想法得到了县级领导部门的大力支持，“县上觉得我们思想还是比较先进，所以就给我们批了30多万”。

文化广场就连着连枝村的村委办，土地是从三户人家处流转来的，它由最初的广场舞场地渐渐演变为一个老少皆宜的休闲娱乐场所。广场内有花台、有篮球场地、乒乓球桌、有健步器材，还有专门供人休息的“长椅休息区”。

每天傍晚，村民们都会带着自家的孩子来文化广场纳凉。孩子们有的嬉笑着捉迷藏，有的安静地待在一起过家家。大人们趁着难得的悠闲时光聚在一起，要么打会儿乒乓球，要么跳会儿广场舞。

喜欢跳广场舞的村民自发组建了三支舞蹈队。其中人数最多的队叫作“喜悦健身队”，大概有四五十人，队长由舞蹈经验丰富的杨定芬担任。

“我们喜欢参加活动，经常去县上参加比赛，”50岁的杨定芬谈起舞蹈，眼神明亮，脸上溢满笑意，“我们还会跟县上的舞蹈协会一起表演。表演不论年龄，愿意参加的，我都欢迎……每次都有二三十个人来参演。”

说起舞蹈队带来的积极影响，杨定芬表示，队里有一名队员患有抑郁症，自从加入舞蹈队跟大家一起跳舞后，病情有明显的好转。她笑道：“跟大家沟通沟通，跳跳舞，散散心，（病情）可以得到缓解。”

肖勇军十分肯定杨定芬所带领的“喜悦健身队”。关于广场舞的安排，他又语气自豪地补充道：“你看我们前面那个村他们也弄那个‘坝坝舞’，但他们晚上有时候一跳就跳到九十点，会扰民。我们这儿是晚上七点半跳到八点半，基本每晚上都有一个小时左右，冬天一般在晚上七点到八点，教练吃了饭她就来组织，所以村民养成了一个很好的习惯。”

肖勇军说：“除了喜欢来这儿跳舞的中老年人，村里的青少年也会在空闲时间来广场上打篮球和乒乓球。”

“篮球架是我们今年才安装的……”他翻出手机里存的照片，展示给我们看，补充道：“羽毛球网和设施我们已经拿回来了，今年还没安上，在计划中。”

连枝村文化广场的良好发展为其他村的文化建设树立了榜样，肖勇军笑道：“我们村修建了文化广场之后，其他村觉得我们做得不错，也在陆陆续续修建文化广场，我们还算起了一个挺好的带头作用。也有其他村的广场修好后比我们的漂亮，但我们村的文化广场目前为止还是面积最大的。”

除了建设文化广场项目之外，细心的肖勇军还考虑到了老人们的孙子孙女。“2016年的时候我们又修建了广场旁边的‘儿童之家’，‘儿童之家’的话就是申请县上的‘公共运卫资金’加上村里自己再出一部分……后来又有了村图书室。”

各项活动娱民生

以前过新年的时候，村民们的主要活动就是打牌和搓麻将，顶多再一起跳跳广场舞。现在有了文化广场这样的公共场地，村民心思就活络起来了。

去年就有村民提议举办一届“连枝村村民运动会”，肖勇军一听，觉得这个主意挺好：“既能锻炼村民的身体，又能让大家一起热热闹闹地过年，两全其美。”

于是在村民和村干部的共同努力下，运动会如火如荼地办了起来。肖勇军乐呵道：“大家对这个运动会热情很高，当时场面很盛大。像我们这个拔河比赛，邀请各社都出一个队，交叉上场，基本就比了一上午，整得相当热闹，村民都很感兴趣，没上的都在拍照。”

他又爽朗地笑了笑，端起办公桌上一个五百毫升左右的带把的玻璃杯，示意道：“因为是在过年期间，大家只图高兴，不在意比赛结果和奖励。一等奖就发这个大杯子，二等奖是个稍微小点的杯子，参与奖就是每家发条毛巾。”

除了拔河比赛，还有乒乓球等比赛，参赛的大多是从城里务工回来的村民。肖勇军说：“大家难得聚聚，比赛一下子就拉近了各家的距离。”

春节的运动会后，梓潼县应征办举办了一个厨师培训会。

肖勇军鼓励村民们多多参与：“这个活动还是很有意义的。也不是说一定要培训多么优秀的厨师出来，主要是丰富大家的生活，现在村民生活都好了，在屋里有时觉得自己炒的菜不香，不好吃也不好看，可以多少学点，回去给家人做菜吃。”

村民们闻言，觉得这个活动挺好，于是纷纷来联系他，踊跃报名。厨师培训会时长半个月，期间有些村民通过学习拿到了初级厨师资格证书，肖勇军对此感到很高兴。

他对村民各种各样的新点子赞不绝口：“我们村民现在生活好了，对于这些活动都很热情，都有积极的心思。很多活动都是他们自己提议要搞的，我们这些村干部就只是帮着安排布置一下。”

在政府政策的支持下，连枝村村干部和村民同心协力，将一个曾经环境脏乱差、民众精神生活贫乏的小山村逐渐建设为一个环境整洁、民众乐享生活的“世外桃源”。

肖勇军笑着说：“我们村的经济条件确实赶不上大城市里的社区，但我们村民这种‘努力奔向美好生活’的劲头和大家是一样的。”

（作者为兰州大学新闻与传播学院本科生；指导老师魏占兴、郭翠玲、王臻为兰州大学新闻与传播学院教师）

新繁棕编：指尖上编织出的希望

王冉冉　王森　张金萍

“要是再早三十年，你会看到村里很多人都把棕编作为吃饭的手艺，那个时候我们只要地里没活，大家就坐一起编叶子（棕榈树叶），平时吃完晚饭出门，树底下边全是编棕编的人。”张义芳谈起早些年棕编的繁荣，依旧很自豪。

张义芳，66岁，成都市新繁镇的一名普通留守老人，可她却掌握着一项国家非物质文化遗产的传统技艺——棕编。

棕编起源于清代嘉庆末年，两百多年前传到新繁镇，自此就在新繁镇扎下了根。据文献记载，清代嘉庆末年新繁妇女即有“折嫩棕叶为丝，编织凉鞋”的传统。2011年，新繁棕编被正式列入国家级非物质文化遗产。

新繁有句俗语：“打不来粽叶子，你就嫁不落。”棕编曾是衡量一个妇女是否心灵手巧、善于持家的标准。所以现在的新繁镇，很多老人年轻时都是棕编的高手。

“现在做棕编的，大部分是我们这些眼睛还好些的老婆子，或者是没有工作的妇女，年轻人是不会干这个的，去城里哪怕随便找个工作，也比做这个挣得多啊。”谈起近几年棕编的没落，张义芳颇为感慨。

机器编织带来了越来越丰富的工艺品，加上会棕编的老人年龄渐长，视力下降，坚持棕编这门手艺的人也就愈发减少。而对于年轻人来说，外出打工是他们的第一选择，能静下心来认真学习棕编并且将其作为谋生手段的人更是少之又少。

“不知道啊，我认识的人里边没听过有人会棕编的。”刚刚在成都参加工作的贺光杰说。在谈到棕编时，他表示也只是从老一辈人口中听过，他周围的同龄人在有收入更高的工作的情况下，不会将棕编作为第一选择。

“现在做棕编的人很少，主要是因为耗时耗力，熟练的工人花一天时间编成的一顶帽坯，工厂回收才二十几块钱，年轻人谁干啊。”棕编纪念馆的工作人员潘丰顺一边整理馆内物品一边说，“越来越多的人不愿意去做棕编，费时、不挣钱是棕编传承的最大阻力。”

午后，有顾客去纪念馆挑选帽子，一顶做工精良且有丝带装饰的帽子售价60元钱，然而这名顾客挑选了很久，最终还是嫌贵离开了。潘丰顺对此似乎习以为常，调侃道：“盯着编半天才挣这几十块钱，太费劲了。”

潘丰顺与挑选帽子的顾客　　王森　摄

难道从清朝嘉庆年间流传到现在的棕编技艺就要从此失传了吗？面对这个问题，新繁镇高院村的妇女主任王永会给出了一个斩钉截铁的答案：“不会。”

王永会这样解释：“会棕编的人虽然少了，但情况远远没有那么糟，现在的棕编手艺人只是不集中了，棕编手艺人其实每个村都有。”

事实上，新繁镇为保持棕编的传承与发展做了大量的工作。新繁镇政府出资兴建了棕编纪念馆，供镇里的棕编协会免费使用，并将这里作为棕编文化的弘扬基地。此外，每年新繁镇都会举办一次棕编比赛，吸引周边村落的棕编手艺人前来，交流棕编技艺，弘扬棕编文化。

另外，棕编技艺的传承也不可或缺，“我们村每周二有免费的棕编教学，想学的都可以去学，镇政府也会给教棕编的老师们一些经济上的补贴。”王永会介绍道。

慢慢地，在政策的扶持和诸多棕编手艺人的努力下，棕编又成了许多没有工作，留守在家的妇女和老人手里的活计。“通过这些小物件挣些钱，虽然不多，但是用自己劳动换取的财富花得心安理得，人嘛，自力更生更重要。”张义芳拿着刚编好的帽子，满脸骄傲。

（作者为兰州大学新闻与传播学院硕士研究生；指导老师魏占兴、郭翠玲、王臻为兰州大学新闻与传播学院教师）

一乐一雅士

——记国家非物质文化遗产洞经古乐第四代传承人白中富

周唱

四川梓潼七曲山，大庙之中，古槐林旁，有一间墨瓦小厅，名曰怡园。每个周六，总有恢宏的乐鸣之声，从这里传来。

走进怡园，在中间看台之上，一支乐队正在演出，古琴、琵琶、二胡、横笛交相而奏。一位鹤发老人坐于其中，手拉二胡，极为陶醉专注。

七曲山大庙风景区是国家4A级景区，这里不仅有三代建筑、万亩松柏，还有“一乐”“一雅士”。这“一乐”是指国家非物质文化遗产洞经古乐，而“一雅士”则是指洞经古乐第四代传承人——白中富。

白中富今年65岁，精神矍铄，面目疏朗，一举一动都透着儒雅的气息。与人交谈时，白中富语调平缓，令闻者如沐春风。

阳光透过窗户洒下来，老人的声音一顿一挫，讲述着他与洞经古乐的故事。

遇恩师，结雅趣

白中富从小生活在梓潼“九院”，也就是现在著名的“中国两弹城”——三线建设时期，中国工程物理研究院（九院）内迁梓潼，在此相继完成原子弹、氢弹的设计方案。

20世纪70年代，白中富上初中，他所在的中学属于九院六所。当时附近人员稠密，学生众多，而师资力量严重缺乏。但“两弹城”有十分严格的管制措施，不可以从外面直接调派教师。白中富解释说：“那里面工作的工人都是保密的，不能随意进那个军事管制区。”

师资力量的匮乏引起了九院院长的极大重视。随后，很多在两弹城工作的子弟都投入了教学工作中。也就是这时，白中富接触了毕业于北京大学、复旦大学等知名高校的“高才生”老师。

这些“高才生”老师不仅学识渊博、谈吐不俗，还有着极高的音乐素养。在那个人人唱样板戏的时代，老师们不仅哪个样板戏都能拉，而且“拉得相当美”。白中富看到老师们平时“吹吹打打”，对音乐产生了极其浓厚的兴趣。其中，来自北京大学的刘奉山老师发现了白中富这个音乐苗子，经常对他说：“我给你伴奏，你唱一唱。”也就是在那时，白中富学会了几乎所有的样板戏曲目，也学会了一些二胡的基本弦法。

在学习的过程中，白中富看到能演奏出如此动听声音的二胡，一下子心动起来，便决心亲自做出一把属于自己的二胡。

白中富发现军事工程附近的棚架都是用兰竹做的，而兰竹正是制作二胡的材料，就选了一种做成六边形的琴。琴身有了，琴弦怎么办？他又把电话导线里的钢丝抽出来，制成二胡的琴弦。白中富又观察到二胡发声的琴皮是蛇皮制成的，“当时我们就很想扑着一条蛇。有一次我二哥在乡里打了一条蛇，把皮剥下来，绷在上面，然后缠起来做了琴皮。还是能拉出声音的，哎呀当时我就挺高兴的。”白中富说道，脸上流露出自然的笑意。就这样，他就拥有了人生中第一件属于自己的乐器——一把二胡。

再后来，初中毕业，没有得到推荐名额的白中富错失了上高中的机会，成了一名小学教师。随后，1972年，通过选拔和推荐，白中富正式成为梓潼国营文艺宣传队的一名队员。

改革开放那年，白中富又被调到文工团。而也正是在这里，白中富因为“个子太高，和大家跳舞身高不协调”，最终决定“走音乐这条路”。在文工团，白中富遇到了自己的第二位恩师：四川音乐学院的杨文俊老师。在老师“手把手，一对一”的教习下，在一个月内，白中富的音乐水平得到了极大的提升。

随后，在复兴地方戏曲的大潮之中，白中富再次被调至川剧团，成了一名琴师。这份工作，白中富一干就是十六年。白中富向我们介绍道：“在川剧团，我主要从事拉弦、吹奏、弹拨这三方面的工作。”

从小学教师到文宣队，从文宣队到文工团，再到川剧团，兜兜转转十七年，白中富再次回到了教学岗位之上。1988年，白中富成为一名小学音乐教师，在教学岗位上一直坚守到退休。

奏洞经，抒雅情

谈到洞经古乐，白中富兴奋起来。

洞经音乐是非常古老的传统器乐乐种，起源于四川省，从南宋乾道年间发起至今，已经有八百多年的历史了。生在梓潼的白中富一直受到洞经古乐的熏陶和影响。

“从小我常跟着父母一起去七曲山大庙。每年春天，文昌帝君出巡，就要有乐童为他伴奏。”回忆起过去，白中富脸上浮着一丝向往的笑意。

在庙会上，文昌帝君的塑像要被抬举游行，接受人们的朝拜。文昌帝君出巡的队伍浩浩荡荡。按照旧例，队伍的伴奏要有以打击乐、吹奏乐为主的大乐，还要加上大锣、大鼓、唢呐等。这就是洞经古乐。这种音乐粗犷宏大，气势磅礴，给白中富留下了极大的心灵震撼。

“我看到那么多人啊，男男女女啊，老老少少啊，簇拥在一起。然后音乐响起来，各种香啊、纸啊在那里放着。”当时，白中富的父母告诉他，这就是他们对文昌帝君的信仰。

“尊祖，孝老，爱亲，诚信”，是白中富眼中文昌精神的内涵。也正是因为童年的经历，在之后的传承道路上，白中富深深明白，自己传承的不仅仅是洞经古乐，更是音乐之下更加绵长深邃的文化脉络。

早在白中富参加川剧团的时候，政府就经常安排他前去文昌庙会参加演奏典礼。2000年，文昌洞经古乐演奏团成立。而在以前，洞经音乐的演奏仅仅停留在民间，并没有专业的团队去演奏洞经音乐。演奏团正式成立后，每年要接大概两百多场表演。

2008年，洞经古乐被列入第二批国家级非物质文化遗产名录。

白中富介绍道，洞经古乐一共有240多首曲牌。有欢快喜悦的，也有悲伤的，还有应用于祭祀当中宏大场面的。

“就比如这个序幕拉开的时候就是：当当当当当——还有文昌出来的时候：啦唉咪咚啦咚咚。”白中富一面介绍，一面声情并茂地唱了出来。伴着音乐，他的手有节奏地摆动着，眼睛也闪现出了别样的光彩。

“然后是道锣，他的用意就是开道，他的这个锣一响，行人止步，远者息声，就是不能说话的，蛮庄严的，这种气势有一种神灵的感觉。”白中富如数家珍，言语之中皆是自豪之色。

洞经音乐分为大乐、细乐和铜锣经三大类。在演奏过程当中，要求人们衣冠整洁、大方、统一，同时要虔诚，不可交头接耳。这种传统，在白中富等人的坚持与努力下，一直保留到现在。

觅前路，守雅志

谈到现在洞经古乐的传承情况，白中富的眼神黯淡了一下，坦言："我们现在的传承确实面临着青黄不接的情况。"

现在的洞经古乐演奏团一共有35人，其中最小的50岁，最高寿的已有82岁，已经出现了严重的老龄化倾向。"年轻人感觉是什么呢，它的速度慢，跳跃的幅度不大，所以激情不太够。就是，他不喜欢。"说到最后三个字，白中富不自觉加重了语气。

"虽然国家给了传承人一些补贴，但是他在挖掘发展、教育传承这一块（的投入）太少了。"白中富叹息道。

白中富是洞经古乐第四代传人，而他的接班人是洞经古乐演奏团团长郭荣，现如今也已经62岁，只比白中富小3岁。

另外，洞经古乐演奏团仅有的35人之中，音乐素养和技巧也参差不齐。队员中有一部分是从之前从事音乐教育的退休教师，素质稍高一些；而很多民间来的，他们的音乐素养低，乐曲的演奏技巧也不是很高。白中富并不回避问题："我们要走出去还有一段距离。"

尽管存在很多问题，白中富和他的同事们还是顶着困难，坚持走了下去。近年来，洞经古乐团先后参加了海峡两岸三月清明祭祖节、央视夕阳红等一系列大型演出，受到了很多专家教授的青睐与指导。从2008年至今，梓潼博物馆对洞经音乐进行挖掘、整理、录像等保护工作，已经前后收录了23首洞经古乐。

在传承方面，在教育部和梓潼县文化馆的支持下，白中富和他的同事们建立了洞经音乐基地。每年春秋两季的星期一下午，都会有5位演奏团的老师进入校园，教授学生演奏技巧和洞经古乐的部分乐曲。从2009年至今，他们已经坚持了十年。

对于洞经音乐能否进行创新的问题，白中富笑笑，从手机里翻出一张照片："这是到台湾的表演，四川艺术学院的大学生和我们同台演出，这就是回答了你的问题。"他指着照片上一位拉二胡的年轻人："这些音乐能够创新的，也可以年轻化的。你看，她是四川音乐学院教二胡的老师，也是1983年的，跟我儿子一样大。”

白中富在翻看乐谱　　周唱　摄

白中富又拿出了两个颇有年代感的绿皮箱，打开竟然是满满两箱从20世纪80年代到现在的曲谱。“我们的曲谱变迁（化）有很多，每个时间版本都有一些改变。”白中富一点一点翻看着，一边展示道：“这是我们之前的曲谱，现在不管是抄写格式还是内容上都有所变化。”

“今后我们还要加入钢琴，”白中富继续说，“在乐器上也要有所突破。”

（作者为兰州大学新闻与传播学院本科生；指导老师魏占兴、郭翠玲、王臻为兰州大学新闻与传播学院教师）

摘下贫困山村帽，奔向致富“同心”路

李娜　王彦凯

2019年6月25日上午，梓潼县定远乡同心村党支部书记衡代礼早早地赶到村委会，这一天是中国邮政绵阳分公司和同心村的李子合作社签订电商扶贫协议的日子。7月初，借着中国邮政的电商平台，同心村四百亩的“金宝李”被抢售一空。

时间倒退回2015年，那时候同心村还是四川省省定贫困村，山上海椒和花生的种植收益只够村民们在温饱线徘徊，“村里当时大概有六七十个人吃低保，因病致贫的占很大一部分。”衡代礼介绍道。

2016年2月，习近平总书记在走访江西省井冈山市茅坪乡神山村时说：“在扶贫的路上，不能落下一个贫困家庭，丢下一个贫困群众。”

与此同时，随着四川省精准扶贫力度的加大，同心村因地制宜，成立了梓潼县首家“扶贫专业合作社”，还成立了农民夜校，修建文化广场，治理生态环境，把水泥路、天然气、自来水接入了每家每户。短时间内，同心村迅速摘下了

电商协议签订现场　　受访者供图

贫困村的帽子，并在2018年成为四川省省级文化扶贫示范村。

要致富，先修路

村民袁思路的小轿车在同心村的摩托车“大军”里很是扎眼，不过袁思路的双手布满了厚厚的茧子，宛若枯树皮，握着方向盘时显得有些突兀和笨拙。

“这个车是他小儿子送给他的，他两个儿子都有出息，他熬出头了，有福气嘞!”袁思路的邻居笑言。

但袁思路觉得，谈起“福气”，还得从村里的水泥路说起。

袁思路记得以前村里只有一条泥泞的小路，走在路上就是“雨天一身泥，晴天一身灰”。自己的两个孩子平日里天没亮就得起床，从村口走到7公里外的定远乡卫生院附近的学校读书，鞋底磨破都是家常便饭。

在这样的情况下，同心村的村民都希望能无病无灾。“平时都还好，你要是突然得了什么病，去医院都来不及啊。”袁思路感叹。衡代礼对此也深有感触，几年前，他怀孕的女儿在一个暴风雨的夜晚突然提前分娩，衡代礼吓坏了，他赶紧叫上邻居，用一块木板把女儿抬起，冒着雨往县医院赶。道路一片漆黑，倾盆大雨径直地打在众人的身上，汗水和着雨水一起从衡代李的脸上划过，然后重重地落下，和溅起的泥水混合在一起。“她回来之后在床上躺了快半个月。”回想起那个夜晚，衡代礼现在仍心有余悸。

同心村村民深知“要脱贫，先修路”的道理，于是，在2015年，家家户户聚在一起，把多年来从牙缝里省出来的钱掏了出来，凑了足足50多万，再加上政府资助的一百多万，建起了同心村自己的第一条水泥路。

“修了路，孩子就走出去了，生活就有奔头了。”袁思路感慨。水泥路打破了高山密林的桎梏，同心村新一代人开始走出大山，寻找新的机会。

除了水泥路，同心村还把天然气和自来水接进了每家每户。

2017年，四川宏源燃气股份有限公司在同心村附近的盐亭县剑河乡铺设天然气管道，同心村村委知道消息后，便主动去和宏源公司洽谈，把天然气接进了村。“之前，都要去山上肩挑背扛地砍柴，如今，没人再砍柴了，生态也就变好了。”衡代礼说道。

同心村水资源较为缺乏，2018年，大伙又趁热打铁，利用政府发展的扶贫产业，让村里通上了自来水。

同时，村民发现，路修好了，基础设施完善了，扶贫产业也紧跟着

“走”进来了。

生猪+李子=票子

近年来，梓潼县因地制宜，探索出“政府+公司+银行+合作社+农场主+贫困户”的“1+5”产业扶贫新模式。同心村乘上了这股东风，在2016年3月2日，梓潼县首家“扶贫专业合作社”——定远乡同心村高山生态养殖专业合作社成立。合作社由同心村65户精准扶贫建档立卡贫困户组成，通过和正大集团合作，建了2栋正大“1100”生猪代养场，正大集团是技术提供方，而农户们则赚取代养费和分红。

一年后，同心村与四川九曲水生态农业科技有限公司合作，成立了李子专业合作社，并种下400亩“金宝李”。

同心村把李子园和生猪代养场整合在一起，采取种养结合的方法，既能够消耗生猪粪便、改良土壤，又能减少果园化肥农药的用量。村民们发现，这样种出来的“金宝李”品质优良，深受市场欢迎。

在生猪代养场和“金宝李”进驻同心村之前，村民的主要收益来自山上三百亩的海椒和四百多亩的花生，但四川多产海椒，同心村的海椒并不好卖，7月份收获的海椒，要在农户家里堆积到10月中旬才能卖完。

但“金宝李”就完全不愁销售的问题。往年福建、广东、上海的水果商都会通过四川九曲水公司找到同心村提前订购。而和中国邮政绵阳分公司签订了电商扶贫协议后，借助邮政“EMS极速鲜”网络平台，7月初，同心村的“金宝李”更是在上市后的3天内就被抢售一空。

之前的海椒，最高才卖一块五毛钱一斤，而如今的“金宝李”能卖到五块钱一斤，再加上平均两百元每头的生猪代养费和若干分红，同心村的村民明显感到自己的腰包越来越鼓。

村民黄秀玲是“因病致贫”的贫困户，通过参加村里生猪和李子合作社，她家里的经济条件在慢慢变好，她和丈夫也逐渐康复。如今住在蓝瓦灰墙小楼房里的黄秀玲提到村里的扶贫政策时，她一直不断重复：“村里对我真的不错，生活变化太大了。”

扶贫不忘扶精神

其实不仅是黄秀玲，同心村的村民们发现，村里的基础建设在完善，精神文明建设也跟上来了，生活更有奔头了。

“我们还有农民夜校、文化广场，还有老幼病残帮扶活动，我们还自发地制定了村规村约，要保护环境，邻里和睦。”对于同心村的精神文化建设，衡代礼颇为自豪。

衡代礼介绍，同心村每个月定期会举办两场农民夜校，届时四川九曲水公司、正大集团以及梓潼县的农业部门都会派技术员过来给农户传授技术知识，同心村对口帮扶单位梓潼县人民法院也会派人过来普及法律法规知识。“他们确确实实帮了我们很多，开阔了我们的视野，增长了我们村民的知识。”衡代礼说道。

同时，同心村还自发地制定了村规村约，提倡村民间互助互爱，相互帮扶，让同心村变得更温暖，大伙的心“同”起来。

“坦白讲，以前去村民家里了解情况，连下脚的地方都没有，环境就是脏、乱、差，如今村民脱贫了，环境也变好了，简直是翻天覆地的变化啊。”衡代礼说话时，眼角笑出了两道深深的皱纹。

同时，同心村正在大力宣传相关人才引进政策，鼓励青年们回村创就业。通过青年人才的回流，引导村中产业转型升级，带动村民致富增收，走出一条致富“同心”路。

（作者为兰州大学新闻与传播学院本科生；指导老师魏占兴、郭翠玲、王臻为兰州大学新闻与传播学院教师）

震后11年：回归平淡的老北川人

赵为德　李金玥　胡美娅

王英从摊上抓了一把茶叶，装进一个塑料袋里，拧紧，追了上来，往我们兜里塞并说道："快拿着，拿着！"

她是2008年"5·12"的亲历者，是千万个老北川人中很普通的一个。

2008年5月12日，一场浩劫改变了包括王英在内的上万老北川人的命运。此后的日夜，他们在隐约的微光和不放弃的关怀里，一点一点度过自己的时光，那是他们所经历时代的真实轮廓。

11年来，老北川人渐渐走出灾难的漩涡，继续平淡地生活，只是偶尔忆起往事时，眼眶还是会泛红。

"修了房子，给女儿买了车，要还贷款，做了这么多，被地震震完了，她人也没有了，还欠了很多的账。"王英回忆说。

他们挣扎沉浮，却坚若磐石。

"我5天收了1000多（块钱），看，1371块，还是可以吧？我包包里还有，哈哈哈。"王英笑着，掏出手机打开她的微信账单。王英和丈夫在距离北川老县城遗址5公里左右的曲山镇经营着一个小摊，卖些桃子、李子、茶叶和自制的豆腐干。

曲山镇曾是北川县的政治、经济、文化中心，地震之后，该镇向南迁徙2.5公里，改驻任家坪村。现在的曲山镇，人烟寥寥，只是近年随着地震遗址的对外开放，多了些参观的游人。这些游人成了当地摊贩的主要顾客。

王英今年53岁，跟丈夫一起生活，住在震后修建的安置房里。丈夫的左手因为地震时留下来的创伤，已经基本丧失了劳动能力。儿子三个月前刚结婚，目前跟儿媳妇在北川县永安镇做养殖生意。王英说，儿媳妇非常孝顺，“我都不忍心她劳动，不忍心她给我们干活，才结婚三个月，她就给我买了4套衣服了”。

而王英提及最多的，却是她的干儿子。

他们此前并不认识，在后来的朝夕相处中，渐渐熟络了起来。王英的干儿子是当时参与抗震救灾的武警，地震期间被派到北川执行任务。“那时候他给我洗衣服、梳头发、做饭吃，武警娃娃还主动赞助帮扶我们，我们本来是没有赞助的。”震后的生活，王英历历在目。由于地震时受伤严重，在最初的一个月里，王英生活不能自理，干儿子便照顾她的生活起居。“他早上给我们摆摊，晚上给我们收摊。”王英回忆，自己身体恢复后，开始摆摊做生意，干儿子一有空闲便过来给她帮忙。

“我自己的儿子还没有这么孝顺我。”王英笑着说。

11年，王英早已走出灾后的困境，她和丈夫经营的小摊，虽然收入不多，却也足够维持生计。

“想挣钱的时候，（凌晨）两点多就起来，骑着三轮车到旁边的擂鼓镇占摊位，然后就睡在三轮车旁。”王英说，擂鼓镇逢场（按照当地约定赶集的日子）的时候，自己很早就会起来，装上一些蔬菜、水果，推着三轮车在集市上卖。有时候也会去绵阳，绵阳的竹笋少，在那边比较好卖，等到菜市场人少了王英才坐车回家。

习惯了在外面摆摊的生活，王英有时干脆不回去。“这里（曲山镇）有个竹棚，有时候我一个人也不想回家，就在这里昏昏沉沉睡一夜。洗脸的话，包包里有个小梳子，在公共厕所里浇点冷水就洗了。”这是王英的生活常态，她坦言，这样的生活使她很充实。

王英　　赵为德　摄

11年过去了，王英的身体还是会有些不适。“天气不好的时候，身上会痛，眼睛有点模糊，看不清。”王英说，地震留下来的后遗症不时发作，下雨天头昏，关节也痛。但是她并不抱怨，却很满足，

“很多人都没遇到帮扶，我还是命好。”

北川，一个曾被废墟埋葬的县城，多年以后以另一种面貌示人。那片土地曾经灿烂，忽而沉寂，后来涅槃；生活在这片土地上的人儿，曾经幸福，忽而离别，后来新生。如王英一样的老北川人在一场地震的升沉起伏后渐趋平淡，灾难的轴轮碾下的车辙，成为记忆中难以磨灭的地标，铭心刻骨。

（作者为兰州大学新闻与传播学院本科生；指导老师魏占兴、王臻为兰州大学新闻与传播学院教师）

资中木偶戏：
百年非遗展魅力　指尖传承木偶情

谢冰　王佳欣　杨星

四川省内江市资中县，是孔子之师苌弘故里，是省级历史文化名城，也是享誉世界的“木偶之乡”。据《资州志》记载，早在清代末年光绪年间，资中一带就活跃着“金泰班”“万祥班”等十多个木偶戏班。清晨的资中被雾气笼罩着，穿过步行街，巷子口有家香飘四溢的兔儿面，往里走，“资中县木偶剧团”七个字便出现在人们的视野之中。

百年历史，遗产属世界

起源于清光绪年间的资中木偶，属国家级非物质文化遗产。民国初期，资中县大大小小的木偶戏班共有7个，分布于各个乡镇，活跃于省内外，盛名远扬。1953年5月，资中县木偶剧团成立（最初为“民间艺人木偶队”），在逐年发展中，开创了川南地区以中型杖头木偶为主、布袋木偶为辅的新型表演艺术形式。

据老艺人们介绍，木偶剧团在早期被称为“扁担木偶剧团”。扁担木偶剧团时期没有专车，父母就带着家中的孩子们，挑着一根扁担，挂着两个箩筐，一个箩筐中放着木偶表演的道具，一个箩筐中放着自己的孩子、被单和洗漱用品，一出去表演便是一年。扁担可不仅仅是用来挑着箩筐，在赶路途中，遇到危急情况，扁担还可以用来当作防身工具使用。一根扁担挑起一个剧团，一张被单搭起一个舞台，所谓“扁担剧团被单戏”便是如此。所以那时的木偶又叫作“精木偶”，偶长40厘米，既小巧玲珑，又文武兼善，也方便携带，一个箩筐便能装下一场表演所需要的全部木偶。随着生活水平的提高，人们精神文化的需求也逐渐加大，观看木偶戏的人越来越多，小巧的精木偶已经无法满足上百号人的观看需求，这才换为了更大的中型杖头木偶。

除了扁担剧团，那时还有很多的戏班。戏班都属个人所有，一般以家庭或家族为单位，靠表演木偶戏赚钱维持生计。据史书记载，木偶在中国已有两千多年的历史，最初木偶被用作丧葬的陪葬品，到了汉末，木偶渐渐具有了表演的功能，这也为它增添了民间色彩。所以戏班表演的木偶戏，有庙戏、秧苗戏、求雨戏等，寄托了百姓们对未来美好生活的期待。

2006年，胡海开始担任四川省资中县木偶剧团团长。有好的团队又赶上了政策扶持，本着传承发扬木偶技艺的初心，胡海带领着资中木偶戏，走向了非遗之路。2007年3月，胡海根据资中木偶制作的特色，将资中中型杖头木偶制作工艺向四川省首批非物质文化遗产保护机构申报并获得成功；2014年，资中中型杖头木偶戏被列入国家级非物质文化遗产代表性项目名录。谈到资中木偶的非遗之路，胡海说：“遗产是先人的，传承是历史的，创新是我们的，发展是必需的。所以我觉得必须要把资中中型杖头木偶戏活态地传承下去。”在胡海的口中，作为非遗的木偶戏永远都是一颗闪耀的明星。

自1953年建团以来，资中县木偶剧团曾到哈萨克斯坦、美国、日本、澳大利亚等20多个国家和地区演出，将资中木偶的艺术魅力带向了国际舞台。这更加坚定了一代又一代的剧团成员执着坚守木偶戏的决心。

坚守奋斗，传承是使命

资中县木偶剧团团长胡海与木偶戏的结缘很是有趣。胡海小时候接触文艺活动的渠道并不多，但他母亲是村里文艺宣传队的一分子，在农作时嘴里会不由自主地唱出一些歌曲，这在小胡海的心中埋下了艺术的种子。胡海16岁时，木偶剧团来到学校招生，身为班级文艺委员的他被老师推荐去参加考试，并在五百人中脱颖而出，从这以后胡海便与资中木偶剧相伴相随。

剧团将挑选出的二十人送往内江艺术学校学习，最终，只保留十五人进入剧团真正开始学习木偶戏。从事木偶戏的相关工作并不像表面看起来那样风光，不仅练习枯燥辛苦，当时剧团给出的薪酬又不高，当初这十五人，只有胡海一人坚持木偶艺术到现在。

从胡海进入剧团，直到他当上团长，二十年里，剧团发展举步维艰。最困难的时期是2005年，胡海还是副团长，那时文工团、川剧团、木偶剧团三个团需要进行改革，合并在一起成立新的木偶剧团。那时整个木偶剧团只有二十三个人，可以表演木偶戏的仅四人。四个演员演不成大戏，就只能表演木偶变脸、木偶书法、长绸舞等单人的绝活。即便如此，剧团也没有放弃对木偶技艺的研究，并且努力招收人才，争取得到政府重视。也就是这个时期，胡海提出了“换脑子、挣票子、保牌子”的“三子”精神。

除了胡海，资中县木偶剧团的一位木偶制作师也一直坚守在传承木偶戏的第一线，他就是唐友民——资中中型杖头木偶戏省级非遗传承人。唐友民的父亲曾是木偶剧团的一名鼓手，1978年，他的父亲因病去世，年仅14岁的唐友民接替父亲进入木偶剧团，开始学习木偶表演。从小受长辈们的影响，唐友民对木偶的制作和维修都有一定的了解，所以他可以说得上是木偶表演和木偶制作的全才。在2005年剧团的发展陷入瓶颈时，唐友民结合川剧中的变脸技艺，将木偶改制，才有了木偶变脸的单人绝活表演。

从台前的木偶表演到幕后的木偶制作，唐友民对待自己的工作，始终一丝不苟。他的右手大拇指上有一块血痂，是在前年制作木偶改木料的时候，不小心让圆盘机绞了手指头留下的。现在这个手指，不仅短一截，指头也是弯的。即使这样，唐友民也从不后悔与木偶结缘：“因为从小就爱这个，就喜欢这个。而且年纪大了不可能再在舞台上表演，就让年轻人上。”

创新前行，发展是必须

从精木偶变为中型杖头木偶，体积的改变势必会带来重量上的增加，制作工艺上的改善就很有必要。用泥塑、纸壳、太空棉等质量较轻的材料代替木头，木偶表演者能更轻松自如地举起木偶。除了改进木偶制作工艺，木偶表演也是剧团创新的一个重点。木偶戏原本要求演员在帷幕之后操作木偶，从幕后走到台前，对木偶表演者提出了更高的要求：服饰统一、表情生动、形体舒展、台步稳当，甚至需要表演者与木偶达到“人偶合一”的境界。演员只有内在具有丰富的情感和深厚的文化底蕴，才有可能给观众带来全新的观看感受。

想要木偶戏与观众产生奇妙的“化学反应”，剧目创新是不可忽视的一部分。川剧、卡通、动画片等创作元素……已经成为资中木偶戏的一部分。包括现在传统的木偶戏表演，已经可以通过抖音、微博、微信等网络平台进行传播。开展“百场进校园”“文化下乡”“非遗进社区”等活动，并将木偶戏与旅游路线、文创产品相结合……资中木偶戏在创新中发展，在发展中传承。

“做传统艺术，创新永远都在路上。观众需要什么，我们就要去生产观众喜欢的节目。当然在创新的同时，我们不能够丢掉传统的东西，一定要在传统的基础上创新。”走在创新之路上，胡海没有忘记非遗最宝贵的传统内涵。

从1987年到2006年，二十年间木偶剧团没有再进行招生。直到2006年胡海担任木偶剧团团长时，才恢复了木偶剧团的招生。2006年至今的十三年间，胡海每三到四年都要招收一批新学员，形成良性的循环，到今年已经是第四批学生了。

胡海指导　　王国晔　谢冰　摄

1998年出生的王国晔正拿着一个木偶进行面部妆容的修饰，胡海站在她身后，时不时给出一些专业的建议。她是唐友民的徒弟，因为在学校时看过资中县木偶剧团“百场进校园”活动的演出，在毕业后通过考核进入资中县木偶剧团学习木偶制作。说起师父唐友民，王国晔的评价很高：“机关制作这一方面，唐老师在我们剧团是无人能出其右的，他是一个德艺双馨的老传承人。”资中中型杖头木偶戏，便是这样，在一代又一代人的指尖上，传承了百年。

（作者为兰州大学新闻与传播学院本科生；指导老师魏占兴、郭翠玲、王臻为兰州大学新闻与传播学院教师）

平庆线

平庆线路线简介

阴雨永

2019年7月14日至22日，我带领“平庆线”团队在甘肃的平凉和庆阳等地开展了为期9天的采访调研活动，团队成员共19人，除带队老师外，还包括2名硕士研究生和16名本科生。

此次活动涉及的新闻选题多样，包含文化、民族、社会生活、经济民生等层面。实践方法主要是走访基层，了解当地人民的生活现状以及随时代发展带来的各种变化。此次活动完成各类文字稿件30篇、2个新闻视频和1部团队活动纪录片。

对参与的学子来说，这是一种靠近基层的情感体验，通过实践了解西北，尤其是平凉和庆阳的发展现状。青年学子用文字、图片、视频对平凉和庆阳进行了记录，再通过媒体宣传，也有利于两地的经济文化发展。

9天的采访，再加上后续的集体讨论与修改，平庆线形成包括文字、视频、图集在内的稿件近40篇。其中具有代表性的稿件有：《代万里的万里山路》《青山有幸埋忠骨，南梁精神永流传》《留守乡村的“城里人”》《触摸秦家梁　走近护林员》《探寻庆阳香包传承人刘兰芳》等。

“红色南梁”

——南梁镇脱贫攻坚记

汪菲　王李蕾

居于群山之中，有一排排低矮的小土房和狭窄而崎岖的土路。每逢赶集总能见到载满足够一周物资的电动小三轮来往于这唯一一条连通镇子和外界的路上，这就是2015年前的南梁。但2019年的今天，高大宏伟的南梁革命纪念馆、成规模的南梁红色小镇、宽阔平坦的公路，则是大多数游客对这里的初印象。

庆阳市华池县位于陕甘交界，属陕甘宁蒙毗邻经济发展区，东北与陕西省志丹、吴起、定边接壤，西南与省内的庆城、环县、合水为邻，这是庆阳市向北发展的“桥头堡”和“北大门”，也是国扶贫困县和全省18个干旱困难县之一。近年来，在国家脱贫攻坚政策的号召下，作为华池县一角的南梁小镇，依托历史悠久的红色文化资源和北地江南的优越自然环境，在广袤的黄土高原大地上，围绕打造“五区一极”战略导向，创造出了“红色南梁”这一耀眼的文化品牌，带领当地人走出一条富民脱贫的道路。

7月15日，从庆阳市区经过五个小时的车程，我们终于到达了南梁镇。初入眼帘的是一大片纯朴的农家建筑，“老兵基地农家乐”“军民一家亲农家乐”“老班长农家乐”等十几个富有红色文化元素的招牌让人眼花缭乱。红色的大门，宽敞的院子，角落里竖着一人多高的铁丝网围起来的棚子，“那是用来放玉米的。”郭翠玲笑着为我们解惑，这是郭翠玲和丈夫高燕开农家乐的第四个年头。“当时我们还是咱们这第一家开农家乐的。”2014年，在家务农的郭翠玲听到了南梁景区“床位工程”的政策，认为自己作为一名农村党员，应该积极响应政府号召，便和在外打工的丈夫商量：“我们俩打工一年，再干一年的农活，也就挣万把块钱，家里还有两个姑娘、一个儿子，儿子还要娶媳妇，家里经济实在是紧张！”

于是，在当地镇政府的支持和组织下，郭阿姨和当时一批有意发展农家乐的村民们一起远赴山西平遥、乔家大院等地进行了培训。“去学学人家农家乐咋办起来的，看看咋布置，咋做菜，咋招待客人哩。”郭阿姨一边向我们讲述这段学习经历，一边给今晚的客人准备着晚餐。

“阿姨您这个菜做得好香啊！”我们笑着和阿姨说。“那是！这道菜叫‘熬酸菜’，是咱们庆阳这边的特色，每家每户都会做。我还用这个菜得过奖呢！奖牌就在门外挂着。”阿姨骄傲地将厨房外间墙上挂着的两块奖牌指给我们看。那是两个铝制的奖牌：上面那块用醒目的红色写着“郭翠玲”，上方是“庆阳传统名菜名点制作大师”，下方是菜名“熬酸菜”；下面那块是同样的格式，而名字则是郭阿姨的丈夫高燕——“南梁豆腐”制作大师。

“其实我们当时就是去市里参加了个比赛，”在我们看到那两个奖牌后，郭阿姨又突然变得有些害羞起来，“当时也没有想着能拿奖，毕竟人家也都是很优秀的厨师。”“那不更说明您做菜很厉害吗？阿姨您想，那么多做菜好吃的人，但最后还是您和叔叔获奖了，就证明你们做的菜比他们做的都好吃。”

郭阿姨听了，一边开心地笑得合不拢嘴，一边又有点不好意思地说：“哪有啊，这肯定比不了那些大饭店的菜。”笑了一会儿，阿姨又像个小孩子一样和我们眨眨眼：“不过周边邻居一直夸我做菜好吃。”

而被问起这个农家乐创办前后的成本时，郭阿姨也感慨说：“一开始花费倒是挺多的，不过咱们政府也帮衬了不少，给发了好几套桌椅，还有被褥呢。”她带着我们走进院子里的几个房间，告诉我们，这间院子原本是自家住的，为了筹备农家乐，又把原来的院子改造了一番。除了最左边一间是一家人的卧室，其余三间都是用来招待客人的，里面的床褥、桌椅大多是政府资助的。

“现在的日子好过啦，以前一年也就挣一万多块钱，这几年生意好，收入都翻了好几番。”郭阿姨笑着和我们说，脸上充满了对美好生活的向往。

从2014年开始，南梁镇政府依托南梁景区的核心地带优势，以发展生态旅游作为脱贫攻坚的重要抓手，按照“政府引导，自主经营”的发展模式，投资2000万元，先后3次组织农家乐经营业主赴山西、陕西、内蒙古等地考察学习；由财政投资，为农户购置了餐桌、餐具、电视机等室内设备，并由党员郭翠玲带头发展，建成了第一个农家乐，积极鼓励和帮助周边群众一起发展、共同经营。目前经营户户均月收入过万元，2018年底全村农民人均可支配收入达到8850元，农家乐已成为当地群众增收致富和带动贫困户脱贫的支柱产业。

除了依托红色文化资源，南梁镇还利用“331+”产业发展模式，通过组建农民专业合作社，帮助全镇贫困户脱贫致富。华池县文智种植农民专业合作社就是其中的一个代表。通过由陕西省定边县沃野农业开发有限公司作为龙头企业、村干部领办“村社合一”合作社、带动贫困户发展辣椒种植基地，帮助村民持续稳定增收，并以“集中种植”与“社带户种”两种方式，利用“光彩事业”蔬菜大棚，为南梁镇打赢脱贫攻坚战探索了新路子。

南梁镇党委秘书张武辉带我们来到了辣椒种植基地，在这里，我们遇见了两位正在喷洒农药的农民，他们向我们介绍说：“咱们合作社目前规模都达到200亩了，虽然是第一年，但是辣椒收益很好，周边的单位和菜市场都用的是基地出去的辣椒。”“对，我们单位吃的就是基地的辣椒。”张秘书说。

村民还告诉我们，为了帮扶和照顾村里缺乏劳动力的贫困户，除了有偿流转土地、大棚，合作社还让他们以配股资金的方式入股，并且吸收老人和非主要劳动力在种植基地帮工。为了保障农民收益，合作社还与西安欣桥果蔬市场、庆阳百佳超市达成了产品销售协议，确保产品有销路、有效益，实现社会效益和经济效益双赢。

从2014年到2019年，五年间，南梁镇实现了从一个偏远小山村到现代化红色旅游景区的蜕变。水变清了，路变宽了，房子变高了，村民腰包变鼓了，这是如今南梁最真实的写照。“红色南梁”在新时期仍然焕发着光彩。

（作者为兰州大学新闻与传播学院本科生；指导老师阴雨永为兰州大学新闻与传播学院教师）

变的是岁月，不变的是精神

任思佳　汪菲

7月15日，我们在华池县南梁镇有幸见到了曾参加过抗美援朝战争的张保亮爷爷。“雄赳赳，气昂昂，跨过鸭绿江；保和平，卫祖国，就是保家乡”——抗美援朝战争已经过去将近七十年，那些曾经浴血奋战的年轻士兵们如今已到垂暮之年，但他们带给我们的精神仍熠熠生辉。

1933年于河南省商丘市出生的张保亮于1951年入伍，只训练了三个月的他毅然踏上了保家卫国的朝鲜战场，成为四十军120师400团1营2连3排6班的一员。直到1953年停战后，他才回到祖国，在这两年多的战争中，他当上了上士班长，经历过5次战役，一路打到汉城。

这样的军旅生涯是光辉的，但与之相伴的是不断的危险，死亡是常有的事，负伤更是家常便饭。张爷爷给我们展示了他左手手腕的一处伤疤，回忆起1952年6月，张爷爷跟随所在的连在当地一个叫双架山的地方进行防御，这次防御最终取得了胜利，但所付出的代价也是极为惨重的，在两天两夜里双方经过了16次攻防后，120人的连只剩下包括张爷爷在内的3个人，即使幸运如张爷爷，也经历了危险一刻，“打到后来，两方都没有子弹了，只能用刺刀拼，美国兵高举刺刀向我冲过来，措手不及的我举起胳膊护住头，手腕就被刺伤了，手里的枪都没有了子弹，情急之下我们的副连长在我身后用枪托打死了那个美国兵。”张爷爷幸运地回来了，但那些无数为国捐躯的战士却永远留在了那里。这正如阿根廷诗人博尔赫斯所言：英雄们就这样战斗，可敬的心胸无畏无惧，手中的钢剑凌厉无比，只求杀死对手或沙场捐躯。

张爷爷说志愿军进入朝鲜之后一路向南进攻，“在一次追击战中，大家准备临时休整一下，美军突然对我们展开了反击，用飞机对我们进行狂轰滥炸，连一头牛都不放过！”张爷爷话中带了些愤怒，“苏联支援的弹药等物资对我们反击美军起到了重要作用。我们（志愿军）用炮弹和枪对美军飞机进行扫射，使美军飞机只敢在高空盘旋。”张爷爷虽然用简单的几句话就结束了这场听着就异常艰险的战争，但当时充满的却是现在不能想象的流血和牺牲。

“那时候条件是真艰苦呀！物资供应困难，大家都是能省则省。印象最深的一次是过江的时候，当时零下三十几度，所有人都只穿着单薄的衣服，你站在江边都在不停地抖，但我们只能从江里穿过去。那一次，我们有很多战友被冻伤甚至是失去生命。”在讲述这段历史的时候，张爷爷很难过，略带沙哑的嗓音里也有些微微颤抖，“虽然渡江后的战役我们取得了绝对性的胜利，但这个代价真的太大了。”

据张爷爷回忆，在当时的上甘岭战役中，弹尽粮绝的战友们仅剩一颗苹果，大家来回传，为了让队友可以多吃一点每个人一次只吃一小口，苹果在坑道里传了两次才被吃完。“我虽然没有亲身经历那次事件，但我还是很自豪，这说明我们中国人很有爱，这就是阶级友情，我们都是工农兵。”张爷爷浑身透出来的是作为一个军人的骄傲，是一个中国人的骄傲。除此之外，张爷爷与战友们经常一起共患难，饿了就吃一把炒面，渴了就嚼一口冰雪。张爷爷讲这些时脸上还带着笑意，仿佛他们经历的不是艰难，而是一段美好的日子。

“同志们呀！你们过山岗来又渡江，衣服结冰不知凉，渴了冰雪当水喝，饿了炒面吃一嘴。”在讲完他的故事后，张爷爷忽然唱起来了这首歌，似乎在回忆他与战友们并肩作战的时光。窑洞样式的房间里不甚明亮的灯光在歌声的渲染下散发出了别样的温暖，张爷爷唱歌时的神情仿佛回到了那段革命的岁月！

从少年到老年，变的是容貌，不变的是那颗热爱祖国的心。两年多时光是短暂的，记忆却是长存的。遐思遥遥飞翔，在时光的深处停歇，从张爷爷的讲述中，我们更能体会那一代人对祖国深深的热爱。虽然战争的痕迹逐渐消逝，那些志愿军大多数也已经不在，但他们当年为祖国抛头颅、洒热血的精神却流传至今。拥有了这份爱国精神，便如芝兰有香、朗月有晕，拥有了最为可贵的精神气节。

（作者为兰州大学新闻与传播学院本科生；指导老师阴雨永为兰州大学新闻与传播学院教师）

畅建业:我带着全村种果树

韩佳良　罗列

“宁县是庆阳最偏远的县，盘克是宁县最偏远的镇，我们武洛又是盘克最偏远的村。”但正是这个被当地村支部杨书记称为“三个最偏远”的小山村，却将自己出产的苹果卖到了更加遥远的大洋彼岸，出口到数十个国家。7月15日中午，我们来到武洛村，被道路两旁挂满果实的苹果树深深吸引。而这背后，则是一位带领全村脱贫致富的七旬老人的故事。

老人名叫畅建业，今年72岁，我们第一次见面是在他家门口。他身材不高却又精瘦有力，头发胡须早已花白，褶皱而黝黑的脸颊晕出淡淡红色，一副典型黄土高原庄稼汉的打扮。一见到我们，老人便热情地招呼我们进屋，拿着自家种的桃儿、杏儿招待我们。当我们说明来意时，老人稍显腼腆地笑道：“我这点事有啥好采访的？”

打破传统种果树

和大多数20世纪50年代的村民一样，刚刚小学毕业的畅建业便辍学回家务农，跟随父亲耕种家里的土地。

“那个时候，我家里主要种的是小麦，根本不够一家人吃。”住在窑洞里的畅建业在小小年纪便想着有一天能够赚钱养活全家人。

后来畅建业的父亲包下村里的一个果林开始尝试种果树。但那时的种植技术比较落后，出产的果子也只能卖给果汁厂，收益虽比种粮食稍高，但受当时经济条件的限制，一家人基本的粮食得不到保障，家里也就逐渐放弃了种果树这个想法。

20世纪80年代，畅建业的兄弟们开始分家，已过而立之年的畅建业分到了五亩田。家里的其他兄弟都认为果树没法像小麦、玉米那样提供实实在在的粮食来填饱肚子，都选择了继续种粮食。“那会儿村子里主要都是种小麦、种玉米，根本没人拿土地来种果树。”

冒着一定风险的畅建业将自己五亩田中的两亩拿出来种果树，“那会儿我的两个男娃娃都已经去了兰州市打工，家里吃饭压力没别人家那么大。”畅建业苦心经营着自己的小块苹果地，靠着将果子卖给果汁厂、果脯厂等所获得的收入开始慢慢超过了同村其他人种田的收入。

20世纪80年代末，家里窑洞部分塌陷，通过种苹果已经获得一定收入的畅建业决定索性搬出窑洞，在窑洞上方的平地上盖起了一间砖瓦房，而这也是整个村子里的第一间砖瓦房，畅建业在这间房子里一住便是四十年。

在畅建业的家门口我们可以看见“光荣之家”这个充满荣誉感的铭牌，据他介绍，他家里有两名军人，一名是已经退伍转业在兰州开出租车的二儿子，另一名是自己年满20岁刚刚入伍的大孙子。老人一共有两儿两女，“他们初中毕业就都去兰州了，出去好久了”，当问到孩子们是否有意愿回来接棒种果树时他说道：“人家都不愿意，他们只想着过年回来吃苹果。”老人笑着说道，稍叹一口气。

打破家乡种田传统转向种果树，畅建业这一种就是近四十年。这么多年来，看着村里一批一批的人外出务工，他都坚持了下来，他相信自己靠种苹果也能干出一番事业。

改进技术增品质

随着时间的推移，畅建业家的果树逐渐老化，品种也开始产生变异，原来又大又红的果子逐渐变得品相不佳，随之而来的就是苹果收购价格的不断压低。“那会果子慢慢不行了，一斤苹果卖不到两毛钱，有时候低价出售，人家都不要。”畅建业下定决心要提升苹果的质量。

只有小学文化的他靠着一辈子种庄稼的经验，自己琢磨起了嫁接技术。“那就是靠我自己的经验嘛，我就试了试，”畅建业边说边把我们领到他屋子外面的果林里，用手指着嫁接的树枝痕迹，“一开始我这种的是红元帅这个品种，后来大概在2011年的时候我就嫁接上了现在这个新的富士品种。”

据畅建业介绍，嫁接的新枝条需要等上三年才能结果。在这三年里，畅建业果园的收入也就没有了，“当时我和老伴儿就靠着其他地里种的一点小麦、菜吃饱肚子，这个果园基本上就没啥收入，但是要是不嫁接的话我这些果子也都卖不出个名头”。

在等待嫁接的这三年里，畅建业也没闲着。他听说同县湘乐镇上一位名叫王志义的人在种果树时给苹果套上了袋子，好奇的畅建业想不清楚这个袋子有什么用，决定去探个究竟。“给苹果套上袋子可以防蚊虫叮咬，这样既可以少用农药，又可以提升苹果质量。”通过借鉴，畅建业决定给自己的苹果也套上袋子。2013年，畅建业成了武洛村里第一位给苹果套袋子的人。

2013年秋，畅建业的第一批新苹果成熟，“这批新果子又大又圆，直径都在70毫米左右，我还真没想过我这林子可以结出这么好的苹果哩”。新一批的苹果被畅建业以以往想都想不到的每斤六毛钱的价格卖出，一共卖了六千多元。

这让畅建业信心大增，决定再加把力。他将自己原有的五亩果林扩大到八亩，和老伴儿一起精心打理这八亩苹果树。

畅建业介绍果树　　韩佳良　摄

从2013年开始，畅建业和老伴儿决定购买养鸡场的鸡粪作为底肥，并且在每年开春之时、套袋子时、八月收获之前追加三次肥料，以进一步提升苹果质量。“追肥就我和我老伴儿两个人做，追一次要四五天。”39岁的时候，畅建业不小心从窑洞屋顶摔下，右臂摔伤，落下残疾，在果林里干活时常有不适，无法用力，这时候便需要老伴儿和自己互相配合。两位老人相依为命，在果林里共同走过了四十年，从年轻力壮直到今天佝偻相伴。

老人给我们算了一笔账，“以前给果子套袋子只需要三万个，现在要九万个袋子才够，现在每年的苹果产量可以达到两万斤以上”。据畅建业介绍，一个袋子成本五分钱，套一个袋子人工费五分钱，这就是九千块钱，每年底肥加上三次追肥需要两万块钱。“我现在卖果子一年保底有四万块钱，去年收得价格高，卖了六万块钱，除掉三万块钱的成本，我一年纯收入能有三万块钱左右。”

“现在国家的政策也好，我们种苹果国家还扶持我们，给我们推出了苹果保险，每亩地贫困户十六块钱，一般人就三十二块钱，要是遇到天灾啥的，每亩地国家给补助六千块钱。”

带领村民脱贫致富

老人家里的墙上贴满了各种年画和照片，其中墙角一处不显眼的地方贴着一张2013年村委发给他的“武洛村模范致富带头人”奖状，奖状早已褪色，四角褶皱不堪，很难引起他人的注意。

问起这份奖状的由来，老人还是哈哈一笑：“这是村子里发给我的，没啥可问的。”当我们问是否还有别的奖状时，老人走出房间，过了一会，他回到屋里，手里拿了一沓用白色塑料袋包好的荣誉证书，“你们看这些，都是镇里发的，也就这么点了”。让我们吃惊的是，这足有六份证书，里面有“产业带头人”“明星示范户”等各种荣誉。面对我们的追问，老人这才说起。

2013年的时候，全村开始贫困户建档工作，村里希望畅建业能够作为带头人，帮助大家脱贫致富，老人欣然答应。“从2013年开始，我就带着全村种苹果”，一开始，老人带着村里的十户人家种果树，教他们怎么给果树套袋子，把自己的优良品种和技术无私传授给村民。

后来这十户人家的收入明显提升，大家看到好处，都开始纷纷种果树。“他们种小麦，一年收成就算2000斤，一斤按最高一块钱卖，也就两千多块钱，我2013年卖苹果就卖到了六千元，大家都看得很清楚。”

“畅建业是我们的带头人，我们都学他种苹果，学他的技术，现在村里家家户户都在种苹果，他是村里的模范。”村民吴兴棚兴奋地向我们介绍道。

2016年在镇政府的引导下，村民开始运用网络电商销售苹果，不过目前仍处于初始阶段，网络销售仅是少部分。“目前村庄的果树还是大家自己种自己的，网络订货的量少而且不稳定，主要还是要靠苹果商来收购。”畅建业解释道。

近年来，在村委会的领导下，全村都开始种植果树，2018年，武洛村全村兴建果林一百多亩，总种植面积达到八百多亩，苹果产业已成为武洛村脱贫致富的重要推手。按国家现行贫困标准，全村贫困户从2013年的185户降到2018年的12户，贫困人口从718人降到41人。

目前该村的果树种植仍以个体户为主，对此村支部杨书记表示："未来我们肯定要走农村'三变'的道路，按照实际情况建立合作社，与一些龙头企业合作，带领大家一起奔小康。"

（作者为兰州大学新闻与传播学院本科生；指导老师阴雨永、王臻为兰州大学新闻与传播学院教师）

代万里的万里山路

汪宁宁　雷玲　徐浩淼　闫姝晨

代万里是个护林员，他说，没想到自己的名字成真了，他真的走了万里山路。

44岁的代万里已经做了25年护林员。他看起来比实际年龄显老，皮肤黝黑，不善言谈。但7月15日，记者采访了代万里，当说起林场和巡山的事儿，他一下子就打开了话匣子。

代万里工作的秦家梁林场是子午岭的一部分——地跨陕甘两省，处于黄土高原的腹地，因与本初子午线方向一致，故称子午岭。作为黄土高原中部面积最大、保存最完整的一片天然次生林，在维持生态平衡、保持水土、涵养水源、调节气候等方面发挥着巨大作用，是黄土高原上的“天然生态屏障”。

走进巍巍秦家梁，茫茫林海，阵阵松涛，让人惊叹于秦家梁林场的植被茂盛。这得益于国家“三北”工程（在西北、华北和东北建设的大型人工林业生态工程）、“天保”工程（在长江上游、黄河上中游等地实施的天然林资源保护工程）等项目的规划建设，更离不开千万个像代万里一样普普通通的护林员们的默默付出。

代万里是五顷塬森林资源管护站的站长，这个管护站是秦家梁林场下设的四个管护站之一。他一个人管护着4258亩森林，这4258亩林地，是他日常要用脚步丈量的区域。

情注青山终不悔

代万里的父亲是秦家梁林场的“林一代”，受父亲的影响，他打心底里“喜欢这片林”。1994年通过招工的方式，代万里和哥哥进入秦家梁林场成了正式员工，他的哥哥现在在相距不远的西坡林场工作。在秦家梁林场，代万里这样的“林二代”，甚至“林三代”不乏其人。

巡山、育苗、采种、防火，是护林员们的日常工作，其中巡山占据了他们大部分的时间。

巡山，主要是为了保护林区的动植物，同时也要注意是否有进山祭祀的村民或探险的背包客。巡山的路，是一条孤独的路。在林区的时间久了，代万里说自己已经很难分清什么是工作，什么是生活，每天的日子都很单一。“在山上没人说话，有时候同事调休只剩下我一个人，一周不说一句话，甚至十几天不说话。”

无法想象，这是怎样的孤独。

秦家梁林场的“代万里们”把青春和热情留在了大山深处，在83000亩森林间默默奉献，报效国家。当然，关于孤独，代万里也有自己的一套解决办法，“急得很，有时候实在急得不行，我就出去走一圈，转一圈”。

长年累月的巡山，使代万里熟悉了山里的每一棵树：这片林子长势不错，但树太密，应该间伐；苗木颜色不对，可能是生病了，需要喷药处理；新栽的树苗成活率不高，可能是后期的管理跟不上，需要加强管护；有人进入林区，要依法告知对方注意森林防火，并且注意不要迷路……树的“喜怒哀乐”代万里都感同身受，他将自己当作了林间的一员，树安人乐，树衰人忧。

万里之行始足下

“2019年1月1日星期二天气晴

今天是2019年元旦，全站护林人员都到工作岗位，从站出发，经陡沟子，黑风疙瘩，六十亩梁，未发现放牧、偷伐树木，无闲杂人员用火现象。”

这是代万里《巡山日志》所记录的普通一天，哪怕元旦这样的节假日，代万里也在巡山的路上，甚至大年三十、正月初一这样阖家团圆的日子，代万里仍然一个人坚守在岗位上。

“每年11月初到来年5月底是防火期，要格外留意火情，尤其是清明前后，更要加强巡逻。”每年这个时候，护林员们几乎就没有了周末和节假日。劳累了一天，晚上回到管护站，还要自己劈柴做饭。代万里说自己“常常衣服都不脱，躺下就睡着了”。

吃过早点，8点左右出发去巡山，代万里习惯带上一把铁锹或镰刀。巡山往往一出去就是一整天，背着干粮，带着水壶，饿了就坐在树下咬一口馍，“护林员们吃饭常常不规律，有时候还要忍饥挨饿”。每天行走大约30里山路，夜晚，昏暗的灯光下，代万里在《巡山日志》上记录自己一天的工作。这样的日子，他过了25年。

正是无数个这样“普通一天”的累积，构筑起了林场的安全屏障，换来了秦家梁林场89.15%的森林覆盖率和连续40年无火灾的纪录。

一天一页，这样的《巡山日志》，代万里写了几十本。

秦家梁林场副场长姚富海说：“代万里的《巡山日志》是全县护林员的模板，写得非常认真，每天的巡查和学习都有所体现。”

只缘身在此山中

秦家梁林场场部的院子里，有一块写着“子午岭精神”的牌子，“扎根林区，以场为家，爱岗敬业，默默奉献”，简单质朴的十六个字，是这群林场人的真实写照。

“现在林场的条件好了，盖了新房，用上无线网了，也能看电视了。”1994年，代万里刚到林场的时候在丁家山管护站工作，他坦言“当时的条件很差”，没通电，没有电视看，也没有手机，只能买收音机听新闻、听歌来打发无聊的时间。当时唯一的现代化通信工具就是对讲机，但是“充一次电只能用两三天，没电了还要步行去林场场部充电”。

更多的困难来自吃住。吃水要步行去深沟河里自己挑，“冬天河面都冻住了，先要在河面上凿个窟窿”。住的林区老房子，一到大雨天房顶就漏水，“外面下大雨，房子里下小雨，潮得不得了”。

出去巡山，也是危险重重：“巡护中摔下过深沟，被进山偷盗树木和狩猎放牧的人员人身攻击和威胁，被毒蜂叮咬和遇见毒蛇、野猪都是常事。”

即便有种种困难，代万里还是在深山里坚守了25年。

办法总比困难多，渐渐地，秦家梁的护林员们摸索出了自己的“生活经验”——买菜不方便，就在管护站周围种起了菜，过起了自给自足的日子；闲得无聊，就自己制作蜂箱，去山里收来土蜂养殖；管护站周围的空地可以种些杏树、核桃树……

年岁流转，代万里住在山里，山也住在他心里。

说起家庭，代万里感激妻子对家庭的照顾以及对自己的理解。当提到儿子，这个“不怕任何困难”的男人柔软了下来，他坦言自己平时对孩子的照顾不够，17岁的儿子正在叛逆期，“不好沟通，有隔阂”。半晌，他又补充：“如果孩子以后想从事林业，我也愿意让他来。”

绿水青山就是金山银山。代万里把青春年华献给了这片森林，保护着森林的安全，而森林，也在某种程度上延展着代万里生命的厚度与长度。

采访结束，记者离开五顷塬管护站时，代万里的菜园里番瓜花开得正好，藤蔓上扯着几个拳头大的番瓜；蜜蜂在蜂箱进进出出，腿上裹着厚厚的花粉；核桃树上的核桃正绿，乒乓球大的果实正在暗自成熟着内心……

（作者汪宁宁、雷玲为兰州大学新闻与传播学院硕士研究生，徐浩森、闫姝晨为兰州大学新闻与传播学院本科生；指导老师阴雨永、王臻为兰州大学新闻与传播学院教师）

扶贫关键在人

——记静宁县一位基层扶贫干部的扶贫心得

徐浩淼

2019年7月18日下午，当记者刚见到静宁县委宣传部的王敏副部长时，他还在忙着手头的工作。他早上在他“包”的一户贫困户家里工作，下午才回到县城。

干在基层

“现在我们县委的干部除了很少一部分‘留守’的，基本上都下乡入户去了。”王敏向记者介绍，静宁县是甘肃省的十八个深度贫困县之一，又是国扶贫困县，属于“贫中之贫”“困中之困”，脱贫攻坚的时间紧、任务重，县委的干部大都在基层脱贫攻坚的第一线，没有一个闲人。

王敏的对口帮扶扶贫点位于静宁县威戎镇杨湾村，他所帮扶的贫困户中，有一户家中情况十分困难。这一贫困户家里的父亲刚刚被查出患有食管癌，母亲又一直患有轻度智力障碍，三个孩子都在念书，一个马上就要上高三了。“像这样的家庭，希望基本就在孩子身上了。”王敏表示。王敏的职责是跟他们讲明国家的扶贫政策，依照政策、社会公益项目的规定等对他们进行帮扶，同时将他们的具体情况上报。在记者到来之前，王敏正忙着整理汇总这一贫困户的资料，帮他们申报名为“金秋助学”的社会公益项目，申请成功以后，这户贫困户家里的三个孩子，每人每月都能拿到

100元的补贴。

“我们驻村帮扶的人员就要下去，直接住到村上，去帮他们理清思路、提振信心，讲清国家政策，帮助他们解决一些实际的困难。”王敏如是说。

“依苹治贫”

静宁县的苹果产业是全县的支柱产业、民生产业，自20世纪90年代开始举全县之力发展苹果产业以来，静宁县南部乡镇的农民群众依靠种植苹果树稳定增收，在近两年实现了脱贫致富。根据静宁县门户网站上的数据，2017年，静宁全县的苹果果品总产量78万吨，产值32亿元。其中还涌现出了一大批脱贫致富奔小康的典型乡镇。据王敏介绍，静宁县治平乡雷沟村家庭苹果年产值达到20万元的“不在少数”，家家都有小汽车。

然而静宁县苹果产业的起步阶段却是十分艰难的。

在20世纪80年代中期至90年代初，静宁刚开始推广苹果产业的时候还要靠行政推动，在王敏看来，这主要是人的观念的问题。当时，全县农民大多种植小麦，不愿改种苹果：第一，苹果不像小麦那样能当主食吃；第二，那时静宁苹果规模小，知名度低，县城及其周边消费能力有限，果农种植的苹果极易积压，卖不出去；第三，苹果树两年成树，三年结果，五年才能达到盛果期，人为破坏苹果苗的情况时有发生。

随着静宁苹果产业化、规模化、集约化、市场化的发展，一些农民率先脱贫致富，“一户带着一户干”，静宁县的苹果产业逐步发展壮大。现在，无论是从产值还是从规模上看，静宁县都当之无愧地成了全国的“苹果之乡”。

静宁县因地制宜发展苹果产业，将苹果变成了农民的“脱贫果”“致富果”，走出了一条独特的“一业兴而百业旺”的路子。苹果产业带动了农机、科研、仓储、物流等一系列相关产业的发展。历届静宁县委县政府在苹果产业上常抓不懈，一张蓝图绘到底，提出了“四十年谋一业（果）”“咬定青山不放松”的口号。在“依苹治贫”上，静宁县成立了县果树果品研究所等相关科研机构，聘请农技专家、技术能手等，引进苹果新品种、果树种植新技术（如“矮化密植”技术），在全县试点推广新品种、新技术，助力全县苹果产业的发展。

"扶贫，在路上"

在回顾脱贫攻坚的历史进程时，王敏副部长感慨地说道："中国现在有8亿农民，中国最真实的样貌不在北上广这些发达城市，而在最广大的基层农村。中国大多数的人还是生活在农村。所以为什么要扶贫，要让乡村振兴呢？因为过去老百姓过得真是苦日子。"

他表示，2004年国家取消农业税、党的十八大以来实施乡村振兴战略、提出一系列兴农惠农新举措都表明了中央对农村、扶贫工作的高度重视。他认为，城市反哺农村的进程不会停止，相反，这一进程的力度还将持续增大。扶贫工作没有完成时，只有进行时，扶贫，永远在路上。

"精神扶贫"

当记者提出让王敏介绍一下静宁县在扶贫领域的新鲜经验、典型做法时，王敏马上想到了"精神扶贫"，这是在去年省上提出"农业质量年"八项行动后静宁县的行动方案。

"精神扶贫"的内容主要是"三讲四送"，"三讲"是"讲政策、讲理论、讲经验"，"四送"是"送技术、送法律、送健康、送温暖"。在跟老百姓进行"三讲"时，要向老百姓宣讲习近平新时代中国特色社会主义思想，要特别向他们讲明国家的各项政策以及党中央、国务院打赢脱贫攻坚战的信心、决心和魄力。"老百姓一听，中央说一定要打赢，那我也不能拖后腿。"王敏介绍道。要让已经脱贫的致富能手在乡亲们中间讲自己的一些经验、想法，激发老百姓脱贫的内生动力。

在进行"四送"时，要让贫困户特别是家庭情况极端困难群体感受到党和政府的关怀。在进行"三讲四送"的同时，静宁县还在各个乡镇评选"最美人物"，民主评选"最美媳妇""最美儿子"等，用这样的方式成风化俗，培育良好乡风，大力发展基层民主政治，引导村民将基层群众自治制度落到实处。

针对一些极个别的"懒汉"或是拒不承担赡养老人义务的子女，王敏开出了自己的药方：发挥亲缘关系的作用，发动亲属敦促其改正错误。在这一过程中所使用的方言俗语往往能收到奇效。毕竟，"精神扶贫"就是要让那些"靠着墙根晒太阳，等着政府送小康"的人动起来，让那些不去赡养自己父母的人知错就改。

“我们在生活工作中一定要注重仪式，为什么要注重仪式呢？凡是能用仪式感去表达和实现的事都是正经事。那些见不得人的事是根本不需要仪式的。咱们需要大量的人去关注关爱贫困户，去关心他们需要什么。”王敏动情地说。

规明风清气正

“在中国干这个事情，需要大量的人力物力，从社会治理层面和政府的行政架构，包括领导的这个执政理念和思维，都需要跟得上节奏，才能大家一起来做（扶贫）这个事情。”王敏坦言。

自中央出台八项规定以来，规明自然风清，风清自然气正，干部自然有了谋事干事的底气。以公务接待为例，以前的公务接待必不可少的就是酒，干部为了给领导陪酒不得不放弃自己的工作。中央八项规定出台后，公务接待的标准就是简单的工作餐。以前的公务接待是有很多空子可钻的，现在干部必须先交钱给饭店，再拿着票据去找自己的单位报销，这样一来清晰透明，谁都不敢再越雷池一步。

静宁县的基层扶贫干部们在一个“规明、风清、气正”的环境中干在基层，开展了“依苹治贫”“精神扶贫”等一系列生动实践。这些工作，哪一样能离开“人”这个关键呢？让我们发挥“人”的聪明才智，在“人”这个关键上下功夫，勠力同心，奋战在脱贫攻坚主战场，早日兑现党对全体人民的庄严承诺！

（作者为兰州大学新闻与传播学院本科生；指导老师阴雨永、王臻为兰州大学新闻与传播学院教师）

黄土沟壑上的绿色带

——宋庄村的绿色致富路

张琦　朱政雪

2019年7月15日下午，我们来到宋庄村。宋庄村位于宁县盘克镇南部川区，地处子午岭边缘，是全县十一个深度贫困村之一。路上的一排排松树成了村里一道亮丽的风景，近处地里的绿与远处山上的绿相辉映，只夹杂着几声鸟鸣，倒有些世外桃源的味道。

带着全村搞创收

畅德奎不仅是宋庄村的党支部书记，还是宋庄村的致富带头人。今年51岁的他是一位有抱负、有想法的人。24年前的畅德奎还是一位商人，面对宋庄村的偏僻闭塞和贫困落后，深思熟虑后，他决定利用村子现有的自然条件，带领着村民们走种植苗木的脱贫路。他用24年的时间，让苗木产业在宋庄村生根发芽，成长为参天大树。畅德奎带头建立起了宋庄村规模最大的苗木合作社，社员从最初的5名到如今的315名，种植规模也扩大到了三百余亩。

畅德奎是典型的西北农民，有着被太阳晒得黝黑的皮肤和脸上深浅不一的沟壑。他宽大的手掌抚摸着苗木，感慨道："那时候就觉得不甘心。"凭自学取得大学文凭的畅德奎，是村里乡亲羡慕的"能行人""新乡贤"。1995年，他没能成功动员村民，就凭自己打工学的苗木技术，在自家地里种上了3亩油松苗子。2000年，他家3亩油松苗子卖了58万元，这成为当年全市的“特大新闻”，这也使他家在全村率先脱贫。他的成功一下子让村民们的内心发生了颠覆性的变化。

2010年全村都跟着畅德奎开始种植苗木搞创收。宋六虎是畅德奎合作社下的一员，跟着畅德奎种植苗木已经有十年之久，也是村里最早的脱贫人之一。“我前年育了一亩半油松小苗，去年合作社帮我出售了，卖了7万元，前两天在陕西杨凌参观学习分苗技术和田间管理，今年又育了2亩半油松小苗，我觉得这个产业很好，适合我们村。”

好景不长，2013年受市场影响，普通苗木的价格大幅下降。但畅德奎带领宋庄村村民开始从陇南等地引进繁育五角枫、银杏等25个新品类园林苗木，加上在上级驻村帮扶工作队的指导协助下，村上始终坚持“村支部+带头人+合作社+贫困户”的“331+”苗木产业发展模式，紧盯苗木市场发展趋势，带领村民依靠打理苗木产业脱贫致富，实现共同小康。如今的宋庄村已经建成了县级“千亩优质园林苗木生产示范园”。

在苗木的种植培育问题上，畅德奎显得自信满满。“小苗长到20厘米以后从地边挖开，然后直接用手拿出来就行，一次可以拿出20至25棵树。我做苗木已经十几年了，思维和别人不一样，我不想一棵树能卖几百几千，一棵树赚几毛都行。你如果定制大树，三五年卖不了，而且商贩来拉的时候一大车（13米的车）只能拉几百棵树，不划算。所以我是两年一卖，多少树都有。”关于销售方面他说道：“从20世纪90年代我就开始经营这个，现在我发货基本上商贩都不会过来，因为他们相信我，我把手机视频打开给他看，弄得整整齐齐。我从山西调货也是这样。”

2017年以来，村委会在驻村帮扶工作队的指导下，让村民流转林地川地挣租金，扶贫资金入股企业和合作社挣股金。畅德奎告诉我们：“我们这里搞土地流转，如果周围的这些苗木大户自己的地不够，会把其他农户的地租回来，农户将地租给合作社和苗木大户，还可以在地里打工，一月也可以挣到1800至2000块钱。”合作社的地不是连成一片的，而是零星分散开来的。畅德奎解释道：“实际上，只有一部分农户愿意把地租给你。况且把一二百亩苗木连成一片效益不高，原因是它没有通风道了。分散的好处就是它四周是开着的，通风，光照也好。”

坎坷致富路

苗木致富路并不是一帆风顺的。村口地里的一片一片的油松至今还没有卖出去。“农民现在最愁的就是大油松苗子没人要。”畅德奎说。周围省从2010年就知道宋庄村有苗子，而且基本上已经做大做强，顾客会自己上门买苗木。他继续说道：“所以下一步必须改进的就是苗子的品质和质量，如果把苗子的品质和质量能提升上去，再做一做宣传，肯定能形成一个气候，到网上一搜索就能找到我们合作社。”

驻村干部雷鹏辉告诉我们，如今的苗木市场不容乐观。因为这几年的市场小苗需求量不错，尤其是今年，小苗的价格从最初的两三毛钱涨到八毛钱一株，效益还不错。但油松大苗现在因为树形不好就大量滞销。“今年年初我们到陕西去考察，现在有这么一个解决方案就是把树形改造一下，但是改造下来之后还是有一些问题，首先谁来改造，这个技术现在没有。另外就是改造以后销售的结果到底怎么样，现在也不知道。”从目前的情况来看，改造以后是有一定的市场需求，但是如果不能销售出去，改造需要花费的资金又如何解决，村上也没有具体的解决方案。他接着说：“目前最主要的是要改变群众的思想观念，让他们明白面对现在存在的困境必须要做出改变。就从最初间挖的时候，到现在也一直没有接受这个，做过很多培训但还是没有动起来。”

拓展多方面绿色发展之路

宋庄村的花卉产业是今年开始尝试的，带头人也是畅德奎。他在村子上搭建了32个花卉大棚，种有高秆月季、小盆花卉等，预计每棚收益在2万元以上。“让一两户先把自己的苗做好，做好带头示范作用，引导其他的农户一起种植。我的设想是把苗木和花卉一起供应起来，园艺绿化方面就都覆盖齐全了。”畅德奎说道：“旅游业我们也考虑发展一下，但就是这里太偏僻了，交通也不方便，城里人到我们这里来不划算。”

宋庄荷塘是宋庄村及周围村民除白吉坡水库之外平时最爱去的地方。“这片荷花是鱼塘租给别人后种的，收回来之后我就想可以借荷花来发展旅游。”在宁县旅游开发项目工程的帮扶下，昔日这里的15个鱼塘，变成了如今“接天莲叶无穷碧，映日荷花别样红”的宋庄荷塘，它也成为在庆阳这片黄土地上规模最大的荷塘。宋庄村以“青山、碧水、荷花”三种元素、“田园、乡愁、闲适”三个思想格调，建成了观光路、水上栈道、农家乐、农家客栈、村史馆等基础设施配套的“宋庄荷塘”景观园，集生态种养、产业孵化、新技术新产品示范推广、科普培训、旅游观光、农事体验等多功能于一体，目前已接待游客9.1万多人次。

宋庄村在畅德奎的带领下因地制宜，大力发展苗木、花卉产业，依托川区发展优势，走出了一条绿色发展之路。展望未来宋庄村的发展，畅德奎说：“以后发展肯定会越来越好的，我会一直带领着乡亲们学习苗木花卉种植的先进技术，把村里可以利用的旅游资源搞起来，做大乡村生态旅游。”

（作者为兰州大学新闻与传播学院本科生；指导老师阴雨永、王臻为兰州大学新闻与传播学院教师）

崆峒文化旅游节顺利开幕
各市县文化旅游活动延续精彩

黄野芹　吴晓莹

2019年7月20日晚8时，“交响丝路·问道崆峒”平凉·崆峒文化旅游节主会场开幕式在平凉绿地广场正式开始。现场舞台灯光绚丽，表演精彩。市文化广电旅游局在内的多个单位参与筹备了这场盛大的开幕式晚会，现场外围使用LED电子屏幕实时转播现场演出。居民汇聚在广场上，共同观看开幕式表演。

开幕式晚会以诵崆峒优秀诗作、演崆峒辉煌历史、唱崆峒主题歌曲等节目展示了平凉的特色文化和发展成果，现场演出精彩纷呈。广场通道上安排了数名公安民警管理现场秩序，保障活动顺利进行。为应对紧急情况，现场还配备了两辆急救车和数十名空中救援人员。除崆峒区主会场外，位于华亭市、泾川县、崇信县、庄浪县的分会场同时举办开幕式晚会，与主会场通过屏幕连线、同步播出。直播期间平凉市广播电视台、平凉文化旅游局官方微信公众号以及其他平凉地方公众号对活动进行了直播和转播。

从今年5月上旬开始，平凉市委、市政府联合省文联、央视数字电视书画频道等单位，面向全国征集各项活动优秀作品和作者。其中，“唱崆峒”活动自5月中旬到7月上旬面向全国征集“平凉”“崆峒”元素的原创主题歌曲，面向国内著名词曲作家及演唱名家订制平凉主题歌曲，为后续展示活动和比赛做了大量的准备工作。主会场开幕式更是经过导演团队深入一线开展全天候、多轮次、精细化的排练。

开幕式举办之后，21日将举行“诵崆峒”决赛，组织百名优胜者参加，咏诵平凉、崆峒经典诗作。7月，市博物馆新馆开馆，邀请故宫博物院原院长单霁翔做文化讲座；市美术馆开馆，举办全国名家绘画展、名家笔会。8月，平凉各地区也将根据各地特色展开各自的文化旅游分项活动。8月18日，第六届华夏母亲节暨海峡两岸西王母故里民俗文化交流文化活动将在泾川县王母宫景区举行，届时将举办西王母民俗文化展演、书画展、乡村旅游系列活动。此外，崇信县举办的文化旅游节将持续到8月下旬，届时话崇信、唱崇信、展崇信等活动将向游客展示养生崇信的山水之美；泾川县将于7月至9月围绕生态观光、采摘体验、品尝美味等主题举办系列文化旅游活动。

（作者是兰州大学新闻与传播学院本科生；指导老师阴雨永是兰州大学新闻与传播学院教师）

留守乡村的“城里人”

刘睿睿　王洁

7月16日，漫步在村子的小路上，能闻到诱人的杏香。熟透了的杏子黄澄澄的，没有人摘，掉了满路。

人们背井离乡，从乡村去往城市，自然得如同水顺流而下。但在甘肃省庆阳市西峰区后官寨镇的村里，有三位“城里人”偏偏要“逆流而上”，踏上去往乡村的单程旅途。

他人眼中的“折返跑”

2009年1月26日，大年初一，王新玉一家在天坛留影。照片右下角的数字早已褪去颜色，王新玉凑近仔细辨认，手指点着说：“哦，对，这是在北京的最后一天。”

甘肃省庆阳市西峰区后官寨镇帅堡村村民王新玉，十年前的北京市民，住着丰台区110平方米的大房子，自己经营着一家不大不小的餐厅，女儿在北京上学。用家乡亲戚的话来说，王新玉出去打工“真是混得好哩”。

一切转折在这一天。“害怕拖拖拉拉回不去”的王新玉把房子干脆地卖掉了，踏上了返乡的路。在外人看来，北京仍在高歌猛进，没到终点的王新玉却选择了“折返跑”。从来都只有农民进城，哪有市民返乡这一说法呢？

但王新玉却心潮澎湃。

“其实当时我收入也就四千多元一个月，但想着用家里的地种植苹果，还不算上卖猪钱，一年就能赚个十来万。”看着北京的现代化农业科技园如雨后春笋般拔地而起，王新玉将自己的计划洋洋洒洒写了一封长信，寄给了当地镇政府。房子卖了，回信却没收到。

“他们都说这下可惜了吧，”王新玉一笑，“但也没那么糟吧。”

绕过一台小型拖拉机和摞得有3米多高的建材，王新玉指着两栋水泥平房说：“这就是新猪舍，还没修完呢。”

这是王新玉第三次翻新猪舍了。

刚返乡的时候，村里还都是盆式的小规模猪舍，王新玉投资了30多万元，将老屋旁废弃了几十年的地坑院填满改造，修建了一个能容纳六百多头猪仔的猪舍。新猪舍建起来了，水源却成了一个大问题。王新玉只得跑进屋后的千亩槐树林场寻水。去往林场的路不大好走，坡陡土松，人往前走，土却往下滚得比人踩下脚印还快。但这样一条土路，王新玉刚回乡的时候，一天至少得走上十几遍。陪伴王新玉的是3台一次只能抽60米高的泵，把林里的河水抽上来得分3次，才能“沟水上塬”，引水到猪舍来。

“都是给自己干，吃点苦没啥。”王新玉干劲十足，猪粪都是他自己担着到苹果园里施肥。没想到的是，树还没挂果，就因为“营养过剩”而“烧”死了。

“以前当厨师只管把菜做漂亮、做好吃，回来当农民才知道学习还真是长久的。”王新玉头点得重重的，“‘滚雪球’不能歇，得让自己心忙！”

把30亩苹果林都砍了，王新玉边外出跑市场边学习交流，最后决定栽种核桃树，“这个耐受多了，打理储存也方便”。“心忙”的王新玉还从江苏宿迁购进了3500多只柴芦花鸡，在核桃林下建成了360平方米的温棚鸡舍。鸡散养着，又能吃草又能除虫，鸡粪还能回土增肥。3块6毛钱买进的鸡仔，养到四五斤大的时候销往南京等地，能卖到150块钱左右。“价格每年都说不太准，但都还可以吧。”王新玉的话里有着一丝骄傲。

王新玉的事业慢慢步入正轨了，2014年，烫着“新望合作社”这五个大字的鎏金牌匾也挂上了大门，20多户贫困户加入了进来，忙完自己的农活还能来“打点散工，挣点闲钱”。踏进合作社门内，茶几上摆着茶具，金银花在壶里翻滚着，阳光般透亮。桌上电脑屏里放着4幅监控画面，分别是屋子东边的猪舍施工地、西边的林下养殖园和蜂箱、屋前的金银花圃和鱼塘以及屋后的槐树林场。

这些都是王新玉今年搞的大工程。

身为家中第五代养蜂传承人的王新玉看中了茶市场，流转了130亩地，种植了三万余株金银花；花圃旁的旧庄基也在进行着复垦，修建了一座1800立方米的鱼塘；还与公司签订了合同，将为猪舍配备保温、通风、自动上料、化粪池等现代化设备，进行标准化生猪育肥，“以后2200头猪一个人管理就绰绰有余”。猪沼液和鱼塘水灌溉着金银花，金银花和后山槐花又是天然的蜜蜂花场，资源循环利用下来一年成本能节约个十来万元。“模型得套起来才是个模型，不然都散着连个样都不是。”王新玉用朴素的言语解释着他的“畜-肥-田”绿色循环农业思想。

雪球越滚越大了，但雪也是一晒就要化的，十年的经验让王新玉深知农业的脆弱。等工程完工，王新玉想着利用离市区近的地理优势发展乡村休闲农业，“人们来这能钓钓鱼、赏赏花，还能买点金银花茶、蜂蜜带回去。我们这好啊，我太知道待在城里关着是啥滋味了。”王新玉双手抱着头陷进摇椅里，无言地笑着。

“觉得这十年过得快吗?”

“不快。”王新玉看向窗外，“刚回来的时候日子还是难熬，要不是我趁这两三年国家如此重视的时候回来，那又完全不是一个概念了。”

陀螺转而不倒

吕治涛的车停了下来。

从车窗看出去，3岁半的女儿只露出了一个小脑袋顶说道：“爸爸，我可不可以去那边玩哩?”吕治涛半边身子探向了副驾驶，安全带绷得紧紧的，用普通话温柔地回着：“那你小心点啊。”

能练就一口流利的普通话，对于15岁就外出打工的吕治涛来说不足为奇。这个在酒店洗过碗、在内蒙古采过矿、在新疆摘过棉花、洗过车、学过电焊、做过铝合金的男人，就像一个陀螺一样，生存的鞭子一抽，人就又去另一个地方了。兜兜转转十一年，吕治涛最终还是回到了甘肃省庆阳市西峰区后官寨镇东坪村，“就想自己干，不想给别人干，我有点野心。”吕治涛毫不讳言。

东坪村的7月，小麦刚刚收割完，麦茬留在土里，好像剃了头的青年，看着扎人。可在吕治涛的12座大棚蔬果基地里，却还是绿油油的一片生机。上午7点，鑫福源合作社里的妇女们就来到大棚，仅仅一个上午就采摘了6

个大背篓的四季豆，而拳头大小的甜瓜还卧在瓜叶中，静候着成熟。甜瓜对水量特别“挑剔”，今年雨水多，露天种植的甜瓜味道寡淡，一斤几毛钱都没人要，农民只能任由甜瓜烂在地里。但种在大棚里的甜瓜在水量控制下能保障口感甘甜，并能提前上市，最好的能卖到八块钱一斤，再不济也有两三块钱。

但吕治涛守着这块“香饽饽”却并不“安分”。前不久吕治涛去兰州听了学习讲座，回来以后就经常查资料到深夜，计划着明年把蔬果基地种上水果番茄和苹果树，并改造为采摘园。除了游客来采摘水果，吕治涛还要做苹果高端礼盒，将产品差异化、品牌化。“我对专家说的话真是深以为然，”吕治涛音调高了几分，“我们把农民的事干了，去种地去卖果，却没真正干好合作社的事，那就是搞好组织、技术和服务。”

大棚蔬果基地还算比较省心，不远处的280亩中药材地却让吕治涛操碎了心。三年前，甘肃陇东地区持续干旱，开春以来仅有一次有效降雨。柴胡、螺丝菜等中药材刚刚吐出嫩芽，就被旱死了，野草倒是长得比药材还高。拔草清苗，连续两年吕治涛都算是“颗粒无收”，辛苦钱都没赚回来。绊了这么一个大坎儿，听到吕治涛还要坚持种下去，媳妇忍不住泼冷水，但他最终还是拿定了主意，“中药材种植这么大规模干下去，大家才能一起赚钱，现在这个社会谁都离不开”。

但说着谁都离不开的吕治涛却始终一个人忙忙碌碌。

父亲在吕治涛12岁时就去世了，妈妈骨质疏松难以干活，媳妇不太支持，妹妹不念家，到最后吕治涛仍像外出打工一样“什么都是一个人”。吕治涛揉揉眼睛，手好一会儿都拿不下来。32岁的人还是瘦瘦小小的，风一吹，宽松的衣服在身上直荡，他依旧像一个陀螺一样，从中药材种植地跑到蔬果基地，从蔬果基地跑到青贮玉米饲料地，“有时间就睡觉，没时间也不管那么多了”。

“一个人管着这么多事，怎么不丢掉一些?”

正在扳指算着时间安排的吕治涛听后一顿说：“我就喜欢干这些东西。”又轻轻补上一句：“也舍不得。”

“引鹿”人、引路人

孩子一出生，朋友圈里就有晒娃族在“野蛮生长”。而梅花鹿一出生，路孝成也变成了一个兢兢业业的“晒鹿族”，接生小鹿、喂食、防疫、制作鹿副产品，每一个环节、每一个瞬间都被路孝成分享在朋友圈里。“好萌”“长肥了”……路孝成描述的语句简单，却掩不住他的欣喜。

路孝成和梅花鹿是有缘分的，“养久了还真觉得你和它有那么一点像。”路孝成一下一下地抚摸着鹿说。

梅花鹿不挑剔，不需要保温的环境，不需要特别的饲料。冬天雪地里，鹿就卧在雪上，直到第二天早上喂食一挪动，才出现一堆堆的湿块。路孝成也一样，2001年，19岁的路孝成在西安打工，做一些制作门窗的杂活。寒冬腊月里，别说温暖的炉火，路孝成连一个床位都没有。铺盖卷一铺，晚上就睡在制作门窗的木板上，人常常被冻醒过来。

梅花鹿很安静。不同于别的养殖场，鹿圈通常是静悄悄的，即使是有生人来访，鹿也只是跺跺蹄子传递信息。路孝成也一样，2008年，路孝成打工的公司由于市场不景气，业务量越来越少，路孝成思来想去便回到西峰开起了五金杂货劳保店。不同于别的买卖需要吆喝，路孝成通常枯坐一下午，过着家与门市两点一线的生活。日子四平八稳地过着，生意却悄悄走着下坡路。

直到2016年的夏季，路孝成带着妻子去银川游玩，无意间参观了梅花鹿养殖基地。回家后，路孝成就再也忘不了这件事。搜索资料、请教交流、调研市场，路孝成前前后后忙活了几个月，一咬牙把门市盘了出去，回到了甘肃省庆阳市西峰区后官寨镇路堡村。从东北拉回了16只梅花鹿，路孝成正式建起了一座属于自己的2000平方米的养殖园，还成立了金鹿苑合作社，成了附近“引鹿”第一人。

可一个冬天还没撑过，16只鹿就仅剩8只。“公鹿很好斗，经常打架，当时没意识到它们有领地意识。”路孝成心疼不已，连村子都不怎么出了，每天早上五点半起床，自己还没顾上吃饭就先把鹿喂饱、清扫圈舍，然后一整天就泡在养殖园中留心观察，以便及时“劝架”。三个多月下来，路孝成慢慢摸清了梅花鹿的脾性，“得把不合群的鹿及时分开，要不然大家都攻击它一个”。

路孝成还给每个鹿耳朵上打了编号，打疫苗、割茸、生产等环节全程记录。40多头存栏梅花鹿，路孝成对它们熟悉得如同自己的孩子，“你看它有8颗牙齿，”路孝成掰开一只梅花鹿的嘴，“鹿每年长2颗牙齿，从把它带过来，我就看着它慢慢长牙。”

今年3月，路孝成还把“鹿”带到了西峰区首届科技成果交流会上，鹿茸酒、鲜鹿茸、鹿血酒等副产品受到了专家的好评，路孝成拿回一面“致富标兵好榜样”的锦旗，把它挂在了合作社最显眼的位置上。

不到三年，路孝成出名了，附近村子的人都知道路堡村有个“养鹿的”。渐渐地，有不少人都来路孝成的鹿舍“取经”。对于大家的咨询和请教，路孝成总是给来访者倒上一口自己泡的鹿茸酒，热心地解惑。如今，路孝成的合作伙伴远至平凉、合川等地。“现在就是要转变思维，打响品牌还得靠抱团发展。”路孝成诚恳地说道。

过几天，路孝成就要把这些梅花鹿全部运输到合作社旁占地5000平方米的新养殖园，“现在就想着要形成规模，”路孝成爽朗一笑，“我争取把记录表上的数量增到三位数。”

这三位留守乡村的“城里人”积极探索着特色的产业路子，“生态效益、扶贫效益、经济效益得到了‘三效合一’，促进了乡村兴旺，实现稳定脱贫。”后官寨镇的王主任介绍道。

（作者为兰州大学新闻与传播学院本科生；指导老师阴雨永、王臻为兰州大学新闻与传播学院教师）

苗木村里的种苗人

王洁　刘睿睿

“种树苗可不容易，就跟养孩子一样，需要事事操心，事事尽心，不然就养不出好苗。”孙涛看着自家田里刚栽下的树苗，像在看一个美好的未来。

位于庆阳市宁县盘克镇的前渠村是一个名副其实的山沟沟村庄，2019年7月15日，我们一行人坐在客车上翻山越岭，顺着崎岖的山路颠簸辗转近5个小时，才来到了这个四面环山、只有一条路能通向镇上的村子。提及在村里的生活，孙涛说道：“我们这里条件是差了点，但是日子嘛，总归是在慢慢变好的。”

抓住时机播种希望

孙涛今年50岁，从2009年开始种苗木算起，已有10个年头。我们拜访他的时候，他正戴着一顶草帽，穿着一身洗得泛白的衬衣和黑色长裤在地里给树苗除草。四亩地的苗林郁郁青青，孙涛坐着小板凳在田垄之间，一只手上拿着一把小刀，顺着杂草的根部插进松软的地里再微微往上一翘，另一只手借势将草连根拔起。整个动作干脆利落，十分流畅。

前渠村的苗林产业是在2003年的时候发展起来的，刚开始的时候村里人都不看好这个产业，只是后来随着市场的好转和种植技术的成熟，经济效益逐渐提高，种的人也就慢慢多了起来，2011年甚至在村里掀起了种植苗木的浪潮。到如今，前渠村大部分村民都已经投身苗木种植，这些矮矮的、30厘米左右的小树苗，已然成了村里人的“摇钱树”。

“当时觉得这个东西有搞头，看其他人都能种好，就觉得自己也一定行。”孙涛说道。他是在2009年的时候着手发展苗木产业的，算得上是前渠村比较早开始苗木种植的个体户。作为村里如今的育苗大户，谈起苗木种植，孙涛顿时滔滔不绝。

一般树苗的种植，需要三个过程：选土、制作油松苗容器、栽种，而其中的每一个步骤都各有讲究。像对培育油松苗的土壤的选择，孙涛指着身后连绵的大山，说：“你们看这些山，树多吧。我们育种选的土，那都从山里来的。”前渠村四面都是高山，孙涛一般会独自上山，找大树下面一层一层落叶堆积腐烂后形成的松软的、“没有病菌、没有野草种子”的好土。确认好地点之后，再叫车来山上把土挖好搬回去。这还没完，孙涛补充道：“之后还得叫工人筛呢，要把土都筛得细细软软的。这样的土用来育苗，那才是再好不过的了。”

第二步制作油松苗容器，则需要工人用一块块塑料薄膜把筛子过滤过的土包裹成一个个一边无盖的圆筒，再在地里按照一行24个的标准依次安放整齐，确保资源得到最大程度的利用。“今年这块地上一共栽下了35万株树苗，我都记着呢，记得清楚，卖的时候也就心中有数。”

最后在已经安放好的一个个“小隔间”里，依次种下3至4粒油松的种子——这个数量既能保证存活率，也能让生长起来的每一颗树苗能够茁壮成长，不至于影响到其他树苗的发育。之后，给田间浇上水，便可以静等几天之后土地上萌生的那一片喜人的“绿意”了。

从选土、制作容器到种下种子，每年孙涛栽种苗木的工作从5月初就要开始，期间雇佣8个工人花费将近一个月的时间不间断地工作，才能保证在6月时将种子栽下，不耽误农时。

“农民种地就是随大流，看到周围有什么种得好、好卖钱就种什么，毕竟哪个农民不想多挣点钱呀。”孙涛说着，停下动作，把凳子往前挪了挪，“现在种这个比以前种粮食好，挣得比以前多多了。像以前这么大块的地拿来种粮食，一年累死累活也就挣个几千块钱，天气不好的年份甚至挣不到钱。”看着村里越来越多人这些年靠着苗木种植成功脱贫、致富，孙涛很是感慨：“当初的选择是正确的。”

无耕耘不收获

油松的种子大概在栽下后的一个星期就会发芽，之后从6月开始到11月左右休耕，4个月左右的时间里便是孙涛一年中最忙的时候了。

“刚发芽的树苗，看着是长得挺快，但它的根还没有扎下去，全靠浇的水来吸取养分。”孙涛说着，从地里拔起一株半指高的小树苗，让我们看它的根部，“像这几个月，太阳还很毒，不注意浇水，表面的土很快就干了，苗的根被卡在干燥的土里，吸收不了养分，存活率就会很低。”

因此一见烈日当空，尤其是三伏天的时候，越是气温高、太阳大，孙涛越需要不时来到地里看看幼苗的情况，给地里浇浇水。

在树苗刚刚发芽的那段时间里，为了让刚刚发芽的油松苗能够茁壮成长，不至于让其他野草挤占了生存空间，孙涛也需要经常对田间长出的杂草进行清理。由于每株小树苗都长在这些精心设计的“小罐子”里，野草的清理就变得分外困难。每次把地里的杂草完全清理干净需要孙涛10天左右不间断地工作，但是由于地里土质好，往往在拔完一批草之后，最开始拔草的地方又有杂草开始长出来了。再加上给田里施肥的工作，在6月到冬季休耕这段时间，孙涛基本每天都会待在田里。从早上6点到晚上7点，除去中午回家吃饭休息的时间，孙涛每天会在地里待上将近8个小时。

“家里现在就我一个人。”孙涛说道。孙涛有两个儿子，一个24岁，一个22岁，现在都在河北打工，妻子也在那边餐馆里做着零工，只有过年的时候家里人才有机会聚在一起。问起原因，孙涛叹了口气：“一是觉得家里这边条件不好嘛，山沟沟里，啥都没有。再加上也不想跟我干农活，在外面新鲜事多，挣得也不少。”

和两个儿子一样，年轻时的孙涛也是个不安于现状的人。1989年，20岁的他便独自去了北京，在那里做了三年的装线工，后来辗转陕西、河北等地，做一些零工。“当时也没有一个目标，感觉一天天就是在混日子。”直到有了第一个孩子，孙涛才决定稳定下来，这才回到了自己的家乡。

“回家之后做了挺多事情的，毕竟当时还年轻，精力旺。”孙涛笑着讲道。1995年，孙涛回到了家乡，当时的他最多的时候一个人养着100多只羊，4头用来犁地的牛，还种十几亩地。

“干这些事情，忙是忙点，但那都是积累经验，像我这个种苗木的技术，就是前些年在林场做帮工的时候学到的。”

孙涛感慨道：“一分耕耘，一分收获。如果没有干农活的经验，没有去林场学习的经历，我也不可能把苗木种植这件事做好。”

得偿所愿掘栽而归

孙涛种着苗木的四亩地划分成了三块，一块是孙涛正在除草的，今年6月栽下去的油松苗；一块靠近田埂的是去年种下的，已经长到10厘米左右了；还有一块靠近河边的油松树苗是他前年这个时候栽下的，如今已然成了一片快及膝的“小树林”，郁郁葱葱，生机勃勃。

据孙涛介绍，客户主要是收30厘米左右高度的油松苗。对于这个高度的要求，在其他种植户那里需要三年才能长成，而在孙涛这里只需要两年，甚至比一些村民种了三年的树苗长势还要旺。

“有些人觉得树苗好打理，把种子种下偶尔浇点水、打点药就不管了。但是树苗像庄稼一样，也是需要认真管理的，什么时候多浇水，什么时候少浇，包括定时除草施肥，这些工作都得仔细去做，不能马虎。”孙涛讲道。也正是因此，在村里，这些孙涛种了两年的油松苗一度是收购商尤为青睐的对象。

孙涛笑呵呵地说：“前两天有个私人老板要买我的油松苗，出价8毛钱一株，我都不卖呢，等后面价格上去了再卖。”

前渠村里之前做苗木产业的人之所以还不算很多，最大的问题就是很难找到稳定的客户，孙涛最开始也面临着同样的困扰。在2011年卖第一批长成的树苗的时候，没有客户的他只能找一个物价局的朋友，让他帮忙给自己卖。后面由于孙涛的树苗培育得又高又壮，树冠和树形都很好，慢慢也就打响了名声，客户也渐渐多了起来。

对于孙涛而言，一年中最苦的时候，就是给树苗上称卖出去的那段时间了。收苗的人一来，孙涛就得赶紧去到田里，赶时间的话有些时候早上5点就得起床，中间饭也吃不了，指挥工人干活、和他们一起搬树苗、和买家洽谈、估算树苗的数量和价格……每一件事都需要孙涛亲力亲为，一直忙到下午5点多才能歇口气。“确实辛苦，但是一想到我是自己给自己干活，感觉就没有什么怨言了。”

最辛苦的时候熬过去了，便是孙涛最开心的时候。像今年，苗木的市场价格平均在8毛钱，“今年的树苗估计能卖20万元左右。”孙涛笃定地说道。除去每年16000元左右的人工费和种子、肥料的费用，一年下来孙涛每亩地能纯赚大概4万元。

往年在苗木价格最低的时候，一株树苗只能卖3毛钱，“就算是那个时候一亩地也能卖个3万块钱左右，这比原来要好得多。”孙涛转头看着自己四亩地的树苗，笑得开怀。

在卖完苗木，打理好地里的幼苗之后，整个漫长的冬季，孙涛便可以放松下来做点自己的事情了。平时在家看电视，无聊的时候出门在村里逛逛，和相熟的人聊聊天，下会儿象棋，孙涛的日子也算是过得惬意。

对于未来，孙涛并没有什么太远大的理想，他讲道：“这几年，我就想把苗林产业再做大一点，给我两个儿子把婚结了。家里现在的房子太小了，我准备把院子辟宽一点，房子要有四间卧室、一个客厅、一个厨房，还有一个卫生间……”提起对未来的规划，孙涛嘴角带着笑意，眼里有光，“像我们这些已经上了年纪的，也不求要干一番轰轰烈烈的事情，就想着怎么能把日子过得好一点，看着子女成家立业，就足够了”。

前渠村里像孙涛这样的人并不少，前渠村全村以苗林产业为主导产业，以种植和培育苗木为主。目前共栽植各类苗木1968亩，培育幼苗163亩，主要经营国槐、刺槐、樟子松、白皮松等28种苗林。在宁县盘克镇森园春农民种植专业合作社和盘克镇绿园农民种植合作社的带领下，全村所有农户都参与了苗木种植，年收入高达400万元以上。村委以“党建引领”发展产业，积极主动为群众提供技术、销售等方面的指导服务，使村民对发展苗木产业“有了信心，看到了希望”。

（作者为兰州大学新闻与传播学院本科生；指导老师阴雨永、王臻为兰州大学新闻与传播学院教师）

青山入怀

闫姝晨

甘肃庆阳市子午岭林区，北起华池，南至正宁。作为黄土高原中部面积最大、保存最完整、最具代表性的天然次生林区，发挥着极其重要的生态作用。子午岭林区有着“甘肃东部最为主要的水源涵养林区”之称，是西北地区重要的生态安全屏障，对区域经济和社会发展的促进作用显著。

一方水土养育一方人。青山常绿的背后是林业人付出的巨大努力。7月15日，记者在“重走西北角”的路途中，有幸走进甘肃省子午岭林业管理局正宁分局秦家梁林场，去探访护林员——这个与大山最密切的群体。

秦家梁林场工程区位于庆阳市正宁县明月乡，总经营面积79839亩，其中有林地54838亩（天然林地30960亩，人工林地23878亩）。工程区设秦凤川、场部、杨湾、五倾塬四个资源管护站。全场现有职工59人，在职41人，专职护林员16人。

别让灯灭了

现实哪怕再让人无奈，也有一种叫传承的东西，在暗地里生长。

李霞是秦家梁林场秦凤川资源管护站工作人员，她是这近8万亩林地的专职护林员之一。她的脸上带着腼腆的笑容，有着一双大而内敛的眼睛。瘦而有力的身上穿着巡山时还未褪下的工作服，脚上是一双沾了些许泥垢但结实耐用的运动鞋。现年44岁的李霞看起来格外腼腆、踏实、稳重，这是她给人的第一印象。

1996年年底林场招工，李霞开始参加工作，彼时的她多是出于生计的考虑，从事了同父亲一样的工作。于是，20岁的她成了“林二代”，由此一干就是二十多年。李霞没有想到，自己会和这片青山有如此大的缘分。

说到这里，李霞回忆起儿时对父亲工作的印象：“老一辈林业工作者的工作环境比现在要艰苦数倍，住的是土坯房，终日与林为伴，那时林场的主要工作便是劳作。我自幼便由母亲抚养长大，与父亲见面很少，有时父亲把我领到林场，却因事务繁忙，只得把我锁在屋内。”想到小时候，李霞笑道：“自己当时虽然小，但还是可以理解父亲，明白父亲养家糊口不容易。后来自己当了护林员，更加能切身感受到这份艰辛。父亲也明白这里工作环境恶劣，但因为‘习惯’‘还想再守着林子’，就一直工作到退休，父亲也鼓励我，让我好好干下去。”

由于当时交通条件和通信工具的落后，李霞与父亲虽在同一林场的不同站点工作，一年下来两人见面的次数却不超过十次。2013年父亲病情恶化，待李霞赶到时，父亲只看了她一眼，便去了。谈及这里，李霞有一些哽咽。

父亲把一生献给了林木事业，李霞也以她的青春拥青山入怀。都说这是一条拓荒的路，但对李霞来说，这更是一条父亲走过的路。

岁月悠悠

山路十八弯，通向的，原来是一个叫责任的地方。

李霞未曾想这一守，就是二十三年。每每遇到困难，她总会想，再咬咬牙坚持一下就好了。

起初，她跟许多刚到林场工作的年轻人一样，也曾有过彷徨和犹豫：在这沟壑纵横、荒无人烟的大山深处，巡山护林、栉风沐雨，她不禁问，难道这就是她今后的人生？可是随着巡山踏林次数的增多，她逐渐爱上了这里的一草一木，一花一叶，“这里的每一棵树木我都再熟悉不过，看到有人破坏森林，我总感到十分心痛。”

李霞管护的责任区有2700多亩，她每天要从站上走出30多公里，穿过松林，越过沟岔，去守护林区。无论阴雨连绵抑或是大雪纷飞，林中总有她的身影。长年累月的穿山越岭，李霞练就了一双“火眼金睛”：这片林子长势不错，但树太密，应该间伐；林子颜色不对，可能生病了，赶快喷药；

这片林子成活率不高，可能是后期管理跟不上，要加强管护；有人进入林区，可能携带火种，要依法盘问。可以说，树的“喜怒哀乐”她都感同身受，树的命运和她紧紧联系在一起。“树‘安’人乐，树‘衰’人忧。”

护林防火是林场最为艰苦和责任重大的工作。2019年3月30日四川凉山发生森林火灾，一个个鲜活生命的逝去给林业工作人员和社会又敲响了一次警钟。秦家梁林场格外重视森林防火工作，每月都会举行防火例会，林业工作人员也一直牢记自己的职责、不敢松懈。每到森林防火期，李霞带着干粮、背着水壶，每次巡山就是一整天，晚上回来常常是精疲力尽。李霞用实际行动协助秦家梁林场取得了连续三十八年无森林火灾的优秀成绩，秦家梁林场被陕甘两省子午岭护林联防委员会第五十四次会议评为先进单位。

禁种铲毒也是林场的一项重要工作，李霞积极开展工作创新，自行摸索创立了“四步工作法”，通过确定重点区域、明确重点人员、划定重点时段、营造良好氛围，对种植毒品开展拉网式排查，不留死角，不留残株，不漏地块，巩固林区禁种铲毒“零种植”“零产量”成果。

逢秋时便收尽满山斑斓

为了让山更绿、林更密，李霞一直致力于造林绿化工作。

2000年以来，李霞累计参与完成生态工程建设5200亩，其中天保工程1100亩，三北工程人工造林1600亩，退耕还林工程1800亩，公益林700亩。林场森林蓄积量从37.4万立方米增加到46.6万立方米，增长了9.2万立方米；森林覆盖率从76.7%增加到86%，增长了9.3个百分点。参与建成商品苗木培育基地620亩，比2000年的400亩增加了220亩，增长了55%，培育油松、云杉、华山松、樟子松等苗木花卉20多个品种约1200万株，苗木产值可达400余万元。实现了“三增、两提高、一改善”的目标（森林面积、蓄积量、覆盖率持续增长，林分质量、林地生产力不断提高，生态环境得到明显改善），取得了良好的社会效益和生态效益。如今，李霞已熟练掌握了苗木分株、嫁接、压条、扦插等培育技术，连续多年被正宁林业总场评为先进生产者，2018年3月被甘肃省人力资源和社会保障厅、甘肃省总工会授予“甘肃省‘五一’巾帼奖”。

在森林病虫害的防治上，李霞严格要求，一丝不苟。每年的5月至11月，她走遍林区和所管辖区苗圃地的每个角落，查看病虫害的发生情况，了解有害生物生长习性，并认真记录，为精准防治提供科学依据。晚上一有时间她就翻看防治病虫害的书，出去护林的时候也把书随身揣在兜里，二十二年来记录的笔记本就有厚厚的22本，全是巡山管护及鼠害、虫害的防治措施和发病记录。

化了妆的祝福

“苦难是上帝化了妆的祝福。”

李霞说：“巡林、育苗、采种、防火，这些活干起来都很累，总觉得咬咬牙坚持下就好了。”

基层森林资源管护站的工作艰苦、生活单调，每年有三分之二以上的时间都在巡山查林，工作没有时间规律，通常是二十四小时值班，不管早晚，随时准备出发。常常不能按时吃饭，有时还得忍饥挨饿，不管巡山查林多晚回来，她都得拖着疲惫的身体自己动手劈柴、挑水、生火、做饭。由于没有自来水和水井，常常要到附近的小河里挑水。第二天又振奋精神，投入新的工作中。

李霞的母亲和婆婆重病卧床，一年得住几次院，生活几乎不能自理，但由于工作的特殊性，不能在跟前伺候，请假回家又匆匆赶回工作岗位。丈夫一边打零工，一边照顾老人和两个孩子。女儿现在上大学了，儿子上初中了，只有每年寒暑假两个孩子来到林站时，母子三人才能短暂地相聚。2001年，丈夫驾驶农用车发生事故，右腿大腿骨折，留下了后遗症，导致听力、视力严重下降，家里负担更重，但她咬紧牙关，依然坚守了下来。常年离家，李霞心里时时牵挂着家人，她利用雨雪天和晚上的时间，为老人、丈夫和孩子绣了一双双鞋垫，寄托着对家人的思念。

管护站的工作又苦又累，她却没有什么怨言。有时看到别的单位的女同志在节假日打扮得光鲜亮丽地和家人一起高高兴兴地到林区游玩，她也眼馋，也很内疚。“感到亏欠家人和孩子太多了。”李霞说。

二十三年，她习惯了，习惯了山里的风，习惯了林中的刺，习惯了在油松树下数着沉寂的年华，习惯了在漫长的岁月里不变地守望……她就是用这样的习惯，看着漫山的翠绿，听着林中的呢喃，继续着布满荆棘的征途，走着三十公里的老路，拥青山入怀……

（作者为兰州大学新闻与传播学院本科生；指导老师阴雨永为兰州大学新闻与传播学院教师）

青山有幸埋忠骨　南梁精神永流传

王李蕾　汪菲　孙畅　任思佳

作为八十多年前的老革命根据地，陕甘交界处南梁镇的连绵群山曾有幸见证过一个又一个英勇的烈士为革命抛头颅、洒热血。2019年7月15日，我们来到南梁，寻访这段随着岁月被掩埋的革命往事。

在当地人的指引下，我们在南梁红色小镇沿街的“梅家超市”见到了梅生贵烈士的孙子、“红三代”梅建顺。他穿着朴素而整洁的淡蓝色衬衫，肤色黝黑，有些拘谨地招呼我们在沙发上坐下。梅建顺今年54岁，虽然未曾得见爷爷，但却是从小就听着爷爷的事迹长大的。正对着沙发的墙上，有一张浅黄色《革命烈士证明书》被擦拭得锃亮的金属相框装裱在墙上，褪了色的浅红色国徽和国旗提醒着观者这是一张经历了34年风霜洗礼的烈士证明，而今天距离梅建顺的爷爷——梅生贵烈士牺牲已经过去了84个年头。

1929年，刘志丹、谢子长、习仲勋等同志在党的领导下，到陕甘边一带宣传革命真理，开展武装斗争。在陕甘边界经过艰苦卓绝的奋斗，开辟了以南梁为中心的陕甘边革命根据地，创建了中国西北第一个工农民主政权——陕甘边区苏维埃政府和革命军事委员会，成立了赤卫队等群众武装组织，反抗敌军武装力量，无数革命群众为此献身，而当时的赤卫大队副队长兼参谋长梅生贵同志就是其中之一。

时值1935年初，蒋介石亲调陕甘宁晋等省军阀对陕甘边区和陕北苏区布置大规模的“围剿”。在敌我力量悬殊的情况下，梅生贵和其他游击队、赤卫军负责人一起，就地坚持斗争、保卫南梁根据地、保护人民生命财产、掩护党政机关转移。而故事就发生在这年正月的一天晚上，边区主席习仲勋及梅生贵等七人在梅家吃晚饭，几人在餐桌上有说有笑，其乐融融，梅奶奶也乐呵呵地准备着第二天出发时要备上的干粮。翌日清晨，七人从梅家离开前往陕甘边区苏维埃政府和军委所在地寨子湾，不料在途中遭到了军阀马鸿宾及其部下马家军的围剿。

“我的爷爷出事那年才32岁”，梅建顺老人用洪亮的嗓门向我们讲述着他的爷爷梅生贵烈士在受围剿情况下奋不顾身牺牲自己解救当时陕甘边区苏维埃政府主席习仲勋等人的故事。

“爷爷他们住在寨子湾，那里树多沟深山大，当时马家军围剿他们时，他们一行七人拼命地向寨子湾的东边跑去。”梅建顺老人几步走到窗边伸手指了一个方向，顺着他指的方向看去，入眼是一片郁郁葱葱的树林，“但是马家军是骑马追，你说，这怎么能跑得掉呢吗?”

七人跑到梅家南边的三岔路口，眼看着马家军就要追上来了，情急之下，梅生贵对其余六人说：“你们先跑，我来掩护！毕竟我枪法不错，跑得也快，肯定能追上你们。”随后，梅生贵拿着仅存的一杆枪躲在了路口一个大石头后面，用手中的五发子弹打死了想要扑上来的五个敌人。枪声暴露了梅生贵的位置，敌军用子弹打穿了他的右腿。在无法行动的情况下，扔掉空枪的梅生贵被一拥而上的马家军俘获。“那些兵就把绳子套在我爷爷的脖子上，一路用马拖着他到白沙川上面的杏树庄，那边有棵大柳树，他们就把我爷爷吊在柳树下面。”马家军逼问其他六人的下落和此行的目的。面对敌人的严刑拷打，梅生贵始终坚贞不屈，恼羞成怒的马家军残忍地杀害了他。

当被问及什么时候得知爷爷牺牲的消息时，梅建顺沉默了一阵子，摇了摇头，说：“其实一家人都不清楚。奶奶他们只知道爷爷自从正月走了之后就再也没回来，等爷爷的战友们送回爷爷牺牲了的消息时，才赶紧张罗着去寻爷爷的尸首。家中没有足以顶事的壮劳力，只能等在外当民兵的二爷、三爷回来，但他们赶回来已经是一个月之后的事情了。再去找，尸体早就找不着了，只找到了爷爷守孝穿的一双白鞋。因为是亲手做的，奶奶一眼就能认出来是爷爷穿过的。”

梅生贵牺牲时，家里有三个孩子，最大9岁，最小4岁，都是尚不知事的年龄，一家四口全靠梅奶奶一个人干活维持生计，二爷、三爷偶尔也会帮衬一下。“这些事情都是大伯20岁时，爷爷的战友李志贵告诉他的，而大伯只记得他父亲走的那天年幼的自己曾被母亲叫着给‘干大大’们（甘肃方言，即叔叔、伯伯）点烟。”

我们把梅生贵烈士的《革命烈士证明书》从墙上摘下来端详，梅建顺看着我们，脸上的皱纹里满是笑意。在这座蕴含着红色文化的大山里，为了祖国伟大的事业而奋不顾身的英雄不只梅生贵一人，“青山有幸埋忠骨”，一代又一代的中华儿女必将前赴后继，带着满腔热血，踌躇满志，为实现中华民族伟大复兴的中国梦而奋斗终生。

（作者为兰州大学新闻与传播学院本科生；指导老师阴雨永为兰州大学新闻与传播学院教师）

庆阳香包非遗传承人

——刘兰芳

张文　赵胜男

甘肃庆阳，地处甘肃省最东部，是陕甘宁三省区的交汇处，习称“陇东”。庆阳市是中华民族早期农耕文明的发祥地之一，素有“陇东粮仓”之称，历史底蕴较为深厚，人民生活质朴。在这里，一代又一代勤劳朴实的劳动妇女用她们灵巧的双手，创造绣制出各式各样的香包。其中，最具代表性的便是我国庆阳香包非遗传承人——刘兰芳。

7月15日下午，我们来到刘兰芳的工作地点。

刘兰芳见到我们，缓缓起身，将柜台上的一兜杏子拿给我们说：“你们快尝尝，这是庆阳本地产的杏子，挺甜的。”她一边看着我们一边认真地说道：“每年有很多学生来这调研写作庆阳香包的相关论文，但真正能够把庆阳香包文化的基因密码了解的，没有多少。”自从刘兰芳的庆阳香包走出国门，来此调研的学生数不胜数，但是真正能够让刘兰芳感受到共鸣的，却寥寥无几。

绣制源于对生活的热爱

刘兰芳从小在陇绣的氛围里长大，家中的女性经常会围在一起做香包，绣花样。出于好奇，她经常想要上手一试，但是当时针线十分珍贵，不能轻易浪费，家中的大人便不让她去尝试。

她看着跟随家长来到店里的小女孩，似乎在回忆着些什么，笑着说道：“小时候看着家长一针一线就能绣出来生动活泼的动物图样，就觉得十分神奇，怎么会有这么精巧的手艺！因为那个时候我还小，个子比较矮，就只能蹦起来或是踮着脚看。后来就觉得，我也要绣出来这样好看的东西。”

母亲病逝后，她亲手绣的用品，再也不会有了，刘兰芳便开始学习陇绣的手艺，从简单的缝被子到复杂的图案绣制，刘兰芳用比其他姐妹更快的速度完成了绣法的学习。

“我的父亲发觉我学习新东西的速度比较快，在我9岁时便请了一个老先生教我打算盘，之前还觉得学习打算盘没什么用，后来在我自己做生意的时候才知道之前父亲让我学习的东西多么有用。”她一边说一边手指不停地推动，模仿着打算盘的样子。

“我的这些学习经历给了我太多的好处，学习了绣制和厨艺，我可以做一个好妻子；学习了算盘打法，我能够更好地经营我的生意；阅读大量古籍，给我的香包绣制花样提供了许多灵感。”之后，她便指着墙上所挂的香包和其他绣制品为我们一一讲解，从远古传说到现今寓意，从飞禽走兽到百花争香，一字一句地描绘着这些荷包绣样背后的故事。

古人较为含蓄，将绣上鸳鸯的荷包送给心上人，来传达自己的爱慕之情。经过世代相传，鸳鸯香包就成了爱情的代表。而在荷包上绣上牡丹花等花卉，则表达满腔的友谊和祝福。就算是什么都不绣的荷包，它本身的心形便足以表达人们之间的情谊和祝福。

“香包是传情达意的信使，是表现美好的东西，‘有形必有意，有意必及形’。一个心灵不美的人，心中不存爱意的人，是无法做出漂亮美好的香包的。我们香包的图案素材都是来于自然，来于生活，来于劳动妇女对生活的热爱。”她神色认真地用手捂着心口说，“把自己亲手绣的香包送出去，更能表达自己的感情，而这种感情的传递，是需要技艺的，我就想一定要让这种表达感情的方法长久地流传下去，便收了许多学徒，传授她们这种技艺和手法。”

创建经营公司

2002年刘兰芳在上海民博会展览参观时意外收获一笔来自国外的订单，但是她当时并没有批量生产制作的条件，于是通过自筹的方式，她创建了自己的公司。

公司创立之初，刘兰芳不仅承受着资金缺乏带来的困扰，还承受着家人朋友反对带来的压力，独自管理着这项不被看好的生产活动。

“当时我们家的生活条件比较艰苦，我和丈夫同时下岗，公婆的身体又不太好，当我和家里人说出自己想要开公司的想法时，他们十分反对，认为我贪大求洋，爱面子、好虚荣，是给家里的经济状况雪上加霜。”她拍着自己的腿笑着说，“但是我认为如果我不注册公司，就没法带着庆阳香包走远，便只能困在家门口做事情。”

凭着这样的想法和信念，刘兰芳顶着一股劲儿，将公司一点一点做大。在公司创建后的第二个月，正值庆阳市开展第一个香包节，刘兰芳带着自己珍藏的几件绣品向市长寻求一次展览的机会。

“当时庆阳的市长看到我的几件绣品之后便十分支持，这种能够把陇绣文化的源头展现给社会的绣品是十分珍贵的。但当时我缺失相应的展览设施，在开始就遇到了困境，当时是政府出资帮助我成功地将陇绣这种古老的技艺传播给大众，传播到世界。”政府与传承人一起发力，共同促使庆阳的香包从中国走向世界。

在公司运营步入平稳时期时，为了让庆阳香包更好地“走出去”，刘兰芳开始出差考察各地市场。

杭州展览会上一位老人对庆阳香包绣制色彩和图案的质疑，让刘兰芳认识到各地文化的差异是局限庆阳香包市场的一个重要因素。

后来，刘兰芳每到一个地方便会找到当地资历较深的老前辈，请教当地一些特殊的文化习俗，让庆阳香包的技艺手法更好地与当地文化相吻合。

经过多年游历，她总结了长江和黄河两大宗的风俗习惯，并与庆阳香包的制作手艺相结合，设计出更为繁多的造型和花样，为庆阳香包的发展带来更广阔的契机。

同时，她将庆阳香包的市场关注点更集中在国外，她看着我笑着说：“我们不能仅仅通过内销方式赚自己人的钱，我们要把流出去的钱再赚回来。”

“我每到一个国家，便去寻找他们国家典型的文化因素，研究出他国文化与我们国家文化的异同，再做一定的创新，更好地适应当地人的审美和消费习惯。譬如我在美国考察时，发现在我们庆阳南瓜形象的绣品与当地万圣节南瓜形象相似，我便把咱们中国的脸谱印在了南瓜绣品之上，在美国很受欢迎。我当时就一直想用庆阳香包做载体，用我们国家56个民族文化元素做符号，做出中国香包、世界香包。”

刘兰芳的这种经营理念让她带着庆阳香包走了十几年，但短平快模式的信息流动浪潮带给了她从未有过的危机感。

“我们中国的传统文化博大精深，具有深厚持久的影响，只有你的知识层次和精神境界达到一定的程度才能够真正体验那种亲近感。我们国家的苏绣一直保持着顽强的生命力，这是因为当地政府和传承人能够团结一心坚守底线，而像我们北方更多的是凭着一腔热血，自己做自己的事情，不能形成一股强大的力量从而产生更大的影响。”

在苏绣浪潮的影响下，许多香包制作者抛弃了陇绣最根本的技艺手法，在集百家之长时忘了本，只追求效率和效益，反而忽略了庆阳香包制作最根本的责任感和使命感。

“我想要带着我们庆阳香包，带着庆阳香包背后所承载的传统文化精神走得更远。问题是会时常出现的，但是我对于我们自己的文化充满信心，我们的文化就是最好的文化，坚守住这一点，我们的香包文化才能走得更远。”她一手摸着桌子一手扶着座椅，认真地说。

传承人要有责任感和使命感

当谈及传统艺人的责任感和使命感时，刘兰芳长长地舒了一口气，将目光从办公桌上的《民主协商报》转向我。

“对于中国文化的认可，是我们让自己文化能够走出去、走得远的重要原因。我们国家的领导人，带着我们提倡文化自信，给我们国家传统文化的发展提供了一个更为广阔的平台。”

刘兰芳认为现在就是一个非常好的时期。“政府支持我们非遗进校园，让优秀的传统文化融入人们的生活，让同学们走进田野，走进非遗。只有将优秀传统文化融入我们日常生活，它才真正会重新散发活力。”

但她同时还有一个担忧：“一些非遗传承人是否能把这些优秀文化给孩子们讲清楚，他们是不是只知道什么挣钱做什么，有些东西丢弃了是用钱买不回来的，作为一个非遗传承人应该守护什么，放弃什么，可能他们自己也还处在迷茫阶段。从很多书法课的教授中我意识到，让学生们做到在一丝不苟传承技艺的同时要学会创新，提取我们的精粹，从而破解香包文化的基因密码。”

采访的最后，刘兰芳再次强调：“我现在年龄不断增长，记忆力也不比之前，我能留下的只有我的陇绣技艺和我的经验思想。弘扬我们香包绣制的工匠精神，坚守我们的文化阵地，坚信我们的文化就是最好的文化，祖辈留下的优秀传统文化的根我们要守好。”

“我们的文化就是最好的文化”“守住我们的根”是刘兰芳所说频次最高的语句。

刘兰芳，中国数亿女性之一，用厚实柔软的双手，绣制着庆阳香包背后的文化故事，将中国传统文化所表达的情感寄予香包之中，用庆阳香包书写中国故事。

（作者为兰州大学新闻与传播学院本科生；指导老师阴雨永为兰州大学新闻与传播学院教师）

守山记：封闭的山，开放的人

雷玲

2019年7月15日下午，记者一行来到子午岭深山处的秦家梁林场。一天一夜的时间里，记者近距离地接触了默默守护这座大山的人们。子午岭虽封闭了通往外界的路，却阻止不了人们拥抱现代生活的心。

子午岭，大约形成于第四纪晚期，因与子午线平行而得名。唐代以前称“桥山”，现代仍有资料称桥山山脉。《清一统志·鄜州》记载，子午岭“在中部县西北二百里，接甘肃庆阳府合水县界。沮水出此”。子午岭海拔1600米至1907米，南北长约413千米，被誉为黄土高原上的天然物种“基因库”，奇花异草、古树名木、珍禽异兽数不胜数。子午岭林区也是黄土高原中部面积最大、保存最为完整、最具代表性的落叶阔叶天然次生林。

因着对这座山的敬仰，记者一行四人的目标是走进子午岭，一窥默默守护这座山的人。记者首先找到甘肃省子午岭林业管理局正宁分局的负责人，负责人热心地帮忙联系了相关负责人并派车把记者送到了驻扎在子午岭深山处的秦家梁林场。

开放的思想：姚富海副厂长思想紧跟新时代

姚富海自2003年4月起就一直从事林业工作，一干就是17年。先后在正宁林业总场的西坡林场、刘家店林场和秦家梁林场工作，现任甘肃省子午岭林业管理局正宁分局秦家梁林场副场长。这17年，他一直在大山里工作，一直和树林打交道，由于交通不便，他一周最多回一次家。大山封闭了他的生活环境，却阻止不了他时刻与新时代同步的思想。

姚副厂长在工作中一直秉持着安全第一的态度，始终将护林员的生命安全放在第一位，坚持每周到各个站点去了解护林员的工作和生活状况。姚副厂长陪同记者走访各个站点时还不忘工作，亲自检查站点的安全隐患问题，凡是涉及安全问题的就千叮万嘱。姚副厂长对他手下兵的情况也了如指掌，当记者询问到护林员的情况时，他总是能很快说出护林员个人的基本情况，不时地告诉我们这个护林员工作认真、那个护林员擅长打地鼠，等等。他没有因在大山深处而对工作有所懈怠，反而更加认真对待，始终将护林员的生命放在首位，时刻关心护林员的工作和生活情况。这种工作态度值得每一位基层管理人员学习。

“绿水青山就是金山银山”是习近平于2005年8月在浙江湖州安吉考察时提出的科学论断，姚副厂长在林场工作中也始终将此话奉为真理并认真践行。姚副厂长主要从事营林生产工作，主抓天保工程管护、公益林建设、森林资源调查、林业生态工程建设、森林病虫害防治、林业科技推广、种苗培育等工作，专业工作年限15年。先后指导完成容器育苗1500余万株、三北造林1000亩、试点补贴造林1000亩、巩固退耕还林成果工程种苗基地建设802亩，补植4596亩、森林抚育20000余亩、定植各类绿化苗木123万株、病虫鼠兔害防治23000亩。用实际行动践行了“绿水青山就是金山银山”的理念。

开放的生活：李霞护林员生活紧跟新时代

李霞，秦家梁林场秦凤川站点的一名女护林员，且是“林二代”，曾被评为甘肃省“五一”巾帼奖、正宁县敬业奉献模范。她不仅工作上敬业，在生活上也丰富多彩。初见李霞，一身迷彩装穿起来非常精神。李霞说：“我已经是两个孩子的妈了，40多岁了。”完全看不出来她已经40多岁，已经是两个孩子的妈妈了，更看不出来从事护林员工作23年了。在枯燥无味的大山里，她把自己的生活过得有声有色，紧跟现代生活。

大山并没有阻隔她对自己的爱，也没有阻止她的现代生活。她的皮肤并没有像一般的护林员那样黝黑，她的手也没有像一般的护林员那样粗糙。相反，她在工作中很注重保护自己，为避免被晒伤，她去巡林都会戴帽子、围巾、口罩。她的洗漱台上摆放着平时用的护肤品，她的手涂满了五颜六色的指甲油，甚至她的手机壳都是红色的。大山里的生活太枯燥了，导致她对色彩的渴望，但她通过这种方式让她的生活充满色彩。她的娱乐活动也很丰富，她会上网购物，她的手机壳是从网上自己购买的，她会转呼啦圈锻炼身体。她和在外界生活的女性没有什么区别。大山并没有阻隔她与外界的联系，相反她过得要比一般人还精彩。

在枯燥无味的环境下，依然能活得如此精彩，一定有着异于常人的心态，工作上认真，生活上洒脱。这也是护林员，新一代的护林员，不封闭自己，始终积极拥抱现代生活。

开放的理念：杨振宁厨师理念紧跟新时代

杨振宁，秦家梁林场厨师长，“林二代”，有着8年的护林经验。姚副厂长提到杨振宁时说：“他这个岗位是最辛苦的，别人下雨天都可以休息，但他不可以，别人吃完饭就走了，但他还要给大家收拾饭桌。”

杨振宁厨师长的奉献精神紧跟新时代。在这个平凡又辛苦的厨师岗位上他已经待了14年之久。记者问为什么想从事厨师行业时，杨振宁说：“当时厂里厨师缺人，领导找我谈了好几次话，我想什么岗位都是干，哪里需要我，我就去哪里。”正是这种奉献精神，让这位平凡的人受到厂子里所有人的欢迎，也正是这种奉献精神，让他在这大山中一待就是22年。

杨振宁厨师长的“绿色观念”也紧跟现代生活理念。他一直提倡让大家吃绿色无公害蔬菜。为此，他开辟了一块土地种蔬菜，利用闲暇时间来打理。目前全厂人吃的蔬菜基本都是从菜地里摘来的。他说：“蔬菜都是纯天然的，没有打过农药，这样的蔬菜大家吃着放心，都是绿色食物，而且为厂里节省了一笔开支。”虽在深山处，却有着不输常人的生活理念和奉献精神。

守着子午岭的这群人，由于道路封闭，一个月只回一次家是再平常不过的一件事了。这座山虽然阻止了他们通往外界的脚步，但却无法阻止他们拥抱现代生活的开放理念。守护好这座山，保护好这片林的同时，与时代共同进步才是他们新一代护林人最值得赞扬的地方。

（作者为兰州大学新闻与传播学院硕士研究生；指导老师阴雨永、王臻为兰州大学新闻与传播学院教师）

乡村脱贫攻坚的助力者

——记宁县广发中药材种植农民专业合作社理事长曹树峰

朱政雪　张琦

2019年7月16日下午，宁县瓦斜乡原沟村还在飘着细雨。当记者来到宁县广发中药材种植农民专业合作社时，曹树峰还在不停地忙碌于各种中草药种植地之间，拔草、松土、观察和记录草药长势一样活都不落。作为原沟村第一批开始种植中草药的试点人，在国家脱贫攻坚政策的带动下，曹树峰积极带领合作社的农户以中草药种植为主探索经济发展之路。

合作社初步成立

曹树峰生于宁县瓦斜乡原沟村，从小就不停地在山林之间采中草药补贴家用，对草药的生长习性极为熟悉。2010年，一位来自内蒙古的大学生在宁县开始大规模种植中草药、高原夏菜，虽然最后以失败告终，但这件事给曹树峰留下了不少的感触："我一想内蒙古人能做的我一个本地人还做不到吗?"

2012年，宁县主管中药材的部门引导当地村民建立一个中药材合作社，还在从事石材粗加工行业的曹树峰嗅到了商机，立即着手准备，把属于自己的石块卖了之后开始种植中草药。2013年5月29日，宁县广发中药材种植农民专业合作社成立，曹树峰投入资金50万元，以第一投资人的身份成为合作社的理事长。合作社的成立成为当地农民脱贫的重要渠道，也进一步推动了宁县中药材产业的发展。2016年，合作社带领的农户有78户，随着精准扶贫工作的不断推进，到2018年，合作社带领的农户中有4户成功脱贫，余下74户正在脱贫。2019年3月，宁县广发中药材种植农民专业合作社被评为2018年度助推脱贫攻坚先进合作社。

建立试验田，精准探索中草药种植

2015年瓦斜乡开始推行精准扶贫的实地培训，主要科普中药材。作为合作社的理事长，曹树峰承担了带领合作社农户脱贫的最主要的责任。针对中药材生产存在的品种繁杂、种植小而全、规模分散、产量低等问题，2016年在政府的帮助下，曹树峰在合作社内开辟了一个后院作为中药材种植技术实地培训基地，配合宁县农业技术推广中心进行种苗繁育，开展了不同种植模式试验及野生药材家种驯化。同时，每年配合政府实验5个品种，然后向外推广。

除了建立试验田不断研究中草药品种外，合作社还需要定期分析各类中草药产量、市场价格、市场行情波动，进行订单回收，为解决农户中草药的售卖问题提供渠道。曹树峰表示，中药材的市场前景有一定的轮回性，合作社下一步的目标以种植柴胡、牛蒡子、大黄、秦艽、黄芪、黄芩这六种中草药为主。“药多了成了草，少了成了宝。要把市场行情摸清，不然亏损特别大。”宁县广发中药材种植农民专业合作社给原沟村村民带来了新的经济发展方向和动力。

不断改进，增强实力

随着精准脱贫工作的不断进展，宁县中药材合作社数量大大增加，宁县广发中药材种植农民专业合作社面对的竞争也不断增大。对此，曹树峰表示只有不断加大科研投入力度，提高中药材的质量，才能保证实力的存在，“靠实力和质量在各大中药材收购商中占据地位才是本事”。每年曹树峰都会去其他种植中草药出名的地区学习，引进当地品种再进行改进，以适应宁县当地的种植条件。2014年，曹树峰引进了原产地位于内蒙古一带的桔梗，经过两年的试验也没有成功，种子种下去后没有幼苗。直到2015年底，曹树峰在背光的地坎上发现了两株桔梗的幼苗，想到用遮阳网把所有种下去的桔梗覆盖起来，并定期浇水。2016年地里面的桔梗都是满苗，长势非常好。试验田建立后，曹树峰第一时间就把桔梗移植到田内，不断地进行试验。除了引进新品种，曹树峰还需要联合宁县农业科技中心加大科技研发力度，不断地改良原有品种，继而向农户推广质量更佳的中草药。

除了引进新品种，改良原有品种，曹树峰也在不断地尝试改良中草药种植环境和中草药收成之后的加工情况。在资本投入力度有限的情况下，曹树峰每年都会在试验田试验出各类中草药的生长习性后，通过合作社引导农户将经过试验达到标准的、市场前景好的中草药种植到原沟村适合其生长的土地中去。提到是否考虑运用大棚种植时，曹树峰表示大棚可以进行种苗繁育，但不适合直接种植中药材。一是温度太高，二是中药材生长周期比较长，比如苦参没有三年就不达标，药性不达标就卖不了。况且大棚修建时间太长也需要维修，棚顶的塑料纸容易风化，需要经常更换，成本太高了，等药材成长三年，亏的钱太多，不容易补回来。

对于中草药种植后如何处理，曹树峰提到一定要进行粗加工，粗加工后经济效益更高。2017年黄花菜晒干了卖一斤1元钱，但是在烘干设备里面粗加工后一斤28元。而且有的中草药靠日晒质量会下降，必须用设备进行粗加工。如果不进行粗加工，中草药售卖时在运输过程中容易损坏，不仅会给商贩造成经济损失，也会降低合作社的信誉度。2018年，曹树峰提出在合作社内建立一个粗加工厂房，已经买进了一台烘干设备，2019年年底打算再购进一台设备。“智能烘干设备把中药材的质量提高后，合作社的品牌也就树立了，广发中药材的招牌就出来了，自己的实力也就发展起来了。”

曹树峰提到，自己多年的目标是建成一个100至200亩的广发中药材示范园区。中药材鉴定有一个统一的标准，每年这个试验区示范出来的药材要适合整个庆阳市种植，它就会走向市场，建立订单，形成一个龙头。虽然宁县广发中药材种植农民专业合作社的宣传力度较小，但曹树峰仍然不愿花更多的钱用于宣传。用他的话来说就是打广告牌就要好几百、好几千，大家来拍个照就完事了，这只是给来了个表面，没有什么经济价值。“我把这些钱买种子给贫困农户种，这也是人家的一笔收入，这才是精准扶贫，真正的精准扶贫是需要拿出内心、拿出实际行动的。”

（作者为兰州大学新闻与传播学院本科生；指导老师阴雨永、王臻为兰州大学新闻与传播学院教师）

香包与兰　可亲可敬

——专访庆阳香包传承人刘兰芳

赵胜男

来到庆阳这座城市，最先想到的便是庆阳香包这一特色民俗文化符号。作为甘肃省庆阳市民间传统艺术的香包于2005年经中华人民共和国国务院批准列入第一批国家级非物质文化遗产名录，让更多的人认识到了香包这一特色文化。

7月15日，我们如约来到了刘兰芳老师在庆阳西峰锦绣坊文化产业一条街的工作室。在这里，有形形色色的香包，小鸟形状的、老虎形状的、螃蟹形状的，形态各异，栩栩如生，散发着令人沉静的檀香气味，很难想象这是一双双怎样的手可以用一针一线制作出这样神奇的文化符号。

缘起：儿时兴趣奠定基础

说起刘老师与香包的缘分，刘老师的思绪仿佛回到了那个稚嫩的孩提时代，作为庆阳本地人的刘老师从小便生长在针线刺绣的家庭氛围中，刘老师的外婆、姨妈、舅妈和母亲几人经常在一起做针线活。对于刺绣针线，留在年幼的刘老师心中的印象便是神奇二字，小小的一针一线拿在手中，一会儿就做成了生动的动物或是植物。

“缝被子时针脚的长短大小是一模一样的，很整齐。”这是刘老师对于幼年针线刺绣的第一印象，也是刘老师最初的兴趣起点，想要亲自动手体验一番，但碍于当时的条件限制，刘老师的母亲出于不浪费材料的原因并没有让年幼的刘老师尝试。于是年幼的刘老师在母亲及长辈刺绣时便会在一旁观察，一针一线运得行云流水，一会儿一片叶子绣好了，一会儿一片花瓣便跃然布面，这样神奇的场景在年幼的刘老师心中种下了一颗名为兴趣的种子。

遇见：父亲引导圆儿时梦

作为军人的父亲常年在外打拼，家中的事务都落在了母亲一人的身上，久而久之母亲便积劳成疾，不能再继续陪伴幼小的孩子们。母亲去世后就没有人给众多的兄弟姐妹制作衣服鞋袜，父亲便请周围邻居的婶婶、阿姨来教刘老师和家中的女孩子们做针线刺绣。受幼年环境的影响，刘老师早已对此充满兴趣，因此在一众学习的姐妹中总是学得最快的那个。父亲发现了这一点，觉得刘老师很聪明，便请了一个老先生教刘老师学习算盘。当时年幼的刘老师并不理解父亲请先生教授算盘的用意，但是也很快地学会了。随着时间的流逝，当刘老师下海做生意时才明白父亲当年的良苦用心，父亲打下的基础对刘老师的生意有很大的帮助，培养了刘老师的动手能力和记忆能力，这段经历不禁让人感叹父亲的远见卓识。

厚积：收藏为媒成就佳话

初中高中开始，重心逐渐放在学习上，刘老师碰这些针线刺绣的时间就少了，但是刘老师心中对刺绣针线等传统艺术的喜爱并没有因为时间的推移而减淡。因为心中的喜爱和兴趣，刘老师下定决心把刺绣香包做下去，把传统文化传承坚守下去。

在2002年创立公司发展产业之前，刘老师在各地收藏有趣的独特的传统民俗物件，比如鞋垫、肚兜、帽子等传统民俗手工艺品。正是因为同样的爱好，刘老师邂逅了自己的爱情，在结婚后和爱人一起继续走在收藏的道路上，刺绣收藏了上万件，农耕民俗的工艺品好几千件，陶器、瓷器好几千件，不知不觉中两个人一边做民俗文化一边收集，积少成多，溪汇成江，藏品越来越多，最后聚成了一个博物馆，为日后刘老师专业性的香包产业打下了深厚的基础。

迸发：收藏展览成就香包

恰逢2002年庆阳第一届香包节开展，刘老师的收藏也达到了一定的数量，刘老师说："觉得是时候把我这些年收藏的藏品展示出来了，想借此机会办一个收藏展，也让更多的人知道庆阳的香包文化是有人在做、在传承下去的。"于是刘老师找到了当时的市长，表达了自己想办一个收藏展的想法，这一想法得到了市长的大力支持，并且此次收藏展得到了各地名家的认可。大家通过展览了解到庆阳香包的历史渊源及文化传承，也拉开了庆阳香包产业化制作的帷幕。刘老师也因为接到大量香包订单而决定开创自己的公司，专门从事香包的生产销售及传承，使庆阳香包可以产业化发展，更好地传承。

在2002年，对于一个下岗女性而言，投入自己几乎全部的家当去注册公司做生意这样的选择是不被大多数人所认可的。对于开办公司初期的感受，刘老师这样说："当时我想到了会有困难，但是没有想到反对的声音会那么多，但当时义无反顾地做这样一件事风险确实很高，幸运的是我那时候坚持了。"刘老师回忆起自己创办公司到现在的17年时光时，眼睛中熠熠生辉，仿佛17年间发生的一幕幕都历历在目。

对于17年办公司的心路历程，刘老师说："我其实是没有多少感觉的，因为自己做的是自己喜欢的事情，每年都在想怎样把香包文化产业化，让更多的人知道，不知不觉中便做到了现在这个阶段。"这样的心境便是因为热爱，所以无畏。

推广：香包文化走向世界

随着刘老师香包产业化的进行，为了集百家之长，刘老师去了很多的城市，了解了很多的地域文化；也去了很多国家，传播中国的民俗文化。在走访国内外各地的过程中，刘老师不禁感叹中华文化的博大精深，不同的地域对于相同的文化符号有不一样的解释含义，所以需要一些因地制宜的改正，以符合更广泛区域的受众的需求。

刘老师在刚开始做香包的时候只是在庆阳本地，源于当地风俗的互相赠送，在当地自产自销。刘老师把眼光放得更加长远，梳理了长江流域和黄河流域不同的文化，根据不同的需求做不一样的庆阳香包。

“用庆阳香包做载体，用中国五十六个民族的文化做符号，做中国香包!”这是刘老师遍访各地的初衷，也是致力于把中国庆阳香包文化推向世界的初心。

刘老师在最后总结香包文化时说：“庆阳香包是来源于生活的，庆阳当地的劳动妇女在田间地头看到美好的鲜花、飞舞的蝴蝶和下来喝水的小鸟，都会铭记在心，等到下雨的时候坐在窗前炕头哼着小调一针一线绣出对美好生活的表达，所以庆阳香包是传递友谊、传递爱情、表达和平的一种信使。中国的‘一带一路’是化干戈为玉帛的路，也是和平的路。我们可以通过‘一带一路’将香包及其背后的文化传递出去，传递和平。”庆阳香包作为民俗文化符号便是起到一个沟通交流的纽带作用，表达中国爱好和平的传统和对美好生活的向往。

我们有理由相信香包刺绣的精美和其中情谊的表达可以让香包文化生生不息地传承发展，也感谢像刘兰芳老师这样的非遗文化传承人，正是有了他们这类匠人的坚守与传承，不断创新发展，才有了现在让我们骄傲的中华文化。

（作者为兰州大学新闻与传播学院本科生；指导老师阴雨永，阴雨永为兰州大学新闻与传播学院教师）

永不妥协

罗列　韩佳良

7月16日傍晚，天空下着毛毛细雨，庆阳西峰区合水巷里人头攒动，纷纷扰扰，巷子外路灯敞亮，车鸣不息。在早晚餐店的门口，我们第一次见到了张建文。

他上身穿着一件不知是雨淋湿的还是汗水浸湿的背心，头发凌乱，嘴上叼支吊着老长烟灰的香烟，时而站在门口招揽客人，时而为客人端盘送饭，很是热情。正是这样一位小小的饭店老板，身后却藏着常人难以想象的丰富人生。

“小时候过马路我会先站得远远的看个清楚”

1968年，张建文出生于当时的西峰镇。四岁那年，由于一次偶然的医疗事故，张建文伤到左腿的坐骨神经从而落下了残疾，从那时起，他便不再是一个普通的孩子。忍受着每走几步就要摔一跤的疼痛和路人的异样眼光，拖着一条残腿的张建文就这样开始了自己的漫漫人生路。

由于身体行动不便，直到八岁那年，张建文才在父母的搀扶下走进了镇上向阳小学的大门。“别的小孩都是蹦蹦跳跳，我却只能捂着自己的腿一瘸一拐。”小小的张建文看着其他小孩对自己指指点点，只能默默地低下头，也正是从那时起，他暗下决心绝不能让别人小看。

小时候，张建文看过一部抗战的电影，“我到现在都记得电影里小鬼子、坦克、八路军的形象，”看完电影的张建文就跑回家里拿起画笔，画下了让他感到有趣的这三个形象，“我拿给我爸爸看，我爸直夸我画得好，邻居也都夸我画得好。”小张建文开心地把这幅画贴在墙上，在家人的鼓励下他开始每天都画几幅画，格外认真的他找到了自己的新兴趣。在二年级那年，他参加庆阳地区少儿绘画比赛拿到了一等奖，也正是这个奖项给了张建文前所未有的信心，他更加相信自己不比别人差。

在学校里，行动上的缺陷也让他更加渴望证明自己。张建文对于学习格外认真，尤其是数学，多次取得过一百分的成绩。“我特别喜欢学数学，尤其是那个追及相遇问题，我身边好多小朋友都把钱花在买零食的时候，我就把钱省下来攒着去买街边地摊上的数学习题。”功夫不负有心人，成绩优异的张建文在小学毕业时以数学一百分、语文九十八分的第一名成绩考取了庆阳一中。后来，在边治疗边学习的过程中，张建文考上了当时的庆阳师专物理系，成了一名大学生。

通常一个残疾学生到学校，很少能去竞选学生干部，但张建文却有股不服输的劲儿。在小学和中学张建文便长期担任班里的班长和学习委员，后来上了大学，凭着自己的能力，他再次被学生选举为班长，但老师表示“被选上的同学也可以不当”，这一强烈的暗示让张建文更加不服气，“我必须当这个班长，还必须当好”。后来张建文还当上了物理系的学生会主席。

年少的残疾给张建文带来了种种痛苦和折磨，但也培养了他超过常人的意志品质，“从我今天的角度来看，正是残疾让我变得更加坚强，更加倔强，更加持之以恒，同时也让我做事情更能长远考虑。”

十六岁那年，为了治疗左腿的残疾，父母带着他跑到陕西乾县一个民间医生那里去寻求偏方，“那时候因为我这只腿长期用脚尖走路，脚腕子就形成了马蹄形外翻，不能正常灵活地转动”。医生表示要把整个脚腕子掰断，从而让骨头错开再重新长好。“那时候没有麻药，好几个人把我按在床上，生生把脚腕子掰断。”张建文眼里泛着泪光，“这种疼痛一般人是忍不了的，但我是残疾人，没办法。”

由于自己行动不便，每次在过马路的时候张建文都会在很远的地方停下来驻足观察，“我不能像你们健全人一样边走路边观察，所以小时候过马路我会先站得远远的看个清楚，看清哪里有坑、有水池子，再选择最佳路径”。正是种种这样看似平常的小事让张建文学会坚强，学会长远考虑。

“我对新鲜事物最容易感兴趣”

左腿的残疾让张建文不能像其他人一样自由活动，但却扼杀不了他对生活的热情和好奇。三年级时张建文开始接触英语，“我不知道学英语有什么用，但我知道它是外国语言，是新鲜事物，我就想学好它”。为了当上班里的英语领读人，他每夜朗读背诵，到现在他都能在我们面前熟练背诵一些单词。在张建文看来，每天课前带领班级同学读英语的那段日子仍是他觉得最自豪、最自信的时候。

1993年大学毕业后，他没有像大多数人一样前往分配的学校当老师，而是在当地摆了个烟摊开始做生意，“我不愿意去当老师，我就想尝试点不一样的”。靠着摆摊张建文赚到了人生的第一桶金，逐渐攒下了一笔小钱，在这期间，他还经人介绍遇见了自己的妻子，半年之后两人便结婚，然后开了自己的门市部。“那时候门面特别小，没钱买货架，就摆了一个旧柜台，自己裁块玻璃，里面摆些烟酒、罐头之类的。”张建文清楚地记得自己第一天卖了67块钱。靠着这个小杂货店，在20世纪90年代张建文已经积攒下了不少的财富。

20世纪90年代末，电脑开始逐渐走进中国人的视野。靠着几年下来小杂货店赚来的钱，喜欢尝试新鲜事物的张建文又关掉门市转而开了庆阳市的第一家网吧。“那会儿全国其他地方慢慢开始有了网吧，但我们庆阳还没有，于是我就买了六台电脑开网吧。”当时五笔打字十分流行，在大学就已接触过电脑的张建文认为以后社会的发展肯定离不开电脑，于是开始自学五笔打字。

“开网吧那会儿我就开始背五笔字根，在键盘上练习打字，当时别人都笑我整天在那神神道道，但我就是觉得这个挺新鲜的，就一直练习。”

开网吧不到两年，张建文的母亲逝世，他卖掉了自己的六台电脑，关掉网吧，收拾东西回到家乡。“当时网吧还不规范，一来我担心警察查办，二来我也不想赚学生沉迷游戏的钱。”

回到家乡的他又瞄上了服装批发，“那会童装批发生意比较好，我看着又动心了”。和妻子商量过后，张建文便在家乡开起了服装店，生意依旧火爆。

“我这个人对新鲜事物最容易感兴趣，我也就一直在尝试，不断体验新事物。”

“一定要把这个事做好”

2005年张建文去兰州参加残疾人职业技能培训，由于自己有一定的电脑基础，张建文成了培训班的班长，随着与班上同学的相互了解，张建文也逐渐意识到残疾人多方面的艰辛。

“我从不把我自己当作残疾人看，但是班上其他同学和我不一样。”张建文介绍说，培训班里一共37位同学，然而结了婚的只有他一人，“当时有些女孩喜欢到我宿舍逛逛，我就注意到那些三四十岁还没有结婚的室友，他们那种眼神、那种渴望，让人看了很是心酸”。

而在培训班中，最让他触动的是一名学习家电维修的同学。这位同学半身不遂，下半身贴在一个木板上，靠着双手爬着走路。“他每次上厕所的时候尤其困难。当时大家都在那里洗东西，水就全流在地上，我们每次进去水都快淹到脚腕子，而他每次爬进去都要淹到脖子那。”“看着厕所的脏水快淹到他的头，我的眼泪哗哗地流啊。”

正是这次培训的经历让张建文有了参加残疾人工作的想法。从兰州回来后，恰逢当时西峰区残联招聘残疾人专职委员，张建文放下自己的生意，开始从事残疾人的帮扶工作。“这个说起来有点好笑，我这个专职委员没有编制，一个月不到三百块钱的收入，这和我做生意的收入差太多了，但我自己有这个理想，就是一定要把这个事做好。”

2005年，张建文到专署巷社区从事残疾人工作。当时还不清楚社区内到底有多少残疾人，本来就行动不便的张建文便自己挨家挨户去问。在这个过程中，张建文跑遍了社区的每栋房屋，也闹了不少笑话。“有时候你问别人是不是残疾，有人就很讨厌‘残疾’这两个字，你就只能问他‘你好着呢吗？’你明明看着他腿脚不利索，却还是要问‘你好着呢吗？’他就反问你‘我有啥不好的？’像这些我们就搞了不少笑话。”

在把社区的残疾人都登记在册后，张建文开始考虑如何为残疾人服务的问题。想到残疾人的生活条件和恢复工作都不太好，张建文就为一些困难的残疾人置办了轮椅。对于一些有康复希望的，就为他们准备了一些康复器材，比如对脑瘫儿，就为他们准备了一些开发智力的、锻炼手指灵活度的用具；而对一些偏瘫的，就为他们准备了自行车健身器等，让他们每天蹬车锻炼来消除血栓。

2006年，全国开展第二次残疾人抽样调查，张建文负责西峰区全区的相关工作，没有学过统计学的他运用实地走访的老办法，在实践中摸索出自己的一套办法。在后来向省上汇报数据的时候，残联发现张建文自己统计的数据比统计局两位专业人员的数据还要精确一些，残联就这样将西峰区残疾人抽样调查的统计工作全部交给了张建文。“因为我工作比较认真，干什么事都要做得最好，所以就慢慢养成了这个习惯。”

张建文在残联扎扎实实的工作大家都看在眼里，他先后被评为全区、全市、全省乃至全国的优秀残疾人专职委员。2006年，张建文当选为西峰区残联副主席，后来又当选庆阳市人大代表，之后当选甘肃省人大代表并担任肢体残疾人协会主席。

“残疾人不能自己把自己困住”

据张建文介绍，残疾人主要有文艺会演、体育比赛和技能大赛三项赛事活动参加，而在这三个方面，张建文都有着不俗的表现。

张建文记得自己参演的第一部文艺作品为《超越》，他在其中饰演了一个名叫“小康”的角色，“小康是一个因车祸而不幸截肢的大学生，这部作品主要讲的就是小康如何在身边朋友和家人的鼓励下克服自卑，如何坦然地面对生活，超越自我的”。2009年，张建文参演《市民》，在甘肃省第五届残疾人艺术会演中获得小品类表演三等奖。

在上大学时候的张建文便参加了甘肃省第三届残疾人运动大会，参与了乒乓球、围棋、象棋等项目的比拼。后来他连续参加了全省第八届、第九届残运会，并在2014年第九届残运会上获得飞镖项目个人第三名。业余时间的张建文喜欢练习武术，“你别看我是个残疾人，但我的身体功能不见得比一般人差。”张建文拍拍自己的胸脯，一脸自豪地说道。

在职业技能大赛上，张建文更是成绩突出。与电脑结缘的张建文在庆阳、兰州多地的培训加之自己努力学习的情况下获得了众多的比赛荣誉。2005年，张建文在庆阳市第二届残疾人职业技能大赛上获得计算机应用一等奖，随后在市级大赛的中英文文本处理、网页设计等多个项目中获得奖项，2015年他在全国第五届残疾人职业技能大赛上代表甘肃省获得文本处理第四名。正是这些职业技能的拥有才让张建文在日常工作和残联工作中得心应手，能够很好地处理问题以及为大家服务。

“残疾人这个群体大多都有心理问题，他们自我封闭、自我否定，这是不行的。”谈到残疾人自身的发展问题时，张建文这样说道：“残疾人不能自己把自己困住，一定要培养自己的兴趣和技能，积极主动地融入社会。”

2017年，张建文卸任专署巷社区专职委员的职务，喜欢尝试的他又和自己的妻子重新创业，开起了早晚餐店。“每天早上我们三点钟起床开始一天的营业，就我和我老婆两个人。”已过五旬的张建文依然对生活充满热情，对每一位光临的食客倾心服务，“累是肯定的，但忙忙碌碌才是生活嘛。”张建文笑着说。

（作者为兰州大学新闻与传播学院本科生；指导老师阴雨永、王臻为兰州大学新闻与传播学院教师）

有金山银山不如守护“官山”

孙畅　汪菲

提及中国西北部，或许大部分人都有“荒山”“黄土”的刻板印象，而在甘肃省泾川县的一片林里有着这样一批人，他们久居深山，终日与花树虫草做伴，日复一日重复着枯燥的巡山任务，在林中穿梭的他们熟知如何种植树木、打药除虫，用心去守护这片生机盎然的景象。在他们心中，有个地方值得他们用一生去守护，那就是：官山林场。

官山林场位于泾川县西部。近年来，泾川县连连掀起植树造林高潮，全县人民聚力同心为植树造林贡献自己的力量，使泾川县植被覆盖率大大提高，一棵棵树木掩盖了裸露的黄土，给泾川县添了一份份绿意盎然。7月19日的清晨，我们刚踏入泾川县就倍感空气清新，道路两旁种着一排排树木，枝叶茂盛，给过往的行人和车辆投下可供纳凉的绿荫；河边长满了一人高的花草，弥漫出醉人的香气，有蝴蝶在丛中飞舞，远处蜿蜒的群山入眼满是绿色，不见“光溜溜的黄土荒山”。而县内最响应植树造林号召的官山林场距离泾川县城约半小时车程，通往官山林场路旁的小山丘被凿成阶梯状便于植树，一棵棵一人高的细瘦小树苗整齐地立在上面，像极了手拉着手保卫西北水土的小小红兵。当笔直的柏油大路变为盘山的石子小路，映入眼帘的树木越发高耸茂盛，那才是真正进入了官山林场。

“我是在1990年参加知识青年招工考试进的官山林场，从1991年干到现在，当时1972年叫大湾农场，1974年改名为官山林场。”官山林场宋场长皱起眉头回忆着。“1973年搞大会战，1974年开始全县进行植树造林活动，官山林场是泾川县唯一的林场。造林场的原因是山上农民缺水，生活艰难，到处都是黄山黄沟，只有农民门前面有几棵树，而这片地面积比较大，有两万一千多亩，县上决定后，把村民搬迁了，建成了林场。在建林场前每年都有沙尘暴、水土流失、冰雹等问题，但是在林场建成后问题就少了很多。2000年将对面荒山一并管理，现在大概有两万七千多亩。”

在干旱少雨的西北甘肃，耐干旱的刺槐随处可见，而需水量较大的常青树难以存活，但它们一旦成活就很容易生长。官山林场内的树木品种种植原本是划分区域的，但是风将刺槐、杨树的种子吹到各地，扎根后，杨树和刺槐在其他品种树木的种植区域内生长，使官山林场内刺槐数量最多，杨树其次，并且随着其他树种的种子随风传播，原本划分的树木品种种植区域也模糊起来。2016年后全国实行退化林分改造，为了响应“退化林分改造”政策，官山林场内每年大概种植一两千亩油松、云杉来代替仅有四五十年生长期的刺槐。

2018年官山林场在职人员有五十一人，有二十多个护林员，分配到四个护林场，每个场有六七个人负责，划分给每个人大概两千亩地。护林员每天用两三个小时步行巡山，对林场进行检查，预防林火，这些护林员平均都有十年的工作经验，平日里一起住在护林场。林场的工作人员主要做一些检查，进行幼苗培育等任务，并且会有常驻的专业人员检查树苗，如果实在人手不够也会雇佣当地农民。

官山林场绿化做得如此出色，与平日里预防林火也有着密切的关系。官山林场内的道路狭窄，无法供消防车通行，为了避免出现无法抑制的火情，林场内严禁吸烟，谨慎用火。值得一提的是，官山林场至今没有发生过大型火灾。当官山林场还是荒山的时候，有很多当地村民把已故亲人埋在山上，而每到清明、春节期间会派专门的巡守人员进行巡守，将想要进山烧纸的村民挡在外面，只允许在外面的路口祭拜。宋场长回忆说：“去年春节，我们说好的四点半放假，突然对面山上着火，厂里的所有职工就都赶去救火，救完火都第二天早上五点多了，最后留了几个人值班，大家才都回去休息了。”

宋场长带我们参观了他们的“育苗基地”。说是育苗基地，其实是在林内找了一块平地，整整齐齐地种上了小树苗。这些树苗由政府提供，再由负责采购的人员从政府手中购买。官山林场在近几年采购了一些小云杉，但因为山中杂草较多，小云杉不易存活，所以会在苗地先将它种植到一米左右或者更高，再种进树林中。

在官山林场内工作人员经常活动的区域，道路被修成柏油路，路两旁的树木高耸茂盛，两排树的树冠在高空相触，形成了天然的“树伞”。蝴蝶在林中肆意起舞，小红瓢虫趴在绿油油的叶子上，蜘蛛网上缀满细钻般的水珠，远处传来各种鸟儿清脆婉转的啼鸣，不远处护林员们在休闲器械旁说说笑笑，有的在捣鼓手中的单反相机，有的在洗刷爱车，人与自然互不干扰，和谐静谧，而唯有用心才能守护如此唯美的景象。

有金山银山不如守护“官山”。

（作者为兰州大学新闻与传播学院本科生；指导老师阴雨永、王臻为兰州大学新闻与传播学院教师）

甘南线

甘南线路线简介

吴义东

2019年7月，由新闻与传播学院教师吴义东带队，共13名师生进行了“重走中国西北角”之甘南线的探访。这次采访活动历时7天，关注的议题包括欠发达地区互联网及电商发展、传统文化艺术的发展与传承、区域环境变迁、西部乡村扶贫、教育、大时代下普通人的生活境遇等。同学们脚踏实地，视角广阔，在带队老师的带领下，队员们白天外出寻找选题、采风采访，晚上同老师一起召开选题会，汇总选题，整理资料，撰写稿件。同学们用手中的纸笔和相机，记录了祖国西北角的时代巨变，其中既有西部民族地区新面貌的呈现，又有对新生事物的挖掘，还有对社会问题的披露和思考。本条线路共收到佳作17篇，陆续刊发于新华网、中国甘肃网及兰州大学新闻与传播学院官方网站，其中《藏药大师的无奈》《“保”与“传”：巴郎鼓舞的前世今生》等11篇稿件获得学院评奖。

“保”与“传”：巴郎鼓舞的前世今生

买钰莹　曹洁　汪美灵

巴郎鼓舞是发源于甘南藏族自治州卓尼县藏巴哇镇的一种传统民间舞蹈。巴郎鼓舞（莎目）于2006年9月由卓尼县上报甘肃省政府成为第一批甘肃省非物质文化遗产，2008年6月被列入国务院公布的第二批国家级非物质文化遗产。

巴郎鼓舞藏语称“莎目”，意为秋千。秋千场地宽阔，巴郎鼓舞最早的表演场地就选择在秋千场。巴郎鼓舞也叫“巴当舞”，“巴”是藏语“皮”的意思，巴郎鼓所使用的鼓皮材质一般是“羊皮”，一是因为该材质制的鼓声音清脆，二是因为巴郎鼓舞的发源地以养殖山羊为主，所以巴郎鼓的鼓皮材质就近取材为山羊皮；“当”在藏语里面是鼓的意思。巴郎鼓有两种，一种是宗教仪式中使用的有鼓把，且两边有垂吊打结的绳索，这种鼓被藏语称为“巴当”；另一种是过去串乡的货郎手持的用金属材料制作的巴郎鼓，用它来吸引买主，销售货物，藏语称作“愁辈巴当”，所以“巴郎鼓”也是“巴当鼓”的译音。

有关巴郎鼓舞的历史和发展现状，卓尼县文旅局一位非常了解巴郎鼓舞历史和传承的姜老师为我们提供了极大的帮助。

姜老师说，巴郎鼓舞原本是卓尼县藏巴哇镇和洮砚镇的一种土生土长的民间传统舞蹈，藏巴哇乡是巴郎鼓舞主要的发源地。藏巴哇镇是一个自然环境极为恶劣的地区，在古代，该地区人们的生活受制于自然环境，在对各种自然现象得不到科学解释的前提下产生了对自然环境崇拜的传统，他们供奉山神、水神。在祭拜他们心中的这些“自然神灵”时便邀请本族德高望重的男性老人们聚集在开阔地带进行祭拜神灵仪式，而仪式中所跳的舞蹈就是流传至今的巴郎鼓舞。巴郎鼓舞在藏巴哇地区有着浓厚的宗教色彩，他们进行的巴郎鼓舞展示只存在于每年的正月初一到正月十六。藏巴哇镇的每一个村落几乎都有一个单纯由男性组成的巴郎鼓舞团队，团队中有一个被人们称之为“娄巴”的仪式展示领袖，其余的男性被称为“仇伯”。娄巴是巴郎鼓舞的核心与领袖，是承前启后的传承人。娄巴德高望重，精通舞词和各种酒语，仇伯们尊重和听命于娄巴。在农历正月之前娄巴会组织仇伯训练，以备在正月上半旬在各村的接力比赛中能够获得好的成绩，而这是早期巴郎鼓舞的主要传承方式。

巴郎鼓舞传承至今，随着现代化进程的推进，巴郎鼓舞的规模、参与人数严重萎缩。因为年轻人对此兴趣的缺乏，原来巴郎鼓舞最为普遍的民间传承演出队正在面临着解体的风险，巴郎鼓舞传播的文化空间日趋狭窄。自2016年巴郎鼓舞申请甘肃省非物质文化遗产以来，政府的政策对巴郎鼓舞的传承保护有了明显的效果。据姜老师介绍，目前行使有效的传承方式有三种，一是传统的民间演出队进行巴郎鼓舞最原始的传承；二是县文旅团成立专门的巴郎鼓舞传承中心；三是在藏族学校推广巴郎鼓舞的兴趣小组。

据卓尼县文旅局统计，现存的巴郎鼓民间演出队有18支，团队规模最大时能够达到138户，最小也能有29户。姜老师说，政府针对巴郎鼓舞的民间传承每年有40万的传承保护经费，该经费用于民间组织参加宣传表演以及对民间演出队的组织者和积极参与者进行奖励。在卓尼县的藏族中学，为响应国家素质教育，教育局联合文旅局在学校开展了针对藏族学生为主的巴郎鼓舞兴趣小组。该兴趣小组和民间演出队一样，一般只招收男性藏族学生，自2016年成立兴趣小组以来，团队的规模至今已达200人，政府给予该兴趣小组10万元作为活动经费。根据姜老师的解释，在藏族中学推广巴郎鼓舞兴趣小组，一是考虑到藏族学生对于本民族文化传承具有诸多的便利性；二是能够推动巴郎鼓舞传承的纯正性和传承团队的年轻化；三是借助中学生活泼好动的天性和广泛的人际社会活动来推动巴郎鼓舞的宣传。卓尼县文旅局自巴郎鼓舞申遗成功以来做了很多重大的保护传承活动，为了进一步推动巴郎鼓舞的传承和发展，还专门成立了巴郎鼓舞传承中心。该中心的主要成员以文旅局巴郎鼓艺术表演团的工作人员为主。巴郎鼓舞艺术团主要以表演接待为主，该艺术团的存在为巴郎鼓舞大众化、舞台化的发展提供了有力支持。但姜老师指出，在巴郎鼓舞大众化和舞台化发展的同时，不可避免地会受到商业化对其艺术性的侵蚀，但就表演团队的人员来看，巴郎鼓舞是以传递男性阳刚之美为主，艺术团的女性巴郎鼓舞虽然优美，但与巴郎鼓舞的原汁原味总有错距，而这也是目前艺术团表演被社会，尤其是被民间演出队所不认可的。

除姜老师提到的现存的主要三种传承方式之外，我们还了解到在甘肃民族学院的音乐舞蹈系有专门的巴郎鼓舞教学课程，这一消息让我们对巴郎鼓舞在高等院校的专业化传承有了极大的信心。但姜老师也指出，我们所发现的专业传承实际是一位高校老师的文艺基金项目，虽然这能部分反映巴郎鼓舞的传承正逐渐走向高等院校的专业化传承，但仅从一项文艺基金项目来定论其发展尚有证据不足的嫌疑，而且其传承的专业性还需民间传统的巴郎鼓舞演示与研究人员的肯定。由此我们可以发现对于巴郎鼓舞的传承既存在着骄人的成绩，也有在传承过程中发现的问题。但无论如何，巴郎鼓舞依然活跃在卓尼县，并且逐渐走向更为广阔的舞台。

卓尼藏族中学巴郎鼓舞表演队　　　　受访者供图

我们还从姜老师那里了解到，目前政府对巴郎鼓舞的保护传承不仅限制于表演的传承性，更是抓紧了巴郎鼓舞这一传统民间舞蹈的文献整理。藏族地区的传统文化传承方式以口述为主，有关巴郎鼓舞唱词、唱腔的音像资料保存手段落后，原始素材的搜集、整理随着老艺人相继辞世，使得能够完整演出巴郎鼓舞的民间演出队少之又少，传承链逐渐濒临断裂，对于卓尼县的巴郎鼓舞原始素材亟待搜集、整理和出版。姜老师说目前有一本系统介绍卓尼巴郎鼓舞的书籍已经于2018年7月出版，这种征兆很好，但我们还得继续努力。在采访结束之际，姜老师介绍说在7月底举行的盛大节日，简称“一会一节”的第四届敦煌文博会和第九届丝绸之路国际旅游节开幕式将在甘南州府合作召开。在开幕式上，由卓尼县400多名男性政府工作人员组成的巴郎鼓舞队将成为压轴节目，相信届时会有更多的人看到卓尼县这一艺术瑰宝大放异彩！

（作者买钰莹、汪美灵为兰州大学新闻与传播学院硕士研究生，曹洁为兰州大学新闻与传播学院本科生；指导老师吴义东为兰州大学新闻与传播学院教师）

案旁的书法梦

刘子薇　毛帅清

温柔细语，是长辈的轻喃。

一张早已用旧的木桌，一把木椅，他在案前耐心地为孩子们订正书法错误，整个教室没有一点喧闹。这是桑吉扎西练习书法的第三十个年头，也是他开始为藏族孩子们免费授课的第二个年头。

“藏文书法是瑰宝”

“好的东西，是需要传承的，尤其是像藏文书法这样的文化瑰宝。”

甘肃民族师范学院的工艺楼里有这样一间工作室，两张大通桌，十几张小凳子，墙壁上挂着藏文楷体书写的“社会主义核心价值观”，窗边摆着社团同学们养护的植物。

藏文书法创制至今约有一千三百多年的历史，2008年，经国务院批准列入第二批国家级非物质文化遗产名录。藏文书法是运用竹笔进行书写的，要求以拇指和食指钳住距笔尖一寸左右的部位，执笔要松紧适度，中指以下应适当伸缩，掌心留下能够容纳一颗鸽子蛋的空间。已经练习了三年半的拉姆同学向我们展示了竹笔的握法，她接着解释道：“写书法之前要先画好线，从三十个字母开始练习，然后是四个元音符号。”说罢，她从一只鼓鼓的文件夹里掏出几叠用胶带塑封的纸。“这是老师给我们举的一些例子，”

她拿起一张向我们介绍，“这是行书，它主要是3+6，就是上线和中线间量3个竹笔的宽度，中线和下线间量6个，而楷书主要是5+5，上下两格等长，为了看起来更加端庄严谨。”

不同的字体有不同的要求，不同的阶段所学习的内容也不一样。卓玛草（化名）今年13岁，在合作市藏族小学上五年级，她告诉我们，来学院里练习书法是学校老师介绍的，自己已经跟着学了三个学期，现阶段正在练习楷书，“来练习就是因为我喜欢写字”。当我们夸她字写得漂亮时，她摇了摇头，低头笑了。

“这群小孩子特别幸运”

藏族姑娘拉姆来自西藏昌都，家中的兄弟姐妹很多，拉姆不是最大的，弟弟妹妹还在上学，哥哥们有的去外地做生意，有的出家当僧人。今年6月毕业于汉藏翻译专业的她毕业后没有马上返家，而是一有空暇时间就跑到工作室练习书法。她告诉我们：“开始没有书法社团，只知道有很厉害的书法老师，就直接找老师去上课学书法。”她在大一下学期经朋友介绍过来学习，到现在学了三年多了，2016年藏文书法社团正式成立，目前已有200余人，因为人多，都是分批次上课。拉姆目前阶段在练习书写梵文。

“他们很幸运。”拉姆感叹。拉姆从高二开始接触书法，只能用圆珠笔或签字笔进行简单临摹，而这群小孩子在小学就可以接触藏文书法，而且可以用专业的竹笔进行书写，也有专业的老师免费教授。

拉姆还向我们提及了一位家住云南的学长，毕业后当地政府部门帮助他开办了一个工作室，现在他经营着一家书法文化博物馆。当我们问她有没有像学长一样开一家自己的工作室的想法时，拉姆几乎毫不犹豫地回答“有”，但这份热情立马低沉了，“家里人不会同意的，他们让我找一份稳定的工作”。拉姆对自己未来的选择是迷茫的，“我也想开办一家属于自己的工作室，我没有报名省考和国考，”她调皮一笑，“但是毕业了要干什么呢?”拉姆又陷入了一阵深思和沉默。父母催促她回家的电话再次响起，她匆匆走出门外，不到一分钟后，她挂断电话，推门进入，长舒了一口气，笑着和我们说：“我爸妈又来催我了，但我暂时还不想回去，还想待在这儿练习书法。”我们问道：“其实父母想的更加实际是吗?”拉姆点头。

“成才就是回报”

“给老师什么东西，他都不会要的，有些毕业生回来看望他，带了一些牛奶，他也会把牛奶再分给我们。”拉姆口中慈祥的“老爸”桑吉扎西，是甘肃民族师范学院美术系的书记，也是甘南州藏文书法家协会主席。

扎西老师向我们介绍：“藏文书法、汉文书法都一样，练习要从孩子们抓起，练习时从三十个字母开始，然后是楷书、行书，步步深入，慢慢复杂。”扎西老师18岁开始当老师，“当了一辈子老师”。拉姆提起老师时不住赞叹：“老师从来都是很耐心地对待小孩子们，有些家长把二年级的小朋友都送过来，但是他们都不听话，也都不怕老师，老师还是很耐心地教授。”孩子们练习书法的竹笔、墨汁、大本子都是老师免费提供的，书法室里的洗手液和抹布也都是老师购进的。对于这一切，扎西老师只是淡然地说：“这是当老师应该做的，这是我的责任，教孩子们从来不求回报，成才就是回报，有出息、事业有成就是给老师最大的回报。”看着孩子们纯净的笑容，扎西“老爸”的眼神中充满了温柔。

扎西老师　　毛帅清　摄

（作者为兰州大学新闻与传播学院本科生；指导老师吴义东为兰州大学新闻与传播学院教师）

藏药大师的无奈

周红敏　王冰洁

“我们的计划就是在新的厂房里接待客人，参观、学习培训这一系列的都计划进去，包括我们的展厅、博物馆这些都可以建起来。一个完整的药厂，包括制药、文化展览等，这些都是一个文化体系。一个完整的文化体系搞好了，这样的话对甘南的旅游观光各方面来说都十分有意义。”这是丹巴尖措对于其公司新药厂的想法。

丹巴在讲述自己的新药厂　　周红敏　摄

如今年近花甲的丹巴尖措看起来和蔼可亲，身材微胖的他在谈及自己对于藏医的发展时仍然目光炯炯，即使汉语不太流利，但他依然努力回答我们的问题。

大师的长成

“我生下来两个月的时候生了一场大病，很多医生说我是没有希望活下来的。我的阿妈就抱着我找到了寺庙的活佛，在活佛的精心治疗下，没几天我就痊愈了，这是我长大以后阿妈常对我说的事情。”丹巴在1979年一个牧草茂盛的季节前往佐盖多玛寺出家，那里有丹巴的一位舅舅，他是寺院里修习的高僧大德。丹巴在寺院里学习了藏语文法、声明学、天文力算、四继密宗等。佛学思想和理论的学习为日后丹巴学好博大精深的藏医学理论奠定了基础。三年后丹巴来到了卡加曼寺院，寺院派他去学医，当时的六世江干活佛就让他去找旦科老师。丹巴于1985年正式拜旦科老师为师，老师不收取学费，丹巴吃住在老师家。在跟随旦科老师八年的时间里，丹巴系统学习了藏药的辨认、配制、炮制以及火灸、剖刺、骨折治疗等临床诊疗技术。丹巴在十几年的行医实践中，积累了丰富的临床经验，特别是长年潜心研究民间医治疑难杂症的独特治疗方法，获得了极好的治疗效果，受到了广大患者的爱戴和好评，被称为“华佗”再世，手到病除的“曼巴”。

丹巴在2006年独资创立了卡加曼藏医院，在2009年创立了卡加曼藏药开发有限公司，2015年公司通过GMP认证。丹巴作为公司主要藏药开发者，通过自己的努力使公司制剂品种从无到有。他开发了包括被纳入非物质文化遗产的“卡加足浴散”和“卡加沐浴散”在内的多种药品。

大师的无奈

历史上，藏医学的传承经历了家族传授和师徒传授的模式，丹巴医生就是他的师父旦科的下一个藏医传承人。“我的想法就是把藏药发扬光大呗，就要发扬光大，世代传承下去，就是传承不能流失，这也是我们中华民族的文化宝库。”这是丹巴医生对于藏医传承的想法，一个简单而又伟大的想法。

“我们把传承与现代化相结合，走公司化管理，也走向全国，走向世界。把藏药的文化发扬光大，我们的藏药已经规范化生产，达到国际上GMP生产认证，属于甘南的第三家药厂。”

这是丹巴医生为藏医传承所做的跨越式努力，从僧人到医生再到公司董事。

新药厂的建设以藏药的扩大再生产为主要目标，配套以藏医药文化为中心的旅游参观项目，将藏医药的传承与发展带入新的阶段。

“我们的新药厂目前建了围墙，基础打好了。藏药的发展方面国家有扶持资金，但是这个资金到现在还没有落实下来。我们每年都报这个项目，但是都没有拿到资金。但是靠我自己的力量，这么大的厂房修起来还比较困难。如果这个厂房能修起来的话，别说甘南的经济，甘肃省的经济都能带动起来。”这是丹巴医生对于新药厂建设的担忧。

新药厂在2016年初开工建设，位于甘南藏族自治州合作市工业园区，占地48601平方米。丹巴医生对于新药厂的定位是全能型药厂，包括制药、工业化旅游和藏药文化展览馆，加之卡加曼乡两山夹一河，山上灌木丛和松柏生长茂密，夏季时草木葱郁，景色宜人，位于卡加曼乡的老药厂则改建成医养结合的医院，从陶冶心志、精修到药浴、按摩，再到吃药调理，完整地结合起来。

“困难都是重重的，从目前发展来看就是资金的困难，技术人员的缺少。目前我们的生产与管理正在规范当中。”纵使丹巴医生对于藏药传承与未来规划发展充满了信心，但是资金与技术人员的缺少还是两大难题。

公司2018年的盈利是一千万元，今年的盈利目标是三千万元，但是由于缺少品牌效应以及销售渠道的狭窄，所以今年的目标难以完成。再加上对于新厂房三千万元的资金投入，现如今公司的资金已经运转困难。虽然政府在2018年给公司补助了一百五十万元和老药厂的一些零碎的二三十万元的补贴，但还是不足以解决公司的资金困难。

公司目前有五十多人，但只有四五个医生。培养看病的医生容易，但是培养制药与研发的医生却很难，因为真正的藏药必须具备传承秘方、特殊炮制的条件，特别是现在的大学生，理论都掌握得十分扎实，但在实际操作中却还是需要很多的实践学习。

藏医药是我们中华民族传统医药的重要组成部分，是我们国家的非物质文化遗产。传统的藏医药学与现代医学怎样结合的问题为现代社会普遍关注。有学者指出，用现代科技手段是促进藏医药科学化、规范化建设和发展的根本需要。但理论与实践是否能做到真正的结合，还需要实践探索，藏医药的发展也还需要长时间的探索。

“科学是科学，藏医是藏医。”当被问及现代医学对于传统藏医的影响时，丹巴医生有点无奈地回答。藏医药有其自身独特而完整的医学理念，而藏医药的传承需要一代又一代的努力。丹巴作为新一代的藏医药传承人，建医院、开公司，努力将传统藏医学与现代化结合，这些都是其对于藏医药传承的杰出贡献。但是藏医药的发展也受制于其受众面小、知名度低，人们更愿意相信现代医学。这是藏药大师丹巴尖措的无奈，更是藏医药发展的无奈，藏医药的发展任重而道远。

（部分文字由受访者提供。作者为兰州大学新闻与传播学院本科生；指导老师吴义东为兰州大学新闻与传播学院教师）

床头之上的梦想：一位藏族少女的求学之路

买钰莹　汪美灵　曹洁

身着民族服饰坐在床铺上的达目草　　曹洁　摄

初见达目草是在她的寝室：一位身着民族服饰的美丽少女坐在两头堆满书籍且格外整洁的宿舍床铺上。达目草是位于甘南州合作市的甘肃民族师范学院藏语系1604级应用语言学（汉藏翻译）专业的学生。她家在迭部达日村，来合作市读书已经是第九个年头了，目前大学三年级的她以专业第一的成绩已经连续两年获得国家励志奖学金。达目草的小学是在迭部的伊瓦乡小学度过的，在这个甘南藏区的汉藏双语小学度过了六年后，她便开始了自己离家求学的历程。

你去读书!

达目草的家乡是隐匿在迭部县美丽的扎尕那景区中的达日村，她的父母在岷县经营着家庭唯一收入来源的牧场。出生于1998年的达目草是家里的长女，除此之外她还有两个分别比自己小一岁和小六岁的妹妹，达目草说她家是“纯女户”。达目草的爷爷在达日村照看着达目草的主家，达目草说，爷爷是个懂藏汉语字母和数学的人，他是家里文化水平最高的人。达目草早期在岷县牧场和父母住在一起，等达目草到入学的年龄时，爷爷主动将达目草从其父母所在的岷县牧场接到达日村，并每天接送达目草于伊瓦乡小学和家之间。爷爷对小达目草的学习很上心，但小达目草却对学校和课本没有过多的兴趣，她依然留恋于岷县牧场的广阔天地，“每次放寒暑假回到牧场，我基本不写寒暑期作业，开学也不想回学校”。“牧场没有学校，没有老师，从牧场回到有学校的村子让我很不适应。”小达目草无心学业，但总是拗不过爷爷的坚持。随着她的一天天长大，每天在爷爷背上往返于家和学校的小达目草终于在三年级的时候“懂事”了，“爷爷很疼我，下雨天都要背我去离家那么远的学校，放学还辛苦地教我藏汉字母和数学，我不能不再好好学习了”。从那一刻起，对爷爷的愧疚让小达目草开始想用学习来回报爷爷的付出，也是从那次雨中护送后，小达目草的成绩开始慢慢好转起来。

在小达目草不再抵触学习之后，她开始将自己的目光从牧场的蓝天白云转移到老师的三尺讲台上。时间飞快，转眼就到了升学的六年级，此时的小达目草虽然在爷爷的监督和自己的努力之下成了班级里的佼佼者，但深知走出教育资源相对贫瘠的山区依旧十分艰辛的班主任开始对达目草和她的同学们有了更高的要求，“班主任老师是教我们藏文的，在六年级的时候开始要求我们每天早上五点必须到校，若是迟到就让我们做更多的功课并‘罚’我们走鸭子步”。爷爷的鼓励和班主任老师的严格要求虽然让达目草的成绩有了极大的提高，她的成绩甚至可以代表她所在年级的最好成绩，但在中考时她仍然与她心目中的卓尼藏中失之交臂。“卓尼县藏族中学是我们这边（甘南地区）最好的中学，本来我以为我会考上藏中，但是我没有，所以我就不想读书了。”达目草备受打击，甚至想放弃读书，但母亲的一番话将她最终“骂”醒了，“一个女孩子，要是不好好学习就只能嫁人，嫁人之后就只能像我一样种地，每天辛苦地生活，家人让你读书就是为了让你长大后不受这些苦”。母亲的这些话让达目草开始对自己的学习有了思考：读书是为了什么？“到此时我才明白我要是不读书也就只能成为第二个像我妈妈一样在牧场劳作的藏族妇女，我读书不单是为了不让家人伤心，我学习更是为了我以后不再辛苦地生活。”在母亲此番的劝导下，她才开始有了继续读书、主动为自己读书的念头。

我要读书!

达目草的中考成绩虽然与卓尼藏中失之交臂，但她的成绩还是足以将她送入位于州市的合作市中学。迭部县到合作市有四个小时半的车程，从风景优美但环境相对闭塞的迭部到州市，初到的新鲜感让达目草很是兴奋，但随着学习和生活逐渐步入正轨之后，她面临的一个个问题开始浮出水面。“合作的藏语和我们迭部的不一样，刚来的时候听不懂。”由于合作地区是使用安多藏语，而达目草家乡的藏语与安多藏语有着很大的区别，达目草不仅与合作地区的同学无法顺利沟通，在课堂上更是跟不上藏文老师的教学节奏，由语言造成的困境不仅让她在校园生活中倍感孤独，在学习上也感到十分焦虑，力不从心。达目草本就是个内向的女孩，沟通不便更是让她在班集体里有被边缘化的趋势，但幸好钟爱数学的她让作为班主任的数学老师注意到了。“我的初中班主任是个教数学的女老师，我在初一整个阶段的学习状态都不好，班主任老师为此时常找我谈心，我们什么都聊，她就像个大姐姐。”在“大姐姐”的帮助和对安多藏语的逐渐掌握下，达目草在初二时成绩终于有了起色。到初三之后，为了能够考上自己梦寐以求的卓尼藏中，达目草加倍努力，不仅补上自己藏语学习的短板，更是发挥了自己汉语和数学的优势，成绩逐渐接近卓尼藏中的升学要求。但就在填报高中学校的志愿时，达目草和自己的妈妈产生了冲突。“我想填卓尼藏中，但妈妈不让我填，妈妈觉得我考不上藏中，她认为填我自己所在的学校更有把握，就算我给她保证我肯定能考上卓尼藏中，她还是不同意。”达目草的妈妈想让自己的孩子万无一失地升学，学校的教学质量可以不考虑，只要有学上就可以，有学上就有希望！也许达目草个人的内心也有妈妈所想的那些顾虑，所以最终还是填报了本校。不过达目草的成绩很喜人，分数超过了卓尼藏中的录取线，虽然不能实现去卓尼藏中的愿望，但她对此很满意。

在高中阶段，达目草的成绩虽然优异，但因为性格内向的原因在课堂上与老师互动的积极性不高，如达目草描述，“我回答问题时脸整个都是红的”。由于达目草对安多藏语的掌握不是很熟练，对自己的藏文能力很是怀疑，性格内向以及对自己的不自信使达目草成了老师眼中“胆小的学生”。但幸好此时达目草的班主任，同时也是达目草的藏文老师，发现了达目草的问题后主动引导达目草的积极性。“在课堂上，班主任老师‘故意’点我回答问题，回答时要是声音小了，他会要求我发言要洪亮。在每次上课之前都会叫我起来简要说明预习的内容。我们迭部的学生汉语好，但藏文真的不行，我的藏语能力的提升全靠我高中班主任的一次一次‘点名’。我的胆子也小，以前都不敢在人面前大声讲话，而班主任老师总是‘点’我起来，就这样慢慢地，我开始能够在众人面前自如地讲话。”达目草说着便用眼神知会我们，显然她现在已经能够坦然地与我们进行面对面交谈。如今自信的达目草是她高中藏文老师课堂上的一次次“点名”和达目草的不断坚持才改造而来的。

我的“导师”

达目草提到，在她高二的时候，她原来就读的伊瓦乡小学的老师联系她，说北京有个基金会要给他们村小学优秀毕业生给予资助。通过这个基金会达目草认识了给予她一对一帮扶的程阿姨，也就是她眼中的“人生导师”。达目草说这个基金会是程阿姨的大学同学合力成立的，他们是通过合作市教育局联系到她所在的伊瓦乡小学，经过学校推荐以及基金会对所推荐学生的家庭困难程度的考核，最终确定了一批像达目草这样品学兼优但家庭经济困难的学生。“我的父母在岷县以种植农作物为主要收入，家里的牲畜不多，我们姊妹三人都在上学，基金会的经济援助减少了自己学业花费的不少负担，但程阿姨的出现带给我的是一个全新的世界。”达目草的爷爷是家中长辈文化水平最高的人，但也仅限于简单的藏汉语字母和常用的数字计算，她的父母都没有进过学校，对她的教育和引导非常局限。“我们那边读书的人很少，我有问题根本不知道应该问谁，程阿姨仿佛是我的‘导师’一般。阿姨是个女强人，她自己创业开办公司，她除了给予我资金上的帮助，还会于每年9月随基金会一同来合作看望我们这些被援助的学生。”

在高中时达目草所在的学校不允许学生带手机入校，达目草就用纸笔与程阿姨联系，阿姨来合作的那些日子是达目草最为期待的。每每阿姨来到合作，达目草总能与阿姨畅聊几个小时，生活、学习都是阿姨所关心的。在达目草看来，阿姨的到来是她接触外面大城市最直接的方式，让达目草最心动的是和阿姨聊北京。“阿姨就像是我的‘导师’，在阿姨没有出现之前，我是迷茫的，我知道我需要学习，但单单为改变命运的想法一度让我对自己产生疑问，不仅不知道学习到底为了什么，也不知道近在眼前的高考专业对于我而言什么是适合的，而在与程阿姨的沟通中这一切也逐渐变得清晰。”在高考前夕，程阿姨建议达目草学习汉藏翻译，而且先让她熟练地掌握藏语和汉语。达目草说选择汉藏翻译不单是阿姨的建议，更是自己的兴趣，她说自高中起自己就对课本中的汉藏翻译非常感兴趣，有了程阿姨的推动，达目草更加坚定了学习汉藏翻译的信念，所以在高考填报的时候她坚定地选择了应用语言学（汉藏翻译）。

以梦为马

达目草所在的应用语言学专业班级共有55个人，这些学生都是藏族，同宿舍的舍友有来自青海的，也有来自西藏的。“她年年都是我们班的第一，而且成绩每次都把第二名远远地甩在后面。她学习成绩好，人也好，她就是个‘十全十美’的人。”坐在达目草侧对面的女孩说。这个女孩是达目草来自西藏的舍友，同时也是同班同学，由于在入学后因语言不通的缘故，一度对学习失去兴趣。“学校教的是安多藏语，这与我们拉萨的藏语有着很大的区别，刚入学那会儿，藏文课我基本跟不上，而同宿舍的达目草就是我最好的补习老师，她总是很耐心地教我。”舍友还补充说，达目草每天6点就起床去自习，风雨无阻。虽然在舍友眼中达目草已经是异常的勤奋努力了，但她自己认为还有很多的不足。“刚上大一那会儿感觉很新鲜，也只是按部就班地完成学习任务，从来没有想过拓展一些其他的文化知识，到大二的时候才逐渐明白汉藏翻译不仅需要了解藏汉语的字面含义，更是要懂得其应用的语境。”“我要对汉藏文化有着足够的掌握，尤其是藏语背后的文化，比如藏族历史、文学，以及梵文都是需要熟练掌握的。”除了学习之外，达目草特别喜欢舞蹈，为此她报了学校的锅庄舞社团，并参加了相关的比赛，还获得了不错的成绩。数学也是达目草从小喜爱和擅长的专业，虽然在平时的专业课程中很少涉及数学，但达目草依旧积极地参与学校的各种数学竞赛。

达目草说她现在不仅知道自己学习的目的是什么，更知道自己想要的是什么。“我也想以己之力去帮助别人。”她说这是她的“导师”程阿姨对她最大的影响，她想成为阿姨那样的人。她现在虽无程阿姨那样的能力，但她会从最小和最近的事情做起。达目草目前回家的主要任务就是督促她在卓尼藏中的三妹学习，并给家附近的小孩补习功课。她还会利用寒暑假时期到迭部县城的饭店去做一些兼职，虽然挣来的钱不多，这些钱也不能使她像程阿姨那般去资助别人，但她也总是慷慨地用自己辛苦挣的钱给家人和附近的亲戚来买些小礼物，“爷爷不希望我为他花费，一般我就直接买东西提给爷爷，爷爷嘴上虽然说着不愿意，但表情还是掩盖不住他内心的喜悦。”达目草微笑着对我们说。达目草说她不仅想给身边人给予学习和物质上的帮助，更希望向他们传达“坚持”的力量。“这种坚持最开始是爷爷传达给我的。小时候在牧场没有老师，从岷县自由的牧区到伊瓦乡小学的课堂是爷爷带给我的一种坚持。”在考入合作中学后，离家的陌生感，语言不通的不便都没有将她束缚，这是坚持带给她的收获。在高中三年的紧张学习中，坚持依旧是她最好的陪伴者，而程阿姨从高二开始对她进行的持续性帮助更是让她看到了坚持的难能可贵。是坚持让她从牧场走向课堂，是坚持让她有了像程阿姨那样有能力帮助他人的机会。

在采访的最后，达目草说她现在开始准备考研，她打算考西藏大学的历史专业，因为专业涉及梵文的学习，虽然她近期参加了一个关于梵文的选修课程，但梵文学习依旧是她目前主要攻克的困难。达目草说虽然现在看来考研的目标还有些困难，但她还是会继续坚持的。“现在的学习环境越来越好了，虽然在早些年间，我所在的少数民族地区的学生因为地区教育资源相对匮乏的原因而在接受教育程度的水平上相对来说落后于其他地区，但随着国家教育资源向少数民族地区的倾斜，越来越多像我一样的藏族学生能够坚持读到本科，甚至还有不少同学有出国留学的机会，也有不少同学能够继续升学进行研究生阶段的学习。”在与达目草分别之际，望着达目草床铺两头的书桌，想到夜晚的达目草在被堆满书籍的狭小空间入睡，虽然一个不小心就可能磕在头顶上方的书架，但看着达目草坚毅的双眼，我想她肯定不会在意被磕时的痛楚，因为她的床头上面顶着的是她的梦，磕着的是她未来的希望！

（作者买钰莹、汪美灵为兰州大学新闻与传播学院硕士研究生，曹洁为兰州大学新闻与传播学院本科生；指导老师吴义东为兰州大学新闻与传播学院教师）

从杂货店到快递站：致富路上的扎西尖木措

张铃　吴桐

十五年前，扎西尖木措一家还住在甘南州夏河县麻当乡的一座大山上，以种地为生。现在，他们在山下拥有了一家杂货店和一个快递网点，日子过得有声有色。

凌晨三点，即使是盛夏的7月，夜色静穆的甘南州气温也经常低至5 ℃以下，扎西大叔一天的忙碌已经开始了。起床，整理，出门，开车，这样的凌晨简单而繁忙。妻子还在熟睡，扎西大叔开车启程去临夏进货。为了保证杂货店的货物正常供应，这样的早起隔天一次。

扎西大叔一家在2004年下山谋生，那时两个女儿都在上小学。当年还没有上山的公路，步行上山会耗费一个小时，一家人种植简单的作物，靠天吃饭的日子和过去许多代人一样。如今家里已经添置了一辆摩托车和一辆小汽车，上山、进货、出行都方便了起来。回忆起过去的辛酸，扎西大叔带着自豪的笑——靠着一家人的双手和努力，脱贫，致富，日子越过越好。

扎西尖木措在杂货店　　张含瑄　摄

创业之初，夫妻俩开了

一个家庭藏包馆，简单的夫妻经营模式，和面、制作、招呼客人、打扫卫生都是自己操心，这一干就是九年。“以前苦，站着一天，脚肿了，我媳妇双手一直在水里洗着，手也坏了，就靠做藏包馆养活两个女儿。”扎西大叔笑起来眼睛弯弯的，说话间，几次望向里间正在整理货架的妻子。

辛劳之余，夫妻俩琢磨着更好的致富之路。六年前，他们用攒下的钱盘下现在这个杂货店，妻子卖货，丈夫进货，分工明确，生意也一天天好起来。从第一年的赔本，到第二年的收支基本平衡，再到现在一天能卖上千元的货物，小店生意的变化也记录着一家人生活的巨大改善。这些年，两个女儿慢慢长成了大姑娘，大女儿去技术学校学习厨艺，学成后外出谋生，小女儿考上了兰州敦煌艺术学校，毕业后留校任教。自从夫妻俩经营的小店步入正轨后，扎西大叔早起进货的频率也越来越高了。多年的劳作和奔波，扎西大叔有着和大多数藏民一样的黝黑皮肤，也有着他们特有的乐观和开朗，宽宽的脸上，笑容不断。

上午十一点，进货完成，八个小时的忙碌让扎西大叔有些疲惫，但他并不忙着休息，而是帮着妻子一起搬货、理货。杂货店店面不大，但经营类目却不少，水果、粮油、蔬菜、日用品，琳琅满目，不时有进店买东西的乡民和扎西大叔打招呼。

下午是大叔进县城取快递的时间。一来一回，取上快递，三个小时的奔波，加上上午的进货，疲惫在所难免。扎西大叔不言辛苦，想了想，说道：“上夏河，天气热的话瞌睡得很，怕出事故，我靠边找个安全的地方停一下，睡上十分钟，最多十五分钟，然后再开车走。”

夏河县地广人稀，快递只送到县城，住得远的人们就有了取快递的烦恼。随着这些年网上购物的兴盛，甘南州的牧民们网上购物的频率也在变多。乡民取快递需下山，搭班车进城，取上快递，再等班车回家，上山，往返数个小时，花费三十元。去年，扎西大叔在琢磨更多的致富办法时注意到了这一现象，开始代取快递，再打电话联系乡民取快递，一件收费五元。

扎西大叔回忆起刚开始代取快递时，一次只有四五件快递，最多不超过十五件，那时经常收的钱连油钱都不够。“为人民服务嘛，一开始做这个也是想着方便大家，谁想到现在还能赚上钱呢！”这一年来，取快递方便了，乡民们的网购热情也迅速高涨，衣物、生活用品、电器是大家网购的主要物品。现在扎西大叔每次进城取的快递已经达到了四五十件，自己也从亏本到一个月能赚五千元左右。代取快递是扎西一家的致富宝，快递数量的递增也是普通乡民的脱贫见证。

夜幕降临，扎西大叔结束一天的操劳，关好店门，吃完晚餐，扎西和妻子会用微信和两个女儿聊聊天，一家人的微信群聊热热闹闹。当年的小学生已经长大，当年的贫困户靠着双手的奋斗，已经在脱贫致富的路上越走越远。

我们看到的是扎西大叔普通的一天，这些年，他每天都是这样过来的，这样普通的一天天、一年年，成就了今天的美好生活。我们看到的扎西一家是普通的藏族家庭，在夏河县，在甘南州，到处是这样为美好生活奋斗着的普通人，这个普通藏族家庭和所有奋斗着的家庭一样，日子越过越好。

（作者为兰州大学新闻与传播学院硕士研究生；指导老师吴义东为兰州大学新闻与传播学院教师）

精准扶贫系列跟踪报道

——“摘帽”后的巴桑一家，还是有点愁

曹洁

“家里啥都没有，钱没有，牛没有，羊没有。”这似乎是巴桑大叔对儿媳离开这个家的原因的概括。“那孩子在家会想妈妈吗？”大叔的儿子在一旁，大叔听到这个问题后露出无所谓的笑容，“他不懂，也不会去想这个”。

盘腿大笑的巴桑大叔本人　　吴义东　摄

在桑科乡一眼只能看到蓝天白云和无尽绿色的草原上，我们再次见到了去年才“脱贫摘帽”的巴桑大叔一家。不长不短的一年时间里，巴桑大叔的面容明显地苍老了许多，鬓角两侧的头发茬儿看起来已全白，但没有变化的是巴桑大叔高原红的脸庞上粗犷豪放的笑容和对远方来客的热情。巴桑的妻子达老，穿着去年见她时的那件袍子，笑着招呼我们进自家屋里坐坐，那张透露着勤劳与朴实的笑脸比起去年似乎又苍老了不少。

何谓贫困户？一看房，二看粮，三看劳动力强不强，四看家中有没有读书郎。巴桑一家能够脱贫，也正是因为满足了以上四个“指标”。问起脱贫后的大叔一家，是否觉得自己已经真正脱贫，认为脱贫的标准是啥样。大叔的儿子，今年25岁的贡保当知抹了抹嘴唇，笑着说：“这我们也不知道，反正家里还是连买牛羊崽的钱都拿不出来。”

受益于之前安置拆迁、危房改造的扶贫政策，大叔家在2016年底拿到了政府补贴的2万元，并建起了从外部看起来还不错的新房子。走进房间内部，家里的四间房（其中有两间为卧室）中，东西却少得可怜：房间里最值钱的可能就是这个在政府补贴下购买的24寸液晶电视，现在这个小小的物件几乎成为巴桑大叔的孙子了解牧区外面世界的唯一窗口。

问起今年的收入情况，贡保揪下一根草放在嘴里嚼着说：“收入比去年少了，到目前为止还没挣到一分钱，牛羊卖掉才能换来钱。”贡保当知告诉我们：“扶贫的补贴今年停了（笔者注：通过后续采访，我们从当地包村干部苏小梅处了解到，巴桑一家符合脱贫条件后，已被归入脱贫户。今年依然可以享受的补贴包括精准扶贫贷款的续贷、草原补贴，政府代缴的养老保险和医疗保险），家里现在还是没有买牛羊的钱，我们要从哪里去挣更多的钱？”这里的环境一过8月和9月的旅游旺季，马上就会迎来恶劣的自然条件，再加上牧民的收入来源也都比较单一，无非是以放养牛羊为主，顺带在旅游旺季给游客搞骑马观光收费，春季之初挖点虫草卖钱。

巴桑家可以容纳下200头牛羊的草场上现在仅有17头牦牛、60只羊，而这些牛产出的牛奶及制成的酥油也只够自家人食用，根本不存在赚钱一说。今年，夏河县旅游局为填补桑科自驾车营地没有停车场的空白，从年初开始在草原边上建起了总占地面积约90.4亩的大型停车场，而停车场的位置正好就在巴桑一家草场的外围，这也是导致巴桑一家今年收入减少的原因之一。贡保用不太流利的汉语解释说：“往年这一个半月的旅游旺季，我可以把坐在马背上的游客牵到我们家的草场里，这个（停车场的）楼一盖，我们这片草原不美了，游客也都不来了。”而这一个半月，巴桑家损失的是将近四千元的收入。这些钱，约占巴桑一家年收入的八分之一。今年的牧区雨水充沛，牧草长势好，非常利于牛羊生长，可是没有钱，便买不起牛羊。更棘手的是一只羊养两年时间，卖出去后才能赚到500至600元钱。此种困难下，若想过上更美好的日子，没有创收策略和思路的巴桑一家该何去何从？

贡保的妻子离开后，这一家的主要劳动力只剩巴桑大叔夫妇和他的儿子三人。贡保当知18岁时就结了婚，他只读到了小学二年级，既是因为家里穷，也是因为在他那个时候，大家都只念到小学二年级就选择去草原上放牛羊，不继续念书了。贡保前两年跟着亲戚去过广州，在深圳一家一个小时可以挣18块钱的电子厂打工，干了不到一个月，贡保再次回到了这片单调且单纯的草原。“那个地方饭不好吃，水也不好喝，不习惯那个地方，不自由。”巴桑大叔听懂了我们在聊什么，在旁边笑着说：“（贡保把）挣的钱花完了才回来的。”从贡保为数不多的几条朋友圈可以看到，2017年底他买过一张从深圳飞兰州的机票，并在朋友圈上传了从飞机在跑道上起飞、空中翱翔、地面滑翔的三个小视频。相比去离家近的夏河县城或者兰州市打工，贡保更愿意留在家里放牛羊，“外面的工资太低了，一个月1000多，没意思”。我们问贡保，这两个月的旅游旺季一过，还准备去外面打工看看吗？贡保似乎不愿多谈，只是低头把玩着手里的草，低声说：“不去了吧。”当地政府每年会为草原上有外出打工意愿的牧民组织一到两次培训，包食宿且发放一定的培训补助，但贡保当知因为汉语能力和文化水平低，从来未能报名参加此培训。此番情境下，贡保当知若想为自己的家里创收，出路在何方？

贡保的儿子正在当地的新农村上幼儿园。向贡保问起孩子的具体情况，贡保告诉我们孩子从小由奶奶抚养长大，“他都自己玩，不用管的，陪着他玩那我岂不是得累‘死’”。贡保的孩子从来没有走出过桑科乡，贡保也没有想带他出去看看的想法。至于以后会不会让孩子上小学，对他的学习有没有什么期许这些问题，贡保从来没有想过，他从没有听过读书改变命运这种事情，只希望孩子别学坏就行。临走前，贡保凑上来低着头说，他想要的生活其实就是“挣点钱，不用成为有钱人，有生活费就可以了，健康快乐最重要。我喜欢草原，不喜欢城市，想做的事情是可以一直在草原放牛放羊，骑着马唱个歌，自由自在地在草原上生活”。

问巴桑大叔家里现在最缺的是什么，他搓着自己的两根手指头说：“当然是钱嘛。”可是不知道想到了什么，大叔随即摸着脑袋放声大笑，布满褶皱的脸庞上带着一丝不甘心和无奈，“现在这样挺好的，挺好的……”精准脱贫带给巴桑一家的，是拥有了可以维持温饱的牛羊，是家里盖起的新房子，是房间里摆放的电视机，是还清了的债，是让家里的小孩儿有学可以上。但在向着更美好生活前进的路上，巴桑一家拥有的新烦恼又该怎么解决？想要挣更多的钱有什么新思路和好办法？

“摘帽”后的藏区定居生活，给了巴桑一家更多的选择。政府为巴桑大叔家买牲口、修房子、给现金，这样的做法让桑科乡许多户像巴桑这样的家庭在数据指标上脱了贫，可对于这些家庭来说，“思想上的脱贫”何时才能实现？“巴桑”们之所以贫困，绝不仅仅是因为没有资金去实现自己的目标——他们想要养更多的马、更多的牛、更多的羊，挣更多的钱。如何调动巴桑一家的主观能动性，让他们不仅要有对美好生活的向往，更要有过上好日子的策略和方法，而不是一味地依赖政府、等待补贴这个问题，在当下显得十分重要。“脱贫摘帽”后的巴桑一家，在追求更美好生活中过程中该何去何从？

（作者为兰州大学新闻与传播学院本科生；指导老师吴义东为兰州大学新闻与传播学院教师）

牧民当巴和她的草原艺术馆

冯俊荣　曹洁

你所想象的美术馆应该是什么样子？在世界知名博物馆中？在经济发达的城市中心？还是在大名鼎鼎的艺术街区？在桑科草原上有这样一家美术馆：以蓝天为幕，与草木相接，它免费向所有去那里的游客开放，所有藏品皆与草原有关。

7月10日，夏河的天空经过昨晚的雨水洗礼，一碧如洗。上午9点的阳光还不灼热，我们一行人来到了桑科草原的深处。

车停下来的尽头是一处牧家乐：红砖搭起来的墙壁，木制的平方屋顶，水泥铺就的地面，房屋呈“U”字形面对着我们，中间是一个正方形的花坛。红色砖房的右侧一行醒目的大字映入眼帘：正东向西美术馆。蓝天、白云、绿草，处于其间的红色铁皮美术馆格外显眼。

当巴照片　　曹洁　摄

牧家乐的主人是女性藏民当巴：三十多岁，长长的头发被盘在脑后，皮肤偏黑，还有太阳晒出的红斑。身穿褐色的藏袍，头戴米白色的遮阳帽，但一双杏眼格外清澈。

“骑马吗？可以去骑马。”

当巴与司机打完招呼后以为我们是来观光草原的游客。

美术馆在木制的板房搭建起来的二楼，一楼是为游客提供的面向草原的住宿房间。说是美术馆，实际上空间再小不过了：十几米左右的走廊过道而已。过道两旁摆放着十几幅有关藏族风景人物的油画。雪地里的藏民，头戴红布的藏族男人肖像，恬静的藏族少女，草原上的牦牛……这些独特的藏族风景都入了画中。画廊的靠墙两侧分布着白色或棕色的藤制桌椅，供人休息。

“这是您家开的美术馆吗？画得可真好看！”当我们对当巴发出赞叹之声时，当巴不好意思地笑了笑：“这是我们和别人合开的，不是我画的。”

当巴家世代以放牦牛为生，从前每天的主要任务就是骑马驱赶牦牛，一年到头希望将牦牛卖个好价钱。随着甘南旅游业的发展，在司机帮助拉客的机遇下，当巴家的牧家乐逐渐发展起来。“阿姨您家的房子好像比去年又变得漂亮了。”“啊，对的，今年又粉刷了一次。”当巴一边打水，一边回忆起最初开办牧家乐的情景：“2007开始办牧家乐，别看现在有这么多间的房子，当时只有土炕，后来一间一间的房子才慢慢建起来。”从单纯地养牦牛到牧家乐的开办，再到如今建立一个小的美术馆，当巴家不仅经济状况得到了改善，居住环境（自然环境和人文环境）也变得越来越美。

“这个馆是前两年建的，画是画家孙正东画的，他每年都会来一次桑科草原，今年有事就没有来。”就在我们误以为画是当巴的教师丈夫画的时候，当巴连连摇头，谈及正东向西美术馆时，她强调她的合伙人是孙正东画家。画家孙正东提供画，当巴负责建好美术馆。

甘南旅游业的发展使桑科草原上很多的藏族牧民发展起了牧家乐。骑马、草原足球、品尝藏族特色食物等项目几乎在草原上的牧家乐里都能见到，而在这千篇一律的牧家乐中，当巴牧家乐的美术馆最为独特。

画家孙正东是当巴的合伙人，当被问到为什么选择和当巴合作时，他是这样回答的：“我的作品基本一半都取材于甘南，我希望我的作品源于草原也可也归于草原。我希望我的美术馆可以体现真正意义上的藏民俗文化，在这里可亲近藏民真实的生活，清晨可以看到藏民挤牦牛奶，傍晚可以跟着藏民赶牛羊。这里风光更加秀丽，我打造了桑科唯独的草原深度游。美术馆其实就是一个画廊，一个供游人休闲的场所，与城市里那些清高寡众的美术馆不同的是这里接地气，作品源于这里就让它归于这里。在二楼的平台上可以观赏壮美的落日和广阔的草原，这也是圆我的甘南情结。”

当巴没有多少文化，不会画画，比起邻居连汉语都不会说的情况，当巴至少是个“汉藏语小翻译”，但也并没有想到建一个美术馆，当巴最初只想建牧家乐，是画家孙正东的提议以及出资才有今天的正东向西美术馆。

我们最初认为当巴建美术馆是为了吸引更多的游客，但当巴说美术馆建好了之后游客并没有增加多少，也不指望用这个来提高收入，美术馆是免费开放的。提及她的合伙人孙正东，当巴像谈及一个老朋友。正东向西美术馆的画廊里也有画家孙正东为当巴画的肖像画：当巴一脸微笑，围着橘色的围巾，左耳戴着金色的长条耳环。

骑马赶牦牛，挤奶，端菜，照看小孩……当巴一天的生活很忙碌，牧场的经营、接待游客都需要当巴来处理，丈夫平时在附近的乡村小学教书，两个女儿还在上小学，牧场所有的事几乎都靠当巴和她的邻居。闲时当巴会穿过画廊看远方的落日和松软的云。

正东向西美术馆就处在这美丽而略显忙碌的桑科草原中，就是当巴一家人炊烟袅袅的生活的一部分，就为远道而来的游客提供一个默默欣赏、静静沉思的场所。走进这条画廊，脚步就会放慢，眼睛就会随着画动，然后不知不觉走完画廊，面向远方的绿山蓝天。

艺术不只是存在于音乐厅、书法协会以及城市展览馆中，桑科草原上的正东向西美术馆就与草木相接，它是当巴家的重要组成部分，承载着当巴与画家的友谊，也承载着藏民族的艺术和生活。

（作者为兰州大学新闻与传播学院本科生；指导老师吴义东为兰州大学新闻与传播学院教师）

宁菊英：巧手绣奇景

汪美灵　买钰莹　曹洁

甘肃省各级妇联积极帮助贫困妇女通过手工编织来实现居家就业，把从事刺绣、香包、剪纸、编织、服饰、贴画等民族民俗传统手工技艺的妇女统称为“陇原巧手”，并且在国家市场监督管理总局注册了商标。2015年以来，甘肃省妇联每年从财政厅争取落实1000万元资金，用于“陇原巧手”技能培训和产品研发，已累计培训巧手及骨干20.67万人。

在各级妇联的帮助下，卓尼县柳林镇的宁菊英于2016年11月创办了全乡第一家文化旅游发展贸易公司，主要经营纯手工编织刺绣、特色食品及民族用品，先后吸纳员工32人，其中建档立卡贫困劳动力16人，并且已培养带动周边200余名贫困妇女加工手绣鞋垫、抱枕、提包等，县人社部门将其公司认定为“就业扶贫车间”。

宁菊英门店办公区域的墙上，挂着一幅字画，上写“巧手绣奇景”五个大字，这是她在2018年冬天进行培训时得到的，既是对她的肯定，也是对那些靠自己的双手脱贫致富的巾帼们的肯定。

“总觉得应该做点什么”

宁菊英，一个圆脸、爱笑还有些腼腆的女人，相比于村里的同龄人，具有初中文凭的她算是文化水平较高的人。她16岁开始绣花，因为在她的家乡，她这一代人，姑娘出嫁前为了避免被婆家人笑话，必须学会做针线活。“那时候我们都会做这些活，每个女人都会做。”当年她学绣花的目的是如此简单，她也不会想到，十几年后她的好手艺竟然成为一次契机，让她有机会带领更多的巾帼靠自己的巧手走上脱贫致富的路。

1999年，宁菊英步入婚姻的殿堂，结婚后和村里的女人们打成一片，做农活、拾柴火等，她说自己当年不管干什么活都和她们在一起，自己了解她们，也知道她们，她们也信任她，2012年她当了村里的妇女主任。2015年，县上要进行一次培训，她推荐了村里的两个媳妇和自己的妹妹去参加，没有去培训的她思来想去最终加了培训群里一个老师的微信。她说因为自己的手工活做得好，曾在2009年和2011年被推荐参加过两次培训，可是“那时候太年轻，没什么想法，但总觉得自己应该做点什么”。于是，她为了不再错过机会，得知老师第二天要去合作市培训时，便在第二天早早地赶到合作市。她如愿参加了培训，并和老师进行了一次谈话，自此，靠巧手致富的想法便在她的心里扎了根，发了芽。2017年她成为村妇联主席，并一步一步地去实现自己身为最基层妇女干部的愿望，即带领全村姐妹脱贫致富。

商品从微信朋友圈到公司门店

自那次培训后，宁菊英便与那位老师开始了合作，她口中的老师是“陇原巧手”经纪人邓世贤。她第一次与邓老师合作的订单是绣花，她和村子里的妇女一起加工半成品，做好后再邮寄给邓老师，以此来赚取手工费。

经过将近三年的时间，她开始尝试制作单品，并在朋友圈打广告出售。第一个单品是金坠子，最初，宁菊英的朋友圈里都是亲戚朋友，商品“卖得不太好”，可她并没有放弃，经过一点点的培养，目前，她的微信好友中顾客已经有2000多人。由于其销售规模不断扩大，也为了带动更多妇女增加收入，宁菊英将开店的想法提上日程。

她于2016年注册了公司，2018年7月开了门店，宁菊英表示在开店时因为有政府的大力支持，办理各种手续很方便，并且政府对其商品也进行了大力宣传。宁菊英说：“说到政府支持不应该只想到资金，其实政府对我们的支持体现在各个方面。比如通过政府的牵线，中建集团进行消费扶贫，过春节采购相关礼盒产品，帮我们把产品销出去，这都是给我们的支持。”

该公司采取的是“企业+订单+贫困户”的模式，在对相关人员进行技能培训后，把生产原料发放到其手中，实行按件计薪，她们可以在家中进行“居家式”生产加工。随着商品需求量的增加，宁菊英的收货范围从自己的村子辐射到了县城周边，由二三十人到两百多人。她说：“她们做多少拿回来交给我，她们是受益人，因为她们不担一点风险，比如做一双拖鞋是25块钱的手工费，她做了10双，我把钱给她，她不用担任何销售的风险。”

现在该公司的销售渠道主要有三种，一是店面销售；二是网络销售，抖音、快手、微信朋友圈都会进行相关销售；三是代理销售，有大学生兼职，也为旅游景点发货。现在销售最好的就是店面，该店也是卓尼县旅游打卡点之一。

“卓尼民俗文化的缩影”

宁菊英说：“我们店的装修特色，是我们卓尼民俗文化的缩影。游客来到我们店，虽然店面挺小的，但是能把我们卓尼所有有特色的东西了解到。”

为了方便游客停车，她将店址选在了靠山的位置。在背景颜色相同的牌匾下很难一眼发现其店面的不同之处，可是从进门开始，便可以领略卓尼民俗文化的风采。进门右手边是卓尼县乡村饮食文化的缩影，一个小小的连锅炕，上面放着火盆，这展示的是在农村主人可以为到来的客人熬奶茶，大家可以一起坐在炕上，围着桌子品尝当地的酸奶、腊肉、腊排等特色食物。相对的左手边是农耕文化的展示，地上放着耕地用的模具，墙上贴着老照片，照片整体展示着其服饰的演变。

照片的尽头是体验区，游客可自行体验手工制作鞋、香包等物品。四张小矮凳围着桌子摆放，桌子上面是可以进行手工制作的小物件，各种颜色的线以及小剪刀等应有尽有。在体验区的对面是三格毛服装文化的展示，宁菊英细心地介绍着每一款服饰，讲解其中的不同，比如“姑娘扎红色的头绳，新娘会带着银钱，扎灰色的头绳”。

继续向前便来到了编织区，展示柜上有各种自主研发的纯手工制作的商品，手捧花、抽纸盒、拖鞋等。在一个展示柜上放着相框装裱的绣品，宁菊英说：“这是没有绣好的，绣好的都卖出去了，这里的就是摆设。”当别人表示看不出缺点时，她说这些商品“针法不好，不够细腻”。这里有一个展台专门展示各种小孩所穿的纯手工制作的鞋子，宁菊英说当时抱着试一试的心态拿着这些鞋子去参加敦煌文博会，结果销量很好。

接下来是服饰文化展示区，有过去的物品，也有她们自主研发的藏服。比如有过去和现在新娘、新郎结婚时所穿的服饰，也有麻布包袱、羊毛挤腰、羊毛腕套、羊毛毯子等具有民族特色的展品。

在编织品展区的对面是当地有名的手工艺品洮砚，洮砚的对面是当地特色食物展区以及一些礼品礼盒。宁菊英对这些物品了如指掌，每当介绍到其公司自主研发的商品时，她都会指出并强调“这是纯手工的”。

带领巧手编织脱贫致富梦

宁菊英说之前村里不能出去打工的妇女靠上山采菜等，每年的收入只有几千块钱。如今，她们做手工的收入一年可以达到一万到三万元不等，越勤快的人，收入越多。宁菊英提到了车间里面做得最好的苗曼高，她家今年已经脱贫，她现在一年的收入最高可达到三万元。

为了扩大“扶贫车间”的规模，宁菊英已经着手建立厂房，厂房可容纳五十至一百个工人，主要用于藏服的制作。待厂房建起来后，所有的工人都要进行相关培训。宁菊英说：“员工一定要去培训，培训对我们的帮助特别大，在各方面，也可以让员工更标准一点，活更细一点。”

因为自己的学历限制，宁菊英也会参加各种培训，而每一次的培训都会让她有新收获，比如去成都培训后她有了做五件套礼盒的想法，去甘谷培训后，她们开始做拖鞋，去合作市的一次电子商务培训后，她听取了老师的建议，将店里出售的鞋垫外包装上贴上二维码，这样可以让更多的顾客知道她们，“我的微信客户越多，我的产品能销出去的越多”。为了保证店里商品的质量，她会亲自验收，“商品验收不过就不要，让她重新做，料也要赔，”她笑着说，“这些都是和她们提前说好的。”

宁菊英在巧手绣奇景的字下接受采访　　曹洁　摄

说到难处，宁菊英说自己的公司在研发产品上还有欠缺，因为资金的问题，请不起设计师，只能是内部员工进行相关产品研发。虽然会有难处，但她走下去的脚步足够坚定，她说：“我丫头很支持我，她说一个女人，要干点什么。”而她也下定决心用自己的行动证明，自己能将此事做得更好。

（作者汪美灵、买钰莹为兰州大学新闻与传播学院硕士研究生，曹洁为兰州大学新闻与传播学院本科生；指导老师吴义东为兰州大学新闻与传播学院教师）

酸奶与藏靴：传统手工艺的“传”与“不传”

汪美灵　冯俊荣　曹洁　买钰莹

因境内大夏河得名的夏河县，位于甘南州西北部。7月的正午，漫步在夏河县的街道上，烈日当头，而一阵阵风吹过时竟带有丝丝凉意。在蓝天、白云、青山的映衬下，一座座带有地方特色的建筑更是平添了几分亮丽。在此地，具有地方特色的手工藏靴和手工酸奶也自然成了一道风景，只不过，在经济的不断发展中，酸奶与藏靴所处的是两种完全不同的境遇。

“我一定要传承下去，让后代知道”

漫步在夏河的街头，随处可见的手工酸奶是当地的特色。在特色街上，有一家小小的店，主营手工酸奶和酥油，这家店的老板是位50多岁的阿姨，说着不太流利的汉语招呼着前来购物的客人。四年前，前半生一直和放牧打交道的草老开始经营小店，说起开店的缘由，她的外甥女道吉普毛说，是因为放牧要风雨不误，比较辛苦，而草老有祖传的手艺，外加夏河旅游的发展，游客不断增多，开店也是营生的手段，便来到了这里。

最初草老在儿子的帮助下在楼梯间开起了一家小店，她汉语不好，便借助计算机按出价钱和顾客进行沟通。如今有了店面，草老也可以无障碍地进行相关货物的售卖，另外，店里除了日常零售，还会将酸奶送至饭店进行销售，在旅游旺季，日销售额会突破千元，并且草老的妹妹也在打理另外一家同名店。道吉普毛说店名的意思是像海一样的牛奶，“这是自家的店名，自己在用，别人自然就不会用了”。她们将店名印在装酸奶的桶上，不担心有人仿照。

草老的外甥女说，打从自己记事起，姨妈就是单身，“姨妈是一个女强人”，草老售卖纯手工酸奶不仅解决了自身的生活，也增加了邻居的收入，因为她自家牛奶不够用，每天会从邻居家收购牛奶，冬季夏季数量不定。说到未来这门手艺传承的问题，草老的外甥女现在可以将制作酸奶的程序娓娓道来，她表示也一定要让自己的孩子知道这门手艺，“他们一定要知道，这是祖传的”。

“手工藏靴就到我这一代，不会往下传了”

“噗噗噗……”这是马师傅用麻线缝制藏靴布皮子的声音。不到两平方米的店面，靠墙的老旧的木桌上有黑色油污，上面摆满了制作藏靴的工具：剪刀、锤子、胶油瓶……由于店面过于狭小，制作好了的藏靴几乎都悬挂在桌子的上方。

马师傅做藏靴已经有十几年了，他穿着深蓝色耐脏的夹克，黑色的裤子，头发有些自来卷，被太阳晒得有些泛红的脸上戴着一副黑框眼镜。马师傅一家制作藏靴的手艺是世代相传的。“这个手艺传到我手里已经有三四代的历史了。我的手艺是我爸爸教给我的。”马师傅一边在给藏靴的靴皮穿线，一边回忆青年时父亲教他做藏靴的情景：“从十几岁就开始接触怎么制作了，学了五六年才完全学会，很难的。到我二十多岁会做完整的藏靴时才开始在店里进行制作和售卖。”谈及藏靴生意，马师傅表示，“现在的生意没以前好了，手工藏靴就到我这一代，不会往下传了”。

正在做藏靴的马师傅　　曹洁　摄

同马师傅一样，制靴师傅老张也表示不会再向下一代传承手艺。他是夏河本地人，开藏靴店三十年了。我们到访时，张师傅正独自一人拿着手机看资讯，几平米的小店里都是制作好了的藏靴。张师傅是汉族人，年轻时为了生计花钱学了制作藏靴的手艺，靠着手艺养育了一双儿女。现在儿女有了更好的前程，张师傅也不在意藏靴的手艺是否传下去，“现在我连孙子都有了，开店就是打发下时间”。

马师傅斜对面的店铺主人是王师傅，他家不只卖藏靴，还卖皮质腰带等其他物品，因为王师傅另请了四五个人，藏靴相对于马师傅家会便宜很多，即使如此，王师傅家的生意仍旧不好做，他也并不看好藏靴的未来发展，并且在考虑转行等事宜。

酸奶与藏靴的未来发展也许更加依靠其现代传承者，突破目前的发展瓶颈，借助旅游市场进行相关改良，进行创新与转型，也许这样，手工藏靴与手工酸奶的未来发展之路会更加广阔。

（作者汪美灵、买钰莹为兰州大学新闻与传播学院硕士研究生，曹洁、冯俊荣为兰州大学新闻与传播学院本科生；指导老师吴义东为兰州大学新闻与传播学院教师）

唐卡绘画求学路上的苦行者

毛帅清　刘子薇

桑吉克在认真作画　　　　毛帅清　摄

唐卡，也叫唐嘎、唐喀，系藏文音译，指用彩缎装裱后悬挂供奉的宗教卷轴画。唐卡是藏族文化中一种独具特色的绘画艺术形式，题材内容涉及藏族的历史、政治、文化和社会生活等诸多领域，堪称藏民族的百科全书。它类似于汉族地区的卷轴画，多画于布或纸上，然后用绸缎缝制装裱，上端横轴有细绳便于悬挂，下轴两端饰有精美轴头。画面上覆有薄丝绢及双条彩带。完成一幅唐卡工艺复杂，过程繁复，而最难的莫过于唐卡的绘画过程。我们来到甘肃民族师范学院的唐卡工作室，有幸采访到了三位学习唐卡绘画的学生。

桑吉克：
以梦为马，热爱是我一路前行的原动力

桑吉克是一名即将大三的藏族学生，初次见他时他正安静地坐在画室一角给作品上色，认真而专注，一顶帽子遮住略长的头发，几缕碎发垂在额前，隐隐约约挡住眼睛，即便如此，仍旧能看到眸中遮挡不住的细碎光芒，影影绰绰闪烁着一点明亮色彩。

当我们问及有关选择绘画唐卡专业的缘由时，这个精瘦的大男孩令人意外地流露出了一丝腼腆，他有一点羞赧地解释："我自己在初中的时候就对唐卡很感兴趣，后来有了机会自然也毫不犹豫地选择了相关专业。"通过了解，我们得知桑吉克是在高二时接触到唐卡绘画的相关课程，老师会教授一些绘画技艺，而技艺掌握和相关练习则都是在课余时间完成。高考后他进入甘肃民族师范学院学习设计。他讲到这些经历时，脸上满是心愿达成的幸福感。

看到我对他正在画的作品十分感兴趣，他十分耐心地向我解释道："这是长寿佛。"他这幅作品的背景十分明丽清新，红绿点缀相得益彰，但是佛像本身却又色彩鲜艳，对比之下有种别样的美感。我向他询问背景设计之时，他直言道："这都是我自己设计画的，不同的佛像会有不同的背景环境要求。比如我画的这幅长寿佛，他是比较慈目和善的形象，相应的背景就要清新简单一点，我融入了一些新的冷色调元素，也算是有一些个人创新，再者我个人也比较喜欢这种画法。"

说着他打开一本看起来已经被翻多次书页卷起来的书，指着其中一页之上神色愠怒的佛像，用不那么标准的汉语向我们认真解释："你看这样的一个佛像表情就比较偏怒火，这样的话背景就会要求复杂一些，而且在色彩调和上就会更鲜艳浓重一些。其实唐卡的画法是很多样的，我在高三时完成了第一幅成品作品，这几年来也有了很多改变和创新。"我们也得知在大学两年内完成的作品他都自己收藏着，有一幅则挂在家中，并未有出售的打算。

当我们问到他在学习绘画唐卡过程中个人最需要注意的问题时，他想了想，诚恳地说："没有哪个是最重要的，缺一不可。首先就是作画者要细心，从勾勒线面到填充色彩都很重要，每一步都不能出差错。然后就是要有耐心，准备好框架之后要在上面绷好画布，而原始状态的画布没有办法开始作画，要用石膏和专用胶打磨四五遍，一直到画布光滑，表面织物缝

隙被填平之后，才可以开始打线并进行后续创作。最后的话就是要保持一份热爱吧。”他的神情开始变得温柔，“我喜欢唐卡绘画与创作，这也是我一直以来最感兴趣的事物，也希望我能发展得更好吧”。同时他也点明了唐卡学习的每一个环节都不简单，因此才要求更加严格。我们也从一位老师那里了解到，绘画唐卡用的颜料并不是普通的化学颜料，而是纯天然的矿物颜料，价格也比化学颜料高一些，一斤十几元到几十元不等。

此时我们注意到，未完成的唐卡上都罩着一层布料，对此桑吉克向我们做了解释。原来这样一层布有两种作用，一是保护画作，不让脏物、灰尘等污染画布，保持画作的完整和清洁；二是由于佛像性质的特殊性，不能将其随意展露在任意场合和位置，故而以这样一层布来作为遮挡，以示对佛的尊敬和虔诚。而每一位画作者都把给唐卡之上的佛像开眼留到最后一步，而开眼这一环节还讲究时间，要找一个好一些的日子赶在日出前给佛像完成开眼。

桑后来向我们表示，他应该也会在毕业后从事与唐卡绘画相关的职业，也萌生出自己开唐卡工作室的想法，这是他热爱的生活与事业，他必定会一路勇往直前。看着这个不善言辞却待人真诚的男生脸上绽放出梦想和热爱的光芒，我们真心希望他能得偿所愿，也由衷地钦佩他的坚毅。

久西加：当专业同现实相碰撞，艰难选择成了心下伤悲，但仍然保持喜爱

久西加是一名正在准备毕业设计的藏族学生，他的家乡在碌曲。问及选择唐卡专业的原因时，他直言不讳地说自己当时是为了能够顺利升入大学而报考相关专业的。正在准备毕业设计《长寿三尊》唐卡的他时间也很紧迫，在采访中我们了解到，他个人很喜欢唐卡绘画，自己也已经完成了八九幅作品，准备在毕业后开画展。他向我们讲述，唐卡画派多样，而他主修噶玛噶赤画派，该画派人物造型形式独特，流畅舒适的线条与内里的工笔画对风景中的山与瀑布、花鸟树木进行描绘，从而呈现出美妙神奇的艺术境界。他表示自己将在

久西加认真作画　　刘子薇　摄

藏族传统唐卡的绘画基础上，吸取不同民族绘画的元素，在自己的作品上实现一种颜色丰富、雅逸清丽的创作突破。

我们之前向老师了解过，他的画风多偏浅淡自然，融合中国画元素较多，因此作品呈现更为清新优雅，而这种画法虽新奇简约，但和传统的唐卡绘画相差较大，比起颜色艳丽浓重的传统画法，他绘画的唐卡在市场上不那么受人喜欢，但久西加表示这是他最喜欢的画法。

当被问到毕业的打算和就业方向时，他沉思片刻，慢慢述说出来，他或许不会从事与唐卡绘画相关的工作，而是向其他方向发展。但他仍然喜爱唐卡，而或许只能在闲暇时刻拿起画笔描摹愿景。他热爱唐卡，但却在温凉的现实之下做了不得已的选择。毕竟一个刚毕业的大学生，同那些资历老、绘画功底深厚的大师们相比，不免显得单薄。我们清晰地感受到这个男孩流露出来的失落和化不开的丝丝忧郁，一边为他感到忧伤，一边也衷心地希望他能拥有更好的未来。

李贡宝：
坚持自我，砥砺前行，因喜爱而始终保持着热忱

不同于来自藏族的两位学生，李贡宝是一位来自天祝的土族学生，天生多才艺、有特色的民族血液赋予了他坚毅又温柔的品性。同久西加一样即将步入大四的他也在加紧练习，采访之前，他一言不发地坐在画架前勾描佛像，对待作品十分认真，不受外界干扰，专注的模样吸引了我们。当我们向他提出采访诉求时，他爽快又礼貌地答应了。同桑吉克的初心一样，因为一份热爱，一份追求，他来到了甘肃民族师范学院的美术系，也得到了家人的支持和鼓励。

李同学说自己的画派同样也是噶玛噶赤画派，而他在绘画唐卡上做了更加大胆又新颖的改变，他大量采用中国山水画写实元素，将一幅幅唐卡作品渲染得充满了自然写意的气息。他解释说这是他喜欢的画法，老师也很欣赏他的创新，给予他帮助和扶持。他向我们展示了一幅他画了一个半月的作品，众多佛像在云雾之中若隐若现，他告诉我们中间是主宗，而四周则是法像，他在传统基础上做了改良加入了自己的风格，在素材上做出修改，从而转变为个人的特色。

谈及毕业打算时，他表明自己还是希望从事相关工作，因为这是自己喜欢的事情。他也会办画展，也会考虑向外出售自己的画作。同时，他表明虽然自己的绘画风格鲜见，但将来并不会为了迎合市场需求而改变个人

画风。他笑着说："刚开始学习画唐卡其实会有一些枯燥，但习惯之后就会好很多。"而在他眼中，完成一幅唐卡作品最难的莫过于给佛像勾金和开眼，勾金要求十分细致，而开眼则是整个作品的灵魂，类似于画龙点睛之笔。

坚持自己的风格，就算很难，也会不懈地走下去！看着他嘴角沾染的点点颜料随着他明亮温暖的微笑开出一朵明艳的花，再低头看看他正在描勒的唐卡，重复而单一的绘画步骤没有磨平他内心的期盼和钟爱，反而更加坚定了他的决心。不随大流，不愿妥协，只愿梦想能结成一颗硕果，不计付出和成本地为梦想努力，这大概是这个温雅的土族男孩给我们最大的震撼，除了敬佩，更是感动。

大多数人看到的都是一幅幅精美绝伦的唐卡作品，却鲜少有人看得见绘画者创作这些作品时付出的心血和努力。而每一位受人尊敬、为事业奋斗的成熟唐卡画师，都经历了日复一日枯燥而复杂的学习生活。这些年轻一代的准唐卡画师，都在积极而不懈地为理想和生活拼搏，努力在梦想与现实中达到平衡，或许过程辛苦艰难，但山高水长，未来可期，年轻一代终将传承和发扬更加辉煌的唐卡艺术文化。

（作者为兰州大学新闻与传播学院本科生；指导老师吴义东为兰州大学新闻与传播学院教师）

卓尼木雕匠人：是手艺人，更是“守艺人”

曹洁　汪美灵　买钰莹

已经有700多年历史，并被列为省级非物质文化遗产的藏式木雕是甘南卓尼独有的一门手工技艺。提起这门手艺，不得不说到的传奇人物——生活在当地的安玛尼大师及他的传承人们。

远至青海格尔木地区，近到当地著名的禅定寺，了解并喜欢藏文化的人，都知道安玛尼大师及他手艺的第二代传人——其弟安拉目九。与多存在于南方各地的汉式木雕相比，藏式木雕雕刻的刀法和花纹有其独特韵味。安玛尼大师通过多年琢磨与不断自学创作的立体（圆）雕，在藏族地区被广为应用，非常受欢迎。“雕这样一个纯手工的摆件需要的时间太久，找我们雕刻的市场可以说是供不应求，到现在，还有别人前年定的佛像没做完。”安拉目九这样告诉我们。

2011年，安玛尼和安拉目九搬离住了20多年的禅定寺。来到卓尼清水镇安家，他们在自家院中成立了当地唯一一家藏式木雕工作室。

雕刻技艺的四代传承：
不管多难，会一直在这里

“我和我哥不是什么‘工艺美术大师’，就是个雕木头的匠人，也别叫我老师，你们叫我‘安师傅’就成。”说起别人给自己的这个称号，安拉目九的脸上尽显谦虚。

我们来到家里时，安玛尼大师正坐在自己平常雕木头的桌子前等着我们。欣赏着他完成的一幅幅精美作品，让人感觉他仿佛拥有天下最灵巧的十指。但命运总是不尽如人意，安玛尼的双手是残疾的。

1968年，只有17岁的安玛尼患上了小儿麻痹症。因家里没有条件及时医治，导致病情恶化，肌体萎缩。熬着熬着，两三年后病自己好起来了，可他的十指却变形且无法伸展，落下了终身残疾。面对突如其来的灾难，安玛尼经历过痛苦中的困惑迷茫，但家人的爱心让他重新有了生活的勇气。为了自己和家人更好地生存，安玛尼静下心来开始学木雕。对于安玛尼来说，十指变形的双手连捧碗都相当困难，更别提拿刀雕刻，但安玛尼下定决心要试一试。这一刻，就是五十年。

坐在桌前的安玛尼大师　　曹洁　摄

木雕是一门综合性的艺术，涉及雕刻、设计、书法、绘画和历史等方面的知识，这一切都得从头学起。自此，安玛尼凭借自己的勤奋，从简单的木刻入手，边学习边雕刻。忍着疼痛磨炼自己，他将精美的唐卡、庄严的佛像作为心中最好的老师，悉心观察，认真揣摩，日复一日，年复一年，痴迷地追逐着自己的梦想……只上过几年小学的安玛尼，并不能很好地掌握数字与图形尺寸之间的关系。他在雕刻前绘制的草图全部都是1∶1的模型，家里现在还保存着他早些年为大尊佛像设计画的大尺寸草图。

从20世纪80年代起，安拉目九开始跟着自己的哥哥学习木雕手艺。三十多年下来，安拉目九的雕刻手艺也变得十分精湛，并在哥哥的创作基础上继续创新，确立了属于自己的木雕风格。56岁的安拉目九，有两个儿子和两个正在上小学的孙子。大儿子和安玛尼一样，成了出家人。二儿子则从小跟着他学木雕，用安拉目九的话来说，“他现在也已经做得非常好了”。

因为身有残疾，安玛尼弟兄俩对残疾人拥有一门生存技能的重要性深有体会。近年来，在政府的专项拨款支持下，他们为当地残疾人免费教授木雕技艺，以帮助他们自立自强。现在的工作室里，有位聋哑人已经跟着安拉目九学习了三年多的木雕。安拉目九师傅的口中，这位小伙子是“极有木雕天赋”的人。“我只需要给他做一遍，他便可以自己动手琢磨出其中的方法。我不仅为他免费教授技艺，同时给他提供住的地方和吃穿用品，只要他愿意学，我这里他可以一直待下去。”安拉目九愿意牺牲自己的创作时间来带徒弟，所求的也不过是希望可以有人把这门手艺坚持下去，传承到底。

安拉目九的两个孙子现在上小学。问起他们和木雕手艺的缘分，安拉目九摸着下巴笑了笑说：“从他们记事起，我们平常干活的时候他们就会在旁边看着，时不时凑上来问问我们这个步骤是干啥的，要怎么做。这么几年下来，受我们的艺术熏陶，他们拿起刻刀时，自然而然也能雕出来一些小玩意了，时不时还能有很多自己的创意在里面。”

商业化时代中的坚守：
“专注，才能创作出有灵性的作品”

“说老实话，现在这个时代的年轻人都太现实了，缺少的是理想的责任与担当。”安拉目九跟我们聊到，非遗为什么要被保护？因为做的人越来越少了，一个手艺人要守住自己的手艺并传承下去，这是非常难的。“我们做的家具，一套最简单的也可以卖一两万块钱，前几年的家具生意也非常好。可手工的东西慢，一年下来也做不了几件。我们为的不是卖出去多少件东西、挣多少钱，而是要专注于自己的手工艺作品，花两三年的时间在一个东西上，确认它是不可复制的，是有收藏价值的，而不是单纯的电脑制作出来的‘商品’。做出来的这个东西，它是多年的积淀，是珍品。”

安拉目九同时提到，在这个过程中，不可避免地也有现实的需求：手艺要能为自己带来收入，要能温饱。“现在的年轻人对待这个手工活儿没有耐心，只能像你们一样，来问一问、了解一下，然后就走了，你们学不了这个。”安拉目九谈到现在社会上他看到的一个普遍存在的现象是“我们这些匠人要为来学技术的人倒贴钱”。安拉目九师傅他们以前学手艺，三年都是不拿工钱的。而现在的人一来到他这里，一刀还都不会刻，首先问的是工资可以拿到多少钱。一听工资太少，年轻人掉转头就走了。“学木雕是一件有灵性的事情，只有你抛弃杂念，把全部心思放在如何刻好作品上，最后做出来的东西才是有灵性的。”

今年安玛尼已经69岁，安拉目九形容他哥哥“现在还是天天刻，不刻不行”。安玛尼每天早上吃完饭念念经，九点多就坐在桌子前开始工作。干了这么多年，真的是非常艰难，“可我哥也从来没有想过放弃，他就觉得这是师父传给我的，我就要坚持下去”。长年累月的工作中，安玛尼的脊椎、眼睛都受到很大损害。问到以后是否会因为保护身体而停止创作时，安玛尼大师告诉我们，“也别问我喜不喜欢，反正我就一直都在这里”。

木雕的传承与保护：自家院子里的“博物馆”

安拉目九一大家的院子里，有一座三层楼高的“博物馆”。这个博物馆看上去，是全家最“气派”的一处建筑了。事实也的确如此，安拉目九兄弟两人将四十多年的大部分积蓄都投在了这里。这个自家院子里建起来的“博物馆”，收集了安玛尼和安拉目九这几十年来做过的很多自己得意和拿手的作品，不仅有佛像、经版，还有很多图案精美、制作考究的家具。“这栋楼是哥哥一直的一个梦想，既是情怀，也是以后的一个念想。这些作品已经不卖了，给后代和养我的这片土地留下的是精神财富。只要我们还能动，就一定会把做得好的东西都放进去，这些东西以后能为卓尼带来更多的财富，我们也就心满意足了。”

说到哥哥早年在学习木雕技艺上所受的苦，安拉目九感叹：“现在具体的细节也记不清楚，但真的太艰难了。”他不想让哥哥失望，也不希望这门技艺断在自己的手里。“现在还行，手艺在我的手里，是丢不掉了。已经传给儿子了，能保住。但要传承给更多的人，难度可是一点都不小。”

安拉目九谈道，现在提出的给大学生教学木雕手艺是一个很好的方法。尽管谈不上传承，但让更多有文化的人知道木雕这门手艺，他们可以为木雕带来更多的创新思想。每年的固定时间，安拉目九会被请到省内的西北民族大学等高校为相关专业的学生讲授木雕技艺。他带过很多学生，印象很深的是一位来自天祝的学生，“他很投入，在桌子边上一坐就是五六个小时。我教完之后，十天左右就能刻出一件作品来。尽管称不上出彩，但还原度极高。偶尔还能在已经学习了知识的基础上，迸发出很多新的想法。”安拉目九认为，“心中无杂念的人，刻出来的作品是有灵气的。这样的人，也是适合学习木雕的”。

安拉目九希望可以有更多有文化的人接触木雕手艺，爱上它并愿意传承它，“没文化的人刻出的东西是死板的。只有将文化知识和坚定的信念结合在一起，才能创作出更好的作品”。

（作者汪美灵、买钰莹为兰州大学新闻与传播学院硕士研究生，曹洁为兰州大学新闻与传播学院本科生；指导老师吴义东为兰州大学新闻与传播学院教师）

眺南线

陇南线路线简介

冯燕

2019年7月17日至2019至8月16日，在冯燕、权玺两位老师的带领下，由兰州大学新闻与传播学院26位队员（15位本科生及11位硕士研究生）组成的“重走中国西北角”活动陇南线在武都、宕昌、哈达铺、岷县等地进行了接力采访及后续的稿件修改、发表等工作，历时近一个月。

我们以“陇南地区的文化遗产的探寻”这一主题开展调研活动，结合本院专业优势与当地实际，通过实地走访、问卷调查和交流访谈的方式，了解陇南地区所具有的中国非物质文化遗产，以及其背后的历史故事，最终形成稿件，凭借媒体平台的宣传，以达到引起大家对陇南文化传承重视的目的。我们以笔记录，以脚丈量陇南这方土地，真正做到了与陇南群众面对面，体味属于他们的百味人生。我们这个团队，在行走中磨合，在行走中经历，在行走中收获，也在行走中感悟。

每到达一个地方，我们都会针对这个区域的特色重点项目进行选题的讨论与设计。在武都，我们团队就花椒、油橄榄、当地居民的生活现状、电商、非遗等选题展开了实践调研。抵达宕昌后，为了研究当地电商的发展状况，同学们访问了多位当地电商发展的负责人，并且对当地电商发展状况和电商发展条件进行了调查。在岷县，教育和非物质文化遗产是我们的采访重点，我们的团队成员走访了岷县一中，也与奋战在教育一线的老师们进行了深入交流。

近十天的采访行走，加上后续的修改打磨，陇南线的“重走”活动成果颇丰。其中的代表作品有《李树花：一位勤劳与坚毅的养蜂人》《“花椒乡”产业转型记》《陶，乃大器也——非遗传承人李力强的陶艺人生》《治贫先治愚，脱贫要双扶——扶贫路上的民间“教师”》《就砚旋研墨，再书栗玉情——访武都栗玉砚非遗传承人刘淑霞》等。

“花椒乡”产业转型记

郑欣悦　金一清　周葛霖柑　罗立桓　刘智琪

李彩（化名）有一双黝黑的手，上面布满了厚厚的老茧。

虽然平日农活繁重，但她仍喜欢在空闲时间细细地修剪指甲，让它们妥帖地伏在手指上，不短不长。

但是现在，李彩蓄起了长长的指甲。在她的指甲缝里，长期残存着花椒的碎屑与椒树的汁液，它们与被椒树刺伤的伤口一起，共同在李彩的手上刻下了黑色的印记，这是椒农的印记。“花椒树上都是刺哩，留着长指甲能紧点时间，摘得快。”李彩解释道。

每年7至8月是武都花椒收获的季节。丰沛的不只有花椒的产量，还有夏季的持续降水。花椒最是金贵，一旦被雨水渗入，褪去的不光是火红的颜色，还有口感及味道，而这三样的缺失则会对花椒的售出产生致命影响。椒农必须赶在雨季到来之前，把地里的花椒采摘完毕，否则一年的辛劳将会付之东流。

而他们只有一星期的时间。

绿了荒山，饱了钱囊

“花椒是难养，但人家价格也高，咱也没办法。”在说话的间隙，李彩熟练地以左手固定住枝头，右手快速掐住一小簇花椒的根茎，轻轻一掰，花椒便落入她脚下的篮子里。还没几句话的工夫，篮里的火红又堆高了几层。

李彩家的椒树都种在马街镇附近的山上。武都区是全国著名的“花椒乡”，而马街镇是武都区重要的花椒产出镇之一，在2018年，全镇花椒总产量达到了336万斤，产值2.35亿元，多数农户通过花椒种植实现了创收。收获季节一到，马街镇的椒农们都忙得歇不下脚，他们要在一星期内完成花椒的采摘，进而进行晾晒，销出。

“之前祖辈都是种粮食的，到我们这一代才开始种花椒。”李彩今年50岁了，扎根于马街镇的她已经与花椒一同度过了20年的岁月。改革开放40年来，我国大力发展特色瓜果产业，武都区作为“千年椒乡”，也紧跟国家发展大势，全力推进扶贫开发进程。通过实施退耕还林工程，武都区的农业产业结构得到了大幅度调整。在走过“零星栽植、地埂模式、荒山开发、规模连片”的发展历程后，武都区效益低下的陡坡地彻底退出了粮食生产，全区有近100万亩的山地实现了花椒的种植覆盖。

生态扶贫与产业扶贫就这样合二为一。

“收入比以前多了好多哩，山也绿起来啦!”顺着李彩手指的方向望去，远处纵横的山间坡地上布满了椒树，片片椒林将荒山涂抹成绿色，鲜红欲滴的串串花椒摇曳在枝头，一阵山风拂过，椒香四溢。

精确分工，联合销售

每月的农历逢一、逢四、逢七是马街镇赶集的日子。

天还没亮，李彩就起床了，拎着一小袋子新鲜的花椒来到了集市上。趁着收成季，她要抢先把花椒卖出一部分，再等几天，大批花椒上市，竞争就会愈发激烈。

2018年武都遭遇了冰雹，一斤花椒的售价从前年的80元涨到了110元，让椒农受益良多。花椒巨大的经济效益吸引了大批农户投入对其的种植，但产量的增长也带来了激烈的竞争。捏了捏今年新采下的六月椒，李彩有些惆怅：“今年花椒的势头有些蔫了，不知道还能不能卖出好价钱。”

在电子商务风起云涌的时代背景下，这些老一辈的花椒种植者们因为操作网络吃力而将目光放在了线下，更愿意依靠传统的销售渠道实现花椒的售出。在采椒完成后，自产自销的普通个体户椒农们往往会选择两种途径来出手花椒：赶集散卖和专人收购。与赶集散卖相比，专人在收购时会报出更高的价格，也更受椒农们的青睐。“这完全得看客户需求嘞，我们也决定不了。”李彩解释道。

椒农们的想法很简单，但政府需要考虑得更长久，个体户如果选择单打独斗，效益必然不如集结销售。“今年在政府的指示下，我们准备将现有的几个合作社合并，发展成联合社。”马街镇副镇长赵海明说。

联合社的最大优势是细化领域，分工协作。如果把合作社比作一个个小团体，那么联合社就是对各团体职能的再细分。整合后的联合社可以将农户们的花椒集中起来，通过与采购集团建立合作关系，实现更大规模的统一销售。

马街镇的线下产销做得如火如荼，但青年们想做出新的尝试。

破旧立新，电商崛起

“时代在发展，人也总得接受新的事物。”网店宣阳红的经理孙鹏对记者说。

2015年，马街镇还未发展起电子商务经济，多数农户仍采用着最原始的销售手段，提着满载花椒的尼龙袋四处奔波赶集。

这一年，也是孙鹏大学毕业的第四个年头。在这之前，他去过很多城市，做过小工，开过实体店，也做过农产品倒卖贩运的生计，但生意都不太景气。“传统行业还是很闭塞，批发市场的客户也比较单一，发展不起来，很累。”说到这里，孙鹏顿了顿，长叹一口气。当事业发展进入瓶颈期，摆在他面前的有两条路：继续稳妥地固守原有的模式，或是背水一战地发展新兴的电子商务。

在守与破的抉择中，他最终选择了后者。

“想要去做成一件事，更想要去做好一件事。”认准了一条路就要死倔到底的孙鹏迈出了向电商进军的第一步。2014年底，电商扶贫工程被国务院扶贫办正式列入“十大扶贫工程”之一，恰逢2015年马街镇政府开启了对电商发展的全方位引导，在绿色通道的开辟与时代浪潮的助推下，孙鹏的第一家网店——“宣阳红1688”成功上市。

初试点运营的网店阻力重重。“当时很多椒农都觉得电商这东西没什么用，只要自己的花椒能在市场上卖出就行，哪用得着那么麻烦。”孙鹏的堂弟，宣阳红网店的合伙人之一孙龙飞十分理解哥哥创业的艰辛。在孙龙飞看来，电商的发展仍处于起步阶段，多数人的观念还未更新，想要冲破传统思想的禁锢绝非易事。在网店刚开业的一段时间里，老一辈的农户仍对这个新鲜事物持怀疑态度，这也使孙鹏在推广电商中吃了许多闭门羹。

“不被认同”是孙龙飞提到最多的词。

但在政府的引导下，情况很快得到了改观。

遵循着“以厂区为圆心，线上成交，批发往大城市”的原则，加之对花椒收购范围的扩张，孙鹏的“宣阳红1688”越办越红火，2018年的线上营业额更是突破了2000万元，成为武都区马街镇电商发展当之无愧的“领头羊”。随着一斤斤花椒的售出，提高的不仅有飞速跳动的营业额数字，还有农户们对电商的认可度，网店宣阳红在潜移默化中扭转了电商在马街镇人们心中的形象。

“大家看到我们做得好了，都想来干电商嘞，之前那个说电商赚不到钱的大哥，前几天也来咨询我了。”孙龙飞指了指手机，笑弯了腰。

武都区的花椒苗壮生长在富饶的山间坡地上，浇灌它们的不仅有阳光和雨露，还有政策红利。在“1+2”发展模式和“145”产业扶贫机制的引领下，武都花椒正大踏步地走向未来。

抓起一把沉甸甸的花椒，李彩笑了。

（作者为兰州大学新闻与传播学院本科生；指导老师冯燕、权玺为兰州大学新闻与传播学院教师）

不急不躁，等待花开

周葛霖柑　金一清　郑欣悦

新闻背景：

2013年，兰州大学校友车全宏捐资100万元，以祖父车晓岚之名设立“车晓岚奖助学金”；2015年，车全宏再次捐资200万元，设立了“车晓岚大学生综合素质教育基金”，用于兰州大学开展学生综合素质提升、校园文化建设、校园文体活动。2017年，车氏家族捐资100万元，用于岷县一中教育事业发展项目，借助兰州大学的教育优势，改善岷县一中教育现状，让当地学生得到更好的发展。项目于2017年6月开始实施，持续时间近两年，开展了“拥抱阳光”心理健康关爱等8个项目，覆盖学生、教师、家长，涉及校园文化、教学科研能力等多个方面。

车氏祖孙三代均为兰州大学校友，也成就了兰大校史上的一段佳话。1930年，车晓岚在兰州大学的前身兰州中山大学法学科就读，1940年回到岷县，至1943年担任岷县一中校长。1965年，其子车军毕业于兰州大学化学系；1991年，其孙车全宏从兰州大学物理系毕业。

程云飞（化名）和好朋友吵了一架。他越想越生气，老师讲的课也成了背景音，愤怒似火山要爆发了。放学铃响了，为了平息怒火，他大步往五楼跑，进到一间没人的教室，教室中立着一个假人，地上铺着彩色的垫子。他用尽力气把拳头重重地打向假人，发泄着心中的怒火，直到汗水湿透了后背，再也没有力气挥舞动拳头，心中只有一个“累”。这里是心理健康教育中心的发泄室。

高二年级的李瑧老师在上数学课，第一排的刘武（化名）正在和瞌睡斗争，李老师过去叫醒了他并打趣道：“你在想谁呢？”刘武顺口答道：“我在想你呢。”老师答：“我不想让你想。”顿时全班哄堂大笑，刘武的睡意都笑跑了。

心理教师李婷婷在242人的高一“智慧家长”群里发了一则与孩子有效沟通的心理案例。其中的一句“不急不躁，等待花开”受到家长们的认可，被多次转发在群里。

心理课要变得常规

这些故事发生在岷县一中的心理课程中，发生在家长身上，发生在同学之间，这是从2016年开始建设的特色心理课程体系带来的改变。像甘肃许多的县级中学一样，岷县一中没有专门的心理咨询场所，缺少足够的专职心理老师，心理课也不能正常开展。为了解决这些问题，2014年起学校开始筹划建设心理课体系，2016年开启了特色心理健康教育体系。

岷山末端的二郎山，山上阁楼相接，岷县一中坐落在山脚下，校门出去不远就看到洮河翻滚着浪花。整个校园以校门和广福楼为中轴，此楼于1949年建成，是一座五脊殿回廊木结构的二层楼房，东西两栋教学楼以广福楼对称展开。在东面的教学楼五楼上建成了总面积280平方米的心理健康教育中心，其中包括办公室、团体辅导室、心理咨询室、沙盘活动室和发泄室，其中的走廊成了公共阅读空间，学生能在这阅览心理书籍。

心理课也排进了课表。2016年，学校开设了正规的心理课，由于高一、高二各有16个班，高三有20个班，而学校仅有两位专职心理教师，无法同时开课，所以学校采取了更灵活的制度。每年上学期心理教师投入高一、高二的教学中，每两周一节心理课，高三则开团体讲座普及心理健康知识。到了下学期，高三面临升学压力，心理老师又调到高三上心理课，这时轮到给高一与高二开团体讲座。如此，保证了在师资力量有限的情况下，每个年级都能及时上到心理课。

“那个人有病”是心理教师李婷婷初来学校时听到的学生们的玩笑话。她坐在办公室里，听到几个学生在玻璃门外嬉笑嘀咕着。几个学生开玩笑，把一个学生往里面推，一边推一边说他有问题，应该去做咨询。因此在她看来，普及心理健康知识和预防心理问题同等重要。她在第一堂课上就会告诉学生，“做心理咨询是很正常的，并且一般来说我们高中老师接触的都是正常心理阶段，正常的心理问题”。

观念普及开后，学生里主动来咨询的人也增多了。对于学生而言，遇到学习压力大、人际关系处理等问题时，来找心理老师咨询成为一种新渠道。考试结束后来咨询的学生格外多，有的因为成绩不理想来咨询，说完以后，心里自然而然地舒服了许多。还有的缺少学习的目标和规划，李老师会帮助他们详细写下学习计划表。

平时的心理课颇受学生们欢迎。有的同学在接触课程前就有浓厚的兴趣，像《心理罪》这样的小说，激发了学生关于犯罪心理学的想象，他们期待去探索人心灵的秘密。有的同学认为这都不能称之为课，特别轻松，课堂上充满了互动和有趣的游戏，在这个过程中还能学到有用的知识。

培养兼职心理老师

高二年级的班主任李瑧老师就是一位兼职心理老师，他参加了兰州大学车晓岚教育基金——岷县一中教育事业发展项目开办的“拥抱阳光”心理健康关爱计划，获得了心理咨询师三级证（此证已于2018年取消）。报名参加兼职培训前他已经工作了几年，却成了自己上学时最不喜欢的那种老师。他回想以前，感到自己过去管理班级太粗糙，“没有仔细地去理解学生，甚至比较愧疚，忘记了自己的初衷。”2017年他参加了培训，经过一年时间，他发生了一些改变。

李瑧参加的“拥抱阳光”心理健康项目，是由岷县一中和兰州大学心理健康教育与咨询中心合作，属于兰州大学车晓岚教育基金——岷县一中教育事业发展项目之一。在该项目开启近一年的时间里，兰大结合甘肃省其他高校的心理健康资源，派老师到岷县一中利用周末全天上课，培养了40名兼职心理老师，其中有35人最后通过考试获得国家资格证书；针对家庭教育问题，开办了两期家长培训；面向高一学生的入学适应和高三学生的考前心理减压开办团体讲座。

培训结束后，李瑧开始了一系列的新举措。首先，改变心态，关注学生的心理成长，让他觉得“我作为一个班主任，我的引导非常重要”。以前的晚自习，他总是亲自守着，但效果并不好，不仅让双方都很累，使学生和自己对立起来，而且成绩也没有提高。现在他选择相信学生会主动学习，放弃了守晚自习，反而发现学生真的在学习。他总结自己的目标是营造一个“轻松、愉快，但不失严谨”的班级。

打造独特的班级氛围，让班级有凝聚力。现在的班是从高二接手的，学生们刚经历分科后组成新的班级，来自不同班级的学生形成了各自的小团体。班上的一位同学回想起刚进来的时候，大家互相不熟悉，连搭话也会尴尬。为了解决这个问题，李瑧开始用一些有趣的方法促成改变。首先是每周要换一次同桌，随机配对使每个人都和不同的人坐过同桌，时间久了，班里的同学也互相熟悉起来了，再不会出现见面叫不上名字的情况。其次就是鼓励大家以昵称或是外号来互相称呼，李老师就带头在课上用昵称的方式点名提问。最后是让班级变得特别起来，有番号“1074”，这是李瑧带的第一届学生的年龄和他的年龄之和，设计出班徽和班训“智慧、勤奋、互助、自律”。

第一学期接近尾声，新年元旦晚会上这个班级已经变得很团结。岷县一中的元旦有一个传统，各个班级要去“抢”女老师来参加晚会。今年李瑧所在的班仅有的两位女代课老师就成了争夺的对象。那天下午教室里大家正在布置着会场，有的人在抓紧时间排练最后一次节目，有的正在摆放着座椅。不知什么时候教室里的男生一下消失了，只听见办公室门口一阵人声，一看是围起一圈厚厚的人墙。李瑧班的二十几个男生围在办公室门口，正准备把两位女老师“抢走”，其他班男生来了三五个人，站在人墙外叹气无缘“抢到”女老师，只能待人墙散去后去请几位男老师。

青年的心理健康有其连贯性，兰州大学心理健康教育与咨询中心的主任李雄鹰在教学实践中发现，大学生的心理问题有的可能跟小学、初中有关系。通过和岷县一中开展的项目，心理中心结合专长帮助岷县一中培养兼职心理教师，李雄鹰希望“在日常的授课、班级管理、对学生的影响中，能有专业的老师去关注学生的心理问题”。

李瑧回想起最近发生的变化，或许是心理健康教育培训带给他的。心理教师李婷婷也觉得有了一批兼职心理老师后，和班主任的沟通也更加顺畅了。以前学生成绩出了问题，老师们常认为就是不好好学习的缘故，而现在老师会关注到学生的心理状态、成长环境等多方面的原因。另外兼职心理老师除了在班级管理中发挥作用，还承担着团体讲座的工作。专职心理老师提供若干主题给兼职老师选择，两位兼职老师主持一个讲座，讲座的主题可以从心理健康到国际大事，极大地丰富了学生的视野。

特色活动推进心理教育

程云飞是一名高一新生。有一天心理老师告诉大家要排演一出心理剧，希望同学们能踊跃报名。这次机会，他有些心动了，如果参加了，可以交到新朋友，能上台锻炼自己的胆量，而且自己以前就一直对心理学感兴趣，多好的机会。于是当堂课他就举手报名了。去面试时，他发现还有其他几个同学。轮到他了，老师给了一段情节，要扮演一个学生。思索了会儿，他照着想象扮演了贪玩的学生，虽然这个角色没演好，但老师相中了他的外形，适合一个班主任的角色，最终他被招进剧组了。

组里一共有八位学生，其中两个学生担任导演，角色有沉溺于玩手机游戏的学生、老师、医生、乞丐、普通同学和手机精灵。按照老师给定的剧本，八个人克服了种种困难排练出了这部剧。

为了挤出时间排练，大家约定利用早上跑操和下午课外活动的时间聚在心理教室。程云飞扮演一个严厉的班主任，然而这对他是个挑战。他脸上带着一抹高原红，个子较小，平常很爱笑。但开口一笑，严厉的形象瞬间就垮了。为了演好角色，他在网上看一些老师教训学生的视频。一个学生上课睡觉时老师一颗粉笔头“嗖”飞过去的场景给他留下了深刻的印象。于是他在脑海中反复模拟老师生气的感觉，面貌神情以及动作，然后一遍一遍练习，让剧组里的同学在旁纠正。经过几周的排练，八人的《彷徨》大获成功。故事讲述一个高中生沉溺于手机游戏，有一天在课堂上打瞌睡，在梦中经历了种种失败和挫折，突然惊醒过来回到课堂上，终于认识到游戏的危害，于是他痛改前非，重新积极投入学习和生活。

八人在学校报告厅公演心理剧《彷徨》 受访者供图

心理剧以前就是岷县一中的特色活动，2016年建立新的心理健康教育体系时也继承了这一活动，在课堂教学之外，打破说教的方式，让学生也参与心理健康的自我教育。每年10月科技文化节前，心理老师从全校招募演员，学生经过几周排练，最后在科技文化节上选择一天面向全校展演。程云飞开玩笑说，演完这个剧后自己课上都不敢睡觉了，每当想睡的时候都会想起话剧里悔恨不已的学生。

岷县一中的心理课体系除了常规课程，兼职心理教师和专职心理老师互动，学生参与心理剧之外，还有多个值得借鉴的地方。每个学生高一入学就参加心理问卷测试，学校依此建立学生的心理健康档案。每班有心理委员，协助老师及时发现学生的心理问题。重视家庭教育，心理老师会针对每个年级建立一个家长群，家长们自愿加入，工作日老师会分享家庭教育的案例、夫妻关系的建议和心理故事等内容。

岷县一中经过教学改革走出了一条心理教育的特色之路，学校还将继续加大投入。今年有了三名专职心理老师，新学年将开始在三个年级同时开设心理课。2019年5月，学校成立了家长学校，目标是“做智慧父母，育优秀子女”，进一步促进家长和学校、学生的沟通，提升家庭教育。作为第一期接受心理健康培训的班主任，李瑧认为对学生进行心理教育，对老师进行有关培训都是很有必要的，他想：“心理教育好了，不是像有的人认为的是孩子心理脆弱。它能让学生变得优秀，一些普通的学生也可以变得更优秀，他们可以更自信。”

（作者为兰州大学新闻与传播学院本科生；指导老师冯燕为兰州大学新闻与传播学院教师）

宕昌县两河口镇：深度贫困的蜕变

蒋雪妍　郑淑芬

两河口镇位于甘肃省宕昌县南部，距县城50千米，西接舟曲县，南临武都区，2017年被确定为全省40个深度贫困乡镇之一，贫困人口多、贫困面大、贫困程度深，目前还有922户3472人的贫困人口，贫困率达32.4%。全镇辖17个行政村，其中贫困村13个，非贫困村4个，且大部分都在山上或沿公路线分布。地理条件差、交通不够便捷、历史遗留等因素导致这里的基础设施落后，经济社会发展缓慢，山村生产生活、住房及环境等问题亟待解决，两河口镇成了宕昌县脱贫攻坚战的主战场。

强化项目支撑，夯实脱贫攻坚基础

“山是石头山，插在云里面；田是卧牛田，挂在半山间”，这是宕昌县两河口镇高半山区自然条件的真实写照，也使当地成了全省脱贫攻坚中难啃的硬骨头。两河口镇有7个村地处高半山，都是典型的深度贫困村，为切实解决“一方水土养活不了一方人”问题，让当地群众走出困境，两河口镇有计划、有步骤地实施了易地扶贫搬迁。

2019年7月11日，我们走进两河口镇，镇长李锦科向我们介绍了脱贫的具体计划：“我们预计今年脱贫749户2929人，将有6个村整村退出，贫困率将下降到5%左右。对于坐落在大山深处的7个村，我们计划整村搬迁。

目前，山背、罗湾两村的搬迁任务已经初步完成，还有5个村预计今年年底搬迁。镇政府旁边的安置点计划搬迁新声、曹下两村80户431人。县城城郊新城子安置点计划搬迁柯门道、桃坪、麻地坪等村268户935人。城郊新城子安置点是全县的一个进城入镇货币化大安置点，不只有我们乡镇，还有其他乡镇的群众。”

目前，位于高半山区的7个贫困村851户3413人的易地扶贫搬迁工程进展显著，已向县城搬迁234户1305人，新疆招录新职工38户170人，村内插花安置167户873人。其余的安置房正在建设当中，2019年年底可全面完成搬迁入住。

除此之外，两河口镇党委政府在全方位提升群众生产生活条件上，积极争取了一批扶贫项目：一是高标准完成全镇275户D级危房和387户C级危房改造任务；二是为山背、罗湾村搬迁群众在原住地发展产业打好基础，争取省烟草专卖局捐资2030万元，为每户搬迁群众修建了27平方米的生产季节生活用房，并配套完善了水、电、路、公厕及绿化设施，彻底解决了搬迁群众的后顾之忧，实现了搬得出、稳得住、能致富。目前，该工程已完工并投入使用；三是投资360万元在山背、罗湾村建成了小水积蓄节灌工程建设项目；四是在化马村改建土坯房屋101座，建成了化马神石景点河堤、廊桥、游客接待服务中心、文化广场、垃圾池等美丽乡村建设项目。

创新发展模式，促进产业持续发展

两河口镇属纯农业乡镇，基础条件差，贫困村发展产业的挑战多、出路少、步子慢。两河口镇根据镇村实际进行产业扶贫，努力激发全镇脱贫攻坚工作活力，多渠道培育贫困户增收致富产业，全镇农民专业合作社如雨后春笋般地发展。

国家对所有贫困户发放人均5000元的产业到户资金，用于支持贫困户发展产业，不能用于其他地方。每个合作社的启动资金包括两部分：产业到户资金的集中投入和合作社的发起人自筹资金。贫困户和合作社签订资金入股协议，对贫困户进行到户金8%的保底分红；如果厂子盈利较好，可以进行第二次分红；生产过程中，贫困户还可以通过在合作社务工日结工资，收获“保底+务工+分红”的多层效益。

刚刚起步的石院富民种植农民专业合作社建了十座大棚，引入康县香菇市场的菌棒5万多棒，对香菇的种植和培养进行试点尝试。来自两河口镇石院村的石拥军是一名退役军人，退伍后做过小包工。镇上想找个文化好、脑子活、懂经营的人作为负责人，他就被选中了，“有个战友在陕西做这个，我就知道了一些。现在这个阶段还在尝试，产量还是不错，年底我们准备再扩大规模，大家一起脱贫致富”。

石拥军最先跟着合作社请来的技术人员学了两个月，学成后再把技术教给大家，有不会的问题就赶紧和老师打电话或者视频交流。因为还在探路阶段，所以他身上的担子还很重，采菇季节他常常在大棚熬到夜里两三点。目前，第一批香菇已经采摘完毕，一部分直接新鲜售卖，另一部分在新建的烘干房中烘干后冷藏贮存起来，等到冬天价格好的时候继续卖。

分拣车间里，新摘的香菇在桌上堆得高高的，桌边围着一群人，奶奶带着放暑假的孙女、妈妈带着家里没人看的孩子围坐在桌边一起剪蘑菇腿。近五十岁的石院村村民王赵慧以前在家照顾农田，如今在合作社里分装大小蘑菇，既可以在家门口赚钱补贴家用，又方便照顾孩子，“这个活很简单，在采摘和分类的时候需要人多一些，我们这附近的人就来帮忙”。

宕昌县两河口镇石院村富民劳保手套加工农民专业合作社于2018年9月成立，主要开展手套加工、销售，生产技术培训，正常运转每年可生产手套100余万双，净利润可达80万元。目前招聘工人5人，全部为建档立卡贫困户，可带领68户贫困户脱贫，户均年收入增加3000元。一周前，平时在家带孩子的石红先来到这个手套车间，跟着干了两个月的老手学做手套边子，为家里增加了一份收入。

一年内，两河口镇的13个贫困村新建养蜂、养鸡、养猪、果蔬、中药材、劳务经济等农民专业合作社45个。其中在山背、罗湾城区安置区及柯门道、石院村各建成以加工手套为主的扶贫车间一个，已生产手套近65万双，销售37万双。两河口、王院等村的服装加工扶贫车间正在筹建中，且在山背、罗湾村引进重庆绿投公司，启动实施了乡村旅游综合开发项目。两河口镇积极落实产业到户资金1318万元，共带贫1189户4570人，把发展产业落实到每个人头上，实现了通过发展生产增收的目的。

围坐在一起剪蘑菇腿的村民们　　蒋雪妍　摄

亲力亲为，确保脱贫攻坚质量

坚持党建引领，创新党组织设置方式，筑牢脱贫攻坚堡垒。两河口镇按照“支部建在产业链、党员聚在产业链、群众富在产业链”的思路，选优配强村“两委”班子，积极创新党组织设置，成立了山背、罗湾联村党支部，在农民专业合作社组建了党小组，对事关群众切身利益的重大事项，均由党支部、党小组和群众代表集体讨论决定，调动了群众参与脱贫攻坚、产业发展、村务管理的积极性和主动性，构建了联村党支部统一领导、村党支部和合作社党小组各负其责、党员群众结对共建的村级自治体系。

从前，山背、罗湾两村的生活面貌是“人畜常年混居，房屋昏暗狭小，生活电器不用，火盆烟雾缭绕”，而如今，脱贫攻坚工作后的焕然一新就是各级帮扶单位和帮扶干部真帮实扶的写照。省政府办公厅作为组长单位，充分发挥职能优势，帮助协调解决手套加工“社区工厂”的各项具体事宜，协调省烟草公司捐资建设生产季节生活用房；厅领导带头落实帮扶责任，定期进村入户调研指导，下派干部长期驻村真实帮扶，帮助解决了许多实际问题。其他帮扶单位认真履行帮扶职责，经常组织帮扶干部进村入户宣讲政策、听取群众意见建议，完善和落实“一户一策”脱贫计划，大力兴办好事实事，为实现整体脱贫发挥了重要作用。

对于镇长李锦科来说，真正的工作场所永远不在办公室里，而在于各村各户，在于切身实地地进村入户。平日里，李锦科除了参加县上会议和镇上开会，就是进村入户落实工作，几乎没有例外。由于天气原因，为方便我们的工作，他驱车带我们来到石院村。一进村子，他便同村民们唠起家常，与我们交谈时有些沉默寡言的村民们立刻变得轻松起来。

从过去的“一方水土养育不了一方人”，到如今慢慢摘掉“穷帽”，两河口镇面对自身深度贫困的实情迎难而上，走出了一条自己的蜕变之路。

（作者为兰州大学新闻与传播学院本科生；指导老师冯燕为兰州大学新闻与传播学院教师）

电商撬动发展杠杆

——哈达铺镇的扶贫之路

王雅楠　朱琳娜　朱丽桦　李凯萌

走进有“千年药乡”之称的陇南市宕昌县哈达铺镇，不仅可以看到这座中国历史文化名镇中的工农红军革命遗址，还可以看到随经济发展而修建起来的栋栋高楼。而经济的发展，离不开政府与农户携手对黄芪、当归、党参等经济作物发展模式的积极探索。

2019年7月12日，我们来到宕昌县哈达铺镇。夏季的哈达铺镇药乡农民专业合作社联合社被青山环绕，天空格外晴朗，嫩绿的草和湛蓝的天交相辉映。如今，这里已经随着经济的发展，变成了一片见证农民们逐渐走向富裕的希望的热土。

绿水青山，走出一条扶贫路

由哈达铺镇党委、政府于2018年10月牵头成立的哈达铺镇药乡农民专业合作社联合社虽然仅仅运行了8个多月，就已经成为甘肃省众多中药材电商扶贫学习的榜样。在2019年，联合社被甘肃省商务厅评为“全省电商扶贫优秀企业”，被认为是“宕昌模式”的典型。

然而，在2018年以前，这里经济发展滞后，交通非常不便。原来，哈达铺中药材虽然优质，但农民们由于自身资金、技术等发展条件的限制，无法对药材进行专门的加工，也很难向外推广药材。面对这种困境，哈达铺镇政府干部开始思考，如何才能让质量优、数量大的中药材走出去。

经过了前期的探索，哈达铺镇终于在2018年3月启动建成了哈达铺镇扶贫产业园，创办了哈达铺镇药乡农民专业合作社联合社，成立了“中国共产党宕昌县哈达铺镇扶贫产业园支部委员会”，开启了“宕昌模式”。

扶贫产业园区距镇中心3千米，占地5.2平方千米，覆盖玉岗、上罗、下罗3个行政村，现有龙头企业3家、村办合作社6家、扶贫车间1个、农家乐3家、农家客栈4家。

联合社由29个村办合作社发起成立。成立后，联合社共吸纳到户产业扶持资金1893.55元。截至目前，合作社改造厂房1320平方米、硬化晾晒场地6500平方米、建成阳光温棚1350平方米、烘干房2座、购买加工设备8台，建成中药材加工“扶贫车间”1家。简单来说，联合社以高于市场价5%的价格向贫困户收购中药材并统一加工，卖出中药材后，贫困户还能获得相应的收益。

自开办以来，联合社共收购加工中药材530吨，发放劳务报酬68万，收入总额达到270万。

今年26岁的高小东是联合社的总经理。8个月前，他曾经是哈达铺镇政府的工作人员，因为出色的工作能力和对中药材的熟悉，他被领导派来负责联合社。

高小东对联合社的发展前景十分看好。他说：“虽然我们没有直接向村民提供资金，但是间接带领脱贫的范围较广。我们用高于市场的价格从贫困户手中收购中药材，这样他们不用再自己去找市场卖，帮助他们解决了很多实际困难。”由于联合社扶贫模式及产业经营模式有特色，时常会有政府以及企业代表前来参观。在他们观看宣传片时，高小东总是能够详细地说出各类与联合社相关的数据。“因为我们这边的消费扶贫模式做得很有特点，所以他们也愿意来参观。”高小东微笑着说。

产业丰富，农户脱贫成果显著

目前，哈达铺镇已经形成了较为完整的产业链。整合各类资源优势，建成了集果蔬种植、食用菌棒加工、粉条加工、土鸡放养、养羊、中药材种植加工、乡村旅游等“多产业布局、多要素集聚、多功能融合”发展的扶贫产业园。也正是通过这个完整的发展链，哈达铺镇的贫困户才得以增加收入，并可以在2020年实现脱贫目标。高小东说：“对刚发展的厂子来说，我们这个厂子的发展前景还是很可观的。最起码我们拓宽了自己的产业链，有路可走了。”

哈达铺镇党委、政府于2018年3月启动建设的哈达铺扶贫产业园、联合社的多产业共同发展，大大提升了农民的脱贫速度。几个月来，哈达铺镇发展红军山庄等农家乐、农家客栈7家，直接带动583户2448人（贫困325户1355人）、间接辐射带动1191户4895人（贫困户1084户4480人）增收。高小东告诉我们，冬天工作量大的时候，车间一天最多有150多人一起工作。

对于产业的对外发展，高小东有着自己独特的见解。“目前产品走出去是一个大问题，但是现在最主要的问题是在这个环境下我们如何能坚持住。当我们把本地的市场稳定好、铺开以后，我们才能考虑往出走，‘一屋不扫，何以扫天下’呢？”他坚定地说，“我们的产品目前在县里已经是畅销货了，但是就像开车一样，得慢慢提速。如果今年我们是20码，那么明年我们就得提升到30码、40码，不能着急。这样，路才能越走越宽。”

联合社工人正在装袋　　王雅楠　摄

电商助力，打造线上新业态

天猫店铺（娥嫚沟药乡专卖店）的运营是联合社运营中的一个特色。虽然店铺刚开了一个多月，但每天就已经能够达到七八十单的成交量，日成交额达到3000元左右。目前，哈达铺的中药材已经通过天猫店铺销往广东、广西、福建、江苏等地，其中，广东占比高达80%左右。技术人员扈鹏泰告诉我们，广东之所以成交量很大，是因为广东人将这些中药材当成他们的日用品，在煲汤时总会加入当归、黄芪、党参等药材。

今年24岁的扈鹏泰是联合社的一位技术人员，主要负责天猫店的设计、运营、新品的开发等。此前，他曾在深圳为一家服装店铺做天猫运营工作。老家在甘肃庆阳的他，一直想为甘肃的发展做一些贡献。今年6月，经一位同学介绍，扈鹏泰毅然放弃了深圳的工作，和其他几位大学同学一同来到哈达铺镇，为这里的电商发展出谋划策。

仅仅在联合社工作了一个月的扈鹏泰对联合社的电商发展前景十分看好。“虽然天猫店刚开了一个多月，但我发现目前的市场是很强劲的，消费群体也是可以扩大的。”他满怀信心地说。

谈到电商扶贫模式，扈鹏泰对其非常认可。他严肃地说：“如果直接给村民一次性发放扶贫资金，贫困户花完就没有了，宕昌扶贫模式通过成交收益把所有的扶贫资金集合起来，消费扶贫，每成一单给村民一点钱，形成了一个可持续运作的模式。每年每月甚至每天，他们都会分到钱，这样就大大提高了扶贫的效率，也明显改善了贫困户的贫困状态，提高了他们的生活质量。”

坐在电脑前和数据打交道成了扈鹏泰每天最主要的工作，也让他自身的价值得到了体现。“因为销售每一单都会给贫困户分成，如果我卖出去多一些，贫困户收到的钱也会多一些，这样他们的生活也就可以得到更多改善了。除此之外，我还可以帮助宕昌县把中药材推广到全国去，能够做这样的事真的很有意义！”他笑一笑，坚定地说：“将来，我也会一直坚持做下去。”

经过8个月的发展，联合社预计，2019年年底收入将达到450万元，带动贫困户903户3794人，贫困群众人均增收1100元。今后，联合社也会进一步加大电商发展力度，带领哈达铺镇贫困户走上更宽阔的脱贫之路。

（作者为兰州大学新闻与传播学院本科生；指导老师冯燕为兰州大学新闻与传播学院教师）

就砚旋研墨，再书栗玉情

——访武都栗玉砚非遗传承人刘淑霞

杨琴玲　郑淑芬　刘梦茜　蒋雪妍

宋时，米芾撰《砚史》一书，记砚二十六种，栗玉砚则是其中之一。从宋至今的一千多年中，栗玉砚的发展时断时续，甚至一度失传。经过多年的艰辛努力，跋山涉水，刘淑霞终于找到了制作栗玉砚的石材，使濒临失传的栗玉砚得以再次放出它的光彩。

成州即今天的陇南徽县、西和、武都、康县，由此可看出栗玉砚在陇南历史悠久。武都栗玉砚色如栗，泽若美玉，击若钟磬，贮墨不耗，积墨不腐，2010年被成功申报为甘肃省非物质文化遗产，刘淑霞则是其传承人。

古籍里的秘密

刘淑霞1967年出生于甘肃省定西岷县中寨村，她的父亲是一位中学美术老师，她家乡的大部分人都做洮砚，她便从小耳濡目染，在心里埋下了一颗兴趣的种子。高中毕业之后，刘淑霞拜师学习，和大家一起做起了洮砚，一做就是十年。在这十年里，刘淑霞雕刻砚台的技艺逐渐成熟，积累了非常多的经验。代表作有《秋声斌》《一池春水》等。

1998年的一天，刘淑霞像往常一样翻阅古籍查阅资料，看到《砚史》中“栗玉砚，理坚，色如栗，不甚着墨，为器甚佳”的记载，知道了栗玉砚的存在。后来，刘淑霞在徽县一位老师手中发现了栗玉砚的样板石头，于是就开始寻找石材，她长达二十年的栗玉砚生涯自此开始。

当时洮砚的知名度很高，远销全国，几乎没人做完全不知名的栗玉砚，连栗玉砚石都没得卖。刘淑霞和丈夫一起在陇南康县、西和、徽县、成县等地开始了长达几年的栗玉砚石的探寻之旅，两个人连出去散步都在找石头，经常找得忘了时间。最终功夫不负有心人，他们在陇南武都的龙坝乡找到了心心念念的栗玉砚石。

喜欢就做好，着魔的话就做绝

“我这几十年做的砚台也有上千方了，我的青春都和这砚石糅合在一起了，石头伴我慢慢苍老。”刘淑霞和我们讲述着她对每一方砚石赋予的感情。“要雕刻栗玉砚不是难事，但是要做好就是难事了，栗玉砚比起洮砚密度更大，硬度更硬，但同时质地也更加细腻。”

古代文人有文房四宝——笔、墨、纸、砚，其中砚台往往被称为“文房之首”。如果说砚石是砚台的筋骨，那么砚台的创意和命名便是砚台之魂。在刘淑霞看来，做砚台必须有一定的文化底蕴，雕刻者一旦欠缺文化素养和国学知识，做出来的砚台就没有灵魂，所以刘淑霞做的栗玉砚都有其深厚的文化内涵。刘淑霞从中国的传统文化龙凤开始雕刻，后来转到大众喜爱的山水文化。2000年，刘淑霞的砚台画面素材深入博大精深的佛教文化，取材于敦煌艺术，代表作有《天边的敦煌》《大漠无声》《佛国天堂》等。陇南有“巴蜀咽喉，秦陇锁钥”之称，自古以来，这片土地上承载的文化熠熠生辉，三国、先秦文化都已经渗透于人们生活的各个方面。在经过一番尝试之后，刘淑霞将砚台与陇南的地域文化相结合，做出了独具陇南特色的栗玉砚，代表作有《阴平古道》《秦箭》《先秦古韵》等，她希望“以后人们提到栗玉砚就知道这是武都的栗玉砚”。

刘淑霞雕刻的栗玉砚　　郑淑芬　摄

做一方栗玉砚耗时一般都在一个月以上，刘淑霞一做起砚台来便入了迷，每天一连做八九个小时，忘了时间，忘了吃饭，一直到腰直不起来了才停下。“前几年，她刻砚台连续七八个小时后，她想站起来，但是身子完全动不了，把我吓得，最后直接叫了120，抬进了医院。”刘淑霞的丈夫蔡老师对当时的场景历历在目。蔡老师也知道自己的妻子正在做的不仅仅是一份简单的谋生的工作，而且是一份传承民族文化的技艺，所以不遗余力地支持着刘淑霞。蔡老师认为：“不应该只是用手刻东西，而是带着思想去做出来的砚台就不一样。”在物资匮乏的年代，为了帮助刘淑霞找到灵感，蔡老师省吃俭用，为刘淑霞订了许多相关的杂志。“蔡老师书法写得好，一般都是他写我刻，在外人眼里我们俩就是‘黄金搭档’。”两人的爱情也是刘淑霞在这条路上越走越远的坚强后盾。

在刘淑霞的徒弟杨奋宝的眼中，刘老师是一个极追求完美的人，砚台的人物刻画栩栩如生。提到刘淑霞，杨奋宝一直说：“刘老师人很好，对我们都很好，在教我们的时候非常细致耐心。”刘淑霞在栗玉砚上的成就是他人无法比拟的：2007年她创作的栗玉砚《竹简》获得“花椒节”奇石工艺开发奖；2008年，她被陇南市委、市政府授予“陇南工艺美术大师”称号；2010年，她在第25届文房四宝艺术博览会上获得银奖；2010年，她被确定为省级非物质文化遗产的传承人；2011年，她被评为甘肃省“工艺美术大师”。刘淑霞的数千件砚台作品，诗情画意，优美传神，格调高雅，清新悦目，她也已经被业内公认为“当代栗玉砚之母”。

在蔡先生的口中，刘淑霞像个孩子一样，对人真诚，虽然性格开朗，但是容易惦记事儿，也处处操心。他对刘淑霞的身体也很是担忧。2011年左右，刘淑霞由于长时间雕刻伤害了脊椎，她的腰做了手术，变形的脊椎还进一步压迫到心脏，导致心脏出了问题。她的喜欢让她一直坚持，她的着魔让她想把这件事情做绝做到极致。但现在，刘淑霞不得不停下了。

非遗加冕，未来仍不可期

从最开始的拜师学艺，到一步步租房建厂，再到2010年栗玉砚入选甘肃省非物质文化遗产名录，这近30年时光中的辛酸苦楚可能只有刘淑霞一家自己知道。栗玉砚入选非遗，刘淑霞成为非遗传承人提升了栗玉砚的名气，慕名而来的人有很多。欣赏的人多，想做栗玉砚的人却寥寥可数。正如刘淑霞所说：“时代不同了，现在人们生活压力很大，对金钱也有不同的追求，如果不是对栗玉砚特别喜爱，就算是学习入门的短短一年时间，很多人都坚持不下来。”刘淑霞尝试过为学徒补贴生活费，去职业中学讲课激发同学兴趣，但效果并不太理想。受加工坊和储存库不集中、不方便教学等多种因素影响，直到现在，刘淑霞也只有几个打工兼职的“徒弟”。

没有学徒，没有专门的场所，栗玉砚技艺的传承成了刘淑霞最大的心病。“一句话，我们现在老了，要是我再年轻十岁我就还能再做一些，之后就算死了也值得。”建传习所的想法在刘淑霞脑海里萌芽了。“我想自己出资建一所集教学、加工坊、储石房、砚石展厅为一体的传习所，以自己余生之力传承栗玉砚技艺。”但由于诸多原因，目前还没有申请到一块可用的土地，蔡老师已为之奔波一年，未来还有多少个一年还未可知。

每一块栗玉砚都是世上独一无二的，每一方栗玉砚都像刘淑霞的亲生孩子一样。最开始，刘淑霞只把做栗玉砚当作一种谋生手段，但她越做越热爱，越做越着迷，到现在砚台已经成了她生命的一部分，亲手做的每一方栗玉砚她都舍不得卖。“我希望以后我能把我这辈子做得最好的栗玉砚都捐给国家，就算以后没人做了，也能让大家知道武都栗玉砚是什么样子。”尽管身体不适，刘淑霞心里还是一直挂念着砚台。她开始着手编写关于砚台的教材，整理石头地理分布图和多年的砚台画稿，希望能够留下一些理论上的资料。

小小一方栗玉砚，既是文人雅士案头的必备工具，也是令人赏心悦目的艺术品，凝聚着陇南地域性文化，蕴含着制砚人的一片深情。现在它是甘肃省的非物质文化遗产，在刘淑霞这一代人的精雕细刻后光芒更甚，但如果没有下一代人愿意为其与现实抗争，锲而不舍地注入新鲜血液，那它终究还是会被湮没在历史的长河里。正如刘淑霞所言，“武都栗玉砚被确定为甘肃省非物质文化遗产，这确实是一件好事情，但如果还是没有人愿意学，传承不下来，在我们之后，这门手艺也还是会失传”。

（作者为兰州大学新闻与传播学院本科生；指导老师冯燕、权玺为兰州大学新闻与传播学院教师）

李树花：一位勤劳与坚毅的养蜂人

朱琳娜　王雅楠　李凯萌　朱丽桦

“我对养蜂是有感情的，这一辈子能干好这一件事，我觉得就可以了。”说起养蜂，李树花眼中立刻焕发出光彩。李树花是陇南市武都区的一位小有名气的养蜂人，由她创立的花荠公司生产出的蜂蜜销往兰州、天水、青岛等地。本次参加兰州举办的兰洽会，她带去的多瓶蜂蜜因质量出众很快就被抢购一空。

“蜂是飞财，飞到谁家谁发财”

细腻的皮肤，精致的妆容，一头乌黑柔顺的长发，李树花脚下的那一双高跟鞋踩得格外坚实有力，精干是她留给我们的第一印象。

李树花操作蜂箱　　王雅楠　摄

初见李树花，是在2019年7月9日的清晨。经过简单的交谈，我们便驱车来到了李树花的蜂场。与我们想象中不同的是，她的蜂场位于几排居民楼后的空地上，约70平方米的场地上整齐地排列着150个蜂箱。据李树花介绍，她现在有10个这样的蜂场，分布于陇南的不同地方，这个蜂场是唯一一个定点养殖的蜂场，其他蜂场会根据蜜源的地点进行迁移。

李树花甚至没有戴防护帽，就快步走到蜂箱前，熟练地撬开蜂箱。她小心翼翼地拿出蜂脾，上面爬满了密密麻麻的蜜蜂。她一边向我们展示蜜蜂在蜂脾上产出的纯蜜，一边描述蜂王在蜂脾上找空地产卵的过程。那些密密麻麻的蜜蜂可能会让外人望而生畏，但是对于李树花来说，这却是让她脱贫致富的法宝。“我已经养蜂二十多年了，知道它们的习性，蜂箱中的蜜蜂是不会咬人的。”她微笑着说，“我在特别穷的时候就是通过养蜂致富的。”

在李树花看来，与蜜蜂结缘也算是一种巧合。因为家庭贫困，李树花初中毕业就不得不放弃学业。为了生计，她在养鸡场当过工人，在新疆摘过棉花。由于在外打工生活不理想，她选择了回到家乡。

据李树花回忆，那是1993年的一天，她丈夫偶然在他家门前的一个小崖下面发现了一窝蜂巢，就用蜂斗将蜂巢钩了上来。小时候就接触过养蜂的李树花看到蜂巢，觉得品质很好，她立刻想起老一辈人常说的：“蜂是飞财，飞到谁家谁发财”。于是，她决定接过“财路”，尝试着去养蜂。就这样，李树花开始了她的养蜂之路。而这份事业，她一干，就是二十七年。

“挣了钱，我给自己买了第一部小灵通”

刚开始接触养蜂的李树花，对养蜂并不在行，通过不断自学，她掌握了养蜂的一些基本技术。第一年尝试着发展了十几个蜜蜂后，第二年她逐渐开始扩大规模，将蜂的数量发展到了50个左右，也收获了自己的第一批蜂蜜。

然而，自主创业并非易事，在收获蜂蜜之后，李树花却面临着销售渠道单一的难题：当时只有一个人收购蜂蜜，而且收购价被压得很低，李树花的蜂蜜利润微薄。面对这种情况，李树花开始思考一个问题：为什么我们的蜂蜜品质好、价格低，却卖不出去？不甘陷于市场困境的李树花决定，她要去兰州的市场看看。于是，她带上自家产的蜂蜜和一个小铁秤，独自一人坐上了前往兰州的汽车。“那时候穷啊，我带了仅有的几百块钱就出发了。在兰州汽车站对面的一家小旅社住下。我清楚地记得，那时一晚上的住宿费是7块钱，但我都负担不起啊！”李树花望向远处，回忆说。

她在兰州找到一个家属院，一家一户上门推销，但是却屡屡遭到拒绝，一个礼拜过去了，她甚至没有卖出去一斤蜂蜜，这样的结果让李树花焦虑万分，不光蜂蜜没有卖出去，她口袋里的钱也马上就要见底了。“我当时急啊，急到上火，脸都肿了一半。”

实在没有办法，李树花又找到之前拒绝过她的一位老太太，敲开门，老太太只将门开了一个小缝。李树花赶忙问：“你们平时吃蜂蜜吗？”“吃啊！”老太太回答。李树花接着问道：“那你们的蜂蜜都是从哪里买的？”老人简单地告诉她，是从兰州皋兰路的一个专卖店买的。于是李树花一路打听，找到了那家专卖店。

蜂蜜店老板看到李树花拿去的蜂蜜样品后，对其品质非常认可，当晚就买下了她带去的所有蜂蜜。“在武都这边我们一斤卖3.5元，专卖店我是4.5元卖掉的，当时卖了1000多块钱，我就把整个兰州市转了一遍，结果晚上忘了路，我打了辆出租车就回去了，因为我有钱了呀！”她说着，按捺不住脸上的喜悦。为了进一步扩大销路，李树花又找到了当时兰州最大的一家蜂蜜专卖店。虽然当时那家专卖店库存已经满了，但是当专卖店老板看到她拿去的蜂蜜后，感到很满意，当即便决定购买她的蜂蜜。

因为专卖店对蜂蜜的需求量较大，李树花便开始收购其他村民的蜂蜜，将其卖给专卖店来赚取差价。在养蜂的第三年，她赚了2.5万元，真正实现了脱贫。“那时候回来高兴得屁颠屁颠的，不仅我自己的产品挣钱了，我还把别人的产品卖出去了，多有成就感啊！当时正好小灵通出来了，我还花了1800元买了一部小灵通呢！”她脸上洋溢着笑容。

“从哪里跌倒，就从哪里爬起来呗”

然而，现实跟李树花开了一个玩笑。因为她养蜂缺乏科学性，卖出的蜂蜜浓度低，导致蜂蜜全部发酵变质，于是商家要求退货。“当时一退就是四五万的货，那真的就是从高楼上摔下的感觉啊！这对我打击太大了，也是我在养蜂过程中摔的第一跤。”她惋惜地说道，“但我知道，从哪里跌倒，就从哪里爬起来呗！”经历了这次挫折后，李树花认识到了科学养蜂的重要性，开始潜心钻研，深入、系统地学习养蜂知识及技能。有专门指导科学养蜂的手册，李树花会一期不落地买来进行学习。

同时，李树花开始研究蜂蜜的品质。她不再收购别人家的蜂蜜，而是一心一意专注于保证自己家蜜蜂的优质。她还不断扩大养蜂的规模，从刚开始的200箱，一直扩大到后来的2000箱。此外，她还鼓励蜂农做高浓度的蜂蜜，对于品质好的蜂蜜，她就实行高价回收，这种做法带动了更多村民参与其中。就这样，李树花的蜂蜜质量大大提高，获得了买家的一致认可，还带动了周围的村民养蜂做蜜的热情。说到这里，李树花神色激动地说道：“这些养蜂的人，最后都开上了小车，盖了楼。”

“儿子的一声问候，让我泪如雨下”

创业之初的艰辛，时常让李树花感到疲惫不已。回想起这一路的养蜂历程，始终陪伴着李树花的还是她的两个儿子。“他们兄弟俩从小是跟着我在蜂场长大的，有时候去山里采蜂蜜的时候，他们也跟着我。吃在山上，住在山上，条件很艰苦。”李树花动情地说道。

两个儿子对母亲的体贴和爱护，给李树花疲惫的生活带来了如蜂蜜一般甜的滋养。李树花清晰地记得，1999年的农历六月二十五，天下着毛毛细雨。早饭后，她独自一人在厨房中收拾碗筷。几分钟后，李树花看到儿子们从不远处的山林中手拿着一朵鲜花走来。当听到儿子们对她说“生日快乐”时，她又惊又喜。

看到儿子们稚嫩的脸庞，李树花眼中泛起晶莹。“那种花特别脆弱，稍微用点劲就会把它弄烂。他们那两双小手得费多大的力气才能采下那样一朵完整美丽的花啊！”她面露微笑，“那是我第一次过生日，也是儿子们给我带来的感动。在那样的环境下，我们的生活那么艰苦，我觉得没有给他们提供良好的家庭条件，看到儿子们手捧鲜花向我走来的那一刻，我泪如雨下。”

在此后的生活中，她的两个儿子始终陪伴着她，给她鼓励与支持。在李树花对是否创办公司犹豫不决时，她的大儿子对她说：“妈妈，跟着你的心走吧！我们兄弟俩一直支持您！”在儿子们的鼓励下，李树花决定勇敢地迈出创办公司的第一步。

看到母亲创业路上的艰辛，两个儿子格外懂事。大儿子大学毕业后就留在李树花身边，学习公司的管理方法。小儿子是一名医生，曾在山东泰安某部队医院上班。2018年，他前往非洲援医一年，最近刚回到家中。

“注册蜂产品公司是我的理想”

由于自己的不懈努力和刻苦钻研，养蜂的第三年，李树花就彻底实现了脱贫。

2004年初，李树花开办了自己的第一家专卖店，但由于自学掌握的技术不够成熟，没有一套专门的流程规范，她深切感受到了养蜂过程中的局限：蜂场无法扩大。于是，带着管理、技术方面的种种疑惑，她开始走出陇南，外出进行学习。“那个时候我可爱学习了，只要知道有养蜂的讲座，我宁可其他方面少花一些，都要赶去外地参观、学习。”她笑笑，“当时我报了个班，花了好几千，在南京待了三个月，系统地学习了蜂疗、养蜂和蜂产品知识。也正是到了大城市，我才感受到差距，觉得自己是井底之蛙。每天给我们讲课的都是教授，我才知道没有知识真的不行。所以我也就抓住机会，把我所有的疑惑都提了出来，教授们也都会为我一一解答。”

2009年，李树花成功注册商标“花荠”。在这个过程中，她带动周边的人们一起养蜂，带动了蜂农增收，初步实现了共同富裕、打造品牌效益的目标。“三四百人的会场开会，只要我出来，没有一个人不支持我的。”她认真地说道。

2016年，李树花成立了“陇南市武都区花荠养蜂农民专业合作社”。合作社共有2000余箱蜂群，实现了各蜂场统一收购与销售，形成了“合作社+合作社+农户”的管理销售模式，降低了蜂农的风险，防止了滞销以及收购商恶性压价造成的蜂农的经济损失。年蜂产品产量由最初的140吨增加到2019年的610吨。合作社一直以高于最高市场价5%～10%的价格收购贫困户的蜂产品，做到了真正的共同致富。

2017年，李树花终于如愿以偿，实现了自己多年来的梦想。她成立了陇南市武都区花荠蜂业有限责任公司，其产品荣获“陇南市名牌产品”称号。“注册蜂产品公司是我一直以来的梦想。”她坚定地说。

2018年8月，公司旗下的合作社被评为省示范社。

李树花不仅拓展线下销售渠道，也积极发展线上销售的新模式。目前，她在1688及淘宝平台开有两个店铺，平均每年的销售额达到10万元。

“人生的意义不在于挣了多少钱，而在于帮助了多少人”

现在的李树花，不仅是公司的总经理，还是甘肃省妇联代表和养蜂技术培训师。

2013年，习近平主席首次提出了“精准扶贫”的重要指示，李树花在寻求企业自身发展的同时，积极响应国家扶贫政策。近年来，公司共带动合作社18个，贫困农户1000余户，其中贫困妇女300余人。

2018年4月，李树花协助政府部门为378户贫困户发放蜜蜂2300多箱，同时免费培训养蜂相关技术，培训人员达到2000多人。李树花始终致力于为贫困户妇女创造就业岗位，到目前为止，贫困妇女蜂场就业人数23人，公司就业人数18人。

李树花预计，到2019年底，合作社里90%的贫困户将实现脱贫。

在李树花帮助过的众多贫困户中，杜德录家极为特殊。父亲常年生病、12岁女儿患白血病的不幸经历让这个六口之家承受着沉重的负担，家中为数不多的积蓄也早已花光。在了解情况后，李树花来到了杜德录的家进行慰问。面对如此贫困的家庭，李树花痛心不已，她决定教授杜德录养蜂技术，让他通过养蜂来获得收入。除此之外，李树花连续三年为其提供生活补助金，每年1000元。

走进李树花的办公室，墙壁上挂着的两面锦旗格外引人注目。原来，这是马营水泉村前头湾社集体为感谢李树花帮助村民杜德录修建住房特意送来的。“每次看到这两面锦旗，我都觉得很欣慰，这也算是大家对我所做努力的一些肯定吧！”李树花笑着说。

据李树花回忆，2018年，她为马营镇养蜂村民提供技术指导时，看到一间土坯房异常简陋，她随即停下脚步，上前了解情况。与高代成老人攀谈后，她得知高老一家仅有三口人，因为丧失劳动能力，没有经济来源，生活极度贫困。李树花决定为他们购买板材，修建房屋，总共花费了2万多元，建成了两间面积60多平方米的钢架活动板房，并为其配置了沙发等家具。当地村民得知李树花的善举后，感动不已。

面对大家的称赞，李树花说：“人活在这个世界上，不是你挣了多少钱就有意义。你干了多少好事、你挣钱之后如何回报这个社会，才是人生的意义。”

谈起创业开始到现在的收获，李树花笑着说：“感觉能帮助一些贫困户，有一点点成就感吧，不光是我自己挣钱了，还带动了他们，也希望今后能对社会做出更多贡献。”

面对蜂蜜市场激烈的竞争环境，李树花严肃地说：“现在蜂蜜市场很乱，蜂蜜质量参差不齐。我们不会只关注销量的多少，品质才是我们的第一追求。同时，我会将蜂场排名纳入蜂场管理制度，与各蜂场签订合同，执行主管负责制的管理模式，这样我们的蜂场既能提高效益，还能实现质量追责。”

（作者为兰州大学新闻与传播学院硕士研究生；指导老师冯燕、权玺为兰州大学新闻与传播学院教师）

岷县：千年药乡的发展新局面

赵雨辰

近些年来，国家快速发展，人们的生活水平有了大幅度的提高，追求高品质也越来越成为人们生活的常态。人们对于中药材的认知和利用正逐渐实现最大化。这对于有着“千年药乡”之称的岷县来说，是机遇也是挑战。2019年7月13日，我们来到岷县工业开发区，走进陇萃源中药材种植农民专业合作社，去了解这片土地的故事。

虽然下午一点的阳光十分毒辣，但负责人赵志强站在门口热情地迎接我们。棚子下堆聚着大量等待打包的当归，朴实利索的工人快速装着箱，准备把这些他们赖以营生的宝藏发往全国各地。中药醇厚的气味在空气中弥漫，令人心神沉静。

契机·“互联网+”下的新发展

“这些药材原料都是我们在早市上从农民手里收的，基本上周边十几个乡镇的药材都会在这边交易，我们收过之后再发到全国各地的药厂。”赵志强为我们介绍了合作社的简要情况。很难想象，眼前干练精瘦的他已经做了十几年与药材相关的生意。

“我舅舅祖辈都是做药材生意的，我之前是一直跟着他干的，最开始的时候还没有互联网，销路什么的和现在远远不能比。到2008年下半年我自己去北京创业，发现那边网络资源特丰富，我就试着让别人帮忙在网上挂了第一个单子，客户还是远在新疆做调味品的。我也算是咱们这边最早利用互联网的一批人吧。”回忆起过去的经历，他语气中充满了感慨和喜悦。彼时还未被广泛传播和接受的网上交易方式，给了他新的发展思路，不想总麻烦别人的他也开始自己慢慢在这个领域探索，搜集填写信息，客户也慢慢越来越多。“很多外地客户原来没法知道我们的信息，但是现在能在网上把我们找到。我们现在也主要是利用互联网平台做推广，给药厂和农户双方提供信息。”说着他拿出手机给我展示他们合作社的一个微信公众号，上面市场快讯、产地资源信息、企业采购信息、供求信息等内容一应俱全，并且每天都在更新。

这些在大山的土地里孕育的中药材，寄托着农户的致富梦想，依托信息的快速广泛流通而前往各地。虽然这只是岷县的一家企业，但是我们已经足以窥见这张织得愈加完善的大网给这片土地带来的福祉。

困境 · 质量保障和信息脱节

中药材大多为根茎类作物，为了保证药材的产量和质量，要进行倒茬耕种。同样，土地面积的扩大和年轻劳动力的流失也导致了大量工业肥的使用。“其实我们现在面临的最大问题还是地里的问题。我们主要是半农半商的模式，市场营销这方面做得好，但和中药材本身相关的方面却没有专业的人来管理，而且农户自己的认识也不足。”他一边引导我们躲进阴凉一边说。“农业是个精耕细作的行业，只有把标准的东西做好，品质搞上去了，我们才能有资格说自己的东西好不是吗？做药材，我们这里有几千年的文化积淀，不能辜负了它被赋予的意义。”

近些年来，除了中药材本身市场的饱和，电商平台的竞争也逐渐进入白热化。怎样把“地里的”和“网上的”对接好也成了他们面临的一项挑战。“互联网有时候是虚幻的、轻飘飘的，你不做产出的话，不知道产业具体的情况。如果只做传统产业的话，资源是很浪费的，但如果只盯着网上的信息，又会有挺大的水分。”中药材有“多了是草，少了是宝”的说法，如果说农户主要在保证质量上面下功夫，像这样的合作社则是充当一个纽带。

未来·乐观与坚持

没过多久，又有很多女工拎着包装袋走了进来，笑声爽朗。赵志强一边用方言笑着和她们打招呼，一边引导我们跟着她们走进了另一间屋子。这些女工围坐在一张桌子上，分拣着桌上的黄芪，尽管对我们的到来感到有些陌生，还是望着我们的眼睛冲我们和善地笑着。她们一边唠着家常，一边利落地把品相不好的黄芪分拣出来，气氛轻松自然。“这就是切了片的黄芪，她们一天基本上每人能分拣三十斤左右。”他向我们介绍道。

“现在发展多快啊，其实也没什么困难。政府又支持这个产业发展，去银行贷款什么的也很方便。”赵志强一边整理地上的袋子，一边笑着和我们说。谈及未来，他始终认为要做好平台，做好“传统行业的最后一公里”，并且保证质量是比赚多少钱更重要的，这才是他认为的成就。“那些不足的东西，我们也在慢慢查资料学习，没有什么是绝对的，只有比较才能发现最适合我们的”，他又补充道。

山地面积广大、昼夜温差大、历史积淀深厚和产业链完整，这都是岷县始终在中药材市场保有竞争力的原因，依旧有很多人以此为生。这个县城民风淳朴，环境宜人，上天赋予了它得天独厚的资源，国家提供了发展的契机。这片土地上的人们也格外珍惜，虽然略有磕绊，但正朝着美好的未来不断前行。

（作者为兰州大学新闻与传播学院本科生；指导老师冯燕为兰州大学新闻与传播学院教师）

木雕行的“济公”：匠心守初心

蔚香　可文艳　杨尚奇

“天工人可代，人工天不如。”这是人们给予木雕工艺的极大赞美。

木雕，总给人一种匠心独运，繁华永存的感觉。即使再小的木雕里，也藏着一个内容丰富、含义隽永的大千世界。

怀着这种敬仰心情，我们前往陇南市汉王镇仓园村一位木雕继承人王和平家中，一探木雕世界。刚下车，就看到了一位身着军绿色短裤短袖、约五十岁的中年男子——王和平。他皮肤粗糙黝黑，是常年在太阳下暴晒的缘故。他鬓角微秃，眉毛粗黑，一双眼睛炯炯有神，眼角常挂着微笑。他在看人时，十分专注。他的手指布满了硬硬的茧皮，说话带着浓重的当地口音。

王和平和妻子儿子三人共同经营一家雕刻店，叫“万象雕刻”。走进店内，一尊惟妙惟肖的巨型木雕映入眼帘，院子中间还放着三座正在雕刻的大型木雕《百鸟朝凤》《松鹤图》《哪吒闹海》。王和平说：“在我们到来前，他就正在雕刻，这种大型木雕耗时长，至少需要两三个月。”艺术正是在时间的淬炼和工艺的打磨下，才熠熠生辉、经久不衰。

王师傅所住的地方是三间小平房，在第一个房间中，地上摆满了中型木雕成品，样式繁多，题材涉及广泛，有《金蟾》《后羿》等。在架子的角落里，有一座木雕格外引人注目：一株玉米伸展着茎叶，笔挺地直指蓝天，而它的根茎处被几簇牵牛花柔柔地缠绕着，簇拥着，刚与柔的结合在木刻里凝成了永恒。走到它面前，王和平突然慢下脚步，他用手指细细摩挲起它的纹路，尔后小心翼翼地捧起木雕，为我们讲述起关于《玉米牵牛花》的创作缘由：“现在很多人不种地了，小孩也看不到真实的庄稼长什么样，创作这个作品就是为了记录现实生活中正在消逝的现象。另一个原因就是自己从小种地，怀念以前种地的日子，对于庄稼有着很深的情结。”幼时的生活影像，每每忆起，总能牵扯出千丝万缕的情绪，王和平总是想把它画出来，写出来，刻出来。

屋子墙角有一个四角层架，上面摆放了一些生动活泼的小工艺品。王和平拿起其中一件名为《滴水观音》的木雕，眼神颇有些得意，说：“这是自己在三十年前雕刻的，当时还没有电动刀，自己拿小刻刀慢慢打磨出来的。”

进入里间，屋内依然都是精美的雕刻品。王师傅将桌上的一件《孔雀戏牡丹》拿下来，摆放在我们面前，让我们近距离地观察雕刻纹路，解释说“这件雕刻是有吉祥如意、前程似锦等美好的寓意的”。

“成功的艺术家，道路都是曲折的”

每一个艺术家刚开始都可能是一个业余爱好者。王和平刚开始学习的是绘画写字，但是学习绘画写字的人很多，而学习木雕的人数比较少，因为学习木雕需要更多的耐力。遵循自己内心喜好的王和平选择了木雕，这也意味着自己选择了一条最难的路。

王和平成长于传统的农村家庭，父母都是普通农民，自己还得赚钱养家，即便想支持自己的兴趣，也是心有余而力不足。

利用业余时间自学，成为王和平保持兴趣爱好的唯一途径。“下雨天，别人休息，我就没有休息，利用下雨的空闲时间，学习木雕。”自己摸索，然后再找手艺较高的人去学习探讨，不耽误农活的同时，不忘初心，坚持自己的兴趣爱好。王和平的妻子笑称：“刚开始时，我会把他捡回来的木材扔了，慢慢地看到他做出来的东西挺好看，就舍不得扔了。”

此外，学习木雕耗时长、变现慢，也成为一大阻碍。

“成功的艺术家，道路都是曲折的。”学习木雕周期长，还需要下苦功夫，至少需要三年，具体的学习时间要根据实际情况而定。

而且刚开始学习的时候是挣不到钱的，因为无法将所学的东西立即变现。在这一段学习的过程中，生活费用开支就会成为一大阻碍。王和平坦言，“这是目前学习木雕最大的困难，也是木雕在继承方面遇到的一大阻碍”。

家庭生活条件逐渐变好，王和平的木雕学习也慢慢步入正轨，并且得到了专业老师的指导。但是新的问题又出现了：传统的手工不能跟随时代的发展，大片的手艺人没落。

“人人都喜欢好的东西，也愿意出钱购买。”但是在后续的发展中都会显得后力不足，呈现没落的趋势。王和平说：“关键在于没有提高自己的技艺，紧跟时代的发展，做出创新性的举措。”

创新成为木雕“活”起来的重要举措，想要跟随时代的发展，超前的创新意识是必不可少的重要条件，木雕的发展也离不开创新。以前在武都，根雕、木雕是非常有潜力的，但是后来很多人就没落了，其关键还是在于没有发展自己的手艺。

一方面，虽然跟着老师学习长进了很多，但还是要去外面多看看，在外面的环境里寻找艺术创作的灵感，从而根据自己的悟性创新发展。“现在很多雕塑造型，老一代艺术家不一定能够雕刻出来，这就是创新发展的力量。”王和平的骄傲之情溢于言表。另一方面，创新不能完全抛弃传统，要有所扬弃，有所传承。每个地方的雕刻都有其特色，在保持本地特色的同时发展创新，然后形成独立的产品。

宝剑锋从磨砺出，不断的困境与突破才成就了王和平作为继承人的荣耀。以后发展道路也许会遇到新的问题，但是对于他来说是“吾志所向，一往无前”。

“作品就是自己的心声”

“将自己代入角色，才能赋予作品灵魂。”这是王和平在创作中秉承的基本理念。

在王和平家中，济公木雕至少四五件，济公也是他最喜爱的人物之一。他戏称自己就是济公，“鞋儿破、帽儿破、身上的袈裟破，酒肉穿肠过，佛祖心中留”。有济公这样的心态才有今天的王和平，他也将济公这个木雕活灵活现，创作出了产品价值。

“老百姓买木雕都是收藏的，他们很少会进行二次售卖，因为喜欢，所以才收藏，所以有价值的产品才会更有收藏价值。”

“废物变宝”是王和平拿手活，别人废弃的木材，都是可以进行加工制作的。王和平介绍了一个他正在进行的废弃木材二次加工利用工程，利用别人废弃的木材，制作成济公的半成品木雕。

自然取材，巧手为形。“根据木雕结构，利用好每一块材料，例如，上面长了一个枝条，我们就利用他做了一个高保；有一个结，就做一个葫芦，葫芦外面有皮质就要保留，不然就缺乏原生态的成分，破坏原生态，相当于这个作品就失败了。”

这也是考验木匠技艺的难点，废弃木雕加工成为产品，需要很强的随机应变能力。因为材质的不规整性，在雕刻的过程中，需要根据木质变化随机应变进行雕刻。

在雕刻中，把自然的木质材料保留到最后，这也是体现人工最精妙绝伦的地方。“鞋儿破、帽儿破、身上的袈裟破。”济公的破是要精心打造的。另外，还应该注重细节的打造，济公酒喝光了就剩一点儿，就是要打造那种欲欲而滴的感觉，将细节处理好，才能还原人物本身。最后，关键问题还是构思创意，保留天然。

废弃木材正在雕刻的济公

蔚香　摄

在谈到艺术与市场的碰撞时，王和平说：“做木雕纯属自己个人的兴趣爱好，刚开始学习时，并没有想靠这个挣钱。”但是自己花费心血所做的产品是有一定的价值的，所以面对雕刻产品如何出售的问题时，王和平真挚地说：“但是作为一个手工艺人，还是要养家糊口的，一边要传承，一边还是要挣口饭吃。卖一件产品，如果达不到每天的工作效益，我是不会妥协出售的。每一件作品都是自己的心血，但是如果碰到真正喜欢收藏的人，就有惺惺相惜的感觉，也是可以选择降低价钱。”

最后，雕刻离不开木材的选择与利用，根据木材本身的形状与内部构造，想象雕刻形状，木材的纹理也能够猜个八九不离十。这是手工匠人日复一日，经久磨炼出的技艺。

要有自己的心声，有代入感才能成就作品的价值，也能形成自己独特的风格。这也成为王和平个人独特风格的体现。

“电脑雕刻就没有‘文化’两个字”

机器的发展，将人类从很多重复烦琐的劳动中解放出来，但是也让不少手工作品面临着失传的危机。在提到手工雕刻与电脑雕刻时，王和平表示：“每一件手工雕刻艺术品都是独一无二的、不可取代的，是有温度、有灵魂、被赋予了文化内涵的。而机器是量产，成批生产大量的复制品，讲究的是效益。”

但是手工制作也存在一个缺陷，就是价格高昂且耗时长，王和平讲道：“同一件商品，电脑制作可能就是1000块钱，而手工制作就要10000块钱。但是电脑不会思考，也没有情感，所以做出来的东西是非常死板的。”

电脑是程序化的机器，批量生产的东西缺乏收藏价值，而手工制作是用心、用大脑产生的东西，无可替代。它是有生命力的，一个作品里往往倾注了制作者的情感思想，从而拥有了非凡的意义和价值，可以永远地传承下去。

离开前，他坚定地表示，坚持初心，以后还会潜心钻研、继承创新，让更多的人感受到木雕文化。

（作者为兰州大学新闻与传播学院硕士研究生；指导老师权玺为兰州大学新闻与传播学院教师）

七个故事伴我行走陇南

周葛霖柑

武都，陇南市的唯一市辖区，曾经叫武都县。我们一行人下了火车后，面朝一纵山，背靠一纵山，整个城市在河谷中东西延展开来，城市的中心有一个大转盘，也叫盘旋路，看到这些就觉得有了几分亲近，因为陇南和兰州颇有几分相似，两山夹一沟，一条白龙江在山间蜿蜒行走，最终注入长江水系。

新闻历史中的武都

打开地图搜索城市的地标的时候，一个地名赫然跳入眼前，“5·12”地震主题纪念公园。这样的一个地名提醒着我，距离那场灾难已经过去11年了，这里也曾经是灾区，尽管它没有被置于新闻事件的中心。

陇南并不是第一次遭受这么大的地震，因为地处横断山地震带上，地震一直伴随着这座城市的历史。今天我要说的是一起被晚清报纸记录下来的地震，可能也是陇南最早被新闻报道的地震。1879年7月1日（农历五月十二），甘肃武都、文县一带发生8级大地震。

当时的地震情形是这样的，甘肃周边的三十几个地区同时有强烈的震感，地震之后的余震持续了十三天，大量民宅、公共建筑倒塌。这次地震波及的范围达2000里，甚至连当时主政甘肃的左宗棠都上书朝廷汇报灾情。

之所以能清楚地知道这些情况，是因为当时《申报》和《字林西报》报道了这次地震。学过新闻史的人一定不会对这两份报纸陌生，它们在中国近代社会中的影响不可忽略。

但即便是《申报》这样的大报也没有能及时报道这次地震。直到八月初三的《申报》才有报道："甘肃至关陇一带，三十余厅州县，同时大震，自五月初十至二十二凡十三日始定。期间伤人口、伤牲畜、坏城郭苑囿，屺衙署民宅不可胜计。"八月初九的《申报》报道："东至西安以东，南过成都以南，纵横近2000里。"从地震发生到新闻报道几乎已经过去了三个月时间，而今天一起事件发生了，立马就出现在微博热搜上，信息传递速度的变化让人感慨。

探访"花椒村"

一进村子就有一股麻香飘过来，这是我到"花椒村"的第一感受。未见其椒，便闻其味。花椒村在陇南市马街镇，真名并不是花椒村，只是这里的花椒种植成片，种植的花椒远近闻名。这里的花椒田像台阶一样，一级一级地从山脚爬到了山顶。随着我们乘车盘山而上，花椒树也渐渐显现在眼前。

如今本该是花椒收获的季节，但不巧的是，今年雨水来得早，花椒光照少，所以收获期推迟了，大批收花椒的场面还要等上几天。但在远方打工的人已经陆陆续续地回来，准备着几天后开始采摘自家地里的花椒了。一年只需要花费半个月的时间采摘，就有丰厚的收入，没有人会不愿意的。我们运气尚不错，碰到了一户在地里提前收获花椒的大伯。交谈过程中，他的手一直吸引着我的目光，因为别人都戴着手套而他是光着手，上面布满了一道道裂纹，有的指头尖都发黑了。老人说这是长期采花椒，花椒的汁液把指头染到无法洗掉了。

武都的花椒虽然是最近几年才火起来的，但这里种植花椒的历史却已经有千年之久了。和西域来的大多数调料不一样，花椒可是本土培育的香料。最早的历史可以追溯到上古时期，《诗・周颂・载芟》就记载了周朝庆祝丰收时说："有飶其香，邦家之光。有椒其馨，胡考之宁。"而武都的花椒更是早在北魏就被点赞了。一代医药大家贾思勰还亲自为武都花椒宣传，他在自己的百科全书《齐民要术》中说"蜀椒出武都，秦椒出天水"，甚至还细心地介绍了如何正确食用花椒呢。

在明朝之前，辣椒还没有进入中国的时候，花椒绝对是制霸美食界的“一哥”。被广泛使用在饮食中我们就不说了，许多名人都在历史上留下了各种各样跟花椒有关的美食，花椒无可撼动的地位更体现在祭祀和医药中。之前已经说过周朝祭祀中对花椒的描述，再举一例，屈原在《九歌·东皇太一》中写道：“瑶席兮玉瑱，盍将把兮琼芳；蕙肴蒸兮兰藉，奠桂酒兮椒浆。”这里的椒浆就是椒酒，专门用来祭祀和孝敬长辈的。医药的作用那就更明显了，直到今日都深刻地影响着我们的生活。前不久，我牙痛得死去活来，母亲就告诉我一个方子，取大蒜、花椒和食盐兑上热水，坚持几日口含，牙痛果真渐渐消退了。

油橄榄入中土记

武都除了花椒是一宝，油橄榄也是一宝。或许你会说油橄榄有什么稀奇的，不就比橄榄多一个“油”字吗。橄榄可是遍布中国大江南北，谁没有吃过。可你还真别小看武都的油橄榄，这里可是全中国为数不多的能大面积种植此物的地方。但和花椒相反，油橄榄种植历史并不长久，这一切要从1963年冬至1964年春周总理出访阿尔巴尼亚说起。

油橄榄或许大家很陌生，因为它并不是中国原产的作物，但它身上有一样东西保证大多数人都见过，就是橄榄枝，奥运会上胜利的象征。奥运会起源于古代希腊，而油橄榄正是希腊等地中海诸国的特产，他们食用油橄榄甚至可以追溯到公元前的时代。可以想象一下这样的场景，在苏格拉底的时代，城市的道路两旁种满了油橄榄树，橄榄枝条朝天伸出又长又细的触手，人们手上拿着橄榄枝条编织的花环，等待着给冠军戴上花冠。

在漫长的历史中，通过丝绸之路，油橄榄也曾到达过中土世界。在唐朝，油橄榄就被波斯商人带入中国，我们最早称油橄榄为齐暾果。唐人所写《酉阳杂俎》中说：“齐暾树，出波斯国（今伊朗），亦出拂林国（今意大利），西域人压为油，以煮饼果。”然而油橄榄在漫长的时间里始终没能走进国人的餐桌，只被小范围地种植过。

橄榄油极佳的保健功效就不必在此赘述了，随着今日大家生活水平的提高，对健康追求越来越高，国人都逐渐认识到这种油的优点。然而有这样一位科学家在六十多年前就开始关注这个问题了，甚至设计了油橄榄大规模引进计划，不得不让人佩服。1959年，农学家邹秉文先生根据自己的考察，将这种外国果树定名为油橄榄。他还向国家提出了“建议中国引种油橄榄”的提案，开始了中国引种油橄榄的艰辛历程。

周总理于1964年访问阿尔巴尼亚期间，阿尔巴尼亚向我国赠送了5个品种共10680株油橄榄树苗，中国开始在各地试种油橄榄，然而那时陇南并不在试点范围之中。作为一种外来的植物想要在中国找到合适的家并不容易，大多数试点都失败了。然而现实就是那么喜欢开玩笑，陇南市林业科学研究所在1975年申请了一个项目，请求引进油橄榄种植，至此油橄榄才到达了它在中国最适合的家。试种几年后专家进行了评估，发现生长在陇南的油橄榄不仅能安全成活，而且能够开花结果，并达到国际丰产标准，其单株产量、单位面积产量和含油率等指标均为国内第一。联合国粮农组织植物资源司的专家认为：“油橄榄在中国引种成功，是世界引种科学上的一大成就，它是将在一种气候条件下塑造的物种引种到另一个不同的气候区的成功范例！”

随着近年来国人对橄榄油的认识深入，对健康饮食的追求提升，国产橄榄油产业规模越来越大。数据显示，2014年年底，陇南市武都区油橄榄种植面积已经发展到30万亩，12万农民参与油橄榄种植，橄榄油产量达到2000吨，占全国的90%，成为全国最大的初榨橄榄油生产基地。

走过历史的道路

陇南所处的位置正是在古代秦巴文化交叉之地，我很好奇这种混合文化如何塑造了这片陇原大地。走在陇南的街头，明显能看出陇南混合了陕西、甘肃和四川的地域文化，如果你对此有所怀疑的话，只需要走进一家路边的小吃店就有所察觉。街头随处可见的是米皮面皮小吃店，米皮就似凉皮一般，只是所用原料是大米，而兰州牛肉面则被远远甩开，失去了在兰州的风光。最有代表性的一家店的招牌上同时标着麻辣烫、肉夹馍、米皮、面皮四样东西。另外悄悄告诉你，以后去陇南千万不要被挂着川菜馆的招牌欺骗了，其实大厨并不是四川人，而是就近到四川学过川菜。一次吃饭的时候一位朋友对我说，陇南是“面学陕西，菜学四川”。

这样的事情不仅发生在当下，在历史故事中的那些道路也在诉说着它们和陕西、四川那些纠缠不清的故事。我们离开武都后的下一站是前往宕昌，这里科普一下当地人在地名中“宕”读tàn。就在我们一行人坐着大巴车从武都沿着弯弯曲曲的河谷中的国道前往宕昌的路上，我纠结着怎么读对下一个目的地的读音的时候，一面的山崖边时隐时现一段栈道。这条栈道年久失修，有的从中间消失了一段，有的像枯树枝一般插到了河水中。再往前走，路上出现了一个路牌“官亭镇”，我对搭档说这个地名取得好，有诗意，有历史感，这时脑中是古诗中朋友们喝完离别酒跨上马告辞的场景。至此我还没有发现我们已经走在一条古道上。当我意识到这一切的时候是看到一块棕色的旅游路牌上写着“前方1 km，邓邓桥”，于是我集中注意力不要错过这座古迹，没多会一座木质古桥就出现在眼前，一只桥臂连着悬崖峭壁上的栈道，一只桥臂搭在我们行驶的公路上，下方是岷江，又名宕昌河，乃白龙江支流，可不是四川那条岷江。直到见到这座桥我方才醒悟，我们这不是正走在三国故道上吗?

对，我的感觉没错，我们眼前的这条路就是三国时期大放光彩的阴平道的一段。而刚才看到的邓邓桥就是三国时期魏国大将邓艾和其子修建的，当地百姓为了纪念这对父子而修建了这座桥，用“邓邓”二字命名。

阴平道的历史却不只限于三国时期，早在先秦时期，羌氐先民就通过这条道路在西北与西南地区之间迁徙，然而到了汉末阴平道才开始在历史舞台上发光发亮。蜀汉政权早期，诸葛亮就曾借道平定过陇右地区，但阴平道最出名的一次还是要数邓艾取道伐蜀的故事。这条道从甘肃进入四川的阴平古道，以甘肃天水为起点，经甘肃礼县、宕昌、武都至文县，从文县分两路，一路从文县循白龙江至碧口入川，进入青川县境后至平武；一路是从文县东南经丹堡、刘家坪翻越摩天岭入川直达平武，然后阴平道与金牛道合二为一，直通成都。

这个故事其实应该还有一个开头，早在曹魏伐蜀计划之前，姜维就告诫过刘禅加强对阴平道的防守，防止魏军南下，可惜阿斗并未采纳。公元263年，魏国大将钟会和邓艾领兵伐蜀，钟会和姜维在剑阁对垒，久攻不下。邓艾决定走一着险棋，率领数千精兵绕开剑阁，从阴平道偷偷绕到姜维后方，直取成都。《三国志》中是这样描述的：“自阴平道行无人之地七百余里，凿山通道，造作桥阁。山高谷深，至为艰险。”假如蜀主听了姜维的建议，派驻小股部队就可以不费吹灰之力歼灭邓艾，然而历史是没有假设的。此后的魏晋南北朝阴平道一直活跃在战争史上。到了隋唐时期，《唐六典》将阴平道的石门关列为二十六要关之一。唐末五代阴平道的经济价值逐渐凸显出来，它自开辟以来就是西南、西北地区茶马古道的重要支线。陇右地区古代乃羌氐游牧民族的聚居区，盛产良马与牛羊，缺少茶叶、粮食、盐等生活必需品，所以他们通过阴平道和四川天府之国进行茶马互市。这种茶马贸易在宋代达到了一个高峰，这里有的城市还成立了专门交易的场所。阶州，如今的武都区，就曾因为好马在宋朝火了一把。史载："川、秦马司互市之地，唯西和、阶州并是西马，比诸州为最上。"

明清时期战争减少，入川通道畅通，阴平道从历史中隐去。阴平道经历的最后一场战争是解放大西南战争。三大战役之后，国民党的残余部队收缩到四川，企图依靠胡宗南部以四川为基地收复失地。当时国民党判断：在取得兰州后，必然利用这支部队挥戈南下，采取邓艾伐蜀渡阴平、出碧口直取成都的战略部署。所以将西南防御重点转移到川西北地区，企图阻止解放军南下。然而他们没料到，共产党对解放大西南却采取了川东南进军、关门打狗的军事策略。一路刘邓大军取贵阳、涪陵、重庆后，分精锐西进宜宾、乐山，围堵敌人退路；一路由贺龙率部取金牛道直逼成都；另一路解放军由武都、文县、碧口南循阴平道经青川、江油趋绵竹，进而合围成都。

回来以后再读《中国的西北角》的时候，发现范长江先生也走过这里。他在《中国的西北角》中对邓邓桥和古栈道这样写道："我们从大道到了两河口。转北沿河西岸行，对岸即为岷县至武都大道，为邓艾入川时所经之路。两岸道路，虽皆名为'大道'，然皆在极不牢固之脆片岩壁上，凿道而行。遇雨后，路即多被冲去，又须重修。自西岸看东岸，因不能见路面，但见路线起伏，上无坚壁，下有松岩，危殆之状，不敢正视。岷河两岸，绝岸甚多，开路不易，乃以栈道继之。每段长数丈至十数丈不等。其建造方法，系于绝石壁上凿上下两排洞孔，每孔相去一二尺左右，每排相间三五尺不等。各孔皆以长短相若之木条插入，然后再于下排木条上立支柱，以接上排木条，使不下坠，上排再铺以木板，板上再铺以泥沙石块，栈道遂告成功。初行此道者，无不有惧戒之心。"如今修建了国道，道路已不似当年那么凶险了。

阴平道作为兵家必争之地的战略价值再怎么说也说不完。然而阴平道的故事还没有结束，就在我们车行走的国道旁，正在修建一条新高速公路，这条路时而与我们平行，时而架桥跨过汹涌的宕昌河，就在邓邓桥前方不远处，这条高速从上方的隧道中穿出来。这条高速连接着兰州、陇南、九寨沟乃至重庆，据报道这条高速预计今年年底就能开通。

宕昌古国空悠悠

从宕昌县城前往哈达铺的路上有一座烽火台，上面写着"宕昌古国遗址”，向世人幽幽地诉说着一个羌人王朝曾在这里存在过。如果这里需要一首配乐的话，一定是“羌笛何须怨杨柳”中的羌笛演奏的。

先说一说羌人吧，你看“羌”字像不像一个羊头？其实在甲骨文字形中，羌字就已经出现，羌人也多以羊为自己的图腾。羌人是我国大地上最早的先民之一，曾经参与过武王伐纣。羌人的民族演变史就是一部缩小版的人类文明迁徙图，关于这个宏大的话题我们先按下不表，说回宕昌古国这个小小国家的一段兴亡史。

宕昌的羌人早在战国时期就已经扎根于此，原因就像武陵人一样，为了躲避秦国的暴政。从秦到南北朝期间，宕昌的羌人一直实行部落政治，直到一位叫梁勤的首领出现，率领大家建立了自己的国家，都城就定在宕昌。虽然是一个在南北朝政权夹缝中求生存的小国，但也有自己的影响力，当时的地理科普作家郦道元就描述过宕昌城的位置，他在《水经注》中称“羌水东南流经宕昌城东”，这也成为现代考古发掘古城遗址的依据。夹缝中求生存是十分不容易的，宕昌国除了要讨好北魏，也不敢得罪南朝。好在宕昌自古就有宝贝，出产上好的中药材，尤其是当归，所以宕昌国一直搞“中药外交”，与南北朝及吐谷浑、仇池国保持了良好的外交关系。然而这样的外交策略也不是随时都有效，到了北周时期，宕昌国得罪了北周的皇帝，大王一发怒，就发兵灭了宕昌，至此宕昌国祚终，享九世历时259年。但“宕昌”这个地名却保存了下来，千百年来把自己故事浓缩在这两个字中。石洞和地穴房屋谓之“宕”，故有“开宕而居”的说法；“昌”是指昌姓部落，昌姓羌人是当地崇拜太阳神的一个大族。

哈达铺的《大公报》

在许多人眼中，哈达铺只是一个红色景点，但学过新闻史的人一定不会忘记这里发生一段跟新闻有关的故事。一张报纸带来红军的希望，听起来多么像一个故事，但这确实是真实发生的事情。

1935年红军突破天险腊子口，占领哈达铺。红军在哈达铺得到了休整和补给，还开辟了地方红色苏维埃政权，但还有一个最重大的问题没有解决，红军要向哪里去？当时红军面临着后有追兵，内部有分裂，长征的目的地始终不明确。但天无绝人之路，在占领哈达铺的时候从当地邮政代办所缴获了一批近期的报纸，主要有天津《大公报》《晋阳日报》《国民日报》等。其中一份8月的和一份9月的《大公报》上登载了几则消息，说陕北有红军活动。毛主席看完后说：“感谢国民党的报纸，为我们提供了陕北红军比较详细的消息，那里不但有刘志丹的红军，还有徐海东的红军，还有根据地！我们要抗日，首先要到陕北去。”所以这之后才有了到陕北去的战略决策。

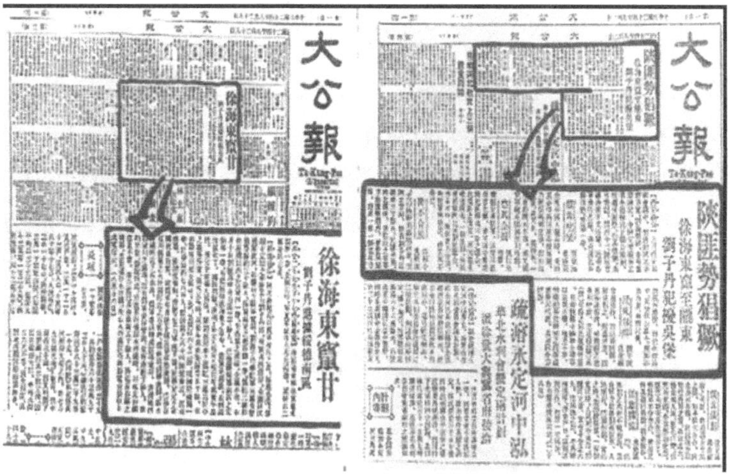
大公報
徐海東竄甘
大公報
陝匪勢猖獗

哈达铺红军纪念馆《大公报》原件　　资料图片

《七律·长征》的一段往事

“更喜岷山千里雪，三军过后尽开颜。”毛主席的这首《七律·长征》应该是红军长征中最著名的诗词之一了，从小学起大家就能流利地背诵，这次我们从岷县一中历史教师贺老师那里了解到了有关创作这首诗的一段往事。

岷县因境内有岷山而得名，县城中有自西向东而来的洮河和由南向北的迭藏河交汇，所以此地在秦朝乃临洮是也。因为处于游牧民族和农耕民族的交界地带，这里自古就混居着汉、藏、回、羌、氐族人。在民国的时候，哈达铺还属于岷县管辖。1935年红军当时刚翻越了雪山、草地到达了岷县周边。当时的岷县盘踞着国民党势力的军阀，红军几次强攻都没有攻下岷县，于是毛主席等人就落脚在了岷县城外四十里的麻子川乡一个叫旋窝村的地方。80多年前，旋窝村还是一个有着60多户人家的回汉杂居村。1935年9月17日，红军到达旋窝村，村中的丁正邦阿訇组织沙子责、沙月德、牛建基、牛吾个、韩启明等接待。宰杀了5只羊做羊肉汤，烙大饼、锅盔，动员全村为红军安排吃住，解决了红军的吃饭问题。当时的一份红军电报中说："此地物质丰富，民众回汉各半，十分热烈地拥护红军，三个半月来脱离群众的痛苦现在改变了。"

毛主席住进了一位叫韩启明的老乡家里，就是在他家的茅屋中写下了在长征途中得到启发的《七律·长征》。但当时并没有马上发表，发表还要等到红军到了通渭以后。在通渭召开了著名的榜罗会议，会议彻底明确了红军长征的目的地是陕北，到抗战的前线去，任何反革命都不能阻止红军抗日。之后在县城的文庙小学举行的晚会上，也许是度过了最艰难的时刻，心情变得愉悦，毛主席才首次公开朗诵了自己的《七律·长征》。

故事讲完之后贺老师一阵惋惜，当年红军虽然在岷县周边长期活动，但没有进入县城，也没有出过像哈达铺的重大决议或者会议，周边的许多红色景点的名气都只限于当地，没有得到很好的开发。

（本文作者为兰州大学新闻与传播学院本科生；指导老师冯燕为兰州大学新闻与传播学院教师）

山海共情，爱“心”天使在路上

罗立桓　刘智琪

2019年7月23日，对于尚在襁褓之中的怡宁小朋友来说是意义非凡的一天。1岁多的她还不知道，自己将从白龙江畔的家乡陇南向黄海之滨的青岛进发，开启一段难忘的寻“心”之旅。

“一个孩子生病，整个家庭崩溃”

孩子，是上天赐予父母的礼物。一个孩子的诞生，带给家庭欢乐的同时也牵动着父母的心。有一群特殊的孩子，分外令人牵“心”，他们渴望摆脱“心”的束缚，渴望体验随风奔跑的自由，这些孩子有一个共同想要摆脱的标签——先心病患儿。

先心病（全称先天性心脏病）是儿童常见的先天畸形之一，主要受到胎儿发育环境和遗传等因素的影响。研究表明，高原地区该病例相对较多，还有一些病症有显著的性别发病差异，这都证明先心病与出生地的海拔高度、性别有很大关系。相关资料显示，若未及时治疗，约1/2的先心病患儿会因严重心脏畸形死于出生后的一年内，幸存者在其生长发育各年龄阶段容易出现反复的呼吸道感染，生长发育迟缓，体力较差。若不治疗，最终可能导致肺动脉高压，心脏扩大，心力衰竭，并发内膜炎、栓塞、出血、高血压。除去少部分患儿5岁前有自愈的机会，大多数患者需手术治疗矫正畸形。随着医学技术的发展，目前多数患者如及时手术治疗，可以恢复正常，不受其影响。

“什么心情？你想想我能有什么心情，一个孩子生病，整个家都崩溃了。”当我们向怡宁母亲谈及第一次得知女儿病情的心情时，电话那头的声音提高了八度，尚未为人父母的我们无法感同身受，提出了一个很不恰当的问题。

怡宁家位于甘肃省陇南市武都区。陇南，位于甘肃东南边陲，作为甘肃唯一的长江流域地区，被称为“陇上江南”。八方来客无不感叹这里的山清水秀、资源富集，又着实为这里的山大沟深、交通不便而感到惋惜。多年来，这里人难于行，货难于运，各方面发展受限严重，医疗方面也不例外。随着国家西部大开发、对口帮扶、精准扶贫等一系列政策的出台和实施，陇南把交通建设同脱贫攻坚、生态旅游开发、美丽乡村建设等工作相结合：全市3230个建制村通畅度从0起步到今天的99.8%、兰渝铁路、成县机场建成运营……改革开放40年，陇南交通不断改善，其他方面也逐步迎头赶上。便利的交通给了先心病患儿外出治疗的机会，飞机、火车带他们翻过一座座有形的大山，而摆在他们眼前的却还有高昂的费用、难以把握的最佳治疗时机等无形的大山。

正在怡宁一家发愁如何“翻过大山”之时，2019年6月14日，亲朋好友将一则朋友圈推送给怡宁母亲：为进一步贯彻落实中央扶贫开发工作会议、东西部扶贫协作座谈会议精神，深入推动青岛市援助陇南市医疗扶贫工作，让更多的贫困先天性心脏病患儿得到及时救助，按照市政府的安排，陇南市红十字会、陇南市卫健委和青岛市红十字会、青岛阜外心血管病医院联合开展“天使之旅”公益救助项目。经前期摸底统计，上报确诊和疑似先天性心脏病患儿共249人，为确保项目顺利实施，青岛阜外心血管病医院专家将于近期携带仪器到陇南开展诊断筛查活动。筛查过后，凡满足手术条件的患儿，均可在青岛阜外心血管病医院进行免费手术，同时提供患儿和陪护家属的食宿及往返交通费用。

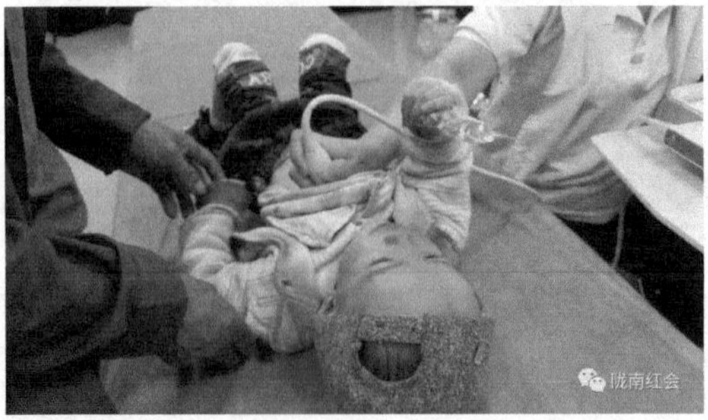

图为此次活动中患儿在陇南市第一人民医院接受筛查　　图片来源见水印

“天使”自黄海之滨飞越群山，给白龙江畔先心病的孩子“心”的希望。

“是东西协作，更是我们的职责”

据陇南市红十字会办公室主任童武斌介绍，红十字天使计划由中国红十字会于2005年启动，致力于改善贫困农村地区医疗基础设施建设、救助贫困的大病儿童。2006年，设立了天使阳光基金，成立至今共救助1万余名贫困先心病儿童，救助金额达2亿余元；2012年，中国红十字基金会推出了“天使之旅”贫困先心病儿童救助活动。

“天使”行至陇南主要的接站人之一、陇南市红十字会赈济科科长谭雨用简单的一句话概括这次活动：“是东西协作，更是我们的职责。”

谈及东西协作，据谭科长介绍，此次活动贯彻落实了青岛市、陇南市东西扶贫协作和对口帮扶有关精神，同时优先考虑建档立卡户，于今年6月16日至26日赴武都区、宕昌县、文县、康县、成县、西和县、徽县，对全市前期摸底统计的262名贫困先心病患儿进行了术前筛查，初步确定符合手术条件的患儿48名。目前，青岛阜外医院正在对患儿资料做进一步的研究，制定个性化手术方案。预计7月底，第一批患儿将在陇南各县区红十字会工作人员的陪同下，前往青岛免费接受手术治疗。该项目防止困难患儿家庭因病致贫、因病返贫，响应了国家脱贫攻坚七个行动计划之一的健康扶贫。

该项目同时也促进了两地之间医疗的合作交流。陇南当地医院的心血管病医生与青岛的专家们进行了学术交流，并在筛查中现场实践，还议定患儿赴青岛手术时，由医院医生带队，参与手术，学习实践。经西和县人民医院与青岛阜外心血管病医院协商，签订了医联体协议，就今后学术交流、资源共享、医生培训、先心病术后复查等多项合作达成共识。

谈及职责，谭科长庄重地一字一句地向我们解释了红十字会的“三救三献”：应急救援、应急救护、人道救助和献血液、献造血干细胞、献人体器官组织，在他看来，这正是一个红会人的职责所在。

事实上，“天使”并不是初次落地陇南，在此之前“阳光天使基金”就曾资助了15位患儿到西安、成都等大医院进行手术，由于在陇南缺乏复查条件，此次活动中这些孩子同样获得了免费复查的机会。

同样模式的合作治疗为此次“天使”落地提供了宝贵的经验，2018年甘肃省红十字会与广州省红十字会进行交流，确立了先心病救助项目。在陇南筛查了190多名患儿后有40多名符合条件，但是40多名患儿真正到广州医院做手术的却不到一半，谭科长等工作人员总结发现，由于缺乏接送和指导，40多家建档立卡户的家长有一些从未出过远门，不知道怎么出去、怎么办。因此，此次“天使之旅”患儿和患儿的家属只用买一张从武都到广元的火车票，青岛方派护士来在广元接站，陇南方面安排志愿者或者红十字会的专职干部，将他们送到广元，整个过程都有专人陪同。同时，青岛方面广泛汇集包括青港国际股份有限公司、中韩友好救助公益金会等社会爱心资源，提供的救助资金较多，建档立卡户面较窄，在摸清情况、确保资源分配公平的前提下，救助范围有所扩大，一般家庭也可以来做筛查，享受救助项目。

谈及“天使计划”的意义，谭科长表示他们实际上是在和时间赛跑，先心病种类繁多，有些出生就需即刻治疗，有些则需等待最佳时机，时间是先心病治疗的关键。“去年武都有一个12岁的小孩，父亲过世了，母亲离家后再未回来，这个小孩一直由爷爷奶奶在带，因为没钱治，他的病从出生拖到了现在，我们筛查出来之后发现他必须要做心肺移植，而心肺移植费用高，45万到80万元，心肺源难求，排队才可以做，基本上等排上也已经耽搁了，今年也有两个七八岁的小孩，一个因为发现得迟，一个因为资金上的困难，父母也没有重视这个病，所以导致现在也是必须要做心肺移植，而心肺移植，能做的医院就几家，心肺源根本就没办法保证，必须要等机会。”沉默许久，谭科长掷地有声地说：“我们跟青岛这方面有80%的可能性继续合作。”

继续合作，意味着这些孩子的等待还有希望。

“我们是海边捡起搁浅小鱼的小男孩”

老沈是一位23篇原创推送10万加的公众号的运营者，他创作的医学科普文章在朋友圈炙手可热。他还有一个鲜有人知的身份——青岛阜外医院外联部主任，主要负责医联体远程会诊和先天性心脏病救助。

2019年6月22日至28日，老沈更新的4篇文章浏览量都未过千，但这4篇以“陇南印象”为主题的文章却见证了“天使”在陇南的全过程。

赴陇南的第七天，在距青岛1654公里之外的成县，老沈写下这样的文字：“海滩上有一个小男孩，不停地弯腰捡起搁浅的小鱼，扔回大海。由于海滩上的小鱼实在太多，有时他需要弯腰很长时间才能捡完一个水坑的小鱼。这时，一位大人路过，嘲笑这个小男孩：‘孩子快回家吧，这么多小鱼，你是捡不完的。’小男孩抬头回答：‘但是这条小鱼在乎啊!’于是，继续捡起几条小鱼扔回大海。是的，对小男孩而言，岸边的小鱼是捡不完的。但是对那条被捡到的鱼而言，生命或许因此而改变。先心病筛查，我们就是海边的小男孩!”

十八弯的山路、县与县之间动辄四五个小时的车程、连轴转的筛查工作、一行九人中七人因饮食差异造成的不适……一路车马劳顿，这位医生却用“累并快乐着”总结。他的快乐来源于一路秀美的景色，更来自内心的感动，他说：“一路总有一些事情会让人感动，一名患儿的父亲是一名大车司机，在我们到来之前已经从网上查了‘阜外’，决定自己开着贷款买的大车带着儿子去青岛看病。经常一天开1000公里，感觉两天到达应该不是问题。得知本次活动由红会组织统一前往，他掏出了香烟就现场敬给我们。无烟医院，我们赶紧劝阻。”

当我们向老沈致以崇高的敬意时，屏幕另一端的他只是快速发送二字过来：“没事。”或许那一刻，他仍奔波在“拾鱼”之路上。

山海共情，天使常驻

陇南娃小怡宁将在“天使”的指引下踏上爱“心”之旅，怡宁母亲说她太小，不明白这一切的前因后果，但红十字会工作人员的耐心与医生的温柔让小怡宁充满了新奇和期待。

再过很多年，小怡宁会长大。总有一天，她明白世界上并没有天使，但她胸膛中跳动的“青岛心”会向她证明，一路陪伴呵护她的红会工作人员、医生、志愿者、爱心人士是比天使更美好的存在；她会开始懂得“东西协作”“精准扶贫”这些词汇背后的意义，她健康幸福地成长与家乡日新月异的变化就是对这些词汇最好的诠释。

（作者为兰州大学新闻与传播学院本科生；指导老师冯燕、权玺为兰州大学新闻与传播学院教师）

孙家湾村电商合作社引领村民奔向美好生活

刘东湘　宋雨晴

陇南，地处甘肃最南部的城市，素有“陇上江南”之美称。作为甘肃境内唯一有长江流过的城市，且气候属于亚热带向暖温带的过渡区，境内又有高山、河谷、丘陵、盆地交错分布，陇南城内地域差异显著。这些恰到好处的过渡，给予了陇南城内西北和南方两种特色：既有层峦叠嶂的高山，又有郁郁葱葱的花草。虽不是“大漠孤烟直，长河落日圆”，但陇南市武都区“欣忻笑口向西风，喷出元珠颗颗同”也是极好的。

花椒适宜种植在温暖湿润且土层深厚肥沃的土壤之中，耐寒、耐旱、喜阳光、抗病能力强、稳芽寿命长。而位居长江水系白龙江中游的陇南武都区，自古以来就是“千年椒乡”。近几年政府大力支持武都区脱贫，给予了一系列政策以及技术支持。而武都花椒在凭借着自身“全国第一花椒”的品质的前提下，借助电商手段，走出武都，走向全国。进而花椒成为武都农产品行业的重要支柱，推动贫困户们脱贫致富，奔向美好生活。孙家湾村也在这场电商花椒脱贫战中受益匪浅，村民生活水平大幅度提高。

低价花椒——村民兜里的“零花钱”

尽管武都花椒品质有保证，但在未发展电商前，它并不出名。村民们并不知道自己的花椒品质优良，将其花椒以低价卖到成都等多个地方。因此大多数人只知“成都花椒”，却不知武都花椒。

当时卖出的价格一斤不超过二十元钱，村民们只是将其赚来的钱当作零花钱使用。因为卖不上好价钱，村民索性选择大面积种植一些能填饱肚子的作物，如小麦、土豆（当地人称为洋芋），而花椒是小面积种植。村民们主要通过家中劳动力外出打工挣钱，再加上留守村落里的老人们种植的一些农作物，不多不少地刚好满足一家人的生活需求。

村长孙海平——孙家湾村的引路人

“盛鑫种植农民专业合作社？不知道，没听过。”安化镇镇政府工作人员回复。

“那孙海平您知道吗？”

“孙海平，就那个孙家湾村的孙海平？他啊，你往那个巷子直走右拐就能看见他的合作社了。”工作人员说。

穿过小巷，走入一片宽阔明亮的空地，往左边一排的店面一看，“盛鑫种植农民专业合作社”十一个大字映入眼帘。整个合作社的店面由一个单独的小店面和两个打通的小店面组成的大店面构成。单独的小店面内有两张办公桌和一台电脑，是孙海平简易的办公室。另外一个大店面主要用来陈放展示的药材以及盛鑫种植农民专业合作社曾获得的奖项等。

孙海平，人如其名。国字脸上总带着微笑，有着一双大而踏实内敛的眼睛，高壮且略微发胖的身上穿着一件蓝色的格子衬衫和一条正儿八经的黑色西装裤。沉着、稳重，是孙海平给人的第一印象。

2003年是孙海平刚放弃外地工作回村开合作社的第一年，孙海平回忆，“那个时候啊整个武都区都特别穷，更别提我们孙家湾村了！2003年刚开始搞合作社的时候都亏了四万块钱！”

“但自2016年合作社加入电商元素后，政府又给予了许多帮扶政策。花椒的知名度一下就上来了，人们就知道武都花椒质量好，又香又麻。花椒价格从此一路飙升，零售价从原来的十几二十块钱一斤，一跃成为一百四、一百五十块钱一斤，涨了五倍之多。农户一看价格都这样涨上去了，也就赶紧扩大种植的面积，这样花椒的产量也就增多了。同时花椒品质要竞争，大家种植花椒也就更加上心了，不再是放养式种植。”

以前没搞电商的时候，花椒的品质不被重视。村民都想着能卖多少是多少，花椒只是赚个零头的。但现在发展了电商产业以后，客户对花椒的品质就有了硬性的要求，不达标的花椒是卖不上好价钱的。需求的反作用迫使农户们用心耕种，花椒的品质也因此在这两年不断拔高。

“我们村里大家的种植技术没有太大的差异，如果收成有很大差异的话，那绝对是因为那户人家地比较多！村里的技术都公开互相交流的，所以大家都很会种的。”村长孙海平自豪地说。

在陇南市武都区这一片，扶贫政策主要集中在贷款以及技术支持上。镇上村里的都会派去专干驻村干部给予技术上的帮助，如教村民使用电脑。

“政府这几年给我们贷款搞产业，指引我们往电商的方向发展。”孙海平害羞地笑了笑继续说：“想当初，两三年前刚要弄电商的时候，我也不会用电脑，都是我一点点地向人们请教来的。所以啊，人啊就是要不断学习。”

孙海平四处学习，将电商与合作社充分结合。“我们这儿的合作社一般会将农户的优质初级农产品以一定的价格收购，然后再放到合作社的厂子里进行加工、包装，最后再放到淘宝等网络购物平台进行售卖。平时村民们有什么需要买的东西，我们合作社也可以帮忙在网上代买。”孙海平向我们介绍合作社的运作模式，又补充道：“而且啊，我们这里跑物流配送货的以及那些正在培训的客服也都是村里的村民。”

但新事物总是不太容易被人们接受的，何况是住在深山里与外界并没有太多接触的村民。让广大村民先了解电商就已经不容易了，何况还得让村民加入电商模式。

孙海平回忆，“刚开始的时候，我们得跑去找村民收，一开始村民也不清不楚的。但我们合作社现场收了农产品就把钱给村民了，而且有时候还比其他来收的人给的钱多。村民们看这个赚钱，这个钱多，自然而然就加入我们这个模式了。现在不管签约还是没签约的村民，都跑过来把货送上门了！”

孙海平将电商元素融入合作社后不仅为村民的花椒开辟了销售的渠道，还提高了花椒的知名度、价格、品质、产量等，而且村民当地就业的机会也因此增多了。

盛鑫合作社——电商合作社

盛鑫合作社旗下有接管三个村的初级农产品，孙家湾村也在其中。但盛鑫合作社不只是简单地收购并且代卖农户的产品，它还有自己的小加工厂。小加工厂主要在冬天运营，用来加工花椒、药材等收购来的农产品。

毕竟用电商平台卖花椒不比农户们自己挑着担子上街叫卖，网购的人们在考虑花椒的品质的同时，还会顾虑产品的包装。而盛鑫合作社明白这个道理，充分地掌握了网购人们的心理。因此在合作社的展示柜上既可以看到精装的花椒药材，又可以看到普通平装的花椒药材，而这些都是用来线上销售的。

精装版的农产品采用当下十分流行的元素进行盒装，十分精致，用来送亲戚朋友是再合适不过的。而平装版的农产品则是用透明的塑料瓶封装，既卫生，又轻便。而线下主要是批发销售花椒，只进行简单的包装加工，成批次地供应给一些巴蜀地区的餐馆。电商合作社采用线上+线下模式，线上提升知名度、花椒价格，线下主要进行大批次的销售。

一根筷子是很容易就被折断的，但一把筷子就很难被折断了，合作社正是将一根根筷子联合成了一把筷子。

盛鑫合作社的出现，让原本单薄的零售花椒产业变成一条初步成形的花椒产业链，收购—加工—包装—线上、线下销售—物流配送都囊括在盛鑫合作社的工作之中。

村民孙向荣——生活不再拮据

大概是位于整个孙家湾村落最接近山顶的一家，站在孙向荣家附近的小路处可以将整个村落收尽眼底。孙向荣家的房子主要由三个部分组成，一套一层楼高的主楼、两个一层楼高的小侧楼和一个大概二十平方米的小庭院，在房子侧面的一小块空地上还停放着三辆摩托车。

在孙家湾村人的心里，修房子是一辈子的大事，是一辈子的心血。

“这个房子绝大部分都是用木头修的，水泥只是一部分，起个固定作用。”孙向荣自豪地向我们介绍起他的房屋来，接着又说：“这房子冬暖夏凉，特别舒服！如果保养得还不错的话，一百年都不会有问题呢！”整个房子是从2008年开始动工的，但房子是这两年才开始装修的，园子是最近才铺瓷砖、水泥地的，那摩托车也是近两年才买的。

孙向荣一家有六口人，主要是孙向荣、孙向荣的妻子马芳、两位老人和两个小男孩。在花椒产业还没发展起来的时候，孙向荣和妻子以及父亲都得外出打工，只有这样才能正好维持家里的开销。

“以前特别穷，没有这个电商的时候收入主要靠打工，房子也主要靠打工才盖起来的（2008年）。一年到处打工，最远的地方去的新疆。当时种的小麦、马铃薯只能用来解决温饱问题，但赚不了几个钱，”孙向荣说，“但现在合作社这边代卖，我们都不愁花椒卖不出去了。去年的时候一斤还可以卖一百一十块钱，卖了七八百斤，收入都有几万块钱了，但之前打工一年最多就存几千块钱。”

说着说着，孙向荣脸上露出腼腆的笑容，还挠了挠自己的头。小孩子突然哭闹了一会儿，孙向荣的妻子赶紧哄起了小孩。

“孩子很快也要去下面的镇上上幼儿园了，但我们村去镇上也不方便，必须有大人带着下去租房子陪读了，”孙向荣的母亲又继续说道，“但幸好现在政府精准扶贫会给点补贴，而且因为花椒也攒了点钱，还不是特别愁小孩子读书的事了。”

不过花椒作为农作物，它也有农作物季节性的特点，而且也得是老天爷赏饭吃。所以村里的人还是会选择外出打工作为一份收入的保障，万一哪一年天气不好、收成不行的时候还有打工的收入。孙向荣的父亲在帮忙收完花椒以后还会继续外出打工，而孙向荣也会去合作社帮着跑物流，马芳则接受培训做电商的客服。

劳动奋斗——花椒电商继续引路

在孙家湾村的路上能看见大片大片火红的花椒——大红袍，花椒藏在葱茏的叶子间，既是一种庇护，也是一种映衬。一颗颗大而饱满的花椒，不用多说，只需沉下心来用心去嗅去闻，那一股股麻麻的香气便能渗入你的肺中。

孙家湾村的村民们虽然不富裕，曾经是贫困户，但是他们用自己的方式坚持劳动从未放弃。而孙海平村长的电商合作社就像是一盏路灯，在脱贫致富的道路上一直坚持为村民引路。

据村长透露，整个武都区将在2019年11月份全部实现脱贫摘帽，达到小康。他还说，合作社以及村民们会继续探索过上美好生活的道路。未来花椒电商会继续引路，在新时代的条件下，带领村民奔向美好生活。

（作者为兰州大学新闻与传播学院本科生；指导老师冯燕为兰州大学新闻与传播学院教师）

陶，乃大器也

——非遗传承人李力强的陶艺人生

刘梦茜　杨琴玲　刘智琪　罗立桓

在岷县十里镇张家坪村的村口石碑下，一问起当地做陶艺的师傅，那些坐着的老人就清清楚楚，边抽着烟边指画着："那是李力强家呗！直直往前走，顶头有个庙，再绕一圈，就在庙后头，自个寻去吧。"

寺庙背后，弯径尽头就是岷县陶艺的非物质文化遗产传承人——李力强的家。踏入简朴而不失意趣的院落，憨态可掬的狮子狗叫个不停，院中除被开辟为菜园的一隅，映入眼帘的便是满地的陶土。一位精干却略显羞涩的年轻人在得知我们的来意后，伸出沾有一丝泥印的手，用简单的话语热情地招呼我们，径直将我们带入最得意的作品所在的陈列室。谈起作品，他的话一下子变多了，在深入了解他和他的灰陶之后，我们发现李力强的人生轨迹正如他手中的灰陶一般，同样经历过无数次蜕变。

一

陶出深山，根植乡土

制陶的第一步自然是备好原料，李力强的灰陶制作原材料都是自己一铲一铲从自家院后的山上移下，在院中铺开，暴晒干透，在初步筛选和去除杂质之后将原料研磨成细粉。这些红泥土和黄泥土的细粉随后会按一定比例混合并加水搅拌成泥，再进行进一步的澄滤，将淘洗后的泥料倒入院子里的泡土池，通过在空气中腐熟来进行发酵，以提高可塑性。待泥料在不通风的温暖潮湿之处闷一段时间、变得均匀自然后，便可以进行下一道工序。

李力强的人生则和这灰陶一样，都是起源自岷县的这一方热土，家乡的环境与文化，是他创作的根。

众所周知，陶器工艺品是中国最古老的工艺美术品，李力强所掌握的岷县陶艺制作工艺是一种世代流传于岷县民间的建筑艺术，该工艺制作出的砖瓦是当地从古至今一直使用的建筑材料，制作出的工艺品造型丰富多样，具有浓厚的乡土气息和地方特色。走在岷县，倘若留心，时不时可以看到本地砖木结构的五棱四柱大房房顶或大门房顶上摆放着脊兽泥狮子、泥鸽子等陶艺制品，在民间传说中这些瑞兽具有避邪、镇宅的功能。

李力强家中自爷爷辈起就开始做灰陶，打小在泥里摸爬滚打的“泥娃娃”从十一岁开始师从长辈，学习制陶技术，他的技艺来源于乡土的传承，成长于乡邻的照应，成熟于乡情的滋养。

除了当地特有的“小”环境和“小”文化，李力强在不断精进技艺的同时，还受到博大精深中国传统文化的滋养，敦煌的壁画、三星堆的面具、景德镇的瓷器……都成为他艺术创作的好“原料”。

二

千揉百锤，精雕细琢

制陶的第二步便是将处理过的泥土通过纯手工的捶打，使制陶的材料更具有韧性，再进行纯手工的雕琢。李力强生动地将这一过程比喻为“和面”和“醒面”。“和面”和“醒面”极考验师傅的耐心与韧性。

在这一过程中，泥土经历了成千上万次的捶打和雕琢，为成为陶器奠定了基础，正如李力强经历成千上万次的失败，数不清的精雕细琢，最后才获得成功一样。

除了岷县传统建筑的脊兽泥狮子、泥鸽子等陶艺作品，其他工艺品都是李力强在成千上万次尝试中自己揣摩出来的。他骄傲地告诉我们：“那些灰陶老师傅做了一辈子都没有见过（像他）这么做的。”

上釉的技能也是李力强自己实验出来的，他根本没有学过上釉的技术，就是靠一次又一次地烧，釉烧出来总是不成功，一片有一片没有的，他也不懂是怎么回事，只能一遍又一遍尝试。整整试验了一年，烧坏了很多东西。我们问最终结果如何，他展架上的三件色彩鲜亮、上釉精美的陶器给出了答案。

李力强用来烧制的窑与一般窑洞也不一样——他的窑是建在地下的。李力强解释道：“把窑建到地下，这样密封性比较好，才能烧出黑色。在窑里面还原之后，陶坯就现出灰色。这种灰色是永远不会掉色的。如果最后让烟都跑掉，那成品就是黄色的。”这是他经过无数次实验得出的秘诀之一。

三

陶需沉淀，人亦如此

制陶的第三步是晾干，灰陶在造型完成后并不能够立刻入窑烧制，还需要在室内阴干。这一步看似简单，实则十分重要，需要有充足的耐心。漫长的等待中，人和陶器都在进行着沉淀。

李力强的性格温和，不急不躁，无论步骤的枯燥与否，他都会认真对待。“我喜欢夜晚工作，喜欢加班，晚上比较安静，就适合做这个。”他晚上一般会工作到十一点多，再晚就是到凌晨才休息。

一个中等工艺品单单捏制就需要花费两整天，到市场上最高价仅能卖到五六百元——这个价钱在很多消费观念比较落后的人看来还是“漫天要价”。制陶行业从业者不断流失的很大一部分原因就是人人都觉得这个行业“来钱慢、挣钱少、不吃香”。面对同行越来越浮躁的现状，他却越做越热爱，“如果不是喜欢，肯定早就转行了，说不定已经发家致富了。那些出去工作的人舒适得很，哪会甘愿在家里面一年四季做个不停还赚不到几个钱。”

这也导致李力强至今也没能找到合适的接班人。“我以前带过一个学徒，就是嫌制陶太累了，沉不下心来，学了没多久就走了。”接班人问题成了李力强的一块心病。“想要找个徒弟来做，找来找去，没有合适的。想找些年轻的，像高中毕业没有考上大学的，这比较合适，因为他比较年轻，思想各方面都可以。”

现如今，除了自己去做，李力强响应村上技术扶贫的政策，不吝啬分享自己的经验，带着村里的同行开展培训，成为张家坪村扶贫建设的一分子。李力强完全把自己沉淀到陶艺的制作中，不争不抢，不骄不躁，静静地守护者自己这一方小小的制陶地。

四
入窑浴火，方能成器

制陶的第四步是烧窑。烧窑一次大概需要72个小时，三天三夜，以前是用柴火，现在则是用煤。刚开始需要慢火，半小时添一次，第二天过后，就是两个小时添一次，这意味着在烧窑的这三天中，李力强几乎不能好好睡觉，不然就要全部重新开始烧。三天过后就是冷却，烧三天，等六天，也就是还要等一星期左右，才能把它挖开。

李力强小时候家境不好，尽管成绩不错，但也不得不放弃读书，早早地辍学在家开始学做灰陶来补贴家用，这个遗憾在他心里埋了二十多年。在这个过程中，这份遗憾一直激励着李力强在灰陶领域不断进取，他在捏制陶器的过程中不断进行探索，从简单的灰瓦到如今栩栩如生的狮子、香炉、佛像等，他创造出了一系列新的灰陶制品，同时也成为岷县灰陶制作的佼佼者。

“我上次去博物馆做展示的时候，旁边有人说：‘原来咱们岷县还有这样的能人。’”说到此，李力强脸上满是开心与自豪。

十几年来，制陶工艺在李力强手下获得了创新与发展，他也成了这片土地最有名气的制陶人。尽管这样，李力强却告诉我们，在2018年他差点做不下去了。“去年的销售不好，感觉不想做了，做起来也费劲。我的腰也出了问题，腰椎间盘突出，然后医生治疗了几个疗程说，以后不要再做了。不要做了？干的这个活就是要一天天坐在这。”于李力强而言，这门手艺早已不再只是一种谋生手段，而是一份坚持与责任，可是家里几口人的生计、自己的坚持与市场之间的矛盾、自己的身体状况等都给他提出了挑战。“如果换作我十几年前，我肯定到外地深造一下，尝试一下，但是现在拖家带口的，要是几个月不回家，那肯定不行。”2018年的困境其实早已有了伏笔。后来，天水的一个顾客找到了李力强，希望能够代销售，他为李力强带来了一笔大订单，也为李力强带来了一份可以暂时与现实抗衡的筹码。

四道工序，陶艺于成，通过不断创新以及政府的宣传，灰陶的名气有了一定的提高。

李力强的作品在他自己的口中也是存在着一些问题的：“我看着图片可以做出来，但是作品里面的文化内涵我一般都没办法（理解赋予）。”非遗中心曾给李立强提供过外出学习深造的机会，李立强的妻子却十分不情愿。“他一走，家里面的活谁去做啊？孩子还要上学呢，一家子也都要生活啊。”

当问及李力强妻子为何反对的时候，她这样说道：目前李力强一家的主要收入来源还是那些原先的砖瓦制品，外出学习深造对灰陶工艺品的创新有利，但是短期看来对家庭收入的提高确实是弊大于利的。金钱和技艺、美观与实用等的种种矛盾都使得灰陶的进一步发展举步维艰。但是李力强还是在坚持做，不断创新，不断寻找解决办法。

采访最后，李力强说了这样一句话，“做这个就是我的命”，一句话道出了李力强这些年与现实斗争的辛酸与无奈，也道出了他在种种冲突之下对于传统文化，对于这门手艺的坚持与热爱。李力强不知道未来会怎么样，但至少现在他希望可以通过他的努力为这门手艺传承做出努力。“老祖宗传下来的东西啊，我现在不做的话，可能再过上十年八年，这些东西也就没了。”

正在制作陶器的李力强　　杨琴玲　摄

（作者为兰州大学新闻与传播学院本科生；指导老师冯燕、权玺为兰州大学新闻与传播学院教师）

心灵手巧，红心向善

——访宕昌县妇幼保健院院长张红巧

刘智琪　罗立桓

出发前有人提醒我们这里的天气如同孩子般善变，我们还没当回事儿，结果在到达宕昌的第一晚就体会到了，一整夜的淅淅沥沥让第二天的宕昌气温骤降到15 ℃，酷暑入凉秋，给我们当头一棒。

许是下雨的缘故，大厅里只立着三两个人，妇幼保健院里显得格外冷清。

“下午咱们开会，把大家都通知一下。”

张红巧站在五楼的楼道里，手中拿着一本工作计划，正在和同事商量下午的工作会议。她个不高，戴一副厚厚的眼镜，一头利落的短发，看人的时候总是上扬着嘴角。

张红巧参加中国共产党甘肃省第十三次代表大会
刘智琪　摄

看到我们过去，张红巧热情地请我们进了她的办公室，满面笑容地让我们坐在沙发上，给我们倒了两杯水，嘴里念叨着：“你俩先喝点水，咱们一会儿再聊。”

在这个不到10平方米的小房间里，照片及红彤彤的证书贴满了墙，见证了张红巧从医以来的所有荣誉：两届甘肃省党代表，两届陇南市党代表，两届宕昌县党代表，两届宕昌县人大代表，三届陇南市人大代表，全国“三八”红旗手，全国五一劳动奖章……

“反正我这几年当代表就没闲着。”张红巧笑着用一句话总结了自己这些年来的“代表”经历。

兢兢业业，先大家后小家

1990年7月，张红巧毕业于兰州医学院临床医学专业，5个月后，她被分配到宕昌县第一人民医院工作。

进入医院后，张红巧将内科、外科、门诊都转了一遍，最后来到了妇产科，在这里，她遇到了一位影响了她一生的师傅——路月明（路月明原为宕昌县第一人民医院妇产科主治医师，后又调至甘肃省肿瘤医院工作，现已退休）。

54年以前，中国农村长期缺医少药的问题得不到解决，毛泽东主席对此做出了“六二六”指示，提出应该把医疗卫生工作重心放到农村，一批知识分子根据指示来到了基层工作。路月明也是其中的一员，她从陇西来到宕昌，将基层工作的经验方法毫无保留地传授给了张红巧。

在张红巧开始工作的20世纪90年代初期，国内医疗水平非常落后，尤其在宕昌这个地处西北的偏僻小县城，人们的卫生意识较为淡薄，加上生活条件的限制，很多人生病后并不会及时就医，来医院的病人更是少之又少。

“我们那时候好几天都碰不上一个手术，大家想学，但是上手术台的机会非常少，不像现在病人多得干活都干不完。师傅看我刚毕业，又比较刻苦，而且那时候本科毕业来宕昌的人特别少，她最后就专门带我了。”张红巧向我们回忆起了自己刚到妇产科时的经历。

“那时候老师跟我说，结婚晚一点，生孩子也晚一点，尽量不要影响工作，再加上我一直进修学习，所以生孩子的时候已经30岁了。”

“后来老师非常内疚，觉得我因为工作啥都耽搁了，连娃娃都生不下来了。”

但张红巧从未埋怨过老师，她表示，老师把全部的本领都交给了我，把全部的精神都传给了我，这才有了现在的我。

生了孩子后的张红巧依然把工作放在第一位。

“那时候我们两个家里的老人都照顾不上孩子，我们都是自己带，孩子以前就是在手术室边长大的。我和我丈夫都是医生，要不就是他有事，要不就是我有事，我们就找一个瓶子或者装瓶子的箱子，把娃娃围住，我们就去做手术了。”提到儿子的时候，张红巧的眼中流露出了身为母亲的温柔，同时还有身为医者的坚定，在她的影响下，儿子也选择成为一名医生，今年刚从天津医科大学毕业。

在从医的29年来，张红巧从未忘记过老师的言传身教，时刻把大家放在首位。

心灵手巧，做好医生

“把工作放在心上，把心放在工作上。”这是张红巧反复强调的一句话，她在自己的工作中也时时刻刻践行着这句话。

作为一名医生，无论职位高低，张红巧始终奋斗在临床第一线。

当问及她从医过程中最难忘的经历时，她先是顿了一下，然后为我们讲述了这样一个故事。

2012年9月18日凌晨1点左右，刚刚休息的张红巧被一通电话惊醒：岷县的一名孕妇重度失血并伴有先兆早产，被送到了宕昌县妇幼保健院，她从睡梦中醒来，急急忙忙地冲到了医院为孕妇做手术。

从止血到输血，从剖宫产到新生儿抢救，张红巧把所有的工作都安排得井井有条。这场手术一直持续了六个小时，直到天亮，孕妇和新生儿在张红巧的抢救下终于脱离了生命危险。

“这场手术我一辈子都忘不了。”张红巧回忆这场惊心动魄的手术时说道。

从医29年里，张红巧的工作中没有发生过一起医疗事故。

作为一名医生，张红巧在不断积累一线实践经验的同时，也记录着自己的所思所得。

近几年，张红巧不断总结自己的临床实践经验，共发表了8篇论文，并于2012年任《老年保健秘笈》编委，于2015年任《现代实用临床妇产科疾病诊断治疗书》主编……

“张院长是我们院的模范，是我们每个医生都要学习的榜样。”

这是宕昌县妇幼保健院全体工作人员都认可的评价。

“她是一名好医生。”

这是宕昌县人民都认可的评价。

红心向善，做好干部

2009年12月，宕昌县妇幼保健站站长退休，宕昌县委组织部在全县范围内组织公开竞聘，张红巧的朋友鼓励她去尝试，基于不凡的医术以及丰富的实践经验，张红巧成功当选宕昌县妇幼保健站站长。

此时，宕昌县妇幼保健站的工作还停留在保健层面，临床层面比较薄弱，这意味着之后的工作难度将会很大。

上任后，她立刻组织医生去外地学习先进经验，同时不断完善院内规章制度，制定了《宕昌县妇幼保健院绩效考核细则》和《宕昌县妇幼保健院工作制度及职责》，打造了一支高水平、高效率、高素质的医疗服务团队。

在张红巧的带领下，10年间，宕昌县妇幼保健站的临床业务迅速发展，并于2013年3月改为妇幼保健院，经济效益增长了100多倍，争取到了妇幼机构能力健康项目210万元，妇幼保健院业务楼建设项目950万元……

作为一名院长，张红巧一直恪尽职守，作为一名人大代表、一名党代表，她的工作也是人人称赞。

2013年，张红巧在陇南市第四届人民代表大会上积极建言献策，推动了已婚妇女免费筛查乳腺癌和宫颈癌项目的开展。2014年，甘肃省政府将宕昌县列为农村妇女“两癌”免费检查项目县。

“去年我们做了12000多人，今年给我们分了2000多人，早就完成了。”对于超额完成任务，张红巧表示非常开心。

“事情是好事情，但是群众不接受，我们农村群众的健康意识比较差，免费给她查都叫不来，费事得很。”这是目前令张红巧感到苦恼的一件事。

随着“健康扶贫”“精准扶贫”工作的不断进展，现在张红巧会定期组织妇科、儿科、保健科等方面的专家，到各乡镇开展健康知识宣教、上门送医送药、为群众义诊、为儿童体检等，群众卫生意识落后的情况正在慢慢地改善。

除了积极落实国家“精准扶贫”的政策，作为一名好干部，张红巧真正做到了“想群众之所想，急群众之所急，解群众之所困”。

宕昌县妇幼保健院的护士小余，家在宕昌县沙湾镇沙坝村，这个村子正是划分给宕昌县妇幼保健院的帮扶村之一。

陇南卫校毕业后，小余考取了专业的护理执照却难以找到合适的工作。张红巧深谙扶贫“授人以鱼不如授人以渔”的道理，在考察了小余的专业技能后，妥善地解决了小余的诉求。

“张院长虽然在工作上很严厉，但对于我们每个人的生活都十分照顾。”小余对于张院长为她提供的帮助充满了感激。

不忘初心，轻装再启航

2007年，张红巧被评为全省医德医风先进个人和全县优秀共产党员，2010年，被评为陇南市领军人才，2011年被评为全省医德医风建设标兵，2012年被评为甘肃省“三八红旗手”，2014年荣获全国“三八红旗手”，2019年，荣获全国五一劳动奖章……

这一路走来，张红巧收获了无数的荣誉和称赞，但谈到这些时，她只用一句“不是说我工作有多出色，只是原来的底子太薄了”淡淡地带过。

“我们现在新楼已经修起来了，就在往兰州方向出城的那个地方，土建基本成了，马上就装修了。”张红巧对于妇幼保健院再一次起航充满了期望。

在张红巧的带领下，宕昌县妇幼保健院正在朝着更好的方向发展。

记者手记：

谈到张红巧院长，在宕昌可谓是家喻户晓，关于她的报道也有许多，甘肃日报、陇南日报、每日甘肃、宕昌·党建网都可以看到她的身影。

但是对于我们来说，这些报道上的她都是缥渺的，我们很想看看真实的她，看看这位年纪轻轻却成果卓著的女院长，看看这位宕昌人民心中的“白衣天使”“劳动楷模”。于是，在来到宕昌的第二天，在淅淅沥沥的雨中，我们裹上了行李箱中最厚的衣服，踏进了妇幼保健院的大门。

上到五楼的时候，我们见到了这位广受夸赞的女院长，不高、干练、温柔……这些词在我们见到她的第一眼时就立马在脑海中涌了出来。此刻，她正在准备下午的工作会议，见到我们，她便热情地请我们坐下，为我们倒水。

我们这时有机会能够细细地观察她：小小的身躯、一头利落的短发、一副无框的厚厚的眼镜、一张满含笑容的脸，白大褂随她的步伐不断舞动，让人不禁联想到了南丁格尔，却又有些不同，她更多了一份干练。

谈了一段时间，她问我们想不想看一看院里的基本设施，就这样，领着我们从五楼转到一楼，从新生儿出生证明登记处转到门诊楼的大厅，从每一个科室到每一位医生，再到每一台机器……我们感受到了来自一个素未谋面之人完全的善意、温暖与热情。

当她谈到她是兰大医学院临床医学专业的毕业生时，这种亲切感更甚，就这样，我们静静聆听，她为我们介绍着之前的兰大生活，介绍着自己工作中的一点一滴，介绍着身为医生、人大代表的责任……

（作者为兰州大学新闻与传播学院本科生；指导老师冯燕、权玺为兰州大学新闻与传播学院教师）

尹利宝:“演故事”里的故事

杨尚奇　可文艳　蔚香

武都区位于甘肃省东南部，地处秦岭与岷山之间，嘉陵江的一级支流穿城而过。境内沟壑纵横、峰峦叠嶂，素有“一山有四季，十里不同天”的说法。正是拥有这样独特地理位置的武都区，孕育出了独特的地方戏种——武都“高山戏”。“高山戏”又叫“高山剧”“演故事”“走过场”等，是流传于当地的地方民间小杂剧，有“中国戏剧研究活化石”的美称。高山戏是在鱼龙民间说唱、歌舞的祭祀活动中孕育、演变而来的一种地方戏。在它的发展过程中，民歌、社火等民间艺术形式是其声腔、戏种形成的重要的艺术源泉，迄今已有七百多年的历史。这些地区大多自然灾害频发，且农作物产量过低，人民生活十分清苦。偏远的地域，落后的经济文化，让“靠天吃饭”的村民自古至今秉持着对神灵无比的敬畏与虔诚，使载歌载舞、“以娱神灵”的民间祭祀活动在当地极为盛行，也促进了后来“高山戏”的形成。

2019年7月9日，武都已经连着下了两天的大雨，今天的天气却格外晴朗。刺眼的太阳悬挂在我们头顶，散发出灼热的气息。正午两点钟，是夏季一天中最让人燥热难耐的时候，记者一行三人来到武都区非物质文化遗产保护中心。

刚走进非遗保护中心的大门，板胡轻快的声音就传了过来，是高山戏剧团的成员在排演节目，这也是我们第二次见到尹利宝。2019年是尹利宝担任非遗保护中心主任的第五个年头。圆脸，戴着一副眼镜，眼镜后面是一双炯炯有神的眼睛；精心打理过的头发；个子不高，穿着浅蓝色的衬衫；一身的书生气——这是尹利宝给人的第一印象。

“我的父亲是戏模子中的戏模子”

尹利宝的父亲尹维新是高山戏的第四代代表性传承人，也是唯一的国家级传承人。他七八岁时就当过小演员，参加了高山戏的演出，从小就对高山戏有着浓厚的兴趣。他的故乡鱼龙镇是高山戏的发源地，山高沟深，当地劳动人民“靠天吃饭”，对神灵充满着虔诚之心。正月里，村子里的演员们身着亮眼绚丽的高山戏服，戴着不同表情、颜色的面具，通过议事、出灯、过关、圆庄、上庙、走印、踩台、灯官说灯、开门帘、打小唱、演故事的演出程式，将高山戏古朴纯粹的唱腔流传于山间，传达着当地民众的故事与心声。

鱼龙镇高山戏的文化土壤滋养着尹维新，他长大后走出鱼龙镇，在陇南师专上了学。作为一名“老牌师范生”，他极其热爱学习文化、音韵方面的知识，这成为日后他发展高山戏的文化基础。回归故土后，他反哺了高山戏。

尹维新毕业后，在村子里教书，教书的过程中对高山戏产生了强烈的共鸣，并以实际行动将农村高山戏的展演上升了一个台阶。他将鱼龙镇所有村子里优秀的高山戏演员聚集在一起，自己担任编剧与导演，即村里人口中的“戏模子”，进行了高山戏剧本的创作与高山戏的舞台排演，并且因材施教，培养了很多各具特色的农村“戏模子”。尹利宝说“父亲是戏模子中的戏模子”，语气中洋溢着敬佩之情。

尹维新在排演高山戏时，对于文化与艺术这些方面的要求十分严格。尹利宝回忆道：“排演高山戏时，我们村挨骂、挨打的演员非常多。他们互相之间交谈自己演戏时挨打的事情，成了他们茶余饭后的话题，并以此为荣。因为在高山戏发源地，对于‘戏模子’的尊重远胜于本村的任何人。”当地群众通过高山戏来祈福娱神；例如“圆庄”这一演出程式，它代表着“画地为圈，圈保平安”，通过“圆庄”的仪式保得村庄的安宁与太平。高山戏成为村中人追求美好生活的象征，而连接村民与高山戏的戏模子自然而然地成为村里人最受尊重与敬佩的人物。

尹维新也是第一个让女演员登台表演高山戏的人。在此之前，高山戏的演员均为男性，女演员无法在舞台上表演高山戏。这与传统的男尊女卑观念、祭祀活动的神圣性有关系。而他让女演员登台，丰富了高山戏舞台表演的形式。女角以“扭”和“摆”的表演动作，表现出人物的内心世界与故事，生动活泼、飒气爽朗。

高山戏的发源地位于高山之中，村子里注重传统的辈分观念。尹维新在台下注重维系辈分关系，遵从村中规矩；但在台上，尹维新排演高山戏时，则不分辈分高低、男女之别。他对一个动作要求甚严，一遍一遍地亲自纠正演员的动作，不厌其烦，精益求精。尹维新对于高山戏的热爱与坚持是刻在骨子里的，他的这些行为也潜移默化地影响了尹利宝。尹利宝在创作《米仓魂》剧本时，为了更好地彰显高山戏之魂，修改次数高达一百多遍。

父亲是尹利宝追求与创新高山戏的引路人。尹利宝对父亲最深刻的印象就是严厉，他缓缓诉说道：“村里出演高山戏的人很多，被父亲打过的演员十有八九。小时候我不敢见父亲，不敢与父亲一起吃饭、睡觉。”但也正是尹维新的严格要求，使高山戏发展得越来越好。

但在小的时候，尹利宝不太能理解父亲对于高山戏的坚持。他认为父亲对于母亲和自己的疼爱与关心是不够的。他回想起小时候的生活，惋惜地说道：“那时家里很穷，父亲又专注于高山戏，家里的农活大多由母亲承担，父亲对于家庭的照顾比较少。”他长大后逐渐懂得父亲对高山戏的热爱，觉得每个人都有自己的追求。尹利宝与村里人对尹维新极为尊重，对他的评价更是极高，认为他是“天才人物”。尹维新对于剧本的创作是印在脑子里的，对于高山戏的排演与演员的指导也是自然而精准的。

尹利宝的父亲为高山戏努力奋斗了一辈子。他将高山戏由口授式与舞台结合的“演故事”变为文字剧本的传承，并且整理了当地高山戏的曲牌音乐，进行了唱腔设计、舞台设计、人物装扮等开创性工作。他将高山戏从山间推到山外，这充满地方特色的唱腔从鱼龙镇不断向外传播，日益焕发出民间戏剧的生机。

“我最好的朋友说我是叛徒”

尹利宝，1979年出生在鱼龙镇上尹村。他小时候就在父亲的影响下开始唱、演高山戏。高山戏之于他不仅是一个儿时的娱乐活动，还承载了他记忆中的亲情和乡情。“每个村子都演高山戏，每个村子里都有自己的戏模子，每个村子的人都会说自己村子的戏好，每个村都认为自己村的高山戏就是最正宗的高山戏。”尹利宝对我们说道。尹利宝是第一位将高山戏戏剧理论系统化的人。但他在搜集高山戏的文字资料和各村高山戏的唱腔、曲牌等方面的资料时，村里人的不理解是他最大的阻碍和烦恼。“村里人都不理解我。我最好的朋友骂我是叛徒，因为这件事，我们两年都没说过一句话”，尹利宝叹了一口气说，眼里带着些许的无奈和委屈。

村里人的团结与自我保护意识超乎他的想象。尹利宝是大专毕业，毕业以后当了几年老师，在村子里是大家眼中的“文化人”。在他看来，文化是共享的，好的文化，更要让大家了解。也许是文化水平和眼界不同，尹利宝一直致力于高山戏理论研究和宣传。一个村子孕育的文化，代表着一个村子的精神内涵。村里人却认为：我们村的东西就是我们村的，怎么能让外人知道？村里人的想法与尹利宝的想法就像战场上交战的双方，如何取得胜利成了尹利宝最大的难题。在村里人的强压之下，尹利宝并没有退缩。他顶着压力搜集、整理、汇编、撰写了《武都高山戏》。“不管是你上尹村的，还是杨坝村的，我都不管。只要是高山戏的优秀唱腔，我全都要搜集在一起，让大家去看、去了解，认识自己家乡的高山戏”，尹利宝坚定地说道。正是出于对高山戏的热爱和强烈的使命感，才有了今天关于高山戏的一系列优秀理论成果。

“我跟村里人的矛盾，远不止这些。像这样的事情，多的是咧。”尹利宝苦笑了一下。他回忆道：“很多年前了，那时候村里人请我去山上写高山戏的剧本。说是请，其实就是把我‘骗’上去了。”尹利宝告诉我们，那时候他还年轻，也是想得到村里人的认可，他毫不犹豫地就答应了这个要求。但是等他上山以后，他发现住的地方连最基本的生活都保障不了。当时大雪封山，不要说做饭了，连买菜的地方都没有。他每天的工作就是伏案写剧本，根本没有多余的时间去考虑吃什么、怎么吃，靠着仅有的馍馍，每天炒一炒，算是一顿饭。晚上的炕凉得就像冰块，因为没有时间和精力去烧炕，他只能勉强凑合睡觉。在山上一直这样待到了第四天，直到尹利宝胃痛难忍，不得不下山、回到县城的家里。他记得那是他们一家人搬到县城后过的第一个新年。

世上无难事，只怕有心人。在山上短短四天的时间，尹利宝写出了一部完整的高山戏的剧本。这份掺杂着艰辛与泪水的剧本，在村里一经展演，便获得了极好的反响。“原来你还能写出这样感人的剧本。”这是村里人对尹利宝的称赞。“我当时写的剧本原稿件找不到了，要不然你还能看见剧本上当时我的眼泪留下的痕迹呢。”尹利宝笑了笑，脸上露出苦尽甘来的神色。他说：“当时村子里很多人看了这场戏都哭了，其实我当时写的就是我自己的故事。”

“好酒也怕巷子深”

“好酒不怕巷子深”，对于高山戏这坛“好酒”来说，这句话行不通。高山戏本就发源于鱼龙镇这“深巷”之中，如若再不把这坛好酒拿出来让大家共享、让世人知晓，怕也只能永远被深藏于此。

传承和创新才能使高山戏“活”起来。创新是要在传承的基础上完成，高山戏的传承有两种方式，一种是家族传承，另一种是师徒传承。

尹利宝，作为第五代代表性的传承人，是典型的家族传承代表。他回想自己上初中时，有一篇课文曾这样写道：“戏曲是集文学、音乐、舞蹈、美术等为一体的综合性艺术。”尹利宝看到这句话就记下来了，就开始刻意培养自己的的综合素养能力。师范毕业时，在音乐方面，他的二胡水平已经达到了专业的水准。虽然他自己很爱音乐，但是音乐属于艺术专业，由于家里经济条件有限，他就没有继续学习音乐，只能回家当一名老师。在工作了几年之后，尹利宝有了基本的生活保障。为了继续追寻自己的“高山戏梦”，他又特意进修了两年中文专业，并回到家乡，深入了解了当地的文化，这也为以后高山戏的理论研究奠定了文学基础。

“走印”是指在打麦场地或田间地头走一个撰写的印章，这个印章除了表达祥和祝福的意思外，更重要的是具有“扶正祛邪”的重要作用，它是高山戏中一个重要的环节。然而，现如今，“走印”却面临着后继无人的危机。尹利宝惋惜地告诉我们：“会走印的，我们村就剩一个人了。”

在尹利宝看来，“现在农村大多是留守老人，年轻劳动力都外出务工了，没有人愿意放弃挣钱的机会去学习高山戏。唯一会‘走印’的民间艺人已经八十多岁了，所以趁着老人还能做，我们就用视频、录音、文字、图片的形式把它记录下来，方便后人学习。”

作为高山戏的戏剧理论研究者，尹利宝对于高山戏的唱腔、音乐、曲牌分类，有着自己独到的见解，但是他认为目前的分类方式并不成熟。如何展现高山戏独有的音乐特征，是目前亟待挖掘、加工的。同时，这也需要相关领域的专业人士去探索。“当我们在排戏时，舞蹈方面就需要专业是舞蹈的人来指导；唱腔方面，就需要专业是音乐的人来指导；剧本创作方面，就需要专业是戏剧文学的人来指导，这也就是咱们常说的术业有专攻。”尹利宝笑着对我们说。

尹利宝为了“抢救”高山戏，不仅利用数字化平台去宣传、利用数字化手段去记录，还“送文化进校园”，认识高山戏从娃娃抓起，希望能够给孩子们的童年增添一份家乡的记忆。同时，也给高山戏注入新鲜的血液。

（作者为兰州大学新闻与传播学院硕士研究生；指导老师权玺、冯燕为兰州大学新闻与传播学院教师）

震后十一年

——不同土地的命运，都会在美好的未来相遇

陈萌　闻晓奥　赵雨辰　庄艺洁

陇南市武都区——这座群山环抱之中的城区，有着依山而建的村落，也有着基础设施发达的新旧两城。一眼望去，陇南像是一座旅游新城。可仔细倾听这山上山下的民声，才能知道这一切“新”的起源。2008年一场8.0级的强烈地震，突袭了四川省汶川县，强大的地震波震动四川、重创陇南。十一年，曾经的灾区人民已重拾希望、重建家园。陇南市如今的模样是在2012年才初具雏形，代表陇南的关键词也逐渐转变为花椒、核桃、橄榄油。曾经满目疮痍的陇南地震灾区发生了翻天覆地的变化，城与乡，正在以各自的方式让这座城荣获新生。

三十二年前，大坪山有了水泥路，万象洞景区的人渐渐多了起来；武都旧城里，西关城门下熙熙攘攘卖早饭的摊位，香气混杂在一起，整条街都是温暖的烟火气。十一年前，地震来袭，大坪山许多住房出现坍塌、墙体裂缝等情况；武都城里也是一片乱象，山上山下布满了一个个小帐篷。这十一年间，在救援与政策的扶持下，这座城焕然一新，了无伤痛的痕迹，拥有的只是新城面向未来的活力。

这一日的清晨，我们来到了“5·12”纪念公园，希望能找到一些过去的印记。公园内满目青葱，长亭下坐满了乘凉的人，一群老人正打着太极拳，小孩子迈着有些笨拙的步伐从地震纪念碑旁走过，身后跟着背着水壶的母亲。白龙江在公园旁奔流闪耀，山顶上的雾气慢慢消散，一切祥和而

安逸。

重建：在忘却中重生

时至今日，“5·12”纪念公园已在这座武都新城区建成五六年了，公园中心的纪念碑像是这座城的守望者，守卫着还未完全竣工的新城区。

“这边原来都是插秧的地，都是农民的地，现在都建成新城了。晚上唱歌、跳舞、打羽毛球的人都多得很，现在我们在城里都有房，定期去山上把草拔一拔就行了。”公园里推着孩子的王奶奶笑着向我们说道。王奶奶的两个儿子都在兰州工作，高铁开通后两个儿子往返的路途也方便了许多，回来的次数也日渐增多。“我们儿子工作总在甘南和宁夏那边转着呢，现在发展迅速啊，高铁可快了。”说罢她又转过头对小孙女说：“以后长大了也像阿姨们到处旅游去。”武都坐立于山水之间，感受着重建后日新月异的变化，高铁、大厦、购物中心，这些目光所及之处无不彰显着它的朝气与活力。

和大多数的老武都人无差，栾爷爷生长在武都，工作在武都，退休后仍生活在这儿。年轻时做市政公安局科长的他提及2008年的地震，更是感慨万分。据他回忆，那是燥热5月里平凡的一天，“下午刚擦了把脸准备下楼去上班，就晃起来了，大概晃了八九秒!”栾爷爷又指着一旁对我们说道：“原来这边的公园啊、高楼大厦都没有，都是平房或者五六层的楼房，2008年地震后，国家的抗震救灾快，原本的贫困县发展很多，资源比较好，当然也不能说光是因为地震，国家也是在发展着嘛!”诚然，这十几年间，一座座高楼大厦自废墟上拔地而起，人们幸福美满的生活足以将伤痛忘却。武都，这座年轻的城市向前进的脚步，轻快、活络。

与此同时，武都城周边的汉王镇也呈现出一片繁忙收获的景象。花椒是武都重要的农业支柱产业，我们到达汉王镇的时候，待在家里的村民并不多，一户户整齐的白色房子坐落在道路的两旁，院里大多都还晒着刚摘下的花椒，闻起来就能感受到一股辛辣味。

“村民们都上山摘花椒去啦!”农家乐的老板娘同我们讲道，“我们大多数还是住在农村，没去城里，农村风景好、空气好。‘5·12’地震之前，这儿还比较落后。地震之后有一个政策，每家给补助了两万块钱。地震之后相对来说条件好一些了，也逐渐通火车了，现在是高铁，来这儿的人也越来越多了。”在万象洞景区周围的农家乐这些年客源逐渐增多，9路车从山脚一直通到山上，村民们上山采花椒要走的路途越来越短。交通的日益便捷促进着一整座山村民生活的改善。山脚下是一排排还未修葺完全的白房子，路过的村民们背上背着盛满花椒的背篓，脸上尽是笑靥，像是对未来生活的美好愿景。

五年前，武都新城以欣欣向荣的面貌屹立在了这片曾是水稻田的土地上，曾经在这片土地上挥洒汗水，收获阳光与谷物带来的平凡生活的农民，在新城有了新的居所。早晨在滨河公园晨练时，抬眼便能望见流淌着的白龙江。山上山下，一水之隔，共同感受着新生活带来的改变。跨江大桥使可望的距离不再不可及，只需投币一元，欣赏城内风光三十分钟，就可以从市中心的花椒销售点到达大坪山上的花椒采摘基地。这座城像是一个浓妆淡抹总相宜的姑娘，换上了新的妆容，尽显朝气。

当下：攒着希望坚守

我们在公园的凉亭下认识了一位同我们一样的"外来人"——祖籍河南的李爷爷。他和我们看到的武都一样，是遭到重创后，历经十一年发展改造后的新生。他是一名退休的医疗工作者，和万千中国父母一样，随子女而迁。"我大儿子十七八就出来打工了，全国各地都跑遍了，"谈起自己的孩子，他神情骄傲，还扬了扬手，"后来到武都觉得这里条件好，环境好，就把房子、车子都买在这里了，还把我儿媳的户口也迁到这里了。十天之前刚把我接到了这边。"他还用了个很有趣的比喻来描述武都，慢慢地用手比画着说："这四周都是山，武都被山包围着，像是在锅底一样的，气候舒适得很。"

很难想象，眼前这个精神矍铄的老人家中已是四世同堂，大孙女在武都成家立业生子，最小的孙子和我们年纪相仿，即将迈入大学。中国人一脉相承的观念在这个家庭中有很好的体现，李爷爷希望孙子和自己一样去学医，希望这门技术能带给他稳定的生活。操劳，大概是中国家长的常态，追求平静稳定，也成了他们对后代最切实的愿望。武都的发展给这个家庭提供了栖居之地，它的宜人也成了留住他们的重要原因，李爷爷作为"武都人"的生活才刚刚开始。临别之前，他陪我们走了一段路，用老人特有的语气告诉我们："你们要多出来看看，现在国家发展这么快，你们一定要好好记录下来。"爷爷的真诚与热情令人动容，我们也唯有踏实努力，才不能辜负我们在这片热土遇见的所有善良的人们。他迈着缓慢稳健的步伐走进小区，背影逐渐消失于楼宇之间。

与此同时，汉王镇上的刘奶奶正守着自己开的小卖部，等待着上山采花椒的爷爷的归来。尽管这里距离市区只有20分钟的车程，但却有着不尽相同的生活图景。当我们迈入刘奶奶的房子，她正在自家的菜地里忙活，正午的阳光有些刺眼，她给我们搬来了凳子，操着一口乡音，让我们进屋乘凉。当我们问起她的家庭状况，她咧开嘴指了指山上，说丈夫在山上摘花椒。震后交通的重建让这些大山里的特色作物有了更广的销路，本就以花椒产业为生的他们感到更加踏实。“有想过搬到城里去住吗?”我们问她，她努力地侧耳听清我们的问题，然后笑着摇了摇头，说：“不去，这挺好的。”是啊，有着宽敞的房子，和谐的邻里关系，能随时俯瞰下方的白龙江和远处的云雾，还有十几分钟一趟的公交车驶向村外，最重要的是，那代表着希望的满山的花椒，尽管要费大力气采摘晾晒，但对于他们来说，这才是最踏实的营生方式。城乡的差距固然存在，但在这个地方，震后新生机的光彩，也慢慢映在这片土地上。最遗憾的事情是我们匆匆坐上了奶奶帮我们拦住的公交车，没能和她正式道别，坐在车上回头望过去，是她在向我们挥手告别。

未来：遥望山高水长

这座镶嵌在绿水青山间的小城，经过十一年的蜕变，此时站在新的起点上，浴火重生。山村之景宛如一幅幅油画，城市新增添了生机盎然的活力，武都遥看着更加繁荣的未来。

在“5.12”公园的纪念碑旁，栾科长谈及城市的发展，情绪激昂地说道：“咱们国家大的方向有发展，中国再过三十年，中国治国理政的办法、法制的办法，都会更加正规化。”话语间对国家、陇南的发展充满信心。陇南这座浴火重生的城市有着“更长远的发展”，原本周边的平房或者五六层的楼房，随着2008年后的抗震救灾、扶贫发展的政策逐步开展，这些年间建成了高楼鳞次栉比的新城区。市民各自有着对明天明媚的向往，一步步描绘着武都城区美丽的愿景。栾科长笑着谈到儿子在新区事业干得很不错，准备买房继续发展。树荫下的奶奶谈及武都，首先介绍这些年来环境治理得好，对于未来是否想跟随女儿去兰州定居，奶奶摆了摆手说：“我们武都呀，美得很，不走了不走了。这里晚上唱歌、跳舞、打羽毛球的都多得很，很热闹。”和老伴来武都看望孩子的李爷爷的设想是“和老伴安度晚年，多出去转转”。

与此同时，乡村一日千里的发展也令人惊叹。陇南市郊汉王镇仓园村的王哥哥正在家中照看三个月大的孩子，提起汉王镇的变化，他说：“汉王镇要打造一个橄榄小镇，上到凉水，下到汉王，都在城市化的范围内。”城镇化发展中的汉王村也在注入青春的活力。王哥哥大学毕业后便回到了仓园村，因为喜欢乡村宽敞明亮、独门独院的居所，所以王哥哥没有未来想搬入城区的打算。

万象洞景区周围一家农家乐的老板娘在后厨忙活着招待客人的洋芋搅团。她讲着，大部分的村民没有搬去市区。住的房子又宽敞位置又好，经过一番装修便形成了如今的农家乐。作为两个孩子的妈妈，未来想把孩子带到市里上学，由于路途不便，想在市内租一处房子，让他们享受更好的教育。说着看了看身旁玩耍的小儿子，摸着他的头。这里的发展给予一个个普普通通的人家对未来生活的美好向往，一步一个脚印，踏踏实实，也稳步向前。

生活随着时代前进的脚步一直更替，我们在陇南这片土地上感受到了蓬勃发展的生机与活力。这种发展的活力不仅来自城市中正在拔地而起的高楼大厦，更源于每一位受访者对生活改善真切的感恩，对未来生活满心欢喜的期待。

正逢花椒采摘时节，揭开下山农民背篓的一角就能看见红红的一片，像是一个个小小的希望结成的果实。缭绕在房前屋后的秧歌唱出了新调，“欣忻笑口向西风，喷出元珠颗颗同”。

（作者为兰州大学新闻与传播学院本科生；指导老师冯燕、权玺为兰州大学新闻与传播学院教师）

治贫先治愚，脱贫要双扶

——扶贫路上的民间“教师”

郑淑芬　蒋雪妍

“哒哒哒……哒哒”缝纫机运转的声音有节奏地响着，制服统一，一人一个工位，一片井然有序的忙碌景象。2019年7月12日一大早，我们来到了腾达实业宕昌县扶贫车间，被眼前的景象所震撼：谁能想到，在三个月前，这些熟练制衣的工人还是下地耕种的农民或料理家务的家庭主妇。

旁边的一个四十岁左右的女性引起了我们的注意，不同于这些普通工人，她正在询问工人的工作情况。

从工厂女技工到扶贫车间女老师

近年来，在国家脱贫攻坚工作时间紧、任务重的背景下，“政府+企业+贫困户=扶贫车间”的扶贫形式逐步形成。

腾达实业扶贫车间主要是在劳动力密集的贫困村，由乡村两级提供场地，公司提供设备和原材料，派出专业的指导老师，对贫困户进行简单的技能培训。宕昌县扶贫车间便是一家以缝纫编织为主的“陪读式”扶贫车间，建于山背、罗湾村的易地搬迁点山水雅园。

“我原来就是干这个的，在甘谷的厂里就一直是缝纫工。”来自天水市甘谷县的马云弟笑着向我们说道。马云弟是腾达实业宕昌县扶贫车间的技术老师，主要负责教授这些从未接触过缝纫的贫困户缝纫制衣技术。

腾达实业的总厂位于天水甘谷，马云弟就是从那里被选派过来的，像她这样的女“老师”还有很多。“也是技术稍微好一些才能来教别人，扶贫车间有很多嘛，我们有去宁夏的、靖远的、景泰的，还有好多地方。我是之前是去了文县那儿的六个车间教技术，现在到宕昌来也快四个月了。”言语间马云弟透出一些自豪。以前在总厂工作，这些女技工可以照顾孩子，照顾老人，现在跑到这些扶贫的地方当女老师，背井离乡，其实很多人是不愿意的。正如马云弟所说：“出门再好，不如在家里面好。”但马云弟还是来了这里，“厂里选我们就是对我们的信任，我觉得这是一份责任和义务，而且总厂里有些技术好的还要照顾孩子，她们走不开，我就来了”。

每一个扶贫车间都有三个月的培训期，在这段时间里，贫困户工人主要是学技术，每人每天有50元的保底工资。马云弟在每个地方待的时间也就三四个月，“工人技术学得差不多了，等下周一个大检查一过，选两个主管出来，我就要离开了，去下一个地方”。当谈到下一站去哪儿时，马云弟说：“哪儿有扶贫车间我就去哪儿，哪儿需要教技术我就去哪儿。”我们笑着说：“您这样一直教下去，之后也算是桃李满天下了。”眼前这位豪爽健谈的女老师也同样笑着，和我们讲起她的扶贫故事。

当好贫困户的特殊老师

“刚开始教的时候可难着呢，好多人连这个缝纫的电动机子都没见过，我这嘴里和脚底下就没有停下来过，每天感觉还没有忙完就下班了。”说到这里，马云弟笑了起来，“刚开始他们不怎会用机器，一会儿就叫我说机器坏了，她们的机器就老‘坏’，现在熟练之后机子就不‘坏’了。”

逐渐地，在与工人们的相处中，马云弟发现这扶贫车间的老师也不是好当的。在培训期教技术的过程中，工人们不仅存在技术学得慢、成品质量不佳、返工费时多等情况，更让马云弟焦心的是这些贫困户的心态问题。部分贫困户由于长期贫困产生了惰性，“等、拿、要、靠”思想严重，积习难改。“这人和人还真是不一样，有些人来了就是玩手机混日子，等着一天拿50块钱；有些人早来三分钟也要坐到那儿学习机子，想学好这门技术，等到以后计件的时候多赚一点钱。这用心的就学得快，不用心的就学得不好。”

目前，车间里被分为五个组，从第一组到第五组工人的熟练度逐渐增加，做的东西也从练手的迷彩服到较为复杂、要求更高的白衬衫。

由于来车间工作的贫困户多为成年人，有三十几岁、四十几岁的，还有比马云弟年龄大得多的。马云弟在教技术的过程中常遇到许多烦恼，“有些人我给她说，她就是听不进去我的建议，有些‘有心人’还会很在意一些小事情”。

就在我们来的前一天晚上，宕昌下起了小雨。下班时，其他人都打着伞准备离开，马云弟看见一个只拿了包但没拿伞的女工人，便随口问了她一句带伞没有。结果被另外一个女工听见，就觉得老师偏爱其他人，对自己不过问。马云弟哭笑不得，这些已经成年的大人就像小孩子一样，希望得到老师的肯定。以后马云弟再也不敢当面表扬别人了，生怕这些女工想得太多。

在工人们眼里，马云弟是一个会“骂人”的好老师。有部分工人总怕马老师不让她们做，就想着把所有流程都学会，不按照正常流程做，而去做超出自己能力水平的流程。但是自己的能力却达不到，最后成品不行需要返工时，又没有人站出来承认。每当这时，马老师便会开始“骂人”，用提高好几个度的声音对工人们说着车间里的规章制度。有些人三天都做不出来一条裤子，马老师也会大声说：“这一条迷彩服才卖几十块钱，你这三天做不出一条，工资还要给你们发150，你们要用心学用心做啊！”她的语气里充满了恨铁不成钢的激动。

但是转过身来，马云弟还是会耐心地教授技术，“要是经常来问我的，我自然开心啊，我就想多教她们一点，就怕不问也不学”。马云弟还告诉我们，技术活学会学好需要一个过程，但是好多人就是等不及，有些人觉得一天50的工资少了就走了，尽管她告诉过她们很多遍，“这个活熟练了就好了，大家这个时候好好练，到后来计件的时候就有可能一天100的工资”。

谈到自己的责任，马云弟说：“扶贫先扶心，做好扶贫车间的特殊老师很难，需用真情真意去教育、培训、帮助这些贫困户拔掉懒根、重拾信心、掌握一门技能。将想富、敢富、能富的思想植入贫困户的思想中进而帮助贫困户实现一技在手、一人就业、一家脱贫。”

扶贫既要富口袋，也要富脑袋

宕昌县扶贫车间可以说是手把手带动贫困户脱贫，很多制度非常人性化：根据孩子的作息时间来制定上下班时间；春夏秋冬四季免费发放工作服；家里有事可以随时请假，忙完回来继续上班。这让很多人逐渐找到了自己的位置，有了自己的收入，摘掉了“贫困帽”。

哈达铺的付才生因意外造成残疾，找不到合适的工作，来到这里之后，每天50块钱的基本工资能保证他的基本生活，付才生已经很满足了。但是马云弟觉得："授人以鱼不如授人以渔，家有万贯，不如一技在手。"所以她想在自己离开这里之前，把自己能教的技术都交给这里的工人，然后才能放心离开。

在脱贫攻坚中，把扶贫与"扶智"有机结合起来，既注重"授之以鱼"，又侧重"授之以渔"，真正做到"扶志"与"扶智"相提并论、"扶德"与"扶根"并驾齐驱、"输血"与"造血"相得益彰，不断激发贫困群众内生动力。从单纯的物质资金支持转变为重视贫困地区人力资源开发，让群众充分认识到掌握脱贫技能的重要性，提升群众的文化素质与职业技能，进而彻底甩掉沉重的"贫困帽子"。包括腾达实业在内的许多扶贫车间都在朝着这一目标前进，但这个过程确实是艰辛而漫长的。

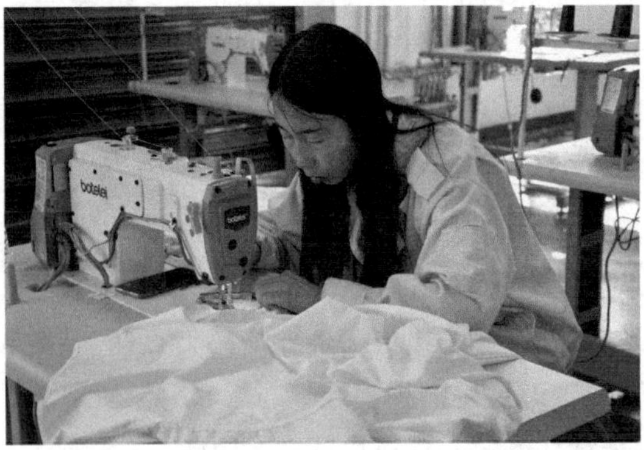

正在缝制衣服的车间女工　　蒋雪妍　摄

现在腾达实业扶贫车间实行"扶智＋扶志＋（5＋2模式）＋技能匹配＋技能潜力的提升＝产业工人"的双扶模式。前三个月培训期"扶智"，保底工资50元，后期"扶志"，计件发工资，激发工人志气。马云弟感慨："幸福日子不会从天降，好日子是干出来的。脱贫致富终究要靠这些工人用自己的辛勤劳动来实现，我也只能把自己能教的教了，做不做就看他们自己。我不希望对这些贫困户只是扶贫，应该让他们掌握一门技术，这样才有未来。"马云弟快要离开了，但是马云弟教过的一个个工人却不会离开，一个个扶贫、扶智、扶志的车间也会一直存在。

一位工人给马云弟发来了告别短信。"人都是有感情的，每到一个地方那么久，有人骂我也有人舍不得我，但是没办法，我还是得走，得去下一个车间继续教技术，等到他们学会了我就又该走了。"这位马老师又即将前往她扶贫路上的下一站了。

（作者为兰州大学新闻与传播学院本科生；指导老师冯燕、权玺为兰州大学新闻与传播学院教师）

助农扶贫路之岷县当归与武都花椒之比较

宋雨晴

岷县虽属于定西，但距陇南甚近，从岷县到武都乘火车只需一个小时。地理位置的相近使得两地有许多相似之处，例如武都花椒与岷县当归都是中国国家地理标志产品，同时两个地方也都非常推崇电商脱贫，并都取得了不小的成就。但是近年来，武都呈现出跨越式发展，与之相比岷县发展相对缓慢。这种差距在农产品上表现得尤为明显，例如武都花椒与岷县当归。

价格背后的人民生活

几年前可以说武都花椒与岷县当归的价格“不相上下”，两者的价格都很低，价格基本上都是20多元一斤，由于当归的价格浮动大，有些年岷县当归的价格能远远超过武都花椒。

而自2016年开始，武都花椒与岷县当归“两兄弟”就“分道扬镳”了。

武都花椒的价格一路高歌猛进，花椒收购价在短短4年内涨了大约五倍。而岷县当归的价格还是老样子，价格依然徘徊在每斤25至30元之间。

武都区安化镇孙家湾村的村长孙海平对于花椒行情是再熟悉不过的，孙海平于2003年开始创办盛鑫种植农民专业合作社，后于2016年在政府的帮助下一改传统的农村合作社经营模式，转型为电商扶贫合作社。十几年来，他目睹了花椒的价格从20多元每斤飙升到110元每斤的价格。孙海平表示：“自2016年合作社开始向电商转型时，政府给予了许多帮助政策。借助电商，花椒的知名度一下就上来了，人们就知道武都花椒质量好，又香又麻。花椒价格从此一路飙升，零售价从原来的十几二十块钱一斤，一跃成为140元、150元一斤。”

孙家湾村的村民孙二成一家的生活因花椒而得到改善。“花椒的收益是最好的，啥的收益都比不上花椒，”孙二成说，“我们种了将近20年的花椒，几年前的收购价还是18元每斤，年年涨，现在涨到100多元一斤，其他商贩收购花椒收购价是103元每斤，村上的合作社是105元每斤。而且以前花椒收购走之后，我们武都花椒还都被说成是成都花椒。”如今孙二成家种了七八亩的花椒，收成好的时候可以收一千多斤的干花椒。再加上儿子出去务工挣钱，全家每年可结余至少5万元。前两年，孙二成的儿子结了婚，现在孩子已经快两岁了，家中还购置了一辆小轿车。

与武都种植花椒的农户相比，岷县种植当归的农户显然就没这么幸运了。岷县当归城中中药材天地网当归城信息站的负责人包先生向记者透露：“前年当归收购价40元左右每斤，现在掉到20元，是因为去年产量高了，当归价格就猛降。岷县主要经济是中药材，这两年行情不景气，农民进城买房的都少了。农民前几年行情好的时候大部分人家可以赚几万元，但是这两年行情不好，还有赔本的情况。”

距离当归收获还有将近三个月的时间，许多上了年纪的种植当归的农户因各种原因无法外出务工，于是就趁着农闲时期到当归城做零活。傍晚时分，当归城基本结束了一天的忙碌，结束工作等待回家的农户聚集在大门口闲聊。康阿姨今年已经53岁了，因为要照顾两个孙子，所以不能去外地打工，平时就在家种两三亩地，偶尔来当归城干零活。她今天是来包扎药材的，她带着一脸疲态地说：“干了三四个小时，中午饭都没来得及吃饭，今天才挣了10块钱。”

武都花椒与岷县当归同样都是当地的支柱性产业之一，它们对于农户的生活的影响举足轻重。

农产品结构与产量的双重作用

根据市场供求关系，产量是影响农产品价格的一个重要因素，一旦产量过高，农产品价格就会下降，同时控制产量也能更好地把控住质量，但是如何巧妙地控制农产品产量并不是一件简单的事。

武都花椒的价格十分稳定，无论是在收成欠佳还是收成不错的情况下，武都花椒近几年的收购价都会控制在104元至110元每斤的范围内。在控制花椒的产量上，武都算是有一套巧妙的机制——农产品结构多样化。武都除了种植花椒，其油橄榄、小杂药和蜂蜜也是做得非常好。整个武都并不是所有的农民全部蜂拥而上种花椒，而是分工相对明确的，有主要种植花椒的，也有专注于种油橄榄、养蜂的，并且每个农产品都打出陇南自己的品牌。每种农产品都能为他们带来不少的利益，也就很少会出现抢占其他领域的现象。在有限的土地上，几种农产品互相制衡，占领一定比例的土地，自然也就控制住了产量，再有品牌加持，价格自然就上去了。

而与武都花椒相比，岷县种植中药材可以说是有些泛滥了，农产品结构过于单一。岷县当归城的包先生说："中药材还是岷县的第一大支柱产业。当归城是全岷县最大、最主要的中药材交易市场，每年的成交量在三万吨左右。我们信息站每年经销的黄芪都至少有一千吨。"当归城辉鹏中药材购销专业合作社的老板杨先生也说："我们当归城主要就是经销当归、黄芪和党参，其他就基本没了。"在当归城干活的农户也表示家中就主要种当归等药材，最多再多种一点土豆。

岷县的农产品结构较为单一，整个区域基本上都种植中药材，导致岷县中药材的产量巨大，因此也使得岷县中药材的价格会随着产量的变化而变化。天地网信息站的包先生仔细回想了一下："2007年当归涨价，是因为当归种的人少，产量低，价格从20多涨到70多。2013年也涨过一次价，那年涨到50多，因为干旱，当归减产了。今年也降价了，因为去年气候好，药材产量特别大。"

可见一个地域的农产品结构对农产品的产量和价格有着巨大影响，拥有合理的农产品结构是保持农业健康运行的重要因素。

延长农产品产业链才能转型升级

当今中国经济在转型升级，一个地方的农业想要发展，必须摆脱传统的只提供初级原料的模式，延长产业链，获取主动权。

武都不仅种植花椒，而且拥有一条加工包装花椒的相对完整的产业链。安化镇盛鑫种植农民专业合作社的负责人孙海平不仅收购村民的花椒和小杂药，还有自己的加工工厂，每年冬天开工。另外在孙海平的合作社里还可以看见各种包装的产品，货架上摆的既有包装精美时尚的礼盒装产品，也有简单朴实的塑封装的产品。不仅是花椒，陇南的油橄榄、蜂蜜等农产品都有自己的品牌和生产链。

当归城中正在收购药材

天地网当归城信息站　摄

岷县种植的大部分中药材只是作为初级农产品出售，农户把当归粗略加工之后直接卖给当地的合作社，合作社再把药材卖给全国的药材和饮片厂。包先生介绍说：“药厂当归收购25元左右，饮片厂30元左右，饮片厂要求药材的个头大，片形好，而药厂要求药材的含量高，对于大小无所谓。来当归城收购药材的大型药厂有宛西制药、兰州佛慈、湖南九芝堂等，药厂收购当归城的当归占总产量的50%左右。”可以说，岷县只是为全国各地的药厂提供了原材料，无法获得更高的利润。

电商扶贫还有很长的路要走

武都与岷县都采用了电商扶贫的方式，由政府牵头，两者不同的地方在于扶贫过程中企业的作用，岷县模式更多的是政府帮助村民开网店，政府的扶持力度大，而武都模式以企业为主力，政府与企业共同带动百姓创业。

天地网信息站的包先生说：“岷县电商发展得不错，但是电商对药材的需求量小，来当归城买药材的都是上吨的订单，岷县当归的销售主要还是靠线下。”

其实无论是武都还是岷县，电商扶贫现在仍处于探索阶段，两者都还有很长的路要走。这是一个好的开端，但两者还需要在不断地学习和实践之中探索出适合自己的有特色的扶贫道路，才能充满活力，做到可持续发展。

（本文作者为兰州大学新闻与传播学院本科生；指导老师冯燕为兰州大学新闻与传播学院教师）